古典诗词曲论选

诗经楚辞乐府诗
歌行体律诗绝句
虞美人贺新郎浪淘沙念奴娇
楚天遥塞鸿秋殿
风流儒雅士人气
常诵先贤修身句
性真志远气如虹

◎ 毛文珠 编著

体例独特，论述精要，知识面广，工具性强，诗选量大，适应面宽。
一卷在手，尽可知晓古代诗歌发展脉络及经典诗词曲作品概貌，掌握旧体诗鉴赏与创作法度规则。

内容简介

本书作为面向古典诗歌爱好者的读物，力图起到传播、普及古典文学的作用。在"诗史篇"部分，理出了一条中国古典诗歌起源、发展的脉络，向读者展示了从先秦奴隶社会到清末封建社会结束，不同时期、不同体裁诗歌产生的社会背景，介绍了各个时期部分著名诗人及其重要作品的风格特点；在"诗魂篇"部分，独树一帜地归纳概括了不同历史阶段的不同体裁诗歌的精神思想内涵和美学艺术价值之"诗魂"，简要介绍了部分重要古典诗歌风格流派和著名诗歌评论著作的主要观点；在"诗艺篇"部分，比较详细地介绍了古典诗歌创作的一些基本知识与方法，列举实例讲授格律诗、词、曲的格律规则，提出古典诗歌的鉴赏标准和美学价值；在"诗选篇"部分，精选了 300 余位作家的 1 200 余首诗、词、曲作品，配以作者的生平简介和作品注释，供读者了解。

本书具有适应面宽、论述针对性强的特点，对古典诗歌的理论与创作欣赏均有深刻的独家体会。本书既适合大中小学生、成年读者作为休闲读物，也可作为老年大学教材读本，是可以时时阅读欣赏的家庭藏书。

图书在版编目(CIP)数据

古典诗词曲论选/毛文珠编著. —哈尔滨：哈尔滨工业大学出版社,2022.3
ISBN 978-7-5603-9910-2

Ⅰ.①古… Ⅱ.①毛… Ⅲ.①古典诗歌-诗歌研究-中国 Ⅳ.①I207.2

中国版本图书馆 CIP 数据核字(2021)第 276984 号

GUDIAN SHICIQU LUNXUAN

策划编辑	许雅莹
责任编辑	马　媛
封面设计	刘长友
出版发行	哈尔滨工业大学出版社
社　　址	哈尔滨市南岗区复华四道街10号　邮编150006
传　　真	0451—86414749
网　　址	http://hitpress.hit.edu.cn
印　　刷	哈尔滨博奇印刷有限公司
开　　本	787 mm×1092 mm　1/16　印张 27.75　字数 440 千字
版　　次	2022年3月第1版　2022年3月第1次印刷
书　　号	ISBN 978-7-5603-9910-2
定　　价	58.00元

(如因印装质量问题影响阅读,我社负责调换)

◎ 前言

我们中华民族的先人们在长期的社会生活中,创造了优秀灿烂的古代文化,其博大精深、影响之大,足以让今天的我们充满强烈的自豪与自信。中华民族自古以来就是诗礼之邦,是一个爱好诗歌的民族。许多趣味高雅的经典诗歌,脍炙人口,妇孺皆能传诵。"问渠那得清如许,为有源头活水来",以农耕文明、儒家文化、宗法制度为特征的古代中华民族,即使在茹毛饮血、刀耕火种的远古时代,在剥削与压迫深重、灾荒与战乱频仍、民众食不果腹的奴隶社会、封建社会,也从来没有放弃过对精神世界的追求。历代诗人们从深厚的生活土壤中耕耘出超越生活、超越功利、超越时代的不朽的精神产品。在"青荷盖渌水,芙蓉葩红鲜""池塘生春草,园柳变鸣禽"中,我们可以看到古代诗人们对美好自然景色的欣赏与赞美;在"上邪!我欲与君相知,长命无绝衰""天不老,情难绝。心似双丝网,中有千千结"中,我们可以感受到诗人对爱情的热烈追求与忠贞;品读"长太息以掩涕兮,哀民生之多艰""石壕村里夫妻别,泪比长生殿上多"这样饱含同情悲悯的诗句,我们可以感受到诗人对社会底层民众的生活给予深切关注的人道主义情怀;在"捐躯赴国难,视死忽如归""苟利国家生死以,岂因祸福避趋之"这些慷慨激昂的诗句中,可以看到诗人们对国家民族命运不惜以生命来担当的勇气与决绝;从"采菊东篱下,悠然见南山""扁舟一棹归何处?家在江南黄叶村"中,可以看到诗人们寄情山水田园、优雅豁达的美好情操;在"兴酣落笔摇五岳,诗成笑傲凌沧洲""独钓寒江雪""一蓑烟雨任平生"这些诗句中,我们可以看到诗人们豪放、孤傲、洒脱性情的流露。古代先贤的经典作品,充满着我们民族对个人操守修养、高贵人格和精神品性的追求,散发着美好品格与人性的光芒,这是中华民族极为珍贵的精神财富。学者叶嘉莹在谈到对古典诗歌的感悟时说:"我们所要呼唤起来的,正是人们内心深处的最真诚的一份感情的感动所涌现出来的,一种自然的、本能的向那高远的、美好的、那种完善境界的向往和追求的心意和感情,而这种向往追求的心意和感情,是可以相通的。"优秀的文化永远不会过时,中国古典诗歌这一民族瑰宝还将长期在国人中传承,乃至在更大的范围影响世界其他民族。

改革开放以来,国人传统的道德文化价值观念也受到前所未有的影响。学习古典诗歌,我们可以学习古代先贤们以诗为伴地生活,通过吟诗、作诗,把自己的感受与感情通过诗歌抒发出来,能够像陶渊明、刘禹锡、苏轼那样,在人生道路上始终保持一种积极乐观的浪漫情怀。即使在失意、困顿之际,也能把穷日子、苦日子,甚至惨日子过得富有诗意。在价值取向多元的社会生活中不迷失方向,坚定理想信仰,始终坚守做人的本真与良知,保持正常心智与人格的高贵与尊严。

中国社会从传统走向现代是历史发展的大趋势。学习古典诗歌,并非向后看,盲目美化和固守民族传统道德文化,抵制现代化思潮,而是要在吸收现代思想文化的同时,注重从我国古典诗歌中汲取营养,将中国传统文化的精华与世界先进文化结合,促进一种敬畏尊重自然与人类个体、崇尚科学与艺术、追求公平正义、对人类社会与自然界充满终极关怀的现代人文精神的形成。以开放、良好的心态,从容面对花开花落、云卷云舒的现代化大潮,积极拥抱未来社会。

当今我国社会在东、西方文化交融的大背景下,科技进步日新月异,已经进入到了信息、基因和人工智能时代。伴随着时代的快速进步,人们精神生活的重要性也在逐步上升。在追求美好生活的道路上,物质财富与精神信仰哪个更能够给人们带来更高层次的愉悦感?我们应该追求怎样的人生?人们对美好生活追求的终极目的和标准是什么?答案是不同的。诗人余光中对他的孩子说:"我希望你自始至终都是一个理想主义者。"大哲学家尼采说："现代人的匆忙，勒死了趣味与教养。"德国诗人海德格尔则说："人类应该诗意地栖息在这个星球上。"诗意的生活意味着摆脱物质生活的烦恼与压抑，意味着精神上的超脱与解放，是一种具有自我尊严和自由而感觉舒畅的生活。"优雅与浪漫应该成为我们的一种生活状态。""诗和远方是人类不断追求的境地。"仁爱、良知与正义应该成为我们一生的精神底色，优雅、浪漫与旷达则应该成为我们一生的精神状态。既然拒绝平庸的观念已经被越来越多的人接受，那么在世俗生活中感悟生活，追求一种精神舒畅而愉悦的生活方式，充实和扩展我们的精神世界，就成为人们的精神向往。

怎样提高自身的文化素养和审美格调，促进人的全面发展？除了对科学技术、哲学与艺术的追求之外，对我国古典诗歌学习与欣赏，吸收其营养成分，进行人格与美学教育，培养健康、开放达观的心智，不失为一个好的路径。同时，传承中华民族优秀的文化遗产，利用和传播好古代诗歌这一优秀遗产，发掘中华民族的精神文化宝库，激浊扬清，对于体现华夏文化的民族性，融合人类一切文明成果，助力实现中华民族的伟大复兴，在今天具有较强的现实意义。

中国古典诗歌博大精深，典雅古奥，规则繁多。本书仅仅是把自己对古典诗歌学习中的一些理解和体会与读者交流，并选编部分经典的古代诗歌作品。希望能够通过这一入门性、普及性的工作，使读者从"诗史"——中国古典诗歌发展脉络、"诗魂"——古典诗歌创作的精神思想与美学价值的内涵和"诗艺"——古典诗歌创作的基本规则与艺术方法这三个方面来把握，培养读者对古典诗歌的兴趣爱好，为促进更多的爱好者提高欣赏和创作旧体诗歌的能力做一点工作。

唐诗、宋词、元曲在我国古典诗歌中，作为独立的文学形式，分别达到了各自的巅峰。然而其中也充斥着富贵阶层文人对腐朽生活的低俗描写，某些失意文人对现实生活的逃遁等。尤其是到了元代，在残暴统治以及戏剧创作演出商业化的大背景下，元曲越来越平民化、世俗化，虽然不乏优秀的经典作品，但整体上精神格调、审美情趣下移，价值取向低于历代诗词，读者应该注意到这一点。

本书所选用的从商周到清末共300余位作家，1 200余首诗、词、曲作品，兼顾了各个时代和各种风格代表人物的作品，并尽可能避免浅俗平庸之作。没有选入的优秀经典作品,有的是人人尽知、内容容易理解的作品;有的是篇幅过长的作品;也有部分是因为同一作者入选的优秀作品过多而忍痛放弃的;还有一些是虽有一定的思想艺术价值,但题材与风格、水平相近的作品。面对体量巨大的中国古典诗歌,定有遗珠谬采之憾。

  本书在写作过程中参考了缪钺先生的《诗词散论·论宋诗》和上海古籍出版社1987年出版的《古典文学三百题》等著作的部分观点,并得到冷玉兰女士的指导与支持,在此一并表示感谢。

  《学诗有感》:风骚读罢春草生,珠玉蕙兰烂于胸。江月边山时入律,渔樵禾黍总关情。秋蓬万里潮落涨,烟雨一蓑世衰兴。常诵先贤修身句,性真志远气如虹。

作 者

2021年7月于松花江畔

目　录

篇　前　语

诗　史　篇

第一章　我国古典诗歌的起源//11
　　第一节　早期的杂歌谣辞//11
　　第二节　先秦诗歌//12
第二章　古典诗歌的发展//16
　　第一节　古体诗的形成与格律诗的产生//16
　　第二节　格律诗的定型与唐诗的兴盛//20
　　第三节　宋诗的继承与发展//25
　　第四节　唐、五代、宋词//27
　　第五节　辽、金、元、明、清诗词//32
　　第六节　元、明、清曲//36

诗　魂　篇

第三章　诗魂与我国古典诗歌的精神源流//41
　　第一节　诗魂//41
　　第二节　我国古典诗歌的精神源流//42

第四章　我国古典诗歌的诗魂和各重要阶段的主流诗魂//45
　　第一节　我国古典诗歌的诗魂//45
　　第二节　我国古典诗歌发展各重要阶段的主流诗魂//45
第五章　唐、宋诗之比较//52
第六章　古典诗歌的流派//55
第七章　古典诗歌的鉴赏//61
　　第一节　古典诗歌的评价标准//61
　　第二节　古典诗歌的内在价值//62
　　第三节　古典诗歌的表现风格//65
　　第四节　古典诗歌的美学形态//67
　　第五节　作者表达与读者欣赏的客观性与主观性//70

诗　艺　篇

第八章　古典诗歌的形制体式//75
　　第一节　诗//75
　　第二节　词//80
　　第三节　曲//81
　　第四节　诗、词、曲的区别//82
第九章　古典诗歌的法度//84
　　第一节　古典诗歌具备的基本要素//84

第二节 古典诗歌的构思方式 // 86

第三节 章法、句法、字法 // 89

第四节 各种体裁诗歌的节奏 // 92

第五节 声律 // 93

第六节 韵律 // 95

第十章 格律诗与词、曲的创作规则 // 100

第一节 格律诗的创作规则与格律 // 100

第二节 词的基本创作规则 // 104

第三节 曲的基本创作规则 // 123

第十一章 古典诗歌的类别 // 130

第一节 古典诗歌的分类 // 130

第二节 古典诗歌题材的分类 // 131

第三节 古典诗歌题材的运用 // 135

第十二章 古代部分诗歌评论著作 // 137

诗 选 篇

早期诗歌 // 143

《击壤歌》// 143

《八伯歌》// 143

《南风歌》// 143

《麦秀歌》// 143

《采薇歌》// 143

《孺子歌》// 144

《诗经》 // 145

《周南·关雎》// 145

《周南·芣苢》// 145

《周南·桃夭》// 145

《鄘风·相鼠》// 146

《魏风·伐檀》// 146

《卫风·木瓜》// 146

《郑风·野有蔓草》// 146

《郑风·风雨》// 147

《郑风·子衿》// 147

《曹风·下泉》// 147

《邶风·凯风》// 148

《邶风·燕燕》// 148

《邶风·击鼓》// 148

《邶风·静女》// 149

《秦风·无衣》// 149

《秦风·黄鸟》// 149

《秦风·蒹葭》// 150

《王风·采葛》// 150

《王风·黍离》// 150

《王风·君子于役》// 151

《小雅·蓼莪》// 151

《小雅·伐木》// 151

《小雅·鹤鸣》// 152

《小雅·鹿鸣》// 152

《小雅·北山》// 153

《小雅·何草不黄》// 153

骚体诗 // 154

屈原 // 154

《离骚》(节选一、节选二)

《九歌·国殇》

《九章·橘颂》

《九章·涉江》(节选)

佚名 // 156

《渡易水歌》

　项羽 // 157

　　《垓下歌》

　刘邦 // 157

　　《大风歌》

　刘彻 // 157

　　《秋风辞》

　蔡琰 // 158

　　《胡笳十八拍》(节选六拍)

汉诗 // 159

　苏武 // 159

　　《诗四首》

　李陵 // 160

　　《与苏武诗三首》

　卓文君 // 161

　　《白头吟》

　李延年 // 161

　　《歌一首》

　班婕妤 // 161

　　《怨歌行》

　班固 // 162

　　《咏史》

　张衡 // 162

　　《四愁诗》(其一)

　蔡邕 // 162

　　《饮马长城窟行》

　辛延年 // 163

　　《羽林郎》

魏、晋、南北朝诗 // 164

　曹操 // 164

　　《蒿里行》

　　《短歌行》

　　《观沧海》

　　《龟虽寿》

　曹丕 // 165

　　《杂诗》

　　《燕歌行二首》(其一)

　王粲 // 165

　　《七哀诗》

　刘桢 // 166

　　《赠从弟》(其二)

　曹植 // 166

　　《白马篇》

　　《仙人篇》

　　《七步诗》

　陈琳 // 167

　　《饮马长城窟行》

　蔡琰 // 167

　　《悲愤诗二首》(其一)

　阮籍 // 168

　　《咏怀》(其一、其二、其三)

　嵇康 // 168

　　《五言诗三首》(其一)

　　《四言赠兄秀才入军诗十八章》
　　(其十四)

　左思 // 169

　　《咏史八首》(其二、其六)

　陆机 // 170

　　《猛虎行》

　刘琨 // 170

《重赠卢谌》

陶潜 // 171
《归园田居五首》(其一、其三)
《饮酒》(其四)
《移居二首》(其一)
《拟古》(其四)
《癸卯岁始春怀古田舍二首》(其二)
《咏贫士七首》(其四)
《咏荆轲》
《读山海经》(其十)

谢灵运 // 173
《登池上楼》
《登江中孤屿》
《石壁精舍还湖中作》

鲍照 // 174
《拟行路难》(其六)

陆凯 // 174
《赠范晔》

谢朓 // 174
《和刘西曹望海台诗》

何逊 // 175
《与胡兴安夜别》

庾肩吾 // 175
《被执作一首》

王籍 // 175
《入若耶溪》

庾信 // 175
《拟咏怀》(其八)
《重别周尚书》

汉、魏、南北朝乐府诗 // 177

佚名 // 177
《十五从军征》
《战城南》
《有所思》
《长歌行三首》(其一)
《陌上桑》
《折杨柳行》
《梁甫吟》
《古诗十九首》(其一、其二、其三、其五、其六、其八、其九、其十、其十五、其十九)
《上邪》
《子夜四时歌》(《春歌》选三、《夏歌》选三、《秋歌》选三、《冬歌》选三)
《古诗为焦仲卿妻作》(存目)
《木兰诗》
《敕勒歌》

隋诗 // 183

卢思道 // 183
《从军行》

薛道衡 // 183
《人日思归》
《出塞》

杨广 // 184
《野望》
《春江花月夜二首》(其一)

虞世基 // 184
《入关》

孔德绍 // 184
《夜宿荒村》

佚名 // 185
　《送别诗》
唐诗 // 186
　虞世南 // 186
　　《蝉》
　　《赋得临池竹应制》
　陈叔达 // 186
　　《自君之出矣》
　王绩 // 186
　　《野望》
　神秀 // 187
　　《偈语》
　上官仪 // 187
　　《入朝洛堤步月》
　骆宾王 // 187
　　《在狱咏蝉》
　　《于易水送人一绝》
　六祖惠能 // 187
　　《偈语》
　寒山 // 188
　　《杳杳寒山道》
　卢照邻
　　《长安古意》（存目）
　杜审言 // 188
　　《和晋陵陆丞早春游望》
　　《渡湘江》
　王勃 // 188
　　《送杜少府之任蜀川》
　　《滕王阁序诗》
　　《山中》

　杨炯 // 189
　　《从军行》
　刘希夷 // 189
　　《代悲白头翁》
　宋之问 // 190
　　《送别杜审言》
　　《渡汉江》
　沈佺期 // 190
　　《杂诗三首》（其三）
　　《独不见》
　陈子昂 // 190
　　《登幽州台歌》
　　《送魏大从军》
　　《感遇三十八首》（其二、其十七）
　贺知章 // 191
　　《咏柳》
　　《回乡偶书二首》
　张若虚 // 192
　　《春江花月夜》
　张九龄 // 192
　　《感遇十二首》（其一、其七）
　　《望月怀远》
　王之涣 // 193
　　《凉州词》
　孟浩然 // 193
　　《留别王维》
　　《与诸子登岘首》
　　《秋登万山寄张五》
　　《过故人庄》
　　《宿桐庐江寄广陵旧游》

《宿建德江》
《临洞庭上张丞相》
《题义公禅房》
《岁暮归南山》
《清明日宴梅道士房》

王昌龄 // 195
《从军行》（其四）
《出塞》（其一）
《闺怨》
《芙蓉楼送辛渐》
《送柴侍御》

祖咏 // 196
《望蓟门》
《终南望余雪》

王维 // 196
《山居秋暝》
《酬张少府》
《终南山》
《鹿柴》
《竹里馆》
《鸟鸣涧》
《终南别业》
《汉江临泛》
《使至塞上》
《九月九日忆山东兄弟》
《春日与裴迪过新昌里访吕逸人不遇》
《积雨辋川庄作》
《送元二使安西》

崔颢 // 198
《黄鹤楼》

李白 // 198
《古风》（其十九）
《北风行》
《独坐敬亭山》
《夜宿山寺》
《赠孟浩然》
《送友人》
《关山月》
《渡荆门送别》
《秋登宣城谢朓北楼》
《子夜吴歌·秋歌》
《月下独酌》
《沙丘城下寄杜甫》
《塞下曲六首》（其一）
《黄鹤楼送孟浩然之广陵》
《金陵酒肆留别》
《早发白帝城》
《峨眉山月歌》
《宣城见杜鹃花》
《望天门山》
《赠汪伦》
《闻王昌龄左迁龙标，遥有此寄》
《春夜洛城闻笛》
《清平调三首》
《登金陵凤凰台》
《江上吟》
《宣州谢朓楼饯别校书叔云》
《将进酒》
《行路难三首》

《庐山谣寄卢侍御虚舟》
《蜀道难》(存目)
《梦游天姥吟留别》(存目)

王翰 // 205
《凉州词》

戎昱 // 205
《塞下曲》
《咏史》

高适 // 206
《燕歌行》
《别董大二首》(其一)
《除夜作》

常建 // 207
《题破山寺后禅院》

颜真卿 // 207
《劝学》

杜甫 // 207
《望岳》
《登岳阳楼》
《春望》
《不见》
《赠卫八处士》
《石壕吏》
《新婚别》
《月夜忆舍弟》
《旅夜书怀》
《月夜》
《春夜喜雨》
《梦李白二首》
《佳人》

《戏为六绝句》
《江南逢李龟年》
《江畔·独步寻花七绝句》(其六)
《赠花卿》
《贫交行》
《饮中八仙歌》
《漫兴》
《江上值水如海势聊短述》
《登高》
《登楼》
《野望》
《悲陈陶》
《闻官军收河南河北》
《蜀相》
《江村》
《狂夫》
《曲江二首》
《客至》
《秋兴八首》(其一)
《茅屋为秋风所破歌》

刘长卿 // 216
《逢雪宿芙蓉山主人》
《长沙过贾谊宅》

王湾 // 216
《次北固山下》

岑参 // 216
《白雪歌送武判官归京》
《轮台歌奉送封大夫出师西征》
《逢入京使》
《碛中作》

《行军九日思长安故园》

韩翃 // 218
《寒食》

司空曙 // 218
《江村即事》

钱起 // 218
《省试湘灵鼓瑟》
《暮春归故山草堂》

张继 // 218
《枫桥夜泊》

戴叔伦 // 219
《题稚川山水》

韦应物 // 219
《寄李儋元锡》
《滁州西涧》

卢纶 // 219
《送李端》

李益 // 220
《喜见外弟又言别》
《夜上受降城闻笛》
《从军北征》

李嘉祐 // 220
《竹楼》

张谓 // 220
《同王徵君湘中有怀》

孟郊 // 221
《游子吟》
《登科后》

杨巨源 // 221
《城东早春》

张籍 // 221
《节妇吟》
《秋思》

韩愈 // 222
《左迁至蓝关示侄孙湘》
《早春呈水部张十八员外》
《晚春》
《南山》(存目)

崔护 // 222
《题都城南庄》

刘禹锡 // 223
《蜀先主庙》
《西塞山怀古》
《酬乐天扬州初逢席上见赠》
《始闻秋风》
《秋词》(其一)
《石头城》
《乌衣巷》
《故洛城古墙》
《玄都观桃花》
《再游玄都观》
《杨柳枝词》
《浪淘沙九首选二》(其六、其八)
《乐天见示伤微之敦诗晦叔三君子皆有深分因成是诗以寄》
《酬乐天咏老见示》
《望洞庭》

白居易 // 225
《赋得古原草送别》
《钱塘湖春行》

《大林寺桃花》
《放言五首》(其三)
《秦中吟十首·轻肥》
《琵琶行》(存目)
《长恨歌》(存目)

柳宗元 // 226
《江雪》
《登柳州城楼寄漳、汀、封、连四州刺史》
《别舍弟宗一》

元稹 // 227
《遣悲怀三首》
《离思五首》(其四)
《菊花》

贾岛 // 228
《题李凝幽居》
《访隐者不遇》
《剑客》
《忆江上吴处士》

胡令能 // 229
《小儿垂钓》

张祜 // 229
《宫词》
《题金陵渡》

朱庆馀 // 229
《宫词》

李贺 // 230
《南园十三首》(其五、其六)
《金铜仙人辞汉歌》
《致酒行》

许浑 // 231
《谢亭送别》
《咸阳城西楼晚眺》

李涉 // 231
《题鹤林寺僧舍》

杜牧 // 231
《清明》
《江南春》
《泊秦淮》
《赤壁》
《过华清宫绝句三首》(其一)
《赠别二首》(其二)
《山行》
《秋夕》
《寄扬州韩绰判官》
《登九峰楼寄张祜》
《题宣州开元寺水阁,阁下宛溪,夹溪居人》
《九日齐山登高》

赵嘏 // 233
《江楼感旧》
《闻笛》

温庭筠 // 234
《商山早行》
《利州南渡》
《经五丈原》

黄檗禅师 // 235
《上堂开示颂》

陈陶 // 235
《陇西行》

李商隐 // 235
　《无题四首》(其一)
　《夜雨寄北》
　《无题·相见时难别亦难》
　《锦瑟》
　《无题·昨夜星辰昨夜风》
　《嫦娥》
　《登乐游原》
　《韩冬郎即席为诗相送,一座尽惊。他日余方追吟"连宵侍坐久徘徊"之句,有老成之风,因成二绝寄酬,兼呈畏之员外》(其一)
　《晚晴》
　《安定城楼》
　《贾生》
　《霜月》
　《谒山》

高蟾 // 238
　《上高侍郎》
　《金陵晚望》

高骈 // 238
　《山亭夏日》

曹松 // 238
　《己亥岁》

罗隐 // 238
　《西施》
　《蜂》
　《筹笔驿》
　《黄河》

章碣 // 239
　《焚书坑》
　《东都望幸》

韦庄 // 239
　《送日本国僧敬龙归》
　《台城》

聂夷中 // 240
　《伤田家》

皮日休 // 240
　《汴河怀古》

杜荀鹤 // 240
　《小松》
　《泾溪》
　《再经胡城县》
　《山中寡妇》

崔涂 // 241
　《除夜有怀》
　《春夕旅怀》

王驾 // 241
　《雨晴》
　《社日》

陆龟蒙 // 242
　《白莲》

陈玉兰 // 242
　《寄夫》

谭用之 // 242
　《秋宿湘江遇雨》

秦韬玉 // 243
　《贫女》

宋诗 // 244
　徐铉 // 244

《送王四十五归东都》
杨徽之 // 244
  《寒食寄郑起侍郎》
柳开 // 244
  《塞上》
王禹偁 // 245
  《清明》
  《日长简仲咸》
  《官舍竹》
  《畲田词五首》(其四)
  《村行》
魏野 // 246
  《书友人屋壁》
  《寻隐者不遇》
潘阆 // 246
  《岁暮自桐庐归钱塘》
寇准 // 246
  《书河上亭壁四首》(其三)
蒨桃 // 246
  《呈寇公二首》
林逋 // 247
  《山园小梅》
  《孤山寺端上人房写望》
钱惟演 // 247
  《对竹思鹤》
范仲淹 // 248
  《江上渔者》
曾公亮 // 248
  《宿甘露僧舍》
梅尧臣 // 248

《悼亡三首》
《陶者》
《田家语》
张载 // 249
  《合云寺书事三首·其一》
  《赠司马君实》
欧阳修 // 250
  《戏答元珍》
  《丰乐亭游春三首》(其三)
  《唐崇徽公主手痕和韩内翰》
  《画眉鸟》
  《春日西湖寄谢法曹歌》
苏舜钦 // 251
  《和〈淮上遇便风〉》
  《夏意》
  《淮中晚泊犊头》
李觏 // 251
  《乡思》
张俞 // 252
  《蚕妇》
陶弼 // 252
  《碧湘门》
周敦颐 // 252
  《题春晚》
黄庶 // 252
  《探春》
曾巩 // 253
  《城南》
司马光 // 253
  《客中初夏》

王安石 // 253
  《登飞来峰》
  《葛溪驿》
  《江上》
  《泊船瓜洲》
  《夜直》
  《明妃曲二首》（其一）
  《梅花》
  《书湖阴先生壁二首》（其一）
  《元日》

刘攽 // 255
  《新晴》

王安国 // 255
  《游庐山宿栖贤寺》

王令 // 255
  《读老杜诗集》
  《送春》

程颢 // 256
  《春日偶成》
  《偶成》
  《游月陂》

苏轼 // 256
  《和子由渑池怀旧》
  《石苍舒醉墨堂》
  《饮湖上初晴后雨二首》（其二）
  《春宵》
  《中秋月》
  《八月十五日看潮五绝》（其三）
  《过永乐文长老已卒》
  《题西林壁》

  《惠崇春江晚景》（其一）
  《书李世南所画秋景二首》（其一）
  《赠刘景文》
  《正月二十日与潘、郭二生出郊寻春忽记去年是日同至女王城作诗乃和前韵》
  《有美堂暴雨》
  《澄迈驿通潮阁二首》
  《六月二十日夜渡海》

黄庭坚 // 260
  《秋思寄子由》
  《寄黄几复》
  《题子瞻枯木》
  《和答元明黔南赠别》
  《雨中登岳阳楼望君山二首》
  《题胡逸老致虚庵》
  《跋子瞻和陶诗》
  《鄂州南楼书事四首》（其一）
  《清明》
  《登快阁》
  《过平舆怀李子先时在并州》

秦观 // 262
  《春日五首》（其一）

圆因法师 // 262
  《早辨修行路》

陈师道 // 263
  《绝句四首》（其四）
  《送吴先生谒惠州苏副使》

李唐 // 263
  《题画》

韩驹 // 263
　《为葛亚卿作》(其五)
赵佶 // 263
　《绝句》
李纲 // 264
　《病牛》
李清照 // 264
　《夏日绝句》
吕本中 // 264
　《连州阳山归路》
曾几 // 265
　《三衢道中》
朱弁 // 265
　《春阴》
陈与义 // 265
　《襄邑道中》
　《伤春》
　《雨中再赋海山楼》
张元干 // 266
　《潇湘图》
刘子翚 // 266
　《汴京纪事二十首》(其七)
岳飞 // 266
　《池州翠微亭》
　《题青泥市萧寺壁》
董颖 // 267
　《江上》
黄公度 // 267
　《道间即事》
林升 // 267
　《题临安邸》
陆游 // 267
　《游山西村》
　《剑门道中遇微雨》
　《关山月》
　《楚城》
　《夜读范至能揽辔录,言中原父老见使者多挥涕,感其事作绝句》
　《书愤》
　《临安春雨初霁》
　《秋夜将晓出篱门迎凉有感二首》(其二)
　《十一月四日风雨大作二首》(其二)
　《冬夜读书示子聿》
　《沈园二首》
　《书愤二首》(其一)
　《病起书怀》
　《示儿》
范成大 // 270
　《横塘》
　《州桥》
　《鄂州南楼》
　《夏日田园杂兴十二绝》(其一、其七、其十一)
杨万里 // 271
　《小池》
　《明发房溪二首》(其一)
　《晓出净慈寺送林子方》
　《泊平江百花洲》
　《过松源晨炊漆公店六首》(其五)

13

《伤春》

《桂源铺》

朱熹 // 272

《偶成》

《春日》

《观书有感二首》

张栻 // 273

《立春偶成》

朱淑真 // 274

《落花》

辛弃疾 // 274

《送湖南部曲》

叶适 // 274

《锄荒》

刘过 // 275

《夜思中原》

姜夔 // 275

《过垂虹》

《姑苏怀古》

韩淲 // 275

《风雨中诵潘邠老诗》

徐玑 // 276

《泊舟呈灵晖》

戴复古 // 276

《江阴浮远堂》

《月夜舟中》

赵师秀 // 276

《约客》

曹豳 // 276

《春暮》

翁卷 // 277

《野望》

《乡村四月》

《哭徐山民》

《山雨》

某尼 // 277

《悟道诗》

陈均 // 278

《九江闻雁》

僧志南 // 278

《绝句》

刘克庄 // 278

《莺梭》

姚镛 // 278

《访中洲》

叶绍翁 // 278

《游园不值》

周弼 // 278

《夜深》

徐元杰 // 279

《湖上》

武衍 // 279

《宫词》

叶茵 // 279

《山行》

雷震 // 280

《村晚》

卢梅坡 // 280

《雪梅二首》(其一)

赵希桐 // 280

《次萧冰崖梅花韵》
俞桂 // 280
　《过湖》
方岳 // 280
　《泊歙浦》
郑震 // 281
　《荆南别贾制书东归》
何应龙 // 281
　《见梅》
　《客怀》
罗与之 // 281
　《看叶》
陆垕 // 281
　《退宫人》
丁开 // 282
　《建业》
严羽 // 282
　《临川逢郑遐之云梦》
　《访益上人兰若》
张琰 // 282
　《出塞曲二首》（其一）
柴望 // 283
　《和通判弟随亨书感韵》
家铉翁 // 283
　《寄江南故人》
谢枋得 // 283
　《庆全庵桃花》
　《春日闻杜宇》
　《武夷山中》
　《北行别人》

陈文龙 // 284
　《元兵俘至合沙，诗寄仲子》
戴昺 // 284
　《夜过鉴湖》
文天祥 // 285
　《过零丁洋》
　《金陵驿二首》（其一）
　《正气歌》
真山民 // 286
　《泊舟严滩》
郑协 // 286
　《溪桥晚兴》
汪元量 // 286
　《湖州歌九十八首》（其三十八）
　《秋日酬王昭仪》
　《潼关》
郑思肖 // 287
　《咏制置李公芾》
　《画菊》
　《德祐二年岁旦二首》
　《伯牙绝弦图》
　《送友人归》
　《八砺三首》（其二）
方凤 // 288
　《哭陆秀夫》
林景熙 // 289
　《梦回》
谢翱 // 289
　《书文山卷后》

元、明、清诗 // 290
 杨弘道 // 290
  《空村谣》
 元好问 // 290
  《论诗三十首》(其四、其五、其七、其二十二)
  《横波亭为青口帅赋》
 刘因 // 291
  《山家》
 赵孟頫 // 291
  《岳鄂王墓》
  《题所画梅竹赠石民瞻》
 范梈 // 292
  《浔阳》
 虞集 // 292
  《至正改元辛巳寒食日示弟即诸子侄》
  《挽文丞相》
 倪瓒 // 292
  《题郑所南兰》
 王冕 // 293
  《墨梅》
  《白梅》
 唐温如 // 293
  《题龙阳县青草湖》
 刘基 // 293
  《五月九日大雨》
 杨基 // 294
  《岳阳楼》
 高启 // 294
  《梅花九首》(其一)
 王恭 // 294
  《春雁》
 于谦 // 294
  《石灰吟》
  《咏煤炭》
  《上太行》
 钱福 // 295
  《明日歌》
 唐寅 // 295
  《画鸡》
  《菊花》
  《秋扇》
  《言志》
  《夜读》
  《桃花庵歌》
  《把酒对月歌》
 王守仁 // 297
  《泛海》
  《登大伾山》
 马柳泉 // 297
  《卖子叹》
 王廷陈 // 298
  《春日山居即事》
 李攀龙 // 298
  《送子相归广陵》
  《塞上曲·送元美》
  《和聂仪部明妃曲》
 杨继盛 // 298
  《因前作谕鸦鹊》(其一)

《题残菊》
《言志诗》
《次梅轩韵》
《题郭剑泉岁寒松柏卷》
《狱中红苔》
《临刑》

徐渭 // 300
《野葡萄藤》
《牡丹》
《山阴景孟刘侯乘舆过访,闭门不见,乃题诗素纨致谢》

王世贞 // 300
《登太白楼》

李贽 // 300
《系中八绝·老病初苏》
《宿吴门》

戚继光 // 301
《马上作》

马闲卿 // 301
《暮秋》

汤显祖 // 301
《觐回宿龙潭》

袁宏道 // 301
《感事》
《东阿道中晚望》

钟惺 // 302
《夜归》

钱谦益 // 302
《后秋兴》(其一)

袁崇焕 // 303

《边中送别》
《山海关送季弟南还》
《偕诸将游海岛》
《遇诃林寺口占》
《南还别陈翼所总戎》
《临刑口占》

冯舒 // 304
《丙戌岁朝二首》(其一)

史可法 // 304
《偶成》
《忆母二首》

傅山 // 305
《青羊庵》
《口号》
《乙酉岁除八绝句》(其一)

陈子龙 // 305
《秋日杂感》
《秦淮八艳题咏》(其一、其三、其五、其八)

吴伟业 // 306
《无题》
《遇旧友》

黄宗羲 // 307
《九日出北门沿惜字庵至范文清东篱》

顾炎武 // 307
《祖豫州闻鸡》
《赠傅处士山》
《又酬傅处士次韵》
《汾州祭吴炎、潘柽章二节士》

宋琬 // 308
《狱中对月》
张家玉 // 308
《军中夜感》
张煌言 // 308
《忆西湖》
郑成功 // 309
《出师讨满夷自瓜洲至金陵》
朱彝尊 // 309
《秣陵》
夏完淳 // 309
《别云间》
屈大均 // 310
《鲁连台》
《壬戌清明作》
王士禛 // 310
《真州绝句》
《江上》
《田横客墓》
《秋柳四首》(其一)
蒲松龄 // 311
《山村》
叶映榴 // 311
《榆次道中》
查慎行 // 311
《兴安岭绝顶远眺》
《三闾祠》
纳兰性德 // 312
《秣陵怀古》
《送荪友诗句》

赵执信 // 313
《出都》
沈德潜 // 313
《晚秋杂兴》(其一)
仓央嘉措 // 313
《不负如来不负卿》
郑燮 // 313
《诗赠黄慎》
《竹石》
《潍县署中画竹呈年伯包大中丞括》
《予告归里,画竹别潍县绅士民》
《新竹》
林韵徵 // 314
《自题小照呈外》
袁枚 // 315
《所见》
《苔》
《马嵬》
蒋士铨 // 315
《岁暮到家》
赵翼 // 315
《论诗五首》(其一、其二、其三)
《题元遗山集》
《野步》
黄景仁 // 316
《别老母》
《杂咏》(其五)
《感旧四首》(其二、其三)
《杂感》
《绮怀十六首》(其十五)

《秋夕》

张维屏//318

《新雷》

《木棉》

林则徐//318

《赴戍登程口占示家人》

姚莹//319

《论诗绝句》

龚自珍//319

《己亥杂诗》（其五、其八十三、其一百二十三、其一百二十五）

《咏史》

魏源//320

《寰海十章》（其一）

高鼎//320

《村居》

黄遵宪//320

《夜起》

《题梁任父同年》

陈三立//321

《庸庵同年赋诗见怀时眼中兵起先发袭击感而次》

《病山成亡姬兰婴小传题其后》

陈衍//321

《郊行见菜花》

丘逢甲//322

《春愁》

谭嗣同//322

《潼关》

《有感一章》

《狱中题壁》

梁启超//323

《读陆放翁集四首》（其一、其二）

《太平洋遇雨》

徐锡麟//323

《出塞》

黄兴//323

《咏鹰》

《赠宫崎寅藏》

《为宫崎寅藏书条幅》

秋瑾//324

《对酒》

《感愤》

《黄海舟中日人索句并见日俄战争地图》

《日人石井君索和即用原韵》

章炳麟//325

《狱中赠邹容》

孙中山//325

《挽刘道一》

唐、五代、宋词//326

李白//326

《忆秦娥》

《菩萨蛮》

张志和//326

《渔歌子》

刘禹锡//326

《潇湘神二首》

《忆江南》

《竹枝词九首》（其二）

白居易 // 327
　《忆江南三首》
　《长相思》
温庭筠 // 328
　《菩萨蛮六首》（其一、其六）
　《梦江南二首》
韦庄 // 328
　《菩萨蛮五首》（其二）
　《思帝乡》
　《女冠子二首》
顾夐 // 329
　《诉衷情》
冯延巳 // 329
　《鹊踏枝八首》（其一、其七）
　《谒金门》
李璟 // 330
　《山花子》
李煜 // 330
　《渔父二首》
　《清平乐》
　《长相思》
　《相见欢·林花谢了春红》
　《虞美人》
　《相见欢·无言独上西楼》
　《浪淘沙·往事只堪哀》
　《破阵子》
　《浪淘沙·帘外雨潺潺》
潘阆 // 332
　《酒泉子》
林逋 // 332
　《长相思》
范仲淹 // 332
　《苏幕遮》
　《渔家傲》
柳永 // 333
　《雨霖铃》
　《凤栖梧》
　《鹤冲天》
　《诉衷情近》
　《望海潮》
　《玉蝴蝶》
　《八声甘州》
　《卜算子》
　《曲玉管》
　《倾杯》
张先 // 335
　《天仙子》
　《千秋岁》
晏殊 // 335
　《浣溪沙》
　《采桑子》
　《蝶恋花》
　《清平乐》
　《踏莎行》
宋祁 // 336
　《玉楼春·春景》
欧阳修 // 337
　《采桑子十首》（其一）
　《浪淘沙》
　《生查子·元夕》

王安石 // 337
 《浣溪沙》
 《桂枝香》
 《渔家傲》

王观 // 338
 《卜算子·送鲍浩然之浙东》

《晏几道》// 338
 《临江仙》
 《鹧鸪天五首》(其一、其三)
 《阮郎归》
 《满庭芳》

苏轼 // 339
 《江城子·湖上与张先同赋》
 《虞美人》
 《卜算子·黄州定慧院寓居作》
 《临江仙·夜饮东坡醒复醉》
 《一斛珠》
 《江城子·乙卯正月二十日夜记梦》
 《望江南·超然台作二首》
 《水调歌头》
 《西江月》
 《沁园春》
 《定风波·莫听穿林打叶声》
 《浣溪沙》
 《念奴娇·赤壁怀古》
 《定风波》
 《江城子·密州出猎》
 《蝶恋花·春景》
 《临江仙·送钱穆父》

黄庭坚 // 343
 《鹧鸪天》

秦观 // 343
 《鹊桥仙》
 《踏莎行》
 《江城子》
 《满庭芳》

李之仪 // 344
 《卜算子》

贺铸 // 344
 《横塘路》

晁补之 // 344
 《摸鱼儿》

周邦彦 // 345
 《苏幕遮》
 《兰陵王·柳》
 《六丑·落花》

赵佶 // 346
 《眼儿媚》

李清照 // 346
 《如梦令·昨夜雨疏风骤》
 《如梦令·常记溪亭日暮》
 《醉花阴》
 《一剪梅》
 《渔家傲》
 《声声慢》
 《鹧鸪天·桂花》

惠洪 // 347
 《青玉案》

叶梦得 // 347
 《贺新郎》

《水调歌头二首》
《八声甘州·寿阳楼八公山作》

陈与义 // 349
《虞美人·大光祖席,醉中赋长短句》
《临江仙·高咏楚词酬午日》
《临江仙·夜登小阁,忆洛中旧游》

岳飞 // 349
《满江红》
《小重山》

张元干 // 350
《贺新郎二首(其一)送胡邦衡待制赴新州》

朱敦儒 // 350
《水龙吟》
《临江仙》
《卜算子》
《朝中措二首》

蔡松年 // 351
《鹧鸪天·赏荷》

陆游 // 351
《诉衷情》
《谢池春》
《卜算子·咏梅》
《鹧鸪天》
《钗头凤》

唐婉 // 352
《钗头凤》

张孝祥 // 353
《六州歌头》

《念奴娇·过洞庭》
《浣溪沙》

范成大 // 353
《南柯子》

辛弃疾 // 354
《摸鱼儿》
《水龙吟·甲辰岁寿韩南涧尚书》
《水龙吟·登建康赏心亭》
《贺新郎·别茂嘉十二弟》
《贺新郎》
《破阵子·为陈同父赋壮语以寄》
《永遇乐·京口北固亭怀古》
《太常引·建康中秋夜为吕叔潜赋》
《鹧鸪天·有客慨然谈功名因追念少年时事戏作》
《丑奴儿·书博山道中壁》
《鹧鸪天·送人》
《南乡子·登京口北固亭有怀》
《菩萨蛮·书江西造口壁》
《青玉案·元夕》
《西江月·夜行黄沙道中》
《西江月·遣兴》

程垓 // 357
《水龙吟》

陈亮 // 357
《水调歌头·送章德茂大卿使虏》

刘过 // 358
《唐多令》

姜夔 // 358
《扬州慢》

朱淑真 //358
　《菩萨蛮》
　《蝶恋花》

文及翁 //359
　《贺新朗·西湖》

刘克庄 //359
　《沁园春·梦孚若》
　《贺新郎四首》
　《玉楼春·戏林推》

吴文英 //361
　《风入松》
　《唐多令》
　《八声甘州·灵岩陪庾幕诸公游》
　《浣溪沙》

王沂孙 //362
　《无闷·雪意》

周密 //362
　《高阳台·寄越中诸友》

刘辰翁 //362
　《柳梢青·春感》
　《沁园春·送春》

蒋捷 //363
　《声声慢·秋声》
　《虞美人·听雨》
　《一剪梅·舟过吴江》

文天祥 //364
　《酹江月·驿中言别友人》
　《满江红》

张炎 //364
　《清平乐二首》

　《解连环·孤雁》
　《高阳台·西湖春感》

元、明、清词 //366
　丘处机 //366
　　《无俗念·灵虚宫梨花词》

　元好问 //366
　　《摸鱼儿·雁丘词》

　萨都剌 //366
　　《念奴娇·登石头城次东坡韵》
　　《满江红·金陵怀古》

　高启 //367
　　《念奴娇·自述》

　陈霆 //367
　　《踏莎行》

　唐寅 //368
　　《一剪梅》

　杨慎 //368
　　《临江仙》

　顾贞观 //368
　　《金缕曲二首》

　纳兰性德 //369
　　《金缕曲·赠梁汾》
　　《蝶恋花·萧瑟兰成看老去》
　　《蝶恋花·出塞》
　　《蝶恋花·辛苦最怜天上月》
　　《清平乐》
　　《南乡子·为亡妇题照》
　　《临江仙·寒柳》
　　《相见欢》
　　《采桑子》

《木兰花·拟古决绝词柬友》
《如梦令》
《画堂春》
《长相思》
《浣溪沙·谁念西风独自凉》
《浣溪沙·残雪凝辉冷画屏》

李渔 // 372
《鹧鸪天》

黄景仁 // 372
《贺新郎·太白墓和稚存韵》

项鸿祚 // 372
《浣溪沙十八首》（其十三）
《阮郎归·吴门寄家书》

蒋春霖 // 373
《虞美人》
《扬州慢》
《台城路》
《木兰花慢·江行晚过北固山》

吴趼人 // 374
《多丽·题金陵图三首》

王国维 // 375
《蝶恋花二首》
《点绛唇》
《虞美人》

秋瑾 // 376
《满江红》

元曲 // 377
杜仁杰 // 377
【般涉调·耍孩儿】《庄家不识勾栏》

刘秉忠 // 378
【南吕·干荷叶】《有感》

白朴 // 378
【越调·天净沙二首】（《春》《秋》）
【中吕·阳春曲】《知己》
【双调·沉醉东风】《渔父》

王恽 // 379
【越调·平湖乐二首】

关汉卿 // 379
【南吕·四块玉二首】（《别情》《闲适》）
《西厢记》选段《长亭送别》
【南吕·一枝花】《不伏老》
【南吕·一枝花】《杭州景》

姚燧 // 382
【中吕·阳春曲】《笔头风月时时过》
【越调·凭阑人】《寄征衣》
【中吕·醉高歌】《感怀》

卢挚 // 382
【双调·蟾宫曲】《醉赠朱帘秀》
【双调·沉醉东风】《秋景》

刘因 // 383
【黄钟·人月圆】《茫茫大块洪炉里》

陈草庵 // 383
【中吕·山坡羊】《叹世》

马致远 // 383
【越调·天净沙】《秋思》
【双调·拨不断】《叹世》
【双调·寿阳曲】（《潇湘八景》选三）
【南吕·阅金经】（失题）
【双调·夜行船】《秋思》

【双调·折桂令】《叹世》

王实甫 // 385

　　【中吕·十二月带过尧民歌】《别情》

郑光祖 // 385

　　【双调·蟾宫月】《梦中作》

睢景臣 // 385

　　【般涉调·哨遍】《高祖还乡》

王和卿 // 386

　　【仙吕·醉中天】《咏大蝴蝶》

　　【仙吕·一半儿】《题情》

　　【双调·拨不断】《大鱼》

曹德 // 387

　　【双调·庆东原】《江头即事》

阿鲁威 // 387

　　【双调·湘妃怨】《楚天空阔》

薛昂夫 // 387

　　【正宫·塞鸿秋】《凌歊台怀古》

　　【双调·楚天遥带过清江引】《感春三首》

　　【正宫·塞鸿秋】《功名万里忙如燕》

　　【中吕·山坡羊】《述怀》

张养浩 // 388

　　【中吕·山坡羊】《潼关怀古》

　　【双调·水仙子】《咏江南》

　　【双调·折桂令】《中秋》

张可久 // 389

　　【中吕·卖花声】《怀古》

　　【中吕·满庭芳】《金华道中》

　　【黄钟·人月圆】《会稽怀古》

　　【越调·天净沙】《江上》

　　【越调·天净沙】《湖上送别》

　　【正宫·醉太平】《叹世》

　　【黄钟·人月圆】《春晚次韵》

　　【双调·庆东原】《次马致远先辈韵》

　　【南吕·四块玉】《客中九月》

　　【双调·殿前欢】《客中》

　　【中吕·普天乐】《暮春即事》

　　【越调·凭阑人】《江夜》

　　【黄钟·人月圆】《山中书事》

马谦斋 // 391

　　【越调·水仙子】《咏竹》

　　【越调·柳营曲】《叹世》

　　【双调·沉醉东风】《自悟》

周德清 // 392

　　【正宫·塞鸿秋】《浔阳即景》

　　【中吕·满庭芳】《误国贼秦桧》

钟嗣成 // 392

　　【正宫·醉太平】《落魄》

　　【双调·水仙子】《吊宫大用》

乔吉 // 392

　　【双调·殿前欢】《登江山第一楼》

　　【中吕·山坡羊】《冬日写怀》

　　【双调·满庭芳】《渔父词》

　　【双调·凭阑人】《金陵道中》

　　【中吕·山坡羊】《寓兴》

　　【越调·天净沙四首】(其三、其四)

　　【双调·水仙子】《重观瀑布》

　　【正宫·绿幺遍】《自述》

　　【南吕·玉交枝】《闲适二曲》

钱霖 // 394

【般涉调·哨遍】《钱奴》

唐毅夫 // 395

　　【双调·殿前欢】《大都西山》

杨朝英 // 396

　　【双调·水仙子】《自足》

贯云石 // 396

　　【正宫·塞鸿秋】《代人作》

　　【双调·蟾宫曲】《无题》

徐再思 // 396

　　【双调·水仙子】《夜雨》

　　【双调·蟾宫曲】《春情》

卫立中 // 397

　　【双调·殿前欢】《碧云深》

鲜于必仁 // 397

　　【中吕·普天乐】《平沙落雁》

孙周卿 // 397

　　【双调·蟾宫曲】《自乐》

查德卿 // 397

　　【双调·折桂令】《怀古》

　　【仙吕·寄生草】《感叹》

曾瑞 // 398

　　【中吕·山坡羊】《自叹》

宋方壶 // 398

　　【中吕·山坡羊】《道情》

兰楚芳 // 398

　　【南吕·四块玉】《风情》

王举之 // 398

　　【双调·折桂令】《读史有感》

汤式 // 399

　　【双调·天香引】《西湖感旧》

　　【双调·庆东原】《京口夜泊》

　　【越调·天净沙】《闲居杂兴》

　　【越调·寨儿令】《听筝》

佚名 // 400

　　【正宫·醉太平】《堂堂大元》

　　【正宫·叨叨令】《黄尘万古长安路》

　　【中吕·朝天子】《志感》

明、清曲 // 401

李开先 // 401

　　【九宫·醉太平】《一笑散》

薛论道 // 401

　　【双调·水仙子】《愤世》

李渔 // 401

　　【黄钟羽·倾杯】《水乡天气》

汤显祖 // 402

　　【牡丹亭】选段《游园惊梦》

洪昇 // 402

　　【南商调·集贤宾】《题其翁先生填词图》

　　【北中吕·粉蝶儿】《枫江渔父图题词》

孔尚任 // 404

　　【商调·集贤宾】《博古闲情》

　　《桃花扇》选段

　　【小忽雷·开场】

曹雪芹 // 406

　　《枉凝眉》

附录　唐司空图《二十四诗品》详注 // 407

参考文献 // 412

篇前语

中国古典诗歌美妙的文辞、韵律和境界，是民族文化的特色，对人的精神世界具有强大的感染力。

一、学习欣赏古典诗歌的功能

(一)传承祖国优秀传统文化,提高国人文化修养

中国古典诗歌不仅有其高超的文学价值,更由于其中蕴含、洋溢着我们民族美好的精神品格和高尚情趣,是我们民族历尽磨难而顽强不屈、生生不已的重要精神支柱。即使在秦始皇焚书坑儒的年代里,仍有一些人在抵抗暴政时,通过在二酉洞等处藏书,甚至采取将所焚之书的内容背诵下来,口口相传("诗书丧,犹有舌")等各种办法,使民族文脉得以保留和传承。坚守中华民族的精神家园,把我们优秀的文化遗产发扬光大,进而凝聚为民族的一种精神力量,是我们这一代人应负的责任。当前我们在致力于建设文化强国的过程中,不能忽略优秀传统文化的基石作用。文学具有认识、了解社会的功能。古典诗歌能够带领我们走进历史,帮助我们从不同角度认识和了解中国历史上各个时代的社会生活和精神风貌,丰富我们的历史知识、生活知识;帮助我们更好地感知事物和认识大千世界,丰富思想文化内涵。"腹有诗书气自华",古典诗歌中有大量的名篇、名句,我们在熟读和理解之后,可以提高我们的文学修养。在演讲、写文章、与人交谈时,信手拈来,灵活运用,适当地引用、化用古典诗句和典故,能够增强说服力和感染力,增强表达的效果。

(二)发挥优秀传统文化的教化功能

历代统治者和多重视诗歌的教化作用,在国学的传播中,诗歌传播得最为广泛,士农工商、妇孺老幼,皆有所知晓。通过对古典诗歌的学习,了解和感受古代优秀诗人们的生活方式、生活态度及其精神世界,汲取有益于我们当代人生活的精神营养,可以"养天地正气,法古今完人",加强个人的品德修养,陶冶情操,参天悟地,博古通今,增添能量。诗歌文学不同于科学技术,也不同于生产经营,不能给人们带来直接的功用。庄子说"无用之用,方为大用"。钟嵘认为"动天地,感鬼神,莫近于诗"。中国古典诗歌具有强大的精神感染力和潜移默化作用。我们通过学习欣赏古典诗歌,从古代优秀知识分子的作品中能够强烈地感悟到他们的思想境界与精神追求,受到精神上的洗礼,用中国文化的智慧品性,解决国人当下面临的一些烦恼困惑。

篇 前 语

诗歌是古代知识分子表达心境的重要手段,也是激发人类高尚心灵的精神源泉。一首岳飞的《满江红》,激励了多少抗敌将士战场上英勇杀敌,甘愿用鲜血和生命保卫祖国的每一寸河山。屈原的"亦余心之所善兮,虽九死其犹未悔"、王昌龄的"但使龙城飞将在,不教胡马度阴山"、韩愈的"欲为圣明除弊事,肯将衰朽惜残年"、文天祥的"人生自古谁无死,留取丹心照汗青"、于谦的"粉身碎骨浑不怕,要留清白在人间"、谭嗣同的"我自横刀向天笑,去留肝胆两昆仑"以及秋瑾的"一腔热血勤珍重,洒去犹能化碧涛"。这些千古绝唱,以其强大的感染力与冲击力,感人肺腑,震撼胸魄,能够激发人们一种向上的精神力量,起到净化心灵、鼓舞意志的作用,激发人们追求舍生取义、舍己报国的人生境界;也让我们深切体会到古典诗歌"此乃祖传一把刀,铸造精湛技艺高。珍藏别无其他意,世代豪气不可消"的励志作用。

  品读曹操的"白骨露于野,千里无鸡鸣。生民百遗一,念之断人肠"、杜甫的"穷年忧黎元,叹息肠内热"、杜荀鹤的"今来县宰加朱绂,便是生灵血染成"和郑燮的"些小吾曹州县吏,一枝一叶总关情"等诗句,能够增强我们体恤民生、悲悯大众、为民请命、勇于担当的责任与情怀。品读屈原的"苏世独立,横而不流兮"、阮籍的"布衣可终身,宠禄岂足赖"、张九龄的"草木有本心,何求美人折""岂伊地气暖,自有岁寒心"、李白的"安能摧眉折腰事权贵,使我不得开心颜"、王禹偁的"不随夭艳争春色,独守孤贞待岁寒"、陆游的"零落成泥碾作尘,只有香如故"、文天祥的"世态便如翻覆雨,妾身元是分明月"等诗词佳句,能够培养我们坚贞高洁的风骨与刚正不阿的气节,不惧权势,不为高官厚禄、浮名重利所诱惑。品读《诗经》的"蒹葭苍苍,白露为霜"、嵇康的"目送孤鸿,手挥五弦"、陶潜的"晨兴理荒秽,带月荷锄归""衣沾不足惜,但使愿无违"、孟浩然的"野旷天低树,江清月近人"、王维的"松风吹解带,山月照弹琴"等诗句,能够培养我们寄兴于田园、忘情于山水、崇尚与尊重自然的美好品性。品读屈原的"路漫漫其修远兮,吾将上下而求索"、曹操的"老骥伏枥,志在千里。烈士暮年,壮心不已"、倪瓒的"只有所南心不改,泪泉和墨写离骚"、汉乐府诗"君当作磐石,妾当作蒲苇。蒲苇纫如丝,磐石无转移"等诗句,那种对真理正义的追求,对祖国、民族的眷恋与执着,坚守磐石般的爱情、友情的忠贞,有助于我们克服对名利地位的焦虑与恐惧,潇洒坦荡地生活,追求生命的真谛与终极意义,为国人安身立命打下良好基

础、修身修为增加一些养分。

(三)提高审美格调和审美能力

杜甫的"两个黄鹂鸣翠柳,一行白鹭上青天。窗含西岭千秋雪,门泊东吴万里船",以绘声绘色的景物描写、错落有致的声韵和严格高超的对仗展现出美妙意境,带给我们强烈的视听感觉。在李白的"天门中断楚江开,碧水东流至此回。两岸青山相对出,孤帆一片日边来"、欧阳修的"轻舟短棹西湖好。绿水逶迤,芳草长堤,隐隐笙歌处处随。无风水面琉璃滑。不觉船移,微动涟漪,惊起沙禽掠岸飞"、张可久的"嘤嘤落雁平沙,依依孤鹜残霞,隔水疏林几家。小舟如画,渔歌唱入芦花"、马致远的"枯藤老树昏鸦,小桥流水人家,古道西风瘦马。夕阳西下,断肠人在天涯"这一类广为传颂的诗词曲中,我们朗读品鉴,能够感受到古典诗歌蕴含着的格式之美、声韵之美、文辞之美、境界之美。荀子说"君子之学也,以美其身"。学习与欣赏语言华采、意境优美的古典诗歌,会使我们懂得怎样去感受和欣赏美;同时,培养我们善于使用形象思维方式,增强对作品的感知,提高审美格调、审美趣味与审美能力。

(四)愉悦性情,怡情逸致

在我们劳累疲惫的时候,在我们遭遇挫折倍感压抑的时候,在我们闲暇无事的时候,可以阅读吟咏古人有着美好意境与醇厚韵味的佳句。"大漠孤烟直,长河落日圆""自去自来堂上燕,相亲相近水中鸥""日出江花红胜火,春来江水绿如蓝""天阶夜色凉如水,坐看牵牛织女星""有情芍药含春泪,无力蔷薇卧晓枝""玉鉴琼田三万顷,着我扁舟一叶"。中国语言文字所独有的艺术魅力,可以带来一种高雅的精神享受,其美妙的意境、工整的格律、和谐的声调和凝练的艺术语言,给人以极大的愉悦感和想象空间。"若有诗书藏于心,岁月从不败美人。"古典诗歌这种调适情绪、促进身心健康的作用是显而易见的。

(五)提高古体诗歌(旧体诗)的文学创作水平

从古典诗歌中汲取营养,能够激发出旧体诗创作的潜能。当我们阅读了大量的古典诗歌,掌握了一些品鉴与创作要领,具备了一定的创作能力后,会产生创作欲望或冲动,运用古典诗歌的创作知识和技巧,进行旧体诗

歌创作。可以对生活中遇到的一些事物以诗歌形式留下感想与心路历程，也可以在友人之间赠答唱和，交流认识与内心感想；还可以配合国画创作题写诗词，展示创作意图与思想。

二、了解古典诗歌与国学的关系

广义的国学，是指以儒、释、道三家学问为主干，以中华古典文学、史学、艺术、医药、武术、饮食、民俗礼仪等为枝叶的中国传统文化体系。狭义的国学，主要指意识形态层面的传统思想文化，它是国学的核心内涵，是国学的本质属性。

古典诗歌的范围包括从商周到晚清期间的诗、词、曲作品。古典诗歌是国学的一部分源流，也是最能体现民族精神、植根于人民群众中的传统文化。从远古还没有文字的年代，就有诗歌开始产生并流传下来，早于其他大多数传统文化，其源远流长，渊博宏大，对民族传统文化影响深远。古典诗歌在国学中体量巨大，参与创作的人数最多。"经史子集"中，无论是"五经""六经"还是"十三经"，皆有《诗经》。而"集"中的个人文集和各个时期的文学诗词汇集评注中，更有大量的古典诗歌作品及诗歌评论。古典诗歌在中国古典文学中居于最高殿堂，是"阳春白雪"。作为中国人，不能不对自己民族的最优秀的文化成果有较多的知晓和掌握。

三、学习鉴赏古典诗歌应具备的条件和能力

要具备相应的文史知识。古典诗歌是以古代语言表达的一种韵文。要提高对古典诗歌的鉴赏能力，应该对我国古代历史、地理、文学、美学、声韵学、古汉语语法修辞知识以及逸事掌故等有所知晓，具备运用这些知识对古典诗歌进行分析、领会和解释的能力。

掌握古典诗歌的法度和规则技巧。我们阅读和欣赏古典诗歌的目的，是提高欣赏和创作水平，在欣赏中得到愉悦和感悟。既要知道前人作品好的章法、技巧和语言，又要知道其缺点和不足，以及怎样去避免，这样才能提高自己的欣赏和创作水平。尤其是常读常用的"古风""歌行体诗""五绝""五律""七绝""七律""排律"及一些词牌、曲令，应该了解、掌握其概念、结构、体式以及在章法、句法、字法、格律等方面的规则和要求，进而能够鉴赏

出具有较高艺术水平的古典诗歌。

四、学习古典诗歌的要领

大量阅读，广泛涉猎，"知人论世"。孟子说："颂其诗，读其书，不知其人，可乎？是以论其世也。"就是说为了理解作品需要了解作者身世以及有关时代与创作背景。阅读范围应包括各个时代、流派、风格、题材的作品。了解我国历史上各个时期的状况，了解各时期的文学发展脉络。借助资料了解古典诗歌作者的身世经历与处境，阅读后人对古典诗歌作品的评论，了解作品的创作意图、背景及相关事件、人物，进一步了解与欣赏作品的思想内涵和艺术特色，有助于自己对古人诗歌作品的理解。如果对哪位诗人的作品有独特的爱好，还可以找到他的专集来了解和阅读欣赏，乃至进一步研究。

反复诵读，思索体味。古典诗歌作者通常表达含蓄，寓意暗藏，诗篇追求凝练与韵律和谐，往往典故用事、借用化裁、旁征博引较多，因此，对经典诗歌作品要熟读，反复咀嚼回味，再通过不断深入的思索探求，才能了解和品味到作品中更深层次的精神与艺术内涵。

五、学习欣赏古典诗歌的不同阶段

通过最初的启蒙，感受到古典诗歌的音节声调和韵律之美。这仅仅是在童蒙或初学阶段。

通过一定篇目的阅读，感受到诗歌的文辞和格式之美，进而为一些警句、名句所吸引，产生爱好，这是有了一定学习基础的阶段。

通过大量、反复的熟读，特别是对警句、名句、名篇要做到烂熟于胸，方能够逐渐感受和领悟到诗歌内在的结构、意境、思想感情、哲理等艺术与精神魅力，从而进入到欣赏的阶段，对于今后的文学创作也大有裨益。

通过查阅资料等方式进行研读，进一步了解作者所处的时代、生平，以及与诗歌创作有关的事件、心境，对作品中使用的典故、逸闻、借用、化裁的句子等有较为深入的理解，这是进入到了对古典诗歌的鉴赏阶段。

通过不断深入的揣摩感悟与联想想象，能够正确理解和诠释作品，探求到作品蕴含的微旨深意，体会到作者的良苦用心，鉴赏品味到诗歌作品的理

篇 前 语

趣、风骨等完整的精神思想内涵,登堂入室,对作品的理解感悟进入到完美境界。完整、准确、深刻地领会和评价作品,洞察诗人所表达的幽深精微的内心世界,与诗人精神高度契合,即实现"作者意"与"读者意"的统一,这是进入到了与古典诗歌作者神交的境界。

【注】 五四新文化运动以来,不受古代格律制约的新体诗歌应时代而生。为了概念上的区别,就把古体诗、词、曲统称为旧体诗,现代人运用古体诗歌规则进行创作的诗歌作品也称为旧体诗。

六、关于古代诗人的称谓

我们经常在一些古典诗歌鉴赏评论中看到对诗人的各种不同称谓,如称王维为"摩诘""王右丞",称杜甫为"子美""少陵""杜工部""杜拾遗""老杜",称韩愈为"韩昌黎",称欧阳修为"永叔""醉翁""六一居士""欧阳文忠公",称王安石为"介甫""半山""王临川""王荆公",称周邦彦为"美成""清真",称辛弃疾为"幼安""稼轩",称姜夔为"白石",称吴文英为"梦窗"等,这和我国自古以来的一些习惯性称谓有关,即把作者除名字以外的字、号、最高官职、籍贯、著作名、封号等,作为对作者的一种尊称。如曹植曾被封为陈王,谥号"思",就称其"陈思";李白字"太白",号"青莲居士",就有了"太白""青莲"的称谓。而杜甫的"子美""少陵"之称分别来自他的字和号,"杜工部""杜拾遗"则来自他曾经任过的"工部左拾遗"官职,"老杜"的称谓则是区别于杜牧的"小杜"。王维的"摩诘"是他的字、"右丞"是他的官职。韩愈的"昌黎"之称来自他自称"郡望昌黎",著有《韩昌黎集》,死后追封为"昌黎伯"。欧阳修"永叔"是其字,"醉翁""六一居士"是其号,"文忠公"是其封号,著有《六一词》和《欧阳文忠公集》。王安石的"介甫"是字、"半山"是号,"王临川"则因为他是临川人,著有《临川先生文集》,"王荆公"之"荆公"是他的封号。周邦彦的"美成"是其字,"清真"则来自他的号"清真居士"和词集《清真集》。辛弃疾字"幼安",号"稼轩"。姜夔号"白石老人",吴文英号"梦窗"。这些复杂的称谓如果记不准确,容易把作者的"字""号"和作品搞混而出错,以至于张冠李戴。

诗史篇

> 古典诗歌的演进与发展犹如大江大河，成为国人思想文化的不竭源泉。

第一章　我国古典诗歌的起源

从我国古典诗歌的起源来看,早期的诗大多是以歌的形式出现,诗与歌不分离,既是文学,又是艺术。古代先民们经过在社会生活中长期不断地探索、创新,从而创造出中国古典诗歌这一人类文化瑰宝。

我国古代诗歌体系丰富宏大,源远流长,各个时期都有其丰富的文学艺术成果与特点。诗歌产生于生产劳动、部族宗教仪式、社会活动、爱情及家庭生活,从产生、发展到成熟,其体裁格式与风格经历了漫长的演变发展过程。主要有早期的杂歌谣辞、西周至春秋时期的《诗经》、战国时期的楚辞和西汉以来的古体诗,以及经南北朝声律理论发展起来的格律诗和以后的词、曲。这些数量繁多、题材广泛、精彩纷呈的古代诗歌,经过数千年历代知识分子广泛参与创作,体现了宫廷诗人、文人士大夫与民间诗人在体裁格式、题材内容与表现风格上的多样性,也体现了各个时代不断发展创新而出现的不同类型文学创作高峰的特点。正如王国维先生所说:"凡一代有一代之文学,楚之骚,汉之赋,六代之骈语,唐之诗,宋之词,元之曲,皆所谓一代之文学,而后世莫能继焉者也。"

我国古代的诗歌思想内容和艺术水平自先秦时期就已经达到了较为成熟的发展高度。先秦诗歌的思想性、艺术性及其表现风格对后世诗歌创作影响深远,明代学者顾元庆在《夷白斋诗话》中说:"长江万里,人言出于岷山,而元不知从雪山万壑中来。"学习和欣赏古典诗歌,先要了解我国诗歌文化的源头及其影响,对早期的诗歌起源有所知晓。

第一节　早期的杂歌谣辞

我国古典诗歌起源于远古时期先民的杂歌谣辞,是产生于上古到魏晋时期的歌谣、童谣、谚语、铭文、卜辞和与歌、舞、乐有密切联系的文学形式作品的统称。其中,劳动歌曲、讽喻歌谣以及各类庙祝、典仪集会活动的歌曲,

到商周时期已经形成了早期的诗歌体系。先民们创作出了《击壤歌》《帝载歌》《南风歌》《麦秀歌》《采薇歌》《楚聘歌》等民歌与《盥盘铭》《衣铭》《白云谣》《太公兵法引黄帝语》《祝越王辞》等谣辞,它们具备了诗歌的一些要素,其韵律节奏与句式风格成为后来诗歌形成的源泉。这些作品或无作者,或传说的作者无法考究其真伪,却给我们留下了宝贵的文化遗产。《击壤歌》是赞美自由、美好生活的歌谣,《八伯歌》是赞美圣人高尚品德的歌谣,《南风歌》是祈盼风调雨顺的歌词。在早期流传下来的诗歌中,《康衢谣》《击壤歌》与《八伯歌》源自黄河流域。如《康衢谣》"立我蒸民,莫匪尔极。不识不知,顺帝之则",其句式可以看作《诗经》四言诗的源头。《南风歌》《麦秀歌》《采薇歌》《孺子歌》和《琴歌》源自长江流域。如《琴歌》"乐莫乐兮新相知,悲莫悲兮生别离",其句式可以看作楚辞的源头。

第二节　先秦诗歌

先秦是我国古代诗歌发展的重要时期,以《诗经》、楚辞为代表的诗歌,其基本句式结构、构思方式、创作风格乃至修辞方法,成为其后历代诗人创作的源泉和宝库。

一、《诗经》

《诗经》在我国古典诗歌体系走向成熟的过程中,具有极为重要的地位。鲁迅曾经精准、高度地概括说:"风雅颂以性质言,风者,闾巷之情诗;雅者,朝廷之乐歌;颂者,宗庙之乐歌也。是为《诗》之三经。赋比兴以体制言。赋者直抒其情;比者借物言志;兴者托物兴辞也。是为《诗》之三纬。"让我们可以从整体上来把握《诗经》。

《诗经》作品产生的时间是从公元前十一世纪到前六世纪五百多年间,即从西周初期到春秋中期。这一时期,我国奴隶制开始走向衰落、朝廷的控制力和周天子的地位下降,诸侯、士大夫阶层崛起,国家进入动荡、分化的大变革时代初期。《诗经》产生的地域,主要是黄河流域以及长江、汉水一带,在现在的甘肃、陕西、山西、山东、河南、河北以及湖北的部分地方。来自周南、召南、邶、鄘、卫、郑、齐、魏、唐、秦、陈、桧、曹、豳十四个诸侯国和王畿

第一章 我国古典诗歌的起源

《诗经》是配合周王室统治者"制礼作乐""燕享祭祀"和了解风俗人情,以加强管理统治的需要而收集整理的,而最后形成305篇的编订,则是由孔子完成的。按照乐曲内容、地域的不同,分为《风》《雅》《颂》三类。其来源包括民间采集、专业人士在各种出征、祭祀等场合创作表演的歌曲和贵族知识分子创作的诗歌。《诗经》在内容上包括了各地的风情诗、公卿士大夫献的政治讽喻诗、歌颂部族历史发展的赞颂诗,还有部分可能是出自巫、史之手的祭祀诗和燕享诗。《诗经》表现了劳动与爱情、战争与徭役、压迫与反抗、风俗与婚姻、祭祖、宴会等社会活动以及气候、天象、动物、植物等自然状况,是周代各方面社会生活和各阶层人士丰富多彩思想感情的展现。

《诗经》中,《风》有十五国风,属于地方曲调,共有160篇。据《礼记》记载,周天子每五年视察一次,所到之处,"命太师陈诗以观民风"。"饥者歌其食,劳者歌其事。"因此说《风》是反映地方的风土人情、生产生活状况以及人民喜怒哀怨的诗。其中有爱情婚姻诗,有劳动场景诗,有政治讽喻诗。许多政治讽喻诗主要表现统治者残酷剥削、压迫和被剥削者的悲惨命运,揭露统治者的腐朽生活,表达作者忧国忧民的思想感情。《关雎》《桃夭》《柏舟》《木瓜》《黍离》《伐檀》《硕鼠》《蒹葭》《芣苢》《相鼠》《风雨》《子衿》《凯风》《击鼓》《无衣》《黄鸟》《采葛》等许多重要诗篇或其中一些精彩的诗句广为流传。

《雅》是周王畿内的乐调,分为《小雅》和《大雅》,属于朝廷的"正乐",共105篇,其中《小雅》74篇、《大雅》31篇。《诗大序》说:"雅者,正也,言王政之所废兴也。政有小大,故有《小雅》焉,有《大雅》焉。"《雅》多为反映贵族阶级生活和思想感情的作品。《大雅》的作者,主要是上层贵族;《小雅》的作者,既有上层贵族,也有下层贵族和地位低微者。《大雅》多为赞美诗,赞颂统治阶级的生活。《小雅》多为怨刺讽喻诗,表达下层贵族牢骚不平的情绪。从风格上说,《大雅》雍容典雅,诗味不浓;《小雅》生动活泼,艺术价值较高。《雅》主要有祭祀诗、农事诗、怨刺诗和战争诗,记录了部族的发展。著名诗篇有《鹿鸣》《伐木》《蓼莪》《采薇》《何草不黄》《生民》《公刘》《荡》《桑柔》等。

《颂》主要包括上层贵族歌颂祖先功绩的颂赞诗和部族史诗等,《颂》有《周颂》《鲁颂》《商颂》,属于伴舞的祭歌,共40篇。《颂》是上层贵族的颂赞诗,是贵族祭祀祖先丰功伟业的宗庙乐章,以典雅庄重、音节铿锵为特色,有些还带有古拙的特点。著名诗篇有《周颂·载芟》和《商颂》中的《那》《烈祖》

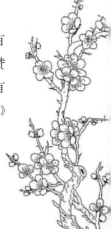

— 13 —

《玄鸟》《长发》和《殷武》等。

《诗经》是以四言诗为主的诗歌总集,体现了四言诗已进入成熟期。其中的爱情诗、闺怨诗、悼亡诗、劳动诗、战争诗、讽喻诗的许多名篇名句都成为经典,对后世的诗歌创作影响巨大而深远。许多诗篇中生动丰满的人物形象、情景交融的环境描写、活泼典雅的艺术风格和"兴、比、赋"的创作方法成为诗歌创作的规律与典范,后人诗歌中的大量词句或典故来自《诗经》。《诗经》作品中反复吟诵、一唱三叹、层层叠进这种加重语气和气氛表达感情的艺术方式,也影响了以后的诗歌创作。

《诗经》中绝大多数作品的作者因没有记载或记载不实而无法考证。

二、楚辞

楚辞指的是一类诗歌作品的总称,是晚于《诗经》、在战国时代出现于楚国地区的一种诗体,也包括以后至汉代一些人用这种诗体创作的诗篇。这个时期处于社会变革加剧、周王朝统治分崩离析、诸侯国兼并战争频繁不断的时代。宋朝人黄伯思说:"盖屈、宋诸骚,皆书楚语,作楚声,纪楚地,名楚物,故可谓之楚词。"春秋时期的《越人歌》"今夕何夕兮搴舟中流?今日何日兮得与王子同舟?蒙羞被好兮不訾诟耻。心几烦而不绝兮知得王子。山有木兮木有枝,心悦君兮君不知"和《孺子歌》"沧浪之水清兮,可以濯我缨;沧浪之水浊兮,可以濯我足"等这一类诗歌,影响到楚辞的产生和创作。战国时期,楚国贵族知识分子屈原在民歌的基础上发展了楚辞这一新诗体,创作出了大量光辉的诗篇,成为楚辞的代表人物。屈原的代表作是《离骚》,重要作品还有《九歌》《天问》《九章》等。西汉末年,刘向编纂了《楚辞》一书。东汉的王逸为《楚辞》作的注《楚辞章句》,包括了屈原和楚国的宋玉、唐勒、景差以及汉代的贾谊、淮南小山、东方朔、庄忌、王褒、刘向、王逸等人的作品。楚辞作为《诗经》之后的新诗体,取得了辉煌成就,也影响到了其后的《渡易水歌》《大风歌》《垓下歌》《胡笳十八拍》等一类诗歌的创作。

《离骚》是屈原的代表作,也是楚辞中最重要的诗歌。《离骚》是长篇抒情叙事诗,全诗以强烈的爱憎、丰富的形象、浓重的色彩,深刻反映了楚国的政治现实以及作者与楚国反动贵族之间激烈的政治斗争。他在诗中以香草美人比喻自己及美好的理想品行,表现了高尚峻洁的品格、顽强斗争的精神

和忧国忧民的思想。全诗篇幅宏伟,气势磅礴,波澜起伏,气象万千。作者在创作上的一些主要特征,如浪漫主义、比兴艺术和华实并茂的语言风格等都在《离骚》中得到充分体现,显示出诗人独特的艺术个性与风格。由于《离骚》是楚辞的代表作,后人也把这一类诗歌统称为骚体诗。

屈原的《九歌》《九章》《天问》等重要诗篇也具有极高的思想性和艺术价值,其中《九歌》中的《国殇》和《九章》中的《橘颂》等是脍炙人口的诗篇。

屈原去世后,他的学生宋玉每逢秋日草木凋零时即异感悲伤,作楚辞《九辨》,抒发悲凉、感伤、怀故之情,开启了诗歌文赋的悲秋题材,影响广泛。

楚辞这种诗歌形式其体裁与风格为汉赋的发展提供了资源,成为汉赋的源头。汉代赋文兴盛,诗歌发展则相对缓慢滞后。当然,诗文相通,赋中的许多用"兮""之"的句式便来自楚辞。同时,赋中的骈偶句式,反过来又影响到诗歌中对偶句式的形成。

三、五言诗与七言诗的雏形

五言诗最早见于春秋时《国语》记载的晋国《暇豫歌》:"暇豫之吾吾,不如鸟鸟。人皆集于菀,己独集于枯。"七言诗最早见于西汉《淮南子》记载的春秋时期齐国的《饭牛歌》:"南山矸,白石烂,生不逢尧与舜禅。短布单衣适至骭,从昏饭牛薄夜半,长夜漫漫何时旦?沧浪之水白石粲,中有鲤鱼长尺半。敝布单衣裁至骭,清朝饭牛至夜半。黄犊上坂且休息,吾将舍汝相齐国。出东门兮厉石班,上有松柏青且阑。粗布衣兮缊缕,时不遇兮尧舜主。牛兮努力食细草,大臣在尔侧,吾当与汝适楚国。"虽然这两首民歌都是杂言诗,却是以五言、七言为主体的诗,五言、七言诗就是以类似这样的民歌为源头,并在发展成熟的四言诗的基础上发展起来的。

当然,诗歌的发展是一种复杂的文化现象。清代学者沈德潜说:"风骚既息,汉人代兴,五言为标准矣。"五言诗的产生与发展,根本上还是与四言诗的成熟发展有重要的进化关系。随着社会的进步,新词汇的大量产生,在传统的四言诗已经容纳不了日益发展的社会生活内容时,诗人们探索在四言诗句式的基础上,增加字数,使得五言诗句较四言诗句有了运用更加灵活,以表现更为复杂的自然、社会现象和思想感情的功能后,五言诗就逐渐发展起来。再从五言发展至六言、七言也是很自然的事情了。

第二章 古典诗歌的发展

第一节 古体诗的形成与格律诗的产生

古体诗产生之前,古代诗歌大多是四言诗、杂言诗和骚体诗。古体诗也称为古风或古诗,是以五言、七言为主的齐言诗,包括少量的四言、六言诗。古体诗使用偶句形态,部分诗中含有少量的单句或杂言句,押简单的韵,篇幅可长可短,格律约束不强。风格古朴自由,自然而少雕琢,是格律诗形成之前的主要诗歌形式。古体诗从产生到成熟,经历了漫长的发展时期。

一、汉魏两晋是古体诗从产生到成熟的时期

自《诗经》、楚辞产生以来,我国历代诗歌绵延不绝,只有秦代,由于存在的时间短暂,更由于秦始皇焚书坑儒,殃及诗歌,是中国历史上唯一整个朝代罕有诗歌流传下来的特殊时期。从汉武帝时期以来,五言、七言及少量的六言诗开始出现,如武帝时的"柏梁诗"和卓文君的白头吟以及部分乐府诗。长期以来众多学者认为苏武与李陵的五言诗为后人伪作,卓文君、李延年的五言诗类似于乐府诗。文学史上一般认为:齐言体的五言、七言诗经过诗人们的长期创作探索,酝酿于西汉,而产生于东汉。只有东汉初期班固的五言诗《咏史》和东汉中期张衡的七言诗《四愁诗》可作为文人五言诗和七言诗的代表作。而张衡《四愁诗》中的某些句式,仍具有骚体诗的痕迹,还不能认为是标准的七言诗。

五言古诗的成熟早于七言古诗。汉魏相交到两晋时期是五言诗的兴盛时期,此时七言诗还在逐渐发展的过程中。风格上仍以古朴自然为宗,诗歌气势宏大,题材广阔。一些知识分子及文人集团积极参与诗歌创作以抒发情感,在建安、黄初、正始、太康时期有大量的优秀诗歌产生。丰富的社会生活促使诗人们以开阔的思路,纵横驰骋于诗歌创作中。从历史到社会现实,

从自然现象到历史传说的想象,产生了咏怀诗、咏史诗、山水田园诗和游仙诗。

不可否认,帝王的偏好影响了诗歌的发展与风气。汉武帝刘彻喜好文学和音乐,比较重视乐府机构的作用,命人采集整理了一些包括五言、七言在内的乐府诗。同时他自己也创作了七言诗《秋风辞》,并与大臣们共同创造了柏梁体诗。苏武与李陵的诗题材多表现朋友、兄弟、夫妻间送别、离别之情,内容生动,感情真挚,并且是在格式上臻于成熟的五言诗。乐府机构搜集整理了大量齐言的五言诗和一些杂言诗。到东汉时期,乐府诗的采集更加丰富,使许多民间的诗篇得以广泛流传。汉末建安年间,魏武帝曹操父子三人引领诗坛,尤其曹植的诗,由于追求艺术形式,刻画工整,辞藻华丽,注意运用对仗和锤炼警句而备受后人推崇。曹氏父子、建安七子(孔融、陈琳、王粲、徐幹、阮瑀、应场、刘桢)以及蔡邕、蔡琰父女等人创作的许多诗歌,反映出东汉末年连绵数十年的战争带给人民的深重灾难,表现出对苦难大众的深切关心与同情,为诗坛引入新风,也是中国文学史上第一次诗人集中诗歌创作的高潮。这一时期产生的把创作视角关注到社会生活方面,内容充实、感情丰沛的诗作,其精神风格被称为"建安风骨",对后世影响巨大。西晋时期,司马氏政权排斥异己,政局恐怖昏暗,士族豪强专权。继承建安风骨精神,出现了以"竹林七贤"等人为代表的一批诗人。阮籍的诗表达了鄙视权贵以及消极遁世的思想,嵇康的诗反映了其不与司马氏政权合作的清高内守之道。其后左思等人的诗篇,继承建安风骨和竹林七贤的传统,蔑视和大胆抨击士族豪门。陆机、潘岳的诗形式华美、辞藻繁丽且数量较多,被钟嵘称为"陆海潘江"。辞官归隐的陶潜生活在东晋末年统治集团相互争夺残杀、战祸连年的险恶政治环境中,自己救济苍生的志愿无法实现。他不媚世、不流俗,在诗中歌颂那些隐居的贤士、贫士和敢于与强敌进行殊死斗争的勇士,体现了强烈的浪漫主义色彩。同时,他有大量反映田园生活的诗篇,表现出一种闲适淡远的自然之美。两晋时期贵族文人崇尚玄学,喜好空谈,庄老思想影响诗坛。由晋入宋,"庄老告退,山水方滋",产生了"元嘉体"诗歌。诗人们追求情兴,崇尚自然,创作过程中则注重精思结撰,锤炼意境与字句,以达到风流自然的艺术境界。颜延年与人称"大、小谢"的谢灵运、谢朓先后创作了许多山水风光的诗篇。鲍照的诗在艺术形式上汲取当时文坛上精雕细琢、善于表现的长处,讲究炼字炼句;在风格上展现其格调高昂、感情充沛的特点,一洗当时诗坛的靡弱之风。两晋南北朝时期,张华、郭璞、傅玄、张翰、沈约、江淹、范云、庾肩吾、何逊、阴铿、江总、庾信等人的诗对后世诗人有较大影响。隋代影响较大的则有卢思道、薛道衡和隋炀帝杨广等人的一些诗篇。陶潜的田园诗,谢灵运、徐陵的山水诗和隋代卢思道、薛道衡、杨广等人边塞题材的诗,分别开启了山水田园诗和边塞诗的风气。魏晋时期曹植、郭璞等人的游仙诗,影响了李白、李贺等人的创作。

二、格律诗的产生

格律诗也称为近体诗,是相比较于古体诗而言的一种称呼。与古体诗相比,它的特点是格律性强。两晋、南北朝至隋的四百年间,政权频繁更迭,南北方各民族文化碰撞融合,也是诗歌创作理论发展的重要时期,促进了诗歌艺术的大发展。至南北朝的齐梁时期,诗歌盛行宫廷题材,诗人开始刻意追求诗歌的艺术技巧,风格上以辞藻的华丽与表现对象的秾艳为特点。南朝齐梁时期的统治者,尤其是梁简文帝萧纲和梁元帝萧绎父子对文学艺术的偏好和重视,促进了诗歌艺术的发展。刘勰编纂了我国第一部文学理论批评著作《文心雕龙》,萧统主持编纂的《昭明文选》是我国现存最早的一部诗文选集,它选录了东周至南朝梁代八九百年间、100多位作者、700余篇各种体裁的文学作品。徐陵编选的《玉台新咏》收集了769首诗歌。钟嵘所著的《诗品》,对西汉以来的具有代表性的诗人及其作品品性都给予了独到的评论。沈约所著的《四声谱》及其声律理论也是出自这一时期。与此同时,诗人们的五言、七言古体诗创作也在不断探索中得以发展,历经元嘉体(南朝宋)、永明体(南朝齐)至齐梁宫体诗,风格从古朴逐步走向华丽,艺术上不断成熟。尤其是南齐永明时期,沈约创作《四声谱》,提出除必须遵循"四声"法则外,还应避免"平头、上尾、蜂腰、鹤膝、大韵、小韵、旁纽、正纽"这"八病"。在五言诗中把音律和对偶结合起来,强调整首诗音律和谐,声韵相对,文字对仗,所形成的艺术创作技巧,产生了非常好的美学效果。具备这种特点的诗歌称为"永明体"诗,也是格律诗的早期形态。沈约、谢朓以及后来的徐陵、庾信等人把这种技巧运用于创作实践,产生了许多有影响的诗歌,为格律诗奠定了基础。格律诗的产生,大大增强了诗歌的艺术性,提高了诗歌的艺术创作水平。永明体诗成为格律诗开启的重要标志,同时也为中国古典诗歌在唐代得到蓬勃发展并进入鼎盛时期开辟了道路。

三、乐府诗

乐府诗包括民间诗歌、曲辞、歌谣和文人乐府诗。从民间采集诗歌早在殷周时期就有。汉武帝时开始创立乐府,它作为专业机构从地方、民间采集诗歌。《汉书·礼乐志》说:"至武帝定郊祀之礼……乃立乐府,采诗夜诵。有赵、代、秦、楚之讴。以李延年为协律都尉。多举司马相如等数十人造为诗赋,略论律吕,以合八音之调,作十九章之歌。"《汉书·艺文志》说:"自孝武立乐府而采歌谣,于是有代、赵之讴,秦、楚之风,皆感于哀乐,缘事而发。亦可以观风俗,知薄厚云。"同时采集记载各地歌谣138篇,包括民间佚名作者的重要作品。汉魏两晋南北朝时期产生和流行的吴声、西曲和北朝乐府民歌总称为乐府民歌,以"相和歌""杂曲歌""清商曲""横吹曲"四类为代表。由于乐府诗大多来自民间,因而具有语言通俗、平易质朴的特点。东汉时期经乐府采集、后整理在《昭明文选》中的《古诗十九首》,是一组作者佚名但文化修养很高的社会下层知识分子创作的诗歌,以其谋篇布局适当、语言自然古朴、锻字炼句精湛以及感情浓重真挚的特点,成为五言古诗的楷模,有"诗母"之称。其他著名的乐府诗还有东汉的叙事诗《陌上桑》《古诗为焦仲卿妻作》(又名《孔雀东南飞》)和南北朝时期的《木兰诗》,它们都是创作水平很高的现实主义诗篇,因其独特的叙事性和故事性,创造了新的诗歌形式,在文学史上占有重要地位。特别是《古诗为焦仲卿妻作》,用长达350多句,1 700多字,叙述了封建礼教制度造成的一个婚姻爱情悲剧故事。其体制宏伟、情节生动、语言感人,代表了汉乐府诗的最高成就。乐府诗因其体量较大和来自民间的创作题材与创作风格,对后世诗歌的创作影响深远。

魏晋时期,曹植、陆机等一些文人按照乐府的曲调写作乐府诗却不入乐,称为"拟乐府诗"。唐代元稹、白居易等人不用乐府旧曲,自创新题,但在形式上又模仿歌曲体制的诗称为"新乐府诗"。

【注】"八病"即平头(五言诗首句和次句的第一或第二个字同声);上尾(首句与次句尾字同声);蜂腰(一句中第二个字);小韵(同一联中有同韵部的两个字);旁纽(一联中有两字叠韵);正纽(一联中有两字双声)。

第二节　格律诗的定型与唐诗的兴盛

一、格律诗的定型

格律诗是到了唐代初期才完成它的生长阶段并最终完成定型的。初唐时期,卢照邻、骆宾王、王勃、杨炯等人在创作实践中,突破"上官体"的影响,不仅在题材风格等方面进行改造,同时使五言八句作为律诗得到定型。杜审言、沈佺期、宋之问等人。在诗歌创作中运用永明体诗的声韵和对偶艺术,进一步完善和确立了五、七言律诗与绝句的创作规则,使格律诗更加富有艺术魅力,能够产生文字对应、声调和谐上的美感,更加符合中国文字的特点和诗歌创作规律,为后代诗人所接受。格律诗经过盛唐时期诗人们尽情的发挥得以成熟,促进了唐诗的兴盛。

二、唐诗的兴盛

继《诗经》、楚辞、乐府诗等古体诗歌产生之后,我国文学史上出现了唐诗创作的艺术高峰。南北朝期间,北方游牧民族和西域文化大规模进入中原和江南地区,隋唐统一后国内各民族的融合、南北方经济文化的交流以及唐代经济的蓬勃发展,国力昌盛,促进了包括诗歌在内的文化大繁荣。唐代以诗赋取士的科举制度结合士大夫的保荐制度,拓宽了知识分子进入社会上层的道路。统治者实行了较为开明的思想文化政策,对儒、释、道各派思潮兼容并蓄(武宗毁灭佛法只是短期)。尤其是对各种传统的内生文化和各区域外来文化的包容、对知识分子的言论持宽容的态度,致使诗人们思想活跃,甚至于可以用诗歌讽喻本朝帝王(如白居易的《长恨歌》、杜牧的《过华清宫绝句》、李商隐的《马嵬》等),这在历史上各封建王朝中是罕见的。而民间任侠风气的流行,更加使伸张个性、勇于冲决传统网罗成为诗人们所赞颂的个性气质。这些都构成了唐代诗歌成为我国古典诗歌发展的精神思想高峰与艺术高峰的重要因素。在这样的社会背景下,唐代诗人们的诗歌创作活动较少受到束缚,他们可以充分利用前辈积累起来的诗歌创作艺术经验,来扩大诗的反映面,提高诗的表现力。参与诗歌创作的群体也从文化精英扩

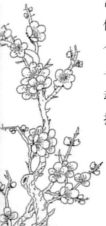

展到各阶层文化人群,作诗、赏诗、唱诗成为社会文化娱乐生活的一个重要组成部分,使诗歌在唐代得到了最大限度的发展。诗人们的想象空间巨大,充分利用技巧繁杂的诗歌规则,以感情奔放、文采飞扬的艺术风格,把诗歌的思想性和艺术性表现得淋漓尽致。《全唐诗》共收录2 200多位诗人的48 900多首诗歌。优秀诗人如群星璀璨,优秀作品不胜枚举,创造了灿烂华美的唐诗。

三、初唐诗

唐诗按照唐朝国运的发展阶段,一般分为初唐、盛唐、中唐和晚唐四个时期。唐代初年,除王绩等少数诗人继承了陶潜的诗风,创作出一些清新诗篇外,受李世民、上官仪等君主和朝廷重臣的影响,宫体诗、应制诗仍然盛行。"初唐四杰"卢照邻、骆宾王、王勃、杨炯以及陈子昂等人以勇于突破创新的精神和感情充沛的诗篇,开拓了唐诗的题材,提振了唐诗的精神风貌。特别是陈子昂,针对初唐诗坛上沿袭六朝、齐梁之靡丽猥琐和形式主义的诗风,大力倡导《诗经》的兴寄与建安诗歌的风骨等诗歌革新主张,在初唐诗坛上起到了振聋发聩、石破天惊的作用,为盛唐开创清新自然、充满激情活力的诗风扫清了道路。诗人们开始追求建安诗人及阮籍、左思、陶潜、颜延年、谢灵运、谢朓等人的风格,开辟了唐诗题材与表现手法的广阔空间。刘希夷、贺知章、张若虚等人也创作出充满情思与哲理的诗歌,其中张若虚的《春江花月夜》有"孤篇压全唐"的盛誉。

四、盛唐诗

盛唐时期也是唐诗发展的鼎盛时期,许多优秀诗人和优秀诗篇代表了唐诗的最高成就。张九龄是盛唐初期的重要诗人,他的《感遇十二首》等诗歌深沉凝重,正气凛然,古风犹存。受陶潜、谢灵运的山水田园诗和徐陵、卢思道等人边塞诗的影响,盛唐诗人们在继承中创新,诗歌题材大大扩展,产生了孟浩然、祖咏、王维、刘长卿、常建、储光羲等山水田园诗人和王之涣、李颀、王昌龄、高适、岑参等边塞诗人。孟浩然的诗大气、自然,情景交融。王维是画家,他的诗禅意醇厚,清新幽静,意象具体,如画卷展现,也创作了一些边塞、咏历史人物等题材的名篇。他们的一些诗反映僧道、隐士的生活,

诗 史 篇

有强烈的归隐田园之意。著名的山水田园诗有孟浩然的《过故人庄》《春晓》《宿建德江》和王维的《山居秋暝》《鹿柴》《积雨辋川庄作》《鸟鸣涧》等。戎昱、张谓、张旭、崔国辅、王翰等人也有许多咏景、边塞、咏史、闺怨、风情的名篇。刘长卿诗宗王维,善写五言诗,有"五言长城"之称,名篇有《送灵澈上人》《逢雪宿芙蓉山主人》等。边塞诗大气磅礴、慷慨悲凉,描述边塞环境的苦寒恶劣、守军将士戍边的艰难以及战争的残酷,抒发诗人建功立业的英雄气概与不畏艰难的豪迈精神。著名的边塞诗如王昌龄的《出塞》《凉州词》、高适的《燕歌行》和岑参的《白雪歌送武判官归京》《轮台歌奉送封大夫出师西征》等,把边塞诗推向高峰,后世无人企及。王昌龄被后人称为"七绝圣手",题材多样、气格皆高,为人称颂。盛唐时期李白与杜甫是诗坛最重要的诗人,也是中国诗坛上耀眼的两颗巨星,被后人誉为"诗仙"和"诗圣"。李白的诗具有豪迈恣肆、傲岸纵横的气势,其感情丰富、极具想象力的浪漫诗篇和杜甫对社会底层民众命运深切关注的现实主义诗篇,成为盛唐乃至中国古典诗歌的最高典范。李白任侠、崇道、求仙、嗜酒、重友情、喜游历,追求个性解放,诗歌以表现和抒发个人性情感受为特点,常将想象、夸张、比喻、拟人等手法综合运用,从而造成神奇异彩、瑰丽动人的意境。他以行云流水、自然豪放的笔法,雄浑飘逸的风格,写下许多跨越古今、人间现实与梦幻仙境,想象力神奇的诗篇。李白的诗尤以歌行体、七绝、五律见长。著名的格律诗有《黄鹤楼送孟浩然之广陵》《赠汪伦》《望天门山》《望庐山瀑布》《早发白帝城》《登金陵凤凰台》《渡荆门送别》等,古体诗有《古风五十九首》《战城南》《宣州谢朓楼饯别校书叔云》《月下独酌四首》《答王十二寒夜独酌有怀》等,歌行体诗有《江上吟》《将进酒》《蜀道难》《行路难》《梁甫吟》《庐山谣寄卢侍御虚舟》《梦游天姥吟留别》等。杜甫晚年长时间生活在从开元盛世到安史之乱期间的动荡年代,巨大的社会变动和人民遭受的苦难,给他提供了丰富的生活感受和创作题材。他在颠沛流离、穷困潦倒的生活中却心忧天下,他的诗歌以反映社会与人生为特点,饱含了自屈原以来儒家知识分子忧国忧民的济世情怀。杜甫诗意调沉雄,将悲悯的情怀融入诗中,以高峻的人生境界提振了诗的格调,增强了后人对诗的敬重、崇尚之感。他在诗歌中用现实主义的创作态度,广泛而又深刻地反映了他所生活的时代,对暴政和战争带给社会底层人民的苦难给予了高度的关注和同情,表现出唐王朝由盛转衰的历史画面。他以对社会底层大众深切同情的笔触写下了《兵车行》《茅屋为秋风所破歌》,以及"三吏"(《新安吏》《石壕吏》《潼关吏》)、"三别"(《新婚别》《垂老别》《无家别》)和《自京赴奉先县咏怀五百字》《北征》等著名诗篇,因而有"诗史"之称。同时,杜甫的诗数量大、题材广泛、技巧变化圆熟,作品使用到了各种诗体,且都有杰出的作品。杜甫"思飘云物外,律中鬼神惊,毫发无遗恨,波澜独老成",达到了超凡入圣的境地,被后人认为是唐诗的集大成者。尤其是他的七律,在他的作品中数量多、质量高,最能体现出他的创作技巧和艺术特色。此外,他的《春望》《望岳》《登高》《春夜喜雨》《旅夜书怀》《闻官军收河南河北》《曲江二首》《蜀相》等许多作品都深受读者喜爱。

五、中唐诗

中唐早期产生了王建、李绅、韦应物、卢仝、张籍以及钱起、司空曙、卢纶、李端等"大历十才子"及一大批诗人。"大历十才子"的诗用字细腻雅致,写得逼真、细致且伤感,容易打动读者,影响了晚唐以后的诗风。韦应物的诗表面简淡,实则高雅蕴藉,意蕴深厚,自成一家。大历、贞元年间,一些诗人的作品脱离社会生活,谄媚权贵,粉饰太平,导致诗坛衰落。韩愈、刘禹锡、元稹、白居易、柳宗元等人为代表,以"元和诗风"为旗帜,提出诗文"为时而著""为事而作"的现实主义创作观点,大力改革诗风,疗救时弊。韩愈的诗力求新奇,尤重气势。把"鸿荒""蒸岚""惊雷""激电""怒涛"等入诗,境界宏阔,雄强激荡,刚健险峻,夸张浪漫。他把文章的语言和章法技巧引入诗中,兼具说理与逻辑性,增强了诗的表现功能,扩大了诗的表现范围,对后世的诗风产生了重大影响。他以赋为诗,多写篇幅较长的古体诗。代表作之一《南山诗》,用了1 000多字写终南山的雄伟险峻和多姿多彩:"东西两际海,巨细难悉究""大哉立天地""刚耿陵宇宙"。诗中用了51个"或"字和14个叠字来形容,铺张罗列,穷形极相。刘禹锡的诗深重凝厚,思想深刻,他是以诗歌为武器,敢于在官场中向权豪势要挑战的重要诗人。他的《始闻秋风》《西塞山怀古》《乌衣巷》《石头城》等诗流传较广。白居易是唐代李白、杜甫之外最杰出的诗人,他的诗歌作品不仅题材广泛、数量多、质量高,而且语言通俗易懂,能够为大众接受领会,影响十分广泛。他以正直无畏的姿态关注社会,在大量的诗篇中,以强烈的表现力和感染力,揭露黑暗现实,抨击时弊,为深受统治者剥削压迫的社会底层民众发声,是我国古代现实主义诗歌的典范。著名的《秦中吟十首》,揭露官府仓库中"缯帛如山积,丝絮似云屯"、官僚家中"厨有臭败肉,库有贯朽钱""一丛深色花,十户中人赋";而贫苦百姓则"幼者形不蔽,老者体无温""岂知阌乡狱,中有冻死囚""是岁江南旱,衢州人食人"。通过强烈的对比,抨击统治者的奢靡腐败,表现底层民众的悲惨境遇。他的《观刈麦》《宿紫阁山北村》《卖炭翁》《杜陵叟》和《长恨歌》等叙事诗反映民间疾苦、讽刺抨击权贵豪强,成为杜甫诗歌之后的又一道光辉夺目的亮色。孟郊与贾岛都擅作五言诗,并喜用幽僻奇险的意境,反映个人的生活感受,显现贫寒羸瘦的个人形象,被苏轼称作"郊寒岛瘦",代表作有孟郊的《游子吟》、贾岛的《题李凝幽居》等。贾岛追求对诗句锤炼,还被称为"苦吟诗人"。李贺的诗作想象力极为丰富,引用神话传说,怪诞奇谲,托古寓今,构思出神奇迷离的艺术境界,创造了瑰奇诡异的"长吉体",是继屈原、李白之后,中国文学史上又一位享有盛誉的浪漫主义诗人。他虽然英年早逝,却留下了《金铜仙人辞汉歌》《李凭箜篌引》和"黑云压城城欲摧""雄鸡一唱天下白""天若有情天亦老"等名篇名句。这一时期的著名诗人还有元稹、柳宗元、元结、戴叔伦、李益等人。

六、晚唐诗

晚唐时期诗歌以律诗、绝句为主,诗风多清丽隐婉。诗坛以李商隐、杜牧为代表,二人有"小李杜"之称。杜牧的诗歌以七言绝句著称,内容多咏史抒怀,诗风俊朗,思想深刻。《赤壁》("东风不与周郎便,铜雀春深锁二乔")、《泊秦淮》("商女不知亡国恨,隔江犹唱后庭花")以及《过华清宫绝句》《题乌江亭》《题木兰庙》《金谷园》等诗篇,深刻独到,发人深省。咏景诗《清明》《山行》《江南春》《秋夕》等成就也非常高,对后世影响较大。李商隐是整个唐代为数不多的刻意追求诗歌美学意义的诗人,其诗作构思新奇,风格秾丽,尤其是一些爱情诗和无题诗写得悱恻缠绵。"庄生晓梦迷蝴蝶,望帝春心托杜鹃。沧海月明珠有泪,蓝田日暖玉生烟""春蚕到死丝方尽,蜡炬成灰泪始干。晓镜但愁云鬓改,夜吟应觉月光寒""身无彩凤双飞翼,心有灵犀一点通""嫦娥应悔偷灵药,碧海青天夜夜心""何当共剪西窗烛,却话巴山夜雨时"等诗句深婉唯美,动人心魄,广为传诵。"可怜夜半虚前席,不问苍生问鬼神"(《贾生》)、"如何四纪为天子,不及卢家有莫愁"(《马嵬》)及《梦泽》《筹笔驿》《齐宫词》《隋宫》等咏史诗思想的深刻性也足以与杜牧诗比肩。温庭筠的咏景诗和怀古诗许多是富于功力与思想深刻的上乘之作,诗风深婉不迫,读后令人回味无穷,与李商隐并称"温李"。聂夷中、杜荀鹤等人的诗反映了统治者对劳动人民残酷剥削压迫的社会现实,表现了对人民苦难的深切同情。许浑、韩偓、赵嘏等人的诗以自然、清丽见长。韦庄、罗隐、司空图、吴融、皮日休、陆龟蒙等人的诗隐逸悲怨,这些诗人及作品,为晚唐诗的兴盛做出了重要贡献。

唐代大量出色的山水田园诗、边塞诗、咏物诗、咏景诗、怀古诗、游仙诗、爱情诗、唱和赠答诗等,都脍炙人口、广为流传。

第三节 宋诗的继承与发展

诗在经过近三百年唐代众多才华横溢诗人的倾情创作,取得了巨大的成就,达到了后人难以企及的高度。鲁迅说:"一切好诗,到唐已被做完。"对于宋代诗人来说,如何继承与发展唐诗,是极其艰难的事情。宋代重要的诗人有北宋的欧阳修、王安石、苏轼、黄庭坚和南宋的陆游、范成大、杨万里等人,他们继承并发扬中国文化的优良传统,为开一代风气的领军人物。由于唐诗的艺术水平之高及影响之大,宋代诗人既要继承唐诗的精神风格,同时又不甘心于在唐诗的阴影中成长,只能以自己的方式与风格发展。以王安石、苏东坡、黄庭坚为代表的诗人们"创撰新奇",另辟蹊径,突破传统的比兴抒情方法,用赋笔的方法偏重于达意,乃至以才学入诗、以议论入诗、以文字入诗。在唐诗情思神韵的基础上,以寻趣辟理为路,开创了宋诗的一代风气,提高了宋诗的文学地位,使宋诗无论在数量上还是在质量上,都取得了能够与唐诗比肩的成就,得以在文学史上占据重要地位。

一、北宋诗

北宋初年,杨徽之、郑文宝、徐铉、柳开、王禹偁等人都创作出了一些令人称道的作品。受唐代诗歌的影响,诗坛先后出现推崇中唐白居易的"白

体"和推崇"晚唐体"诗风的"西昆体",影响较大,却存在创新不足的问题。欧阳修领导诗文改革运动,梅尧臣、苏舜钦、王安石、苏轼等人创作出大量寻趣辟理、语句清新恣意、趣味高雅浓厚的诗作,开启了宋诗发展的新风。欧阳修、梅尧臣等主张诗歌应继承《诗经》风雅的传统,"发声通下情""因事有所激,因物兴以通",触及社会现实,及时反映时代的呼声。欧阳修写了《食糟民》《边民》《猛虎》《憎蚊》等同情民生疾苦的政治讽喻诗。梅尧臣的《故原战》《汝坟贫女》《田家语》等诗,记录了宋军作战失败及战争牵连到底层人民的痛苦。他哀悼妻子的悼亡诗《悼亡三首》,写得缠绵悱恻、感情真挚,有人认为超过了唐代元稹的悼亡诗。王安石的诗批判社会现实,抒发人生志趣,咏唱政治理想,在宋代诗人中最富于思想色彩。苏轼是北宋中期的文坛领袖,是中国古代诗坛上少有的才情洋溢的杰出诗人。他诗词俱佳,其诗境开阔,气象雄伟,神采飞扬,自由挥洒,想象力非凡;善用夸张比喻,天地万物,嬉笑怒骂,尽入诗情笔端。他的诗作题材广泛,优秀诗篇数量众多,既记录了他一生的经历与思想感情,更为宋诗的发展、创新带来了活力。他在逆境中保持乐观旷达的诗句,鼓舞激励着历代后人。《饮湖上初晴后雨二首》《春宵》《中秋月》《题西林壁》《惠崇春江晚景》《赠刘景文》等绝句脍炙人口;《和子由渑池怀古》《石苍舒醉墨堂》《六月二十日夜渡海》等诗篇洒脱洗练,寓意深刻。黄庭坚是"苏门四学士"之首,又是创立"江西诗派"的领袖。作诗取法杜甫,博采韩愈、孟郊、白居易,又刻意创新,自辟门户;强调"以故为新""以腐朽为神奇",做到"无一字无来处""点石成金""夺胎换骨",突破了西昆体的束缚,别具一格,形成了瘦硬老辣、新奇峭拔的艺术风格。江西诗派的重要诗人有陈师道、陈与义、吕本中、曾几等人。到南宋时期,重要诗人陆游、尤袤、杨万里、范成大、刘辰翁、方回等人的诗风也曾受到江西诗派的影响。江西诗派的著名诗篇有黄庭坚的《寄黄几复》《题子瞻枯木》《雨中登岳阳楼望君山二首》《鄂州南楼书事四首其一》《奉答李和甫代简二绝句》,吕本中的《连州阳山归路》、陈师道的《绝句四首》、陈与义的《伤春》、曾几的《三衢道中》等。其他著名诗人及诗篇还有王禹偁的《清明》《官舍竹》、林逋的《山园小梅》、钱惟演的《对竹思鹤》、苏舜钦的《淮中晚泊犊头》等。

二、南宋诗

南宋初年,尤袤、杨万里、陆游、范成大被称为南宋四大家,姜夔、叶绍

翁、戴复古、刘过等社会地位较低的诗人被称为江湖派诗人,其作品对南宋诗歌产生很大影响。杨万里的诗清新自然,自成一家,独具风格,形成对后世影响较大的"诚斋体"。范成大原从江西诗派,后继承中、晚期唐诗的现实主义精神,题材广泛,多反映农村社会生活。风格平易浅显、清新妩媚,自成一家。陆游是宋代爱国诗人的优秀代表,他生活在北宋末年到南宋前期,一生创作勤奋,有9 300多首诗歌留存。"公卿有党排宗泽,帷幄无人用岳飞。""诸公可叹善谋身,误国当时岂一秦。"他的诗展现了民族矛盾尖锐、阶级矛盾突出的社会现实,揭露了南宋统治者投降派贪生误国的本质。"僵卧孤村不自哀,尚思为国戍轮台",抒发了诗人以身报国的志向。《感愤》《书愤》《关山月》《病起书怀》《十一月四日风雨大作二首其二》《秋夜将晓出篱门迎凉有感二首其二》《示儿》等爱国诗篇国人耳熟能详。刘子翚、刘克庄、文天祥、真山民、汪元量、刘辰翁、谢枋得、郑思肖、谢翱等人表现爱国情怀、反映亡国之痛和离乱之情的诗篇在当时和对后世都产生了巨大的影响。著名作品有文天祥的《过零丁洋》《正气歌》、刘子翚的《汴京纪事二十首》、郑思肖的《画菊》《咏制置李公芾》等,洋溢着强烈的抗敌爱国激情。宫廷乐师汪元量的《醉歌十首》《湖州歌九十八首》,述说亡国者苦难与屈辱的心境,读后令人悲愤难平,强化了人们的爱国意识。南宋时期的儒学大家程颢、朱熹等人也创作了一些兴趣高妙的哲理诗。

第四节　唐、五代、宋词

一、词的兴起

宋词是继唐诗之后,我国古代诗歌艺术的又一座高峰。词是从隋、唐以来乐府机构搜集、创作的"燕乐杂曲"发展而来的,最初是宫廷、教坊以及民间音乐机构用于乐妓演唱的歌词,是经过音乐陶冶的文学语言。它的形式受声律与曲律严格约束,需要与曲调和谐适应。所以把作词称为"依曲拍为句""倚声填词",许多词牌最初就是因乐曲而得名。每一种词牌有固定的词谱与格式,词作者严格按照乐曲的词谱格式来填词。词就是那个时期歌曲的文字部分,也就是歌词,所以,词的格律仍然比较严格。随着社会经济文化的发展,词这种形式逐渐从音乐中脱离出来,成为独立的文学作品。其中,五代时期冯延巳与李煜(南唐后主)的词创作,对于以后宋词的发展起到了重要影响。王国维认为"冯正中(延巳)词虽不失五代风格,而堂庑特大,开北宋一代风气""词至李后主而眼界始大,感慨遂深,遂变伶工之词而为士大夫之词"。词作者也从少数专业作曲词人士发展到官员及社会各阶层知识分子。五代至宋以来,词作为知识分子的一种文学与情感的重要表达工具,这一特点基本上被保留了下来,许多诗人也都参与了词的创作。

从唐代开始,白居易、刘禹锡等一些诗人开始依曲调格律填词,尝试创作了一部分词。后经温庭筠、韦庄等花间派词人的发展达到成熟。早期的词作品有白居易的《忆江南》、刘禹锡的《竹枝词》、温庭筠的《菩萨蛮》《更漏子》、韦庄的《菩萨蛮五首》等。(李白的《忆秦娥》《菩萨蛮》被认为是后人假托,理由是《菩萨蛮》的曲调是在李白去世一百年后的唐宣宗时期才传入中原的。)唐代的温庭筠是早期词的创作大家,使用了近二十首词牌作词。五代后蜀国赵崇祚的词集《花间集》,是古代第一部词集。收录了唐到五代的18位词人的500首词,对后世词的风格和创作发展影响巨大。这些作者被称为"花间派词人",而后人也尊温庭筠为词的开山鼻祖。南唐冯延巳的词在表现内容上展现出文人雅士的精神境界,使词的题材和艺术水平都得到扩展和提升。著名的词作品有《鹊踏枝八首》和《谒金门三首》等。南唐皇帝中主李璟和后主李煜父子都是水平很高的词作家。李璟的著名作品《山花子》中的"菡萏香销翠叶残,西风愁起碧波间""细雨梦回鸡塞远,小楼吹彻玉笙寒",因辞美情深、意境醇厚而受到后人高度评价。李煜早期的词写得率性天真,形象传神。亡国后做了囚徒,身世变故,精神上苦不堪言。恶劣的生活境遇之辱、强烈的亡国丧邦之痛,使他"感慨遂深",创作出一批艺术水平非常高的、愁与痛交织、感情强烈、韵味无穷的词作品。这些以强烈爱国情感为主题的词,打破了花间派的传统词风,开拓了词的表现空间,对后世词人影响巨大。

二、词在宋代的兴盛

宋人继唐、五代后,把词这一文学形式发展到了高峰。宋词的兴盛与宋代都市的经济繁荣和文化娱乐业的发展密切相关。宋朝的建立,结束了之前五代十国政权频繁更迭的战乱分裂局面,社会相对安定,中原经济文化有了比较稳定的发展。一些文化修养高的官员在各自的生活范围内吟词唱和,既可抒情,又能自娱。特别是北宋时期在寇准、晏殊、欧阳修、张先等词人的喜好带动下,富裕阶层的樽前筵下、歌台舞榭,以及社会上大量的教坊和酒楼、歌肆,所说的"秦楼楚馆",对歌词有了大量的需求。晏几道、柳永、秦观、周邦彦等一类知识分子也参与其中,创作了许多优秀的词作品,提升了宋词的情趣。而范仲淹、苏轼、陆游、辛弃疾、文天祥等人作词,则是回到李煜的创作道路,视词与诗一样,面向社会现实来抒发个人的思想感情。据唐圭璋所编《全宋词》,共收录1 330位词家的近2万首词。

三、婉约词与豪放词

婉约词和豪放词是宋词的两个主流流派。总体来说,宋词中婉约派词人及其作品,占据绝大多数。豪放派词人和作品总量虽然不大,但因为其作品风格慷慨激昂,内容催人奋进,有较高的艺术欣赏价值,所以对后人的思想感情和审美取向影响巨大。

由于词最初是教坊演唱歌曲时的歌词,这种形式以及早期以唐代温庭筠等人为代表的花间词人的作品,奠定了词作以抒写个人情绪为主要内容,在豪放词产生之前,一直是婉约词的一家之地。婉约词音律柔谐温婉,语言绮丽圆润,具有柔美妩媚的风格。内容多为反映宫廷贵族和知识分子个人私生活场景,以男欢女爱、离愁别恨等为题材,注重个人生活,取材面窄,千篇一貌。虽然充斥着一些艳句和伤感之词,但在较大程度上真实地反映了人性、人的情感。在表达个人内心世界方面较幽深细腻,在艺术上也具有较高的价值。宋代婉约派代表人物为晏殊、晏几道父子和柳永、秦观、周邦彦、李清照等人。

晏殊与欧阳修都是北宋文学家、朝廷重臣,他们学养厚重,词写得语境明丽,温润秀洁,娴雅从容。张先的词既有古拙深厚句,又有香艳风流句,因在一首《行香子》词中写了"心中事、眼中泪、意中人",又在三首词中分别写了"云破月来花弄影""娇柔懒起,帘压卷花影""柳径无人,坠风絮无影",被称作"张三中""张三影"。柳永出身官宦却科举屡屡不第,便不再追求仕途,而混迹于歌楼曲苑,热衷于词的创作。他以毕生精力填词作曲,创制了大量

的慢词,大大扩充了词的体制和容量,使词更加适合于表达丰富复杂的情感思绪。在题材方面,突破了花间词人狭隘的传统题材,将都市风貌、市民生活和知识分子的情感表现在作品中,增添了社会生活内容,为宋词的繁荣和发展打开了局面。他的词"铺叙委婉,言近意远,能状难状之景,达难达之情",貌俗实雅,受到社会各阶层的广泛喜爱。"凡有井水饮处,即能歌柳词",成为一代颇具盛名的词作大家。他在《鹤冲天》中写下"才子词人,自是白衣卿相""忍把浮名,换了浅斟低唱"的名句,表达了知识分子在仕途受挫后,通过诗词艺术创作参与民间演唱,寄托、抒发人生价值取向的情怀。被世人称作"痴人"的晏几道,是宰相晏殊之子。他不受世俗观念的影响,不看重仕途,却对填词情有独钟。混迹于教坊歌肆参与歌曲创作,写下了大量境味柔美、至真至性、情韵缠绵的词作。秦观的词清丽兼婉约凄美,词情相称,醇正含蓄,淡雅而有气骨,被尊为宋代婉约派词人之冠。李清照的词语境清新奇丽,俊秀妙雅,温婉而情怨,平淡却精炼,是历史上少有的才情卓越的女词人。周邦彦擅作长调慢词,谐于音律,是南宋格律派词人的典范。他的词绮丽清婉中带有悲壮,词语化裁前人诗句、典故浑然天成。婉约派作品如欧阳修的《踏莎行》(侯馆梅残)、《浪淘沙》(把酒祝东风)、《采桑子十首》,晏殊的《采桑子》(时光只解催人老)、《蝶恋花》(槛菊愁烟兰泣露)、《浣溪沙》(一曲新词酒一杯),晏几道的《临江仙》(梦后楼台高锁)、《鹧鸪天五首》,柳永的《雨霖铃》(寒蝉凄切)、《凤栖梧》(伫倚危楼风细细)、《望海潮》(东南形胜)、《玉蝴蝶》(望处雨断云收)、《八声甘州》(对潇潇暮雨洒江天),秦观的《鹊桥仙》(纤云弄巧)、《踏莎行》(雾失楼台),周邦彦的《苏幕遮》,李清照的《如梦令》(昨夜雨疏风骤)、《醉花阴》(薄雾浓云愁永昼)、《一剪梅》(红藕香残玉簟秋)、《声声慢》(寻寻觅觅)等都是经典的名篇。

自北宋范仲淹创作《渔家傲·秋思》、潘阆创作《酒泉子》始,开启了豪放派词风,拓展了宋词的题材范围及内容。豪放词的产生,改变了宋词单一的香艳缠绵风气,打开了词的创作空间,创新了词的表现风格,为宋词带来了新的生命力。苏轼以诗入词,其词风"如天风海涛之曲",且"高处出神入天,平处尚临镜笑春""别是风流标格"。宋代学者胡寅评价苏轼词:"一洗绮罗香泽之态,摆脱绸缪宛转之度,使人登高望远,举首高歌,而逸怀浩气,超然乎尘垢之外。"豪放派词风格刚劲,富于变化开拓,境界宏大,突破乐章,不拘格律,多抒写个人理想抱负,表现超然洒脱的生活态度,抒发强烈的爱国情怀。

南宋时期,豪放词经陆游、辛弃疾、张元干、张孝祥、刘克庄等人发扬光大,影响了后代词人的创作风格。金国的入侵,以及朝廷在战争中的失败,激发一些爱国官员、将领和知识分子创作了大量豪放悲愤风格的爱国词篇,反映了词人对山河破碎、生灵涂炭的悲愤以及对朝廷偏安享乐的不满,表现了强烈的抗敌意愿和爱国情怀。辛弃疾出生在北方金人统治区,曾经带领义军取得抗金的胜利。他一生以光复山河为志,以功业自诩。来到南方后,目睹南宋统治者的苟且偷安,自己的一腔报国愿望壮志难酬且屡受排挤,但他始终没有动摇恢复中原的信念,把满腔激情寄寓于词作之中。他的词风以豪放为主,是南宋豪放派词人的优秀代表。南宋优秀的豪放派词作者还有岳飞、张元干、张孝祥、陈亮、叶梦得、文及翁、刘辰翁、文天祥等人。豪放派著名作品有北宋范仲淹的《渔家傲》(塞下秋来风景异)、苏轼的《念奴娇·赤壁怀古》《江城子·密州出猎》,南宋辛弃疾的《水龙吟·登建康赏心亭》《破阵子·为陈同甫赋壮词以寄之》《南乡子·登京口北固亭有怀》《菩萨蛮·书江西造口壁》《贺新郎二首》,张元干的《贺新郎二首》《石州慢》,张孝祥的《六州歌头》(长淮望断),陈亮的《水调歌头》(不见南师久),岳飞的《满江红》(怒发冲冠),陆游的《诉衷情》(当年万里觅封侯)、《谢池春》(壮岁从戎),刘克庄的《贺新郎四首》,文天祥的《酹江月》(水天空阔)以及叶梦得、文及翁、刘辰翁等人的作品。

有一段掌故,言"东坡在玉堂日,有幕士善歌,因问:'我词何如柳七?'对曰:'柳郎中词,只合十七八女郎,执红牙板,歌"杨柳岸、晓风残月"。学士词,须关西大汉,铜琵琶、铁绰板,唱"大江东去"。'东坡为之绝倒",形象地说明了两种流派的不同风格。毕竟,词以婉约为正调,是词作品的主流。从唐代到宋代,绝大多数的词作品都是婉约风格。而豪放则为变调,是词作品的支流。虽然豪放词作者少、作品少,但由于其豪放雄浑的风格、高亢激昂的精神所表现出的浩然正气,对文坛乃至民众的思想文化都产生了巨大的影响力,受到后人推崇,影响到后世文人的词风。

婉约派和豪放派也不是截然分开的,被称为婉约派的词作家李清照也写过风格豪放的词作品,如《渔家傲》(天接云涛连晓雾)等。豪放派的代表人物范仲淹、苏轼、辛弃疾也写下许多婉约风格的著名词作,如范仲淹的《苏

幕遮》(碧云天,黄叶地)、苏轼的《水龙吟》(似花还似非花)、辛弃疾的《祝英台令》(晚春)等,这应该是与作者创作时的感情、心境有关,而不能简单地认为哪一派作者的作品全部是一个风格。

四、格律派词

南宋中晚期,姜夔、史达祖、吴文英、蒋捷、王沂孙、张炎等格律派词人的作品在题材方面对宋词有新的发展。处在异族入侵、半壁江山的时代,婉约派传统的爱情题材已不合时宜。受豪放词的影响,格律派词作品的题材多转入社会人生与咏景咏物。在艺术方面,格律派继承周邦彦词的风格,重视形式与协律,以音律严谨、气度纯雅、意旨深密为特征,把词的文学美和音乐美结合起来,使宋词在语言的精美、审美情趣的提高和风格倾向方面都发生了明显变化。张炎所作《词源》是格律派的词论专著。提出"清空"的审美概念,即词要清空,不要质实,尤其推崇姜夔的清空意境,乃至提出"清空"是别于婉约与豪放的第三种词风。格律派著名词作有姜夔的《扬州慢》(淮左名都)、吴文英的《唐多令》(何处合成愁)、蒋捷的《声声慢》(秋声)、《虞美人》(听雨)、《一剪梅》(舟过吴江)、张炎的《高阳台》(西湖春感)等。

第五节 辽、金、元、明、清诗词

北宋以后,华夏民族屡屡受到北方异族的统治,中原文化在受到严酷摧残的同时,也吸收、融合了大量的北方异域文化,显示了中华文化强大的生命力与融合力,诗词艺术得到继承和发展。

辽、金与南宋同时期,重要诗人有元好问、赵秉文、高士谈、吴激、蔡松年、刘著、段成己等。其中一些人原是宋人,被迫入金,留在了北方,他们的作品流露出知识分子悲愤无奈的内心情感。元好问是辽金元初北方的文坛领袖,他的诗风慷慨雄健、刚劲苍凉。作品反映社会现实,关心民生疾苦,揭露社会黑暗,"岐阳西望无来信,陇水东流闻哭声,野蔓有情萦战骨,残阳何意照空城"(《岐阳三首(其二)》),文学史上称为"丧乱诗"。其《论诗绝句三十首》,对汉魏至北宋的主要诗人和诗歌流派表达了自己深刻的见解,影响较大。

元代统治者入主中原后,奉行"马上得之,马上治之"的策略,依靠强大的军事力量,凶恶残暴地镇压汉族人民,中断了自隋代开始延续了700多年的科举制度,其在元蒙统治者入主中原的近百年中,直到后期的21年,才被迫恢复。失去了功名前程的知识分子地位低下,故民间有"一官、二吏、三僧、四道、五医、六工、七猎、八娼、九儒、十丐"的说法,知识分子的"臭老九"之谑称即由此得名。元初比较重要的诗人有刘因、赵孟頫、杨弘道等人。他们大多是宋、金遗民,亲身经历了改朝换代的社会动乱,感受到元朝统治者对汉民族的残暴统治,内心充满矛盾与苦闷,在作品中较多地反映了民族意识与社会矛盾。刘因曾短期入仕朝廷,辞职后朝廷屡次征召不仕,被元太祖称为"不召之臣"。他的《读史》"记录纷纷已失真,语言轻重在词臣。若将字字论心术,恐有无边受屈人"对"官修正史"的虚伪性进行了深刻的揭露。赵孟頫是宋皇室后裔,在元朝廷中屈辱地就职,因而在诗中充满了苦闷和悲愤。他的《岳鄂王墓》中"鄂王墓上草离离,秋日荒凉石兽危。南渡君臣轻社稷,中原父老望旌旗。英雄已死嗟何及,天下中分遂不支。莫向西湖歌此曲,水光山色不胜悲!"突出反映了遗民诗人真实的内心境况。杨弘道的《空村谣》揭露了元朝统治者在统一中国过程中烧杀抢掠造成的惨状。杨载的《题文丞相书梅堂》对文天祥高尚的品格节操表达了景仰之情。王冕与倪瓒等人是元末不与统治者合作的民间知识分子、著名书画家。王冕的《墨梅》《白梅》、倪瓒的《题郑所南兰》都表达了作者强烈的民族意识与独立高傲的精神志向。范梈、虞集、揭傒斯、杨维桢、杨载等人的作品也反映了元朝蒙古族统治下汉族知识分子的心境。杨维桢字铁涯,学问渊博,在诗、文、戏曲方面都有较高成就。他取法李白、李贺的浪漫和韩愈奇崛的诗风,"耽嗜瑰奇,沉沦绮藻",通过想象奇特、造语瑰奇的诗句来表现世俗生活的风格被称为"铁崖体"。萨都刺是回族人,精通汉语,既为官吏,又是著名的画家、书法家,诗词俱佳,被称为元代词人之冠,其《满江红·金陵怀古》《念奴娇·登石头城次东坡韵》气势宏大,寓意深厚,影响很大。

明代知识分子是摆脱了元代残暴统治之后,又经过明初皇权对士人阶层的残酷镇压,以及中、晚期与宦官权贵进行殊死斗争,具有强烈抗争意识的一代人。明代的诗歌虽然在文学史上的地位不及宋诗,但提出的"性灵说"等主张对诗歌创作有所助益。并且,在许多官员和民间人士的诗歌作品

中,都能够感受到有一股愤世嫉俗的清流在涌动,成为中国文学史上可贵的一道亮色。从明初诗坛的"三杰"刘基、宋濂、高启到后来提倡复古运动的"前七子""后七子",以及后来反对复古运动的"公安派"与"竟陵派",乃至于谦、唐寅、王守仁、杨慎、杨继盛、徐渭、汤显祖等人莫不如此。明末的张家玉、张煌言、郑成功等人在抗清斗争中留下的不朽诗作,也继承了这一传统,以致影响到清初的顾炎武、屈大均等一代遗民诗人。高启是明初最重要的诗人,在元末明初这段以演义小说、戏曲为主流文化的环境下,独树一帜地挑起了发展诗歌的重担,并改变了元末以来绮丽不实的诗风,从而推动了明代诗歌继续向前发展。高启长期居住于乡里,创作的部分诗歌描写农民的劳动生活,这些诗没有把田园生活理想化,而是在一定程度上反映了阶级剥削和人民疾苦,其影响较大的作品有《登金陵雨花台望大江》《赋得寒山寺送别》等。于谦是历史上著名的抗敌功臣和清廉官员,他的《石灰吟》《咏煤炭》等诗也是他一生追求的写照。杨继盛是一位刚正不阿的朝廷官员,因为上疏弹劾奸相严嵩,被迫害处死。他的诗沉郁悲壮,正气凛然。"百年节操惟松柏,休负当时旧岁寒"(《题郭剑泉岁寒松柏卷》)、"浩气还太虚,丹心照千古。生平未报恩,留作忠魂补"(《临刑》),充满了不惜以生命追求正义的无畏精神。明中期的唐寅,诗词曲赋俱佳,与文徵明、祝允明、徐祯卿并称"江南四大才子"。青年时期受到科场案牵连而被处罚,从此告别举业,游历山水名胜。他为人傲岸不羁,追求个性解放,晚年以卖画为生。《桃花庵歌》《把酒对月歌》等诗,反映出他的真实性情。袁宏道是"性灵说"的创始人,他反对当时文坛上的复古潮流,最早提出"独抒性灵,不拘格套"的创作观点,是"公安派"的代表人物,其《东阿道中晚望》与杨慎的《临江仙·廿一史弹词》、徐渭的《牡丹》、张煌言的《忆西湖》等都是诗词名篇。

　　清代是中国历史上最后一个封建王朝,自1644年清朝统治者入关后,便以残暴的手段镇压汉族人民的反抗,先后在长江沿岸制造了著名的"扬州十日"与"嘉定三屠"的屠城事件。从顺治到嘉庆,几代统治者大兴文字狱,制造事端对汉族知识分子进行迫害株连,极力打压他们的生存空间。迫使一部分知识分子放弃斗争,转而钻入故纸堆进行考据、训诂等一类故旧学问。傅山的"此时久已非东汉,犹喜区区党锢名"和龚自珍的"避席畏闻文字狱,著书都为稻粱谋"等诗句,反映了那个时代的文化环境之恐怖状况。清代早

期著名诗人有陈子龙、黄宗羲、顾炎武、王夫之、屈大均等,他们都是明末遗民,在诗歌中反映了遗民知识分子反抗清朝统治者以及表现战争和民族压迫给人民带来深重灾难的社会现实。还有一批降清仕清的汉族知识分子,如钱谦益、龚鼎孳、吴伟业等诗人,他们的诗词艺术成就较高,但大节有亏,作品缺乏刚直正气。清初的纳兰性德是贵族,汉文化修养很高。他在妻子亡故后,抑郁苦闷,只能在诗词中抒发思念的情感,被称为"古今伤心之人",诗词作品情感真挚、成就很高却短寿夭折。纳兰性德的《长相思》(山一程,水一程)、《浣溪沙》(谁念西风独自凉)和顾贞观的《金缕曲二首》等都是著名的词作。清中期的袁枚、赵翼、蒋士铨都是"性灵派"诗人,世称"乾嘉三大家"。袁枚是"性灵派"的领袖,主张写诗要有真个性,真感情,要写得风趣,反对在诗中滥用典故、夸耀渊博,反对故意讲求声律而影响内容。赵翼和蒋士铨也认为写诗要有独创性,不能一味模仿前人。他们的诗不拘一格,有时喜欢在诗中发议论,深入浅出,清新明快。郑燮出身进士,做过知县,又是诗人、画家,晚年辞官以卖画为生。"衙斋卧听萧萧竹,疑是民间疾苦声""乌纱掷去不为官,橐橐萧萧两袖寒。"他的诗关心民间疾苦,同情底层民众。黄景仁才气纵横却每每科场失利,生活潦倒。"仙佛茫茫两未成,只知独夜不平鸣""十有九人堪白眼,百无一用是书生""似此星辰非昨夜,为谁风露立中宵""别后相思空一水,重来回首已三生"。他的诗自然流畅,语真情切,具有一种直抵人心的灵气。龚自珍是清代中晚期的重要诗人,己亥年他48岁时辞官离京,在8个月的时间内写下了315首七言绝句,题材内容广泛庞杂,称为《己亥杂诗》,是他生平精神风貌的集中、传神的体现,同时也是诗人多角度对社会与人生深刻认识的反映。魏源、黄遵宪、林则徐是晚清的官员、思想家兼诗人,他们的诗反映了最早对中国社会具有较为清醒认识的一批知识分子的个人心理感悟。清末陈三立、郑孝胥等人倡导"不墨守盛唐"的"同光体"诗,对清末诗界的诗风产生较大影响。在列强入侵、民族多难之际,维新派和革命党的黄遵宪、梁启超、谭嗣同、孙中山、章炳麟、秋瑾、黄兴等志士仁人的诗歌挟风雷、泣血泪,高蹈民族救亡之声,对于启发民智、唤起民众、激发斗志起到了重大作用。谭嗣同在狱中的诗句"我自横刀向天笑,去留肝胆两昆仑",秋瑾的诗句"拼将十万头颅血,须把乾坤力挽回"、词句"身虽未,男儿列;心却比,男儿烈",徐锡麟的诗句"军歌应唱大刀环,誓灭胡奴出玉

诗 史 篇

关。只解沙场为国死,何须马革裹尸还",激发了无数反清志士投入到民族解放的洪流之中。鸦片战争及太平天国运动发生后,民族灾难进一步加重,神州大地水深火热,一些重大事件都在诗词作品中有所反映。蒋春霖的《水云楼词集》中大量作品反映了作者在战乱灾难中的感受,被称作"词史"。吴趼人的词作《多丽三首》表现了古都南京在战乱后的惨状。

第六节 元、明、清曲

曲最初是"散曲"的形式,起源于敦煌曲子词中的民间长短歌词,吸收借鉴了北方少数民族的乐曲,在词的基础上产生出来。早在南宋期间,就有文人创作散曲,如曹组《相思令》:"人无百年人,刚作千年调。待把门关铁铸,鬼见失笑。多愁早老,惹尽闲烦恼。我醒也,枉劳心,漫计较。粗衣淡饭,赢取暖和饱。住个宅儿,只要不大不小。长教洁净,不种闲花草。据见定,乐平生,便是神仙了。"随着元代戏剧的兴盛,作为戏剧的重要组成部分,剧曲与散曲共同发展起来。曲与词同样是"倚声填词",但其艺术特色与词相比,格律更加自由,审美格调倾向于大众化,成为元代新兴起来的重要诗歌形式。

元代是我国戏曲艺术创作的高峰时期,元曲在文坛上占有重要地位。金元以来杂剧和散曲作品开始涌现,吸引了众多知识分子参与创作,促进了元曲的兴盛,产生了较高的文学价值、艺术成就和巨大的文化影响力。元曲作为诗歌形式,主要是散曲和杂剧剧本中具有诗歌形态和特性的唱词部分,而非全部杂剧。其作者有姓名可考的200多人,小令3 853首,套数457套,元杂剧作品有500多种,流传至今的有130多种。著名散曲作家有元好问、王实甫、白朴、姚燧、卢挚、马致远、郑光祖、刘秉忠、王和卿、张养浩、张可久、贯云石、王恽、刘因、薛昂夫、周德清、徐再思等,其曲词作品继承了诗词典雅庄重的特性又不失活泼。重要的杂剧作家有元杂剧四大家关汉卿、马致远、郑光祖、白朴及王实甫、张可久、乔吉、睢景臣等。著名戏剧作品有关汉卿的《窦娥冤》《救风尘》《拜月亭》《望江亭》、王实甫的《西厢记》《破窑记》《丽春园》、马致远的《汉宫秋》《荐福碑》《青衫泪》、郑光祖的《倩女离魂》、白朴的《梧桐雨》、乔吉的《两世姻缘》、石君宝的《秋胡戏妻》、杨显之的《潇湘夜雨》、

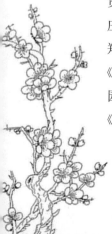

纪君祥的《赵氏孤儿》、张国宾的《合汗衫》、高明的《琵琶记》等。明清两代也有许多优秀的戏剧作品和散曲流传,散曲作家有陈铎、冯惟敏、薛论道等。著名戏剧如康海的《中山狼》、王世贞的《鸣凤记》、徐渭的《四声猿》(《狂鼓史》《玉禅师》《雌木兰》《女状元》)和汤显祖的《临川四梦》(《牡丹亭》《紫钗记》《南柯记》《邯郸记》)。清代著名戏剧家有洪昇和孔尚任,世称"南洪北孔"。著名作品有洪昇的《长生殿》和孔尚任的《桃花扇》等。一些深受人们喜爱的优秀曲词曲段,就是通过元明清这些戏剧传播开来的。

曲虽然在元代进入到繁荣鼎盛时期,与诗词并行发展,但始终未成为那个时代诗歌的主流,更没有被大多数知识分子接受,其作者人数与作品数量无法与诗词匹敌并列。

诗魂篇

> 诗之贵，贵在抒发真实、高雅的情性，表现作者的审美情趣和思想境界，体现着诗人、民族、时代的精神。

第三章 诗魂与我国古典诗歌的精神源流

第一节 诗　　魂

　　诗歌本身作为一种艺术,其内在的组织结构与文辞质地居于重要地位。然而,由于诗歌本身具有言志、缘情的特性,即使是完全描写景物的作品,也仍然自觉或不自觉地反映出作者的主观感受,这种主观感受包含了作者的思想感情、精神境界与审美情趣,实际上就是诗歌作品所具有的灵魂体现。

　　一首诗中所蕴含的思想感情和审美趣味,即精神境界,就是诗的灵魂。诗人的每一首诗,乃至每一句诗,都是他精神层面的反映和流露。因此,每一首诗都有自己的灵魂,诗魂所反映出的是作者所赋予作品的思想感情和精神趣味,或高尚,或平庸,或低级。

　　同样,一个时代的诗歌有一个时代的主流诗魂,一个民族的诗歌有一个民族的主流诗魂。如果说诗魂与诗艺的关系,那么,诗魂为道,诗艺为术;诗魂如精神灵魂,诗艺就是在产生和制造皮肉衣裳。具有美好诗魂的诗歌作品令人喜爱甚至景仰,流传千古。这也就是南朝元嘉诗人所追求的情兴为本、驾驭才思之境界。灵魂空虚或平庸低下的诗歌,即使用华丽的辞藻包装堆砌起来,符合各种格式韵律,也不过是徒具形态的躯壳,甚至如腐败溃烂之物一般令人鄙视。

　　如果有了好的句子,在魂与艺之间发生了矛盾,不可兼得,则须舍艺而取魂。"朱门酒肉臭,路有冻死骨",并没有多高的艺术和一般意义上的美学含量,却暴露了盛唐时期富贵阶层的奢靡与底层人民生活的悲惨,形成强烈的反差对比,深刻揭示了社会的不公与黑暗,反映出作者高尚的思想情感。作为"为人性僻耽佳句,语不惊人死不休"的杜甫来说,没有在声律和对仗上进行雕琢修饰,选择了取魂,把诗句自然而然地呈现在读者面前,保留其有

价值的思想性,于是产生了震撼人心、传诵千古、具有大仁大爱大美的名句。

第二节　我国古典诗歌的精神源流

诗歌作品是作者精神世界在一定程度上的体现。丹麦文学理论家勃兰兑斯说:"文学史,就其本质意义来说,是心灵史,是一个民族心灵的历史。"中国古典诗歌集审美意蕴、思想感情、精神向往和人生哲理于一体,一部中国古代诗歌史,也是一部中国古代知识分子的心灵史、精神史。

我国古代诗歌的精神思想内涵大致可分为长于理性、崇尚社会责任、同情悲悯大众、抨击社会阴暗面的现实主义与长于感性、崇尚自然、注重自我性情抒发的浪漫主义两种。这两种风格的精神源流,学界一些人认为分别受庄子和屈原两种思想影响较深。如近代学者缪钺就认为:"吾国古人之诗,或出于《庄》,或出于《骚》。"清代学者方东树归纳为:"《庄》以放旷,屈以穷愁。"也有人认为分别是受儒家的入世思想和道家的出世思想的不同影响。实际上,儒家传统思想,长期占意识形态的统治地位,对历代知识分子的现实主义影响则更为深刻和广泛一些。而老庄的道教则仅对部分观念较为开放,接触到老庄思想或佛教的部分诗人产生影响。特别是一些诗人原本抱着强烈的儒家入世思想却在仕途上遭受挫折,或对统治集团的失望而产生出世思想。无论儒家思想还是老庄,作为中国的传统文化,都在同时影响着历代诗人们,不过是某一方面影响的多一些、少一些的程度不同而已。诗人作为自然人,其本性中就有感性成分存在;作为社会人,深受儒家传统文化因素影响。即浪漫主义与现实主义往往并存于一个诗人身上,由于诗人的性格、修养及所处的境遇不同,而在作品中流露出不同的色彩。

以孔子、孟子思想为代表,"士可杀而不可辱""贫则独善其身,达则兼济天下""舍生取义,杀身成仁""富贵不能淫,贫贱不能移,威武不能屈""民为贵,社稷次之,君为轻""我善养吾浩然之气""修身齐家治国平天下"的传统人文精神,影响了一代又一代诗人。诗可以言志,更可以载道,古代许多正直、优秀的诗人追求理想,坚守正义,自觉地把诗歌作为载道的工具。更多的诗人是以一种"往而不返"的精神,把对民众的感情和社会的责任,深情寄托于诗篇之中。唐代诗人杜荀鹤认为,自己诗歌创作的宗旨没有忘记济世

救物(诗旨未能忘救物);宋代诗人范仲淹更提出要像"灵乌"一样,为了报答养育之恩,要尽到自己的社会责任,"宁鸣而死,不默而生"。屈原的"长太息以掩涕兮,哀民生之多艰"、杜甫的"穷年忧黎元,叹息肠内热"、李绅的"四海无闲田,农夫犹饿死"、杜荀鹤的"今来县宰加朱绂,便是生灵血染成",都充满了一个正直诗人对社会底层劳苦大众的同情,表现了对社会不平的怨愤与抨击。白居易作《秦中吟》:"权豪贵近者相目而变色矣。"即使是崇尚仙道、追求个人精神自由的李白、苏轼,也在作品中饱含深情地写下了"何日平胡虏,良人罢远征"和"而今风物那堪画,县吏催钱夜打门"这样反映社会底层人民悲惨生活的诗句。千百年来中国人重视的是气节、名节、操守,周初的伯夷、叔齐宁可饿死而不食周粟南山采薇;汉初齐国的五百壮士不背弃田横而归汉,选择集体赴死;宋末的崖山海战失败,宰相陆秀夫背负南宋幼帝,带领文武百官及眷属宫娥数万人投海自尽。历史上嵇康、陆机、岳飞、高启、于谦、杨继盛、袁崇焕、谭嗣同等惨遭帝王、权臣冤屈而被处死和颜真卿、文天祥、史可法、陈子龙、张煌言等被敌人杀害的著名诗人何止百人?而如屈原、韩愈、刘禹锡、苏轼、李贽等被统治集团打击迫害,遭受冤狱或贬官流放的诗人更是不计其数。他们忠贞节烈的精神被后代诗人们反复歌颂。皇皇千言的《离骚》,通篇闪耀着对政治清明的理想追求。左思在《咏史八首》中激烈抨击士族门阀制度,"世胄蹑高位,英俊沉下僚""冯公岂不伟,白首不见招""何世无奇才,遗之在草泽"。他勇于蔑视权贵豪强,毅然与其决裂:"高眄邈四海,豪右何足陈。贵者虽自贵,视之若埃尘。贱者虽自贱,重之若千钧。"一篇《正气歌》发出的是爱国、正义与操守的声音。代表着高贵品性的松柏与梅、兰、竹、菊"四君子"被大量诗歌作品称颂,彰显了诗人们对名节操守的精神追求。诗人们耻于金钱财富,"先师有遗训,忧道不忧贫""求田问舍,怕应羞见,刘郎才气",追求的是为国家建功立业,青史留名。"男儿何不带吴钩,收取关山五十州""浊酒一杯家万里,燕然未勒归无计""了却君王天下事,赢得生前身后名"。大量诗歌作品体现了知识分子自觉承载起时代重任,以"为天地立心,为生民立命,为往圣继绝学,为万世开太平"为己任,心忧邦国,情系苍生,积极参与社会的入世情怀,体现了积极的人生意义。这一派诗人,以屈原、建安诗人、左思、鲍照、杜甫、白居易、刘禹锡、范仲淹、陆游、辛弃疾、文天祥、杨继盛、袁崇焕、谭嗣同、秋瑾等为代表。

诗 魂 篇

　　另一派受到老子、庄子思想的影响,崇尚自由浪漫精神。他们大多或仕途不顺,或强烈地感受到了社会的黑暗与不公,以其丰厚的学养底气和蔑视权贵的骨气,选择了与统治者不合作的道路。诗人们无论其社会身份及经历如何,其作品反映的思想倾向都体现出崇尚自然、张扬个性、傲岸率真、人格独立、处事达观、注重自我性情的抒发。"结庐在人境,而无车马喧""安能摧眉折腰事权贵,使我不得开心颜""冰雪林中着此身,不同桃李混芳尘""独自风流独自香,明月来寻我""世事秋蓬,惟有渔樵,跳出樊笼",是出世的思想风格,以阮籍、陶潜、李白、李贺、柳永、苏轼、唐寅、徐渭等为代表。

第四章 我国古典诗歌的诗魂和各重要阶段的主流诗魂

第一节 我国古典诗歌的诗魂

诗歌是体现民族精神的一个重要方面。古代诗人们热爱生活、赞美爱情、表现山河壮丽秀美、心系祖国社稷黎民、蔑视权贵、张扬个性,写下了大量充满美妙意境和高尚情操的诗篇。从彼黍离离、下泉冽冽,到金陵感怀、赤壁涛声;从长安古意、大漠孤烟,到吴宫花草、西湖歌舞。千百年的春花秋月、千百年的别恨离愁;千百年的风流儒雅、千百年的壮怀激烈。东篱采菊,严滩垂钓;齐鲁望岳,天姥吟别;新亭垂泪,秦淮觞咏;杜鹃啼血,秋菊抱香;满身清露,一片冰心;燕然石勒,易水悲歌;广陵绝响,肝胆乾坤。即使是面对漫长中世纪的黑暗统治、社会动荡和异族侵略下的山河破碎、个人颠沛流离、生活窘迫潦倒,甚至惨遭冤狱迫害,诗人们也不甘沉沦,勇于将自己的情怀诉诸诗歌。"《风》《骚》之情,建安之骨,风雨如晦,鸡鸣不已",这就是我中华民族之诗魂,历代优秀诗人都自觉或不自觉地继承了这样的精神资源,体现在个人的作品中。

第二节 我国古典诗歌发展各重要阶段的主流诗魂

一、《诗经》之魂是"兴情与讽怨"

先人们在生活中生发出的自然情感有爱情、亲情、友情、国家与民族感情,这种情是纯真的,发自内心的。"发乎情,民之性也""深乎风者,述情必显"。讽怨就是"讽喻怨刺""上以风化下,下以风刺上"。讽喻本质上也是一种感情的抒发,既有与统治者对立的一面,也包含真心希望国家社会克服弊端而实现美好和谐的愿望。

《诗经》中有大量的爱情诗。《蒹葭》"蒹葭苍苍,白露为霜。所谓伊人,在水一方。溯洄从之,道阻且长;溯游从之,宛在水中央",表现了男子追求心爱女子的强烈而迫切的心情。《采葛》"彼采葛兮。一日不见,如三月兮",表现了热恋中男女之间强烈的恋情。

亲情诗《蓼莪》"蓼蓼者莪,匪莪伊蒿。哀哀父母,生我劬劳""父兮生我,母兮鞠我。拊我畜我,长我育我",表现儿子对逝去父母的怀念与痛惜之情。《燕燕》"燕燕于飞,差池其羽。之子于归,远送于野。瞻望弗及,泣涕如雨",表现兄长送别妹妹远去他乡结婚时的情感。《君子于役》"君子于役,不知其期。曷至哉?鸡栖于埘。日之夕矣,羊牛下来",表现妻子对长期服役未归丈夫的思念之情。

友情诗有《伐木》"伐木丁丁,鸟鸣嘤嘤""嘤其鸣矣,求其友声"及《鹿鸣》《无衣》等;表达对国家、民族之情的诗有《下泉》"冽彼下泉,浸彼苞稂。忾我寤叹,念彼周京"及《黍离》《正月》《生民》《公刘》等。

无论是风土人情,还是部族感情,《诗经》六义,灵魂所在。"我心匪石,不可转也。我心匪席,不可卷也",都在生发表达出一个"情"字。

除了生发表现感情之外,《诗经》中还有许多表现民众悲惨命运和揭露统治者腐朽生活的诗歌,如《鸨羽》《何草不黄》《伐檀》《相鼠》《硕鼠》《节南山》《正月》《巧言》等。"王事靡盬,不能蓺黍稷,父母何食""何草不黄?何日不行""哀我征夫,独为匪民",表现了作者对统治阶层强加给奴隶们繁重劳役的怨愤心情。"不稼不穑,胡取禾三百廛兮""硕鼠硕鼠,无食我黍""忧心惨惨,念国之为虐""巧言如簧,颜之厚矣"。这些体现对剥削者、统治者强烈讽喻怨刺精神的诗句所产生的力量,影响到后世许多讽喻诗歌的创作,开启了中国古代诗歌怨刺时政的这一优良传统。

二、楚辞之魂在于一个"追"字

追问、追逐、追求。楚辞的代表人物是屈原,他用他的一生在追逐完美与光明的理想,在污浊的政治生态中坚持正直与纯洁的操守。凝结在他的诗歌作品中,就是追问大自然与人类社会各种事物的真相,追逐真理、正义,追逐人的本真,追求政治清明、百姓生活保暖与社会的和谐安宁。《离骚》体

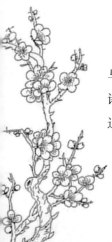

现了他对政治理想的追求,"亦余心之所善兮,虽九死其犹未悔""路漫漫其修远兮,吾将上下而求索"。《天问》中对自然界和人类起源进行了一系列的追问探求,"遂古之初,谁传道之?上下未形,何由考之?"《九歌》是对湘君、湘夫人、少司命、东君等美好形象的歌颂与追求。最后,当他眼睁睁地看着自己生死难忘的祖国灭亡在昏庸的楚王和奸佞的权臣手中时,诗人追求而不得,自沉江底,保持了个人纯洁与高贵的完美品性,也实现了他追求"与天地兮同寿,与日月兮同光"的理想。

三、唐诗之魂就其总体来说突出的是"意境情思神韵"相融的境界

唐诗的最大特色体现在作者精神上的自由,唐诗的成功也缘于唐人在精神上的解放,富于浪漫气息和理想色彩,体现了积极有为的人生追求,因而能体现出强烈的昂扬之气与阳刚之美。诗人们精神上无所束缚,对物象有感而发出情思。性情所至,神来神往,其神韵、想象力之丰富、感染力之强烈令人赞叹不已。体现在作品中,家国情怀与亲情、友情溢于言表。无论是模山范水、状物写人,还是设景造境,意境所现都充满着传神的灵气。"露从今夜白,月是故乡明""感时花溅泪,恨别鸟惊心""桃花潭水深千尺,不及汪伦送我情""明月松间照,清泉石上流""山光悦鸟性,潭影空人心""穿花蛱蝶深深见,点水蜻蜓款款飞""桐花万里丹山路,雏凤清于老凤声""若非群玉山头见,定向瑶台月下逢"。表现战争场面之动:"四边伐鼓雪海涌,三军大呼阴山动";表现寺庙、禅院之静:"万籁此俱寂,但余钟磬音"。形容蜀道之难:"西当太白有鸟道,可以横绝峨眉巅。地崩山摧壮士死,然后天梯石栈相钩连。上有六龙回日之高标,下有冲波逆折之回川。黄鹤之飞尚不得过,猿猱欲度愁攀援""连峰去天不盈尺,枯松倒挂倚绝壁。飞湍瀑流争喧豗,砯崖转石万壑雷";形容边塞之寒:"将军角弓不得控,都护铁衣冷难著。瀚海阑干百丈冰,愁云惨淡万里凝。";形容壮士奔赴疆场为国建功立业的心情:"但使龙城飞将在,不教胡马度阴山""黄沙百战穿金甲,不破楼兰终不还""马思边草拳毛动,雕盼青云睡眼开";形容弦乐之声:"大弦嘈嘈如急雨,小弦切切如私语。嘈嘈切切错杂弹,大珠小珠落玉盘""女娲炼石补天处,石破天惊逗秋雨";都极具神韵。"行宫见月伤心色,夜雨闻铃肠断声""衰兰送客咸阳道,天若有情天亦老",其感染力极其强烈。"闲来垂钓碧溪上,忽复乘舟梦日

边""天上碧桃和露种,日边红杏倚云栽""遥望齐州九点烟,一泓海水杯中泻""从来系日乏长绳,水去云回恨不胜。欲就麻姑买沧海,一杯春露冷如冰"。这些诗句有如神来之笔,唐人想象力之丰富暇远、意境表现之美妙高超可见一斑。

难能可贵的是,唐代以杜甫、白居易、李绅、杜荀鹤等为代表的众多诗人,继承《诗经》、楚辞与建安诗歌的传统,以仁爱思想关注社会现实,在大量诗歌中表现战争带来的灾难和底层民众的疾苦,为社会底层那些受压迫剥削而不能发声的人发声,这是唐诗灵魂的又一层底色。

四、宋诗之魂包括"寻趣辟理"和"报国情怀"两个方面

宋朝由于北方民族侵略,被分为了南宋和北宋两个阶段。宋人长于以议论入诗,作诗重在情趣、理趣、兴趣,尤其重理趣。北宋期间,虽有外患,但整体上经济繁荣,社会安定。反映在诗歌上,就是以趣为妙。欧阳修之趣在自然情趣:"红树青山日欲斜,长郊草色绿无涯。游人不管春将老,往来亭前踏落花""百啭千声随意移,山花红紫树高低。始知锁向金笼听,不及林间自在啼"。诗人欣赏自然风光之美,以至对花草禽鸟都十分关注怜爱。王安石之趣在理趣:"墙角数枝梅,凌寒独自开。遥知不是雪,为有暗香来""不畏浮云遮望眼,自缘身在最高层""千门万户曈曈日,总把新桃换旧符"。诗人喜欢在诗歌中反映和寻求生活中的各种道理。苏轼之趣在于兴趣:"人生到处知何似?应似飞鸿踏雪泥。泥上偶然留指爪,鸿飞那复计东西""我书意造本无法,点画信手烦推求""此生此夜不长好,明月明年何处看""一年好景君须记,最是橙黄橘绿时"。诗人随兴而寻趣,兴趣所至即有妙语名句。叶茵的"青山不识我姓字,我亦不识青山名。飞来白鸟似相识,对我对山三两声",写的是山趣、鸟趣。雷震的"牧童归去横牛背,短笛无腔信口吹",写的是童趣。杨万里的"莫言下岭便无难,赚得行人错喜欢。正入万山圈子里,一山放出一山拦"和朱熹的"等闲识得东风面,万紫千红总是春",写的都是理趣。

南宋时期民族矛盾突出,朝廷统治集团不顾中原父老在侵略者统治之下的悲惨境遇,满足于偏安一隅。诗人们的爱国、报国情怀浓烈地反映在诗歌作品中。陆游的"僵卧孤村不自哀,尚思为国戍轮台",陈与义的"孤臣霜

发三千丈,每岁烟花一万重",岳飞的"雄气堂堂贯斗牛,誓将贞节报君仇",范成大的"忍泪失声询使者,几时真有六军来",林升的"暖风熏得游人醉,直把杭州作汴州",陈文龙的"自经沟渎非吾事,臣死封疆是此时",汪元量的"事去空垂悲国泪,愁来莫上望乡台",郑思肖的"读书成底事,报国是何人",文天祥的"是气所磅礴,凛烈万古存。当其贯日月,生死安足论",诗人们满腔悲愤的报国情怀充满诗篇,成为南宋诗魂的主色。

五、宋词之魂离不开婉约与豪放

把婉约与豪放作为宋词之魂,其与宋词之婉约与豪放派两大风格的不同点在于,前者是就作品的精神思想价值取向和美学意义而言,而非作品风格。

"鸿雁在云鱼在水。惆怅此情难寄""执手相看泪眼,竟无语凝噎""脉脉人千里。念两处风情,万重烟水""从别后,忆相逢,几回魂梦与君同""天不老,情难绝。心似双丝网,中有千千结""料得年年肠断处,明月夜,短松冈""柔情似水,佳期如梦,忍顾鹊桥归路""一声征雁,半窗残月,总是离人泪""莫道不消魂,帘卷西风,人比黄花瘦"。婉约词着眼于表现幽深丰富的个人感情的题材,用谐婉凄切的音律、柔美妩媚的语言,境界虽小,却把人之常情表现得风情万种、淋漓尽致、刻骨铭心;表现出人性中最深处的感受,是真实感情的流露;其语言形象也体现出较高的美学价值,代表了宋词的美学特征,这也是宋词的灵魂所在、价值所在。

"浊酒一杯家万里,燕然未勒归无计""大江东去,浪淘尽,千古风流人物""会挽雕弓如满月,西北望,射天狼""平生豪气安在?走马为谁雄""抬望眼、仰天长啸,壮怀激烈""闻道中原遗老,常南望、翠葆霓旌。使行人到此,忠愤气填膺,有泪如倾""壮岁从戎,曾是气吞残虏""尧之都,舜之壤,禹之封。于中应有,一个半个耻臣戎""回首妖氛未扫,问人间、英雄何处""国脉微如缕。问长缨、何时入手,缚将戎主"。豪放词不屑于那些表现伤春怨别、闺阁庭院之类的传统题材,而着眼于社会题材,为宋词注入了阳刚之气,表达出作者昂扬的情调与超脱的境界。许多作品更是用豪迈和激愤的语言把个人抱负与国家民族命运相连,表现出强烈的社会责任感。在国难当头、朝廷偏安享乐的南宋,豪放词尤其振聋发聩、激荡人心,有其深刻的精神思想内涵和重大的美学意义,亦无愧称之为宋词之灵魂。

六、元曲之魂在怨刺、讽喻,集中于一个"叹"字

在元蒙贵族的残暴统治下,政治环境黑暗到了极点,社会纲常伦理混乱,民众生活异常艰难。不仅科举制度被废止,读书人失去了上升通道,且各级长官由昏庸暴虐的蒙古或色目贵族担任。"如今凌烟阁一层一个鬼门关,长安道一步一个连云栈。"正直的知识分子不愿与统治者合作,不惜丧失个人前途,归隐成为他们的无奈选择,感慨叹世也成为元曲的突出题材。以"隐居""退隐""志感""自叹""叹世""愤世"为题的散曲触目可见,曲中涉及慨叹身世、世情内容的作品更是俯拾皆是。诗人们只能临景兴叹、借曲抒情,守住属于自己的精神家园。"不读书有权,不识字有钱,不晓事倒有人夸荐。老天只恁忒心偏,贤和愚无分辨!折挫英雄,消磨良善,越聪明越运蹇。志高如鲁连,德过如闵骞,依本分只落得人轻贱""几番眉锁空长叹,百事不成羞又赧。闲,一梦残。干,两鬓斑""休长叹,不多时暮霭风吹散""太行如砺,黄河如带,等是尘埃。不须更叹,花开花落,春去春来""夕阳西下,断肠人在天涯""隔江和泪听,满江长叹声""兴,百姓苦;亡,百姓苦""滴碎金砌雨,敲碎玉壶冰,听,尽是断肠声""伤心秦汉,生灵涂炭,读书人一声长叹"。作者们虽然缺乏宋代诗人的民族意识与反抗精神,或慨叹身世命运,或借古讽今,却把知识分子在恶劣的生态环境下,愤恨怨怒与消极无奈的心情表现得淋漓尽致。

元曲中大量逃避现实、归隐田园的作品,同样表达了对社会黑暗的无奈与失望。张可久的《山中书事》"兴亡千古繁华梦,诗眼倦天涯。孔林乔木,吴宫蔓草,楚庙寒鸦。数间茅舍,藏书万卷,投老村家。山中何事?松花酿酒,春水煎茶"和《金华道中》"营营苟苟,纷纷扰扰,莫莫休休。厌红尘拂断归山袖,明月扁舟。留几册梅诗占手,盖三间茅屋遮头。还能够,牧羊儿肯留,相伴赤松游";杨朝英的《自足》"杏花村里旧生涯,瘦竹疏梅处士家,深耕浅种收成罢。酒新篘,鱼旋打,有鸡豚竹笋藤花。客到家常饭,僧来谷雨茶,闲时节自炼丹砂";钟嗣成的《正宫·醉太平》"风流贫最好,村沙富难交。拾灰泥补砌了旧砖窑,开一个教乞儿市学。裹一顶半新不旧乌纱帽,穿一领半长不短黄麻罩,系一条半联不断皂环绦,做一个穷风月训导";薛昂夫的《塞

鸿秋》"尽道便休官,林下何曾见? 至今寂寞彭泽县"和《山坡羊》"心待足时名便足。高,高处苦;低,低处苦"等曲词,都反映了元代诗人们在社会道德失范环境下洁身自好的内心与价值取向。

第五章　唐、宋诗之比较

"诗分唐宋",不是因为唐诗、宋诗处于不同的时代,而是因为二者有着不同的风格特色。而后代诗人更有"宗唐"和"宗宋"之别,有尊唐贬宋者,有尊宋抑唐者,也有尊唐同时尊宋者。《沧浪诗话》的作者严羽批评宋人"以议论为诗,以文字为诗,以才学为诗"。明末清初的文学家陈子龙更为极端,说"宋人不知诗而强作诗,其为诗言理而不言情,故终宋之世无诗焉"。清末同光派诗人唐宋兼宗,同时宣称"同光以来诗人不墨守盛唐者",是以正确的方式和态度对待唐诗与宋诗。有些初学诗者,只知唐诗宋词,而对宋诗则较少了解,或者不够真正了解。

钱钟书先生在《谈艺录》中说:"天下有两种人,斯分两种诗,唐诗多以丰神情韵擅长,宋诗多以筋骨思理见胜。"南宋诗人刘克庄说:"以情性礼义为本(基础),以鸟兽草木为料(题材),风人之诗也。以书为本,以事为料,文人之诗也。"都在说明唐、宋诗具有不同的思维方式和创作风格,而不存在孰优孰劣的问题。

唐代诗人们意气风发,个性张扬,充满激情。他们上承风骚、建安、六朝,创造出中国古代诗歌的盛世。鲁迅说:"一切好诗,到唐已被做完。"指的就是钱钟书、刘克庄所说"以丰情神韵擅长"的"风人之诗"。一般说唐诗,实际上都以盛唐诗为代表,而一般说宋诗,则是以北宋诗为代表。宋代诗人要作诗,不可避免地要继承唐诗和发展唐诗,就要有与唐诗的不同之处。北宋王安石、苏东坡、黄庭坚这些中国历史上一流的思想家、文学家,都是善于思考、学养厚重、思想深刻的诗人。他们在诗歌创作道路上,继承和借鉴了唐代杜甫、韩愈、白居易、杜牧等人对社会、时代、历史思考体验的深沉基调,以文入诗,辟理言志,面对丰富的社会生活,抒发诗人复杂的思想感情,开创出一条更加广阔的诗歌创作道路,也从此处确立了宋诗在文学史上的重要地位。

"诗分唐宋",从总体来说,走的是"缘情"与"言志"的不同道路,本质上都是在表达精神思想和情感意志,只是有着不同的风格特征而已。唐诗重情境描绘,长于感情的天然流露,展现优美动人的意境场景,通过对场景的感悟联想,抒发情思神思,充满遐想。宋诗重议论,在展现物象景象的基础上,更加着眼于辟理。表现的内容和方式也更加广阔,拓展了一些在唐代不能入诗或不宜入诗的诗歌表现形式。在审美方面,如缪钺所说:"唐诗美在情辞,故丰腴;宋诗美在气骨,故瘦劲。"唐诗情动于诗中,意境高远,英俊风华飘逸,陶冶性情;宋诗志言于诗内,熔铸学理,筋骨刚劲沉雄,使人深刻。同样描述物象、表现意境,唐诗如写意画,以韵胜;宋诗则如工笔画,以意胜。唐诗大气磅礴,重情感的恣意抒发;宋诗精能透辟,重事物的析理悟趣(缪钺语意)。宋诗刻画形象更加细致精微,表现心理活动更加细腻,论理更加深透,长于内心省悟。同样写春季,白居易的《钱塘湖春行》:"孤山寺北贾亭西,水面初平云脚低。几处早莺争暖树,谁家新燕啄春泥?乱花渐欲迷人眼,浅草才能没马蹄。最爱湖东行不足,绿杨阴里白沙堤。"苏轼的《送春》:"梦里青春可得追?欲将诗句绊余晖。酒阑病客惟思睡,蜜熟黄蜂亦懒飞。芍药樱桃俱扫地,鬓丝禅榻两忘机。凭君借取《法界观》,一洗人间万事非。"同样写清明,杜牧的《清明》:"清明时节雨纷纷 路上行人欲断魂。借问酒家何处有?牧童遥指杏花村。"黄庭坚的《清明》:"佳节清明桃李笑,野田荒垅自生愁。雷惊天地龙蛇蛰,雨足郊原草木柔。人乞祭余骄妾妇,士甘焚死不公侯。贤愚千载知谁是,满眼蓬蒿共一丘。"经过比较可以看出来,唐诗都是一种对景物与生活的近似白描,是作者感受与性情的自然表露。宋诗则是着意于细微的景物描写刻画和通过议论表现复杂的心理活动。同样是对登上高峰远眺的心理活动描写,杜甫的诗句是"会当凌绝顶 一览众山小"。他远望泰山,想象着登上山顶四望到的壮观景象,充满豪迈欣喜之情。运用的是形象思维,表现的是景象蕴藉出的自然感受。王安石的诗句是"不畏浮云遮望眼,自缘身在最高层",他登上飞来峰的塔顶极目远眺,感受到的是站在最高层级上,没有什么能够遮挡我的视野了。运用的是抽象思维,表现的是思辨的理趣,其中的差别显而易见。北宋梅尧臣的《悼亡三首》,写得率直质朴,情真意切。诗中除了"窗冷孤萤入,宵长一雁过"的情境描写外,完全是作者的心理活动描写。其真实感人的程度,后人有评价说超过了唐代元稹所作的悼亡诗《遣悲怀三首》。再如,同是游庐山,抒情大师李白惊叹于瀑布的壮观,写下《望庐山瀑布》,运用夸张的修辞方法,发出了"飞流直下三千尺,疑是银河落九天"童真般的感慨。300年后,一位诗人带着睿智的思考来到庐山,探究出"不识庐山真面目"的原因,写下同样饶有诗味的《题西林壁》。这就是唐代的风人诗与宋代文人诗的思维方式、抒情与思辨及表现风格的不同。

总的来看,宋诗从精神思想、审美情趣到艺术风格,都自成一派,所取得的成就并不低于唐诗,而其开辟路径的艰难程度与创造性更为可贵。正由于宋诗别具一格,开一代诗风,对以后的诗风影响巨大。

当然,宋诗的部分作品散文化和不注重形象思维的倾向,学诗者是应该警惕和避免的。

第六章 古典诗歌的流派

诗歌创作历史上，不同时期的不同的创作理念、创作风格以及题材和表现手法的不断变革、创新，从继承与发展的不同角度推动了诗歌的发展演进，其作者、作品流派众多，这里选择部分具有代表性的流派做以简单介绍。

一、建安诗歌

东汉末年汉献帝年号为建安，这一时期军阀割据，战争连年不断。北方以曹操父子、建安七子及蔡邕、蔡琰等人内容充实、感情丰沛的诗歌作品为代表，主要反映社会动乱和人民生活的苦难，抒写个人的抱负和遭遇，形成了第一次文人诗歌创作的高潮，也出现了第一次诗人集体把诗歌创作视角投向社会，关心国家、社会与人民大众的命运，其创作题材与风格对后世诗歌影响巨大。

二、元嘉体和永明体

元嘉体是指南朝元嘉时期一代诗人的诗歌风格，代表人物是颜延年、谢灵运及鲍照。他们继承汉魏时期的曹植及后来的张华、陆机等人诗歌重视情志、才调的倾向，追求以"情兴为本驾驭才思"，在诗歌立意、形象、气格、体势等方面通过艺术构思和锤炼的过程，由精思结撰而归于风流自然的艺术境界。始于建安完成于元嘉，诗歌由不自觉的文学作品向自觉的文学作品的转化，在诗歌发展史上具有重要的转折意义。

永明体是南朝齐武帝永明时期所形成的诗体，其特点是强调声韵格律，对近体诗的形成有极为重要的影响。永明体诗又名"新体诗"。在齐梁声律理论产生之前，诗赋创作并非不讲声韵，但那时讲的是自然的声韵，而且又多与音乐有关。从诗歌自身的发展来看，随着文人五言诗创作的不断繁荣，五言古诗已逐步脱离乐府而独立发展成为不入乐的徒歌，即钟嵘所说的"不备管弦"的五言诗，摆脱对乐律的依附而创造符合诗之声律要求的诗，成为必然之势。永明体的出现,对于纠正晋宋以来文人诗语言过于艰涩的弊病,使诗歌创作转向清新通畅也起到了一定作用,其代表人物为沈约、谢朓。

元嘉体和永明体分别对古体诗的诗风与格律化的形成产生了重大影响。

三、宫体诗

宫体诗是指产生于齐梁时期,以描写宫廷生活为基本内容的诗歌。风格流于绮丽、浮艳甚至于靡荡,以其流行于太子东宫得名。代表人物是梁朝的萧衍、萧纲父子与徐摛、庾肩吾、刘孝威、徐陵等人,以及陈朝的陈后主和江总。陈后主作的《玉树后庭花》被称为"亡国之音"。这类诗歌的共同特点是注重辞藻、情思、对偶、声律。宫体诗对诗歌发展的积极作用是为后人开辟了一条新路,表现生活中一些美的事物,甚至是女性之人体美的一类纯形式美的题材,开拓了诗歌创作的题材,增加了诗的表现内容。打破了诗歌要表现严肃题材的历代文人共识,促成了人们对诗歌形式美的重视和自觉追求,它开拓了新的审美领域。同时,宫体诗注重声律、对偶的艺术形式,对格律诗体的产生具有重要影响。

四、韩孟诗派

中唐时期韩愈倡导古文运动,以文为诗,不受格律限制,出现散文化倾向;造语造境激荡险怪,增强了诗的表现功能,但也损害了诗的形象性和韵律美。受韩愈"陈言务去"的影响,孟郊、贾岛等人比较注重诗歌的苦吟和锤炼功夫,诗风奇僻而失之险怪,因而后人称之为"韩孟诗派"。这个诗派创作的特点是不随时俗,开创个人的创作风格和道路。孟郊诗以五言古诗为主,独具幽僻奇险的意境。贾岛则在五言律诗方面刻意雕琢,表现穷愁之态。二人都是通过抒写个人的不幸遭遇来揭示社会的弊端,但缺点是格局窄小,缺乏盛唐时期诗歌的华丽壮美。

五、新乐府运动

新乐府又名"新题乐府",是中唐贞元到元和年间,白居易、元稹等人倡导的诗歌创作主张。主张诗歌要有社会内容,以改革诗风、疗救时弊为目

的,因事立题,推陈出新,反映民生疾苦和社会现实弊端。白居易提出诗歌要做到"篇篇无空文,句句必尽规""惟歌民生病,愿得天子知"。他们一改大历以来逐渐抬头的萎靡轻浮、逃避现实的诗风,以歌行体诗新题的方式,发扬《诗经》、汉魏乐府和杜甫以来的优良诗歌传统,敢于面向现实生活,自觉地从生活源泉中汲取创作题材与内容,形成了运用新语言、标以新诗题的新乐府诗。新乐府运动继往开来,开一代之诗风,具有较强的进步意义,其诗风也称"元和体",对后世诗风影响较大。

六、花间词派

花间词派是以温庭筠、韦庄为代表的一个文人词派,出现于晚唐、五代时期,得名于赵崇祚编的词集《花间集》,大都以婉约秾丽的表现手法,写女性的美貌和服饰以及她们的离愁别恨。这些词描绘的景物富丽、意象繁多、构图华美、刻画工细,能唤起读者视觉、听觉、嗅觉的美感。由于注重锤炼文字、音韵,形成了隐约、迷离、幽深的意境,对后世的文人词产生、发展有一定的影响。

七、西昆体

西昆体是宋初诗坛上的一个诗歌流派。以杨亿为首的17位宋初馆阁文臣互相唱和、点缀升平的诗歌编成了《西昆酬唱集》,西昆体由此而得名,其中成就较高的有杨亿、刘筠、钱惟演等人。它是晚唐、五代诗风的延续,艺术上大多师法李商隐,片面发展了李商隐追求形式美的倾向,其诗雕润密丽、音调铿锵、辞藻华丽、声律和谐、对仗工整,呈现出整饬、典丽的艺术特征。

八、江西诗派

江西诗派是我国文学史上第一个有正式名称的诗文派别。北宋后期,黄庭坚在诗坛上影响很大,追随和效法黄庭坚的诗人颇多,逐渐形成以黄庭坚为中心的诗歌流派,即江西诗派。强调"夺胎换骨""点铁成金",即师承前人之辞,或师承前人之意而出新意。崇尚瘦硬奇拗的诗风,追求字字有出处。在创作实践中,追求"以故为新"。江西诗派是宋代最有影响的诗歌流派。

九、诚斋体

诚斋是南宋诗人杨万里的号。诚斋体是指杨万里受苏轼等人的影响,突破江西诗派"字字有出处"、雕章琢句、追摹古人的清规戒律而形成的诗风。主张用自然活泼的口语、诙谐幽默的情趣写诗,为南宋诗坛吹入一股清新风气。

十、婉约派与豪放派

婉约派和豪放派是宋词在风格上迥然不同的两个流派。婉约派继承了花间词派的传统,具有秾丽、温婉、幽深的词风,豪放派则具有放旷、豪雄、刚健的词风。豪放词风是在婉约词风一统天下的境况下,对宋词的一种突破和创新,而不是对前者的否定,两者的艺术价值和美学特征都是宋词的重要组成部分。

十一、格律派

格律派指南宋以周邦彦、姜夔、吴文英、张炎等为代表的精通音律的词人,他们注重音律与格律的配合,擅长慢词,恪守音律,打磨节拍字句,以字的准确声调配合词乐的旋律和节奏。格律派诗人创作使用自度曲,在一定程度上扩展了词调体系,使词的创作更加丰富。张炎所作的《词源》是关于词乐理论与创作方法的专著,提倡"清空"的风格、"雅正"的语言和工于音律的技巧。

十二、竟陵派与公安派

竟陵派与公安派都是晚明的诗歌创作流派,虽然都主张"性灵",但对"性灵"的理解却不同。竟陵派因其创始者钟惺和谭元春都是湖广竟陵人而得名。他们认为"性灵"不是来自诗人的胸臆,而是来自古人的作品。在艺术风格上,他们不满于公安派的浅易风格,倡导"幽深孤峭"的风格,主张"读书养气以求厚",主张"引古人之精神,以接后人之心目",追求一种孤僻的情怀。公安派代表人物有袁宏道、袁中道、袁宗道三兄弟,以袁宏道为首,因为他们是湖北公安人而得名,在当时的诗坛影响较大。他们反对拟古风气,认

为只有出自性灵的诗才是真诗,主张"独抒性灵,不拘格套",强调自然之韵趣。主张打破诗文的正宗地位,推重民歌小说,提倡通俗文学,重视从民间文学中汲取营养。

十三、浙西词派与常州词派

浙西词派是清代前期最大的词派,其创始者朱彝尊及主要作者都是浙江人,其观点影响深广,绵延到康、雍、乾三朝。他们崇尚姜夔、张炎,标榜淳雅、清空,以婉约词风为正宗,贬低豪放词风,认为词"宜于宴嬉逸乐,以歌咏太平"。因此在创作中忽视词的内容,注重词的格律精巧、词句工丽及孤僻典故,艺术上追求"幽新"的风格,但也有一些清新之作。清代前期词坛主要为浙西词派所左右,令词坛一味追求清空醇雅,词的内容渐趋空虚、狭窄。到了嘉庆初年,浙西词派的词人更是专在声律、格调上着力,流弊益甚。常州词派是清代嘉庆以后的重要词派。常州词人张惠言欲挽浙西词派之颓风,大声疾呼"词与《风》《骚》同科",应该强调比兴寄托,反对琐屑钉饨之习,攻无病呻吟之作。一时和者颇多,蔚然成风。常州词派兴起后经周济的推阐与发展,理论更趋完善,所倡导的主张更加切合当时内忧外患、社会急速变化的历史要求,其影响直至清末不衰。

十四、同光体

同光体为近代学古诗派之一。同光指清代同治、光绪两个年号。光绪九年(1883)至十二年(1886)间,郑孝胥、陈衍开始标榜此诗派之名,宣称"同、光以来诗人不墨守盛唐者"为"同光体"。随着后期大批文人的追捧,同光体之"不墨守盛唐"逐渐成为一种成型的诗风。

从以上各诗歌流派的产生、发展进程不难看出:历史上每一次新的诗歌现象的产生,都有其内在的社会因素和艺术、美学、心理因素,都是针对之前诗歌倾向的扩展、突破或者是纠偏。建安诗歌的产生,是对之前诗歌作品以个人生活情感为题材向社会题材的转化。元嘉体的产生是使诗歌由不自觉的文学作品向自觉的文学作品的转化。永明体诗是诗歌摆脱对乐律的依附而创造出的符合诗的声律要求的诗歌体态。宫体诗则打破了诗歌要表现严肃题材的历代文人共识,促成了人们对诗歌形式美的重视和自觉追求,开拓

了新的审美领域。雄浑朴实、刚健清新的盛唐诗风,是由陈子昂等人破除唐初以来诗坛弥漫的轻薄浮艳、柔靡纤巧、雕章琢句、追求藻丽的齐梁余风,大力倡导"骨气端翔,音情顿挫,光英朗练,有金石声"的汉魏风骨,以积极的浪漫主义与批判的现实主义为目标而开创的。宋诗的言理则是对唐诗言情的一种扩展。韩孟诗派所倡导的是针对和矫正大历诗人平弱纤小的诗风而产生的深沉激荡、幽僻奇险的诗风。新乐府运动主张诗歌要有社会内容,是变革大历以来逐渐抬头的萎靡轻浮、逃避现实的诗风,以歌行体诗新题的方式,以改革诗风、疗救时弊为目的而产生的。南宋诚斋体诗风是对北宋江西诗派"字字有出处,雕章琢句"诗风的突破。最具典型意义的是,豪放词是针对婉约词题材窄小、相近,风格秾艳缠绵的一种纠偏和突破。北宋军事力量之弱,除开政治因素之外,与官僚士大夫阶层带头享乐、萎靡婉约之风盛行,影响了各级行政和军队官员,也有较大程度上的因果关系。表现社会题材和具有昂扬情调的豪放派词风产生于北宋却没有盛行起来,只有到了南宋,在国难当头、民族危机突出的社会状态下,主、客观上都需要振奋军心、民心的文化艺术,豪放词风才得以发扬光大。除以上流派外,以后一直到明清,各种诗歌流派的产生,都是对之前诗风的矫正纠偏,虽然也在发展过程中显现出新的偏差倾向,总体上还是呈现了一种在精神和艺术美学方面的进步与发展趋势。

第七章 古典诗歌的鉴赏

第一节 古典诗歌的评价标准

诗歌应避免浅俗平庸,诗界历来以"情真、格高、辞美、律严"这四项作为好诗的一般标准。在这一标准的基础上,再具体一些,从诗魂高于诗艺的角度,非常赞同陈衍提出的"四要"标准,它概括了优秀的古典诗歌所具备的诗魂与诗艺完美结合的基本要素。

一、骨力坚苍

骨力坚苍是指诗歌要有坚实苍劲的诗骨。"炼于骨者,析辞必精",即内容充实,风格健朗,笔力矫健,文辞质地坚实苍劲,有骨力支撑。如曹操著名的三首四言诗《短歌行》《观沧海》《龟虽寿》之老劲刚健;杜甫的《登高》、韩愈的《左迁至蓝关示侄孙湘》、刘禹锡的《西塞山怀古》、柳宗元的《江雪》之苍凉悲壮;高适的《燕歌行》、岑参的《轮台歌奉送封大夫出师西征》之豪迈大气;柳宗元的《登柳州城楼寄漳、汀、封、连四州刺史》、张孝祥的《六州歌头》、辛弃疾的《永遇乐·京口北固亭怀古》之坚实雄壮等。

二、兴趣高妙

兴趣高妙是指所表现的事物要有较高的、妙不可言的审美趣味。如袁枚的《所见》"牧童骑黄牛,歌声振林樾。意欲捕鸣蝉,忽然闭口立",把牧童的行为表现得惟妙惟肖,童趣十足。王驾的《雨晴》"蜂蝶纷纷过墙去,却疑春色在邻家"、杨万里的《小池》"小荷才露尖尖角,早有蜻蜓立上头"、叶绍翁的《游园不值》"春色满园关不住,一枝红杏出墙来"、王观的《卜算子》"才始送春归,又送君归去。若到江南赶上春,千万和春住"等诗词佳句,高妙之处在于往往以超常的审美角度和韵味阐发特殊的情趣。

三、才思横溢

才思横溢是指诗人知识渊博,才学充盈,思维敏捷开阔,想象力丰富;笔力纵横驰骋,无拘无束,恣肆汪洋,一泻千里。如屈原的《离骚》,篇幅宏伟,气势磅礴,波澜起伏,气象万千;运用比兴艺术手法和华实并茂的语言,既有华丽辞藻的美感,又表达出诗人深刻而丰富的政治抱负与思想感情。苏轼的《水调歌头·明月几时有》《念奴娇·赤壁怀古》等诗歌联系古今事件与人物、人间与仙境为我所用。张若虚的《春江花月夜》紧扣"春、江、花、月、夜"来写,不仅描绘出静幻美妙、恍惚迷离的夜色,诗人还突发奇思妙想,探索自然界与人生哲理,余情袅袅,回味无穷。李白的《梦游天姥吟留别》以梦游的形式,运用夸张的艺术手法,描绘意境雄伟、变幻莫测、缤纷多彩的天姥山,联想到古人、仙人,抒发了自己率真、激越的情怀。

四、句法超逸

句法超逸是指诗中要有笔力超群、高超俊逸的诗句。王湾的《次北固山下》:"海日生残夜,江春入旧年。"朝阳从海岸线上升起时,残夜还没有消退;江上已经露出春色,旧的一年还没有结束。两句话十个字,一副对仗诗联,把以往多少诗人没有入诗的早春清晨景色,描绘成一幅令人联想回味的画卷。"自去自来堂上燕,相亲相近水中鸥。""穿花蛱蝶深深见,点水蜻蜓款款飞。"杜甫的这两联著名的诗句把人们熟悉的家燕、水鸥的动作分别用"自去自来""相亲相近"来形容;把在花丛中飞来飞去的蝴蝶用"穿花""深深见"来表现,把"点水"的蜻蜓飞起来的姿态用"款款飞"来描绘,这两联诗把虫鸟们的习性、特点表现得极其精准传神,更增强了作品浓厚的乡村生活气息。李清照的《声声慢》则以"寻寻觅觅,冷冷清清,凄凄惨惨戚戚"七组叠字,把作者的行为感受与心境十分准确、形象地表现了出来。还有蒋捷的《声声慢·秋声》《虞美人·听雨》《一剪梅·舟过吴江》等词,其句法之高超读来令人叫绝。

第二节 古典诗歌的内在价值

诗歌同所有文学作品一样,为实现其价值与生命力,"真、善、美"是必须

具备的基本条件,"新、奇、特、高"是附加条件,以达到诗魂与诗艺的完美融合。描绘的景物、意境越自然、奇特、唯美,运用的表现手法越高超,用典越贴切,寓意越深刻,越是文辞优美、形象、典雅、凝练、格律工整,越是好诗。

其一是真。《蕙风词话》中说:"真字是词骨,情真景真,所作必佳。"内容符合逻辑的真实性与人物情感的真实,这是任何文学作品具有生命力的基础。如柳永的《雨霖铃》(寒蝉凄切),以真实的造境、人物具体的行为动作,"执手相看泪眼,竟无语凝噎",细腻地表现了恋人别离时的表情和感情,成为宋词中的经典之作。又如梅尧臣的《悼亡三首其一》:"结发为夫妇,于今十七年。相看犹不足,何况是长捐。"没有虚构的场景,没有华丽的辞藻,没有高亢的调门,却是最真实的感情流露。"最是仓皇辞庙日,教坊犹奏别离歌,垂泪对宫娥""小楼昨夜又东风,故国不堪回首月明中""问君能有几多愁,恰似一江春水向东流"。被王国维称为具有"赤子之心"因而能写出"天真之词"的南唐后主李煜,亡国后成为囚犯,他所作的词毫不掩饰其窘迫难堪与落魄悲惨的状况,境界真实,感情真挚,所以也最能引发读者的共鸣和感叹,甚至掩卷而不忍卒读,达到了词作品常人难以抵达的最高境界。

其二是善。作品表现出作者的善良和品德修养的高尚。如杜甫的"穷年忧黎元,叹息肠内热"、范仲淹的"江上往来人,但爱鲈鱼美。君看一叶舟,出没风波里"、陆游的"遗民泪尽胡尘里,南望王师又一年"、于谦的"但愿苍生俱饱暖,不辞辛苦出山林"、张养浩的"兴,百姓苦;亡,百姓苦",展现了诗人对人民大众之命运深情关切的善良感情。即使像李白这种追求个人个性解放的"谪仙人",也写出了"何日平胡虏,良人罢远征"和"俯视洛阳川,茫茫走胡兵。流血涂野草,豺狼尽冠缨"这样充满对普通人命运关心同情的感人诗句。

其三是美。诗歌要表现出美感,意境要美,词语要美,修辞要美。如张若虚的"春江潮水连海平,海上明月共潮生",写春江之水与海潮、海上初升明月之美;王维的"明月松间照,清泉石上流",表现秋山夜色之美;杨万里的"接天莲叶无穷碧,映日荷花别样红",表现西湖夏季之美;林逋的"疏影横斜水清浅,暗香浮动月黄昏",表现月下池旁梅花的气质、神韵之美感:都形象而具体,令读者产生脑中可以想象的、眼中可以浮现的美妙景色。

其四是新。诗歌要有新意,不落前人俗套,不重复他人的创意与描写,

要有个人独特的创新。例如前人写梅的诗歌非常多,同样写梅,别人都写枝上的梅,陆游却重点写落地的梅:"零落成泥碾作尘,只有香如故。"王冕也是,写画中的墨梅"不要人夸颜色好,只留清气满乾坤",写画中的白梅"冰雪林中著此身,不同桃李混芳尘"。同样写菊,别人写盛开的菊花,郑思肖写前人没有写过的残菊"宁可枝头抱香死,何曾吹落北风中",来表达个人的品性气节。

其五是奇。对事件、景物、情感、哲理的表现具有新奇与独创性,既要"人人意中所有,人人笔下所无",又要把司空见惯的场面用与众不同的诗句展现出来,把常人没有意识、感受到的,能以独特的、符合逻辑的语言表现出来。如李白的"举杯邀明月,对影成三人"、张若虚的"江畔何人初见月,江月何年初照人?人生代代无穷已,江月年年望相似"、李商隐的"青女素娥俱耐冷,月中霜里斗婵娟",苏轼的"明月几时有,把酒问青天。不知天上宫阙,今夕是何年?我欲乘风归去,又恐琼楼玉宇,高处不胜寒",想象新奇,令人赞叹不已。

其六是特。能够将作者感受到的独特境界展现出来,表现独特的思想感情。如柳宗元的《江雪》:"千山鸟飞绝,万径人踪灭。孤舟蓑笠翁,独钓寒江雪。"借冬季江面冷峻境界下的独特人物及其独特性格,抒发诗人在官场上的孤独心境与向往。又如宋代方岳的《泊歙浦》:"此路难为别,丹枫似去年。人行秋色里,雁落客愁边。霜月倚寒渚,江声惊夜船。孤城吹角处,独立渺风烟。"用"丹枫""雁落""霜月""寒渚"表现秋天,用"江声""夜船""孤城吹角""独立""风烟"表现游子的特殊处境和感受,极为形象并富有感染力。在修辞方法上也要独特。如李白的"白发三千丈""燕山雪花大如席"、岑参的"瀚海阑干百丈冰"、郑思肖的"泪如江水流成海,恨似山峰插入天",这样独特的夸张或排比给人以一种视觉上的冲击,留下无限的遐思。

其七是高。立论要高、站位要高、见识要高、格调要高。曹操的"老骥伏枥,志在千里;烈士暮年,壮心不已"表现出一位政治家的远大志向和高度责任感。陈子昂站在诗歌发展史的高度发出了"前不见古人,后不见来者。念天地之悠悠,独怆然而涕下!"的感慨。一首诗词,表现的题材越重大、社会生活场景越宏大广阔,表达的思想感情越丰富、见解越深刻,越是好作品。李白诗句"屈平辞赋悬日月,楚王台榭空山丘",在鲜明的对照中,既有形象

的比喻,又有议论。见解深刻,意味深长,把知识分子的优秀代表屈原和贵为国君的楚王的个人命运和历史地位做出生动形象的比较,得出一个"辞赋悬日月"、另一个"台榭空山丘"的结论。再如白居易的"周公恐惧流言日,王莽谦恭未篡时。假使当时身便死,一生真伪有谁知?",还有李商隐的"可怜夜半虚前席,不问苍生问鬼神",这些传世的佳作,能够在读者中广泛流传,一定是具有高度的思想性和艺术性,充满诗人的真实情感。格调低俗、审美趣味低下,以及以空洞的说教、标语口号入诗和带有无病呻吟等虚假的情感表现,即使贵为帝王之作,也鲜有人问津,是诗词创作的大忌。

第三节　古典诗歌的表现风格

古典诗歌的风格特点是多方面的,这里选择部分来加以论述。

一、高古

高古即诗风高远古雅,感情真切,具有朴实无华、不涉俗韵的风格。譬如读张九龄的《感遇十二首》,仿佛是在读《古诗十九首》。读李白的《古风》《蜀道难》《远别离》《梁甫吟》《把酒问月》、杜甫的《登楼》《禹庙》《秋兴八首》、李贺的《秦王饮酒》等,都能够感到其在词句的使用、意象的表现以及创作风格上具有唐代以前诗歌作品的古奥古朴的特点。

二、拙朴

拙朴即词句朴实无华,仿佛一种原生态,来自天然,不加修饰,没有华丽的言辞,却表达出真实、震撼的力量。如《上邪》《敕勒歌》《古诗十九首》和《归田园居五首》等。

三、现实

现实即写实,在诗歌创作中以细节的真实性、形象的典型性与客观性,采用具体描写的方式来表现和表达。如杜甫的"三吏""三别"和白居易的《观刈麦》《卖炭翁》、李煜的《破阵子》、范成大的《四时田园杂兴六十首》等。

四、浪漫

浪漫即在诗歌创作中注重思想感情的自由抒发与张扬,尊崇创新而反对模仿,重奇特而轻平凡,以大胆的想象和夸张,描写奇特的情节,塑造非凡的、独特的性格等。如李白的《梦游天姥吟留别》、刘禹锡的《秋词》、李贺的《南园十三首·其五》、李商隐的《谒山》、张孝祥的《念奴娇·过洞庭》等。

五、豪放

豪放即豪迈放纵,创作视野较为广阔,气象恢宏雄放,不受羁束。如李白的《行路难》、苏轼的《念奴娇·赤壁怀古》《江城子·密州出猎》、辛弃疾的《水龙吟二首》等,尤其是辛弃疾的"不恨古人吾不见,恨古人不见吾狂耳!知我者、二三子",把作者的豪放风格表现得极为典型。

六、婉约

婉约即婉转含蓄,其特点主要是内容侧重儿女风情、结构深细缜密、音律婉转和谐,语言圆润清丽。如李煜的《清平乐》(别来春半)、晏几道的《临江仙·梦后楼台高锁》《蝶恋花三首》《鹧鸪天五首》、柳永的《雨霖铃》、李清照的《一剪梅》《声声慢》等。

七、清丽

清丽即表现出天然的清秀脱俗的唯美意境。如梁武帝的《江南》、贺知章的《咏柳》、白居易的《忆江南》、高骈的《山亭夏日》、杨万里的《小池》等。

八、悲壮

悲壮即悲哀、雄壮、激昂。如《渡易水歌》、高适的《燕歌行》、杜甫的《蜀相》、韩愈的《左迁至蓝关示侄孙湘》、张孝祥的《六州歌头》等。

九、平淡

平淡即于司空见惯的自然平淡中呈现诗情画意。如张继的《枫桥夜泊》、曾巩的《城南》、王驾的《社日》、翁卷的《乡村四月》等。

十、含蓄

含蓄即诗意幽深曲隐,欲言未言,耐人回味,引发读者想象。如杜牧的《秋夕》,用诗中意境的"冷"和"凉",含蓄地表现了宫女向往爱情而不得的哀怨与凄凉。张籍在《节妇吟》中含蓄地把自己隐喻为已经嫁人的节妇,委婉地拒绝了李师道的拉拢。唐人金昌绪的《春怨》:"打起黄莺儿,莫教枝上啼。啼时惊妾梦,不得到辽西。"主题是思念征夫,不写征夫,却怨恨黄莺惊梦。不着一字,占尽风流,留下充足的想象空间,由读者去回味。

唐代诗人司空图在《二十四诗品》中把诗品归纳为 24 种,即雄浑、冲淡、纤秾、沉着、高古、典雅、洗练、劲健、绮丽、自然、含蓄、豪放、精神、缜密、疏野、清奇、委曲、实境、悲慨、形容、超诣、飘逸、旷达、流动,这既是诗品,也是诗歌的风格。

第四节 古典诗歌的美学形态

古典诗歌是一种美学艺术,从形式到内容有着多种美学形态,值得我们去发现和掌握,从而提高对它的鉴赏力,获得美感。由于中国古典诗歌使用的文字独特、格律独特,所表现、表达出来的美也具有不可替代的独特性,用其他任何语言文字来形容和描述都会显得苍白和乏味。因此,我们需要通过学习古典诗歌的相关美学知识,逐步增强理解能力,提高欣赏水平。

一、格式之美

古典诗歌结构上的格式美在于:在固定的格式和规则内进行创作、表达所体现出的艺术特征。如同遵循和利用游戏规则一样,在规则内纵横驰骋,使作者获得成功的快感、读者获得美的享受。不论是格律诗中字句整齐、严格的声韵和对仗,还是按照各种词牌、曲调写出的长短句、曲词都是这样。如李白的《秋登宣城写眺北楼》:"江城如画里,山晚望晴空。两水夹明镜,双桥落彩虹。人烟寒橘柚,秋色老梧桐。谁念北楼上,临风怀谢公。"依托律诗的对仗格式,把诗歌艺术表现到了极致。南宋蒋捷的词《声声慢·秋声》:"黄花深巷,红叶低窗,凄凉一片秋声。豆雨声来,中间夹带风声。疏疏二十五点,丽谯门不锁更声。故人远,问谁摇玉佩?檐底铃声。彩角声吹月堕,渐连营马动,四起笳声。闪烁邻灯,灯前尚有砧声。知他诉愁到晓,碎哝哝多少蛩声!诉未了,把一半分与雁声。"词中连续用了十个"声"字,与所用词牌非常贴切。还有他的《一剪梅·舟过吴江》:"一片春愁待酒浇,江上舟摇,楼上帘招。秋娘渡与泰娘桥,风又飘飘,雨又萧萧。何日归家洗客袍?银字笙调,心字香烧。流光容易把人抛,红了樱桃,绿了芭蕉。"词中每个七言句后面两个四言句的特定格式,配以"江上"与"舟上"、"秋娘"与"泰娘"、"风又"与"雨又"、"飘飘"与"萧萧"、"银字"与"心字"、"红了"与"绿了"六组对应恰当的词,场景、感觉、视觉各不相同,充分利用了词的格式,创作出兴趣高妙、意境优美的词作,令人叫绝。

二、声律之美

古典诗歌原来是与音乐协调而可以唱的艺术。齐梁以来按照特定的声调、韵律、节奏和结构规则组合形成的声律,脱离音乐后可以吟诵,产生听觉上的美感,同样符合人的审美特性。如李白的《黄鹤楼送孟浩然之广陵》:"故人西辞黄鹤楼,烟花三月下扬州。孤帆远影碧空尽,惟见长江天际流。"《早发白帝城》:"朝辞白帝彩云间,千里江陵一日还。两岸猿声啼不住,轻舟已过万重山。"再如杜牧的《山行》:"远上寒山石径斜,白云生处有人家。停车坐爱枫林晚,霜叶红于二月花。"《秋夕》:"银烛秋光冷画屏,轻罗小扇扑流萤。天阶夜色凉如水,坐看牵牛织女星。"吟诵起来朗朗上口,其声韵如同音乐一样悦耳动听。

三、文辞之美

古人遣词用句力求精准,把凝练典雅的词句通过巧妙的修辞,使自己的意图与情感得到充分展现,没有赘字、赘句,表达得恰到好处,构成了诗词文字视觉上的美感,创作出了大量脍炙人口的警句名句。王勃的"画栋朝飞南浦云,珠帘暮卷西山雨";李白的"两岸青山相对出,孤帆一片日边来";杜甫的"细草微风岸,危樯独夜舟。星垂平野阔,月涌大江流";李商隐的"锦江春色来天地,玉垒浮云变古今""风含翠篠娟娟净,雨浥红蕖冉冉香";王禹偁的"万籁有声含晚籁,数峰无语立斜阳";晏殊的"梨花院落溶溶月,柳絮池塘淡淡风""昨夜西风凋碧树,独上高楼,望尽天涯路";晏几道的"舞低杨柳楼心月,歌尽桃花扇底风";秦观的"有情芍药含春泪,无力蔷薇卧晓枝";蒋春霖的"遥凭南斗望京华,忘却满身清露在天涯"。其文辞之优美超凡脱俗,令人赏心悦目。

四、境界之美

境界意指修行者认识事物的不同层次,有禅宗参禅的三重境界之说。境界越高,说明对事物的认识越深刻。王国维先生在《人间词话》中论述"古今之成大事业大学问者"所经历的三种境界:一是"昨夜西风凋碧树,独上高楼,望尽天涯路",要有在严酷环境下超出常人的眼界;二是"衣带渐宽终不悔,为伊消得人憔悴",要有经受磨难、下苦功夫钻研的决心和毅力;三是"众里寻他千百度,蓦然回首,那人却在,灯火阑珊处",要有与众不同的感觉和趣味。这三种境界是三种平行的境界,不存在哪一层级更高级的问题。他还提出诗歌作品的"有我之境"与"无我之境"概念,认为写"无我之境"要比写"有我之境"难度更大一些。如"泪眼问花花不语,乱红飞过秋千去"是有我之境,"寒波澹澹起,白鸟悠悠下"是"无我之境"。这实际上是指诗歌创作中的两种思维方式,"有我之境"是常人不自觉地把自己融入所展现的场景中而已。两种境界,并无优劣之分,只要表现得自然巧妙,有符合逻辑的表现力、感染力或想象力,蕴含深远,回味无穷,有美学价值,皆是好诗。如果能够同时体现出作者的精神思想或趣味情操,则愈加完美。

一组完整的意象构成了作者所要表现的场景、境界,如王维的"有我之境"诗《竹里馆》"独坐幽篁里,弹琴复长啸。深林人不知,明月来相照",表现了作者清幽绝俗、心灵澄净的境界。如同苏东坡评价王维的诗画作品"味摩诘之诗,诗中有画;观摩诘之画,画中有诗"那样,读到意境盎然的诗词作品,能够体会到通过诗词意境想象出来的美感境界,领悟到作者对景象观察与描绘的思想活动。又如柳宗元的"无我之境"诗《江雪》"千山鸟飞绝,万径人踪灭。孤舟蓑笠翁,独钓寒江雪",通过一组意象表现出作者所赞赏的冷峻孤傲、坚韧不拔的精神境界,十分传神。

"意象"是融入了人的主观情意的物象,即把客观景物赋予了作者的主观色彩。意象与物象都是组成境界的元素,意象组合到一起形成一个整体

的意境。

王昌龄在《诗格》中论述诗有三境：物境、情境、意境。物境是未经作者加入感情、意识而直接描述的境象。情境是融入作者主观感情的境象，而意境则是融入作者思想，进入"思与境谐"的境象。如李白的《渡荆门送别》："渡远荆门外，来从楚国游"是一般叙述；"山随平野尽，江入大荒流"是物境描写；"月下飞天镜，云生结海楼"是意境描写；"仍怜故乡水，万里送行舟"是情境描写。无论是物境、情境，还是意境，都是作者对景象赋予丰富的感情、思想与趣味，最终要体现作者意图的，它们是诗歌中展现出的作者与友人送别时的整体的境界。

除此之外，古典诗歌还可以总结归纳出"自然美""意韵美""含蓄美""动态美""悲壮美"等多种美学形态，为读者留下美不胜收的韵味。

第五节 作者表达与读者欣赏的客观性与主观性

古人讲"诗无达诂"。作者表达与读者理解欣赏存在主观性与客观性的问题，这是由于个人感受的不同，所谓"一千个人眼中有一千个哈姆雷特"。有人崇尚李白诗的雄浑与飘逸，有人品味杜甫诗的深沉与醇厚。有人喜欢李商隐诗的缠绵唯美，有人欣赏苏轼诗的洒脱旷达。每个读者的世界观不同，生活经历、感情经历不同，见仁见智，对诗歌的感悟理解也会不同。

客观性。写实景、表达真实情感。如《诗经·蒹葭》"蒹葭苍苍，白露为霜"、王维的"大漠孤烟直，长河落日圆"和王之涣的"白日依山尽，黄河入海流"这类诗句，作者表达与读者欣赏、沟通上的客观性都比较强，一般不会出现偏差。

主观性。主观性体现在诗人的心理活动在诗词中的反映。诗歌鉴赏的特点是主观性感受强烈。如"不知何处吹芦管，一夜征人尽望乡"，表现的是征夫戍卒听到芦管声引发的思乡之情；"何日平胡虏，良人罢远征"，表现的是思妇期待远征丈夫归来的无奈与哀怨之情；"伤心桥下春波绿，曾是惊鸿照影来"，表现的是睹物思人、对已离世的昔日曾深深爱恋的妻子怀念之情；"感时花溅泪，恨别鸟惊心"，表现的是离乱世人的感伤之情；"遗民泪尽胡尘里，南望王师又一年"，表现的是北方遗民盼望光复解放的无限心酸苦痛之情;"春风得意马蹄疾,一日看尽长安花",表现的是科举高中者亢奋的欣喜得意之情。只有从个人对现实生活的深切体验中激发出丰富感情的人才可能写出这样的诗句,读者也需要把自己放到作者描绘的背景之中,才能深切体会到作者所要表达的思想感情。

诗艺篇

格律、情感和文采，是古典诗歌的基础，诗歌的魅力，来自诗意、韵味与气骨。

第八章　古典诗歌的形制体式

中国古典诗歌作为韵文的文学体裁,是古人通过一定的格式、声韵、节奏,以形象、凝练、典雅的语言来表现自然景象、个人生活和社会生活,表达作者精神思想、情感意志的艺术作品。从这个意义上说,诗与词、曲本质上都可以统称为诗,诗、词、曲的作者都可以称为诗人。诗歌是一种天籁之音,是一种发自内心的、自然而纯真情感的流露表达。同时,诗歌作为一种文学体裁,具备较多的艺术成分,就意味着要遵循诗歌的普遍创作规律与各类体裁特有的规则法度。因此说,诗歌创作不仅是情感表达的过程,又是多重、复杂的规则运用的过程,需要作者自身的文学与美学修养、对创作技巧与手段的熟练把握。同时也是作者对自然界、人类社会生活及个人生活的体验、感悟与创作灵感结合的产物。

第一节　诗

古典诗歌的各种体式都有一个产生的过程,最后形成固定的格律规范。除了早期杂歌谣辞一类尚不成熟、不具备相对固定格式的诗歌外,主要分为古体诗和格律诗(近体诗)。古体诗又分为杂言诗与齐言诗。格律诗分为律诗和绝句。其中格律诗最为严格,规则最为复杂。

一、杂歌谣辞

杂歌谣辞作为中国古典诗歌的早期形态,有的过于古奥,有的过于浅白,缺少诗歌的雅性与艺术性,却具有诗歌的节奏、形象与凝练的特点。在一些杂歌谣辞中,四言、五言、六言、七言及骚体诗的雏形都已存在。

二、以《诗经》为代表的四言体诗

《诗经》的句式基本是以每两句为一个整句的偶句形态,即第一句为出

句,第二句为落句,这种句式为中国古体诗的偶句句式奠定了基础。《诗经》中多数作品是每句四言,以"二、二"节奏为主,夹杂少量的以"一、三""一、二、一"为节奏的齐言体诗。除四言诗以外,《诗经》中很大一部分作品是以四言诗为主,夹杂着多言的诗,同时也有一部分杂言诗。

三、楚辞与骚体诗

楚辞是《诗经》之后,一种产生于楚国民歌、在战国和西汉时期流行的特殊形态的杂言体诗。由于《离骚》是楚辞的代表作,因而人们将与《离骚》句式相近的、带有浓重《离骚》体式色彩的一类诗歌称为骚体诗。骚体诗的句式与《诗经》相同的是,一般仍以两句为一个整句。不同的是有这样两种句式:一种是前一句的句尾用一个"兮"字,来对应下一句,起到加重语气或释放感情的作用,如"宁溘死以流亡兮,余不忍为此态也";另一种是"三三"或"三二"句式,中间加上带语气词"兮"、转折词"而"、介词"于""之"和"以"等的句式,较《诗经》的句式节奏灵活,感情的表达也更加丰富强烈,如"身既死兮神以灵,子魂魄兮为鬼雄""秋既先戒以白露兮,冬又申之以严霜""世雷同而炫曜兮,何毁誉之昧昧""尧舜皆有所举任兮,故高枕而自适"。这类作品富于抒情成分和浪漫气息,篇幅或字句较长,形式较自由。战国末年的《渡易水歌》、秦末项羽的《垓下歌》、汉初刘邦的《大风歌》、东汉末年蔡琰的《悲愤诗》、蔡文姬的《胡笳十八拍》和唐代李白的《鸣皋歌》等都是骚体诗。

较之屈原以前的诗歌形式,骚体诗产生的重要性在于:一是诗歌句式上的突破。屈原创造了一种以六言为主,掺进了五言、七言的大体整齐而又参差灵活的长句句式,是对《诗经》四言体诗的重大突破,对于后来五言、七言诗的产生有较大影响和启示。二是章法上的革新。屈原的"骚体"不拘于《诗经》的章法,放纵自己的思绪,或陈述,或悲吟,或呼告;有发端,有展开,也有回环照应,脉络是极其分明的,韵律上也有一定的体现。三是体制上的扩展。屈原以前的诗歌大多只是数行、数十行、数百字的短章,而《离骚》则长达 373 句、2 490 字,奠定了中国古代诗歌的长篇体制。

四、齐言诗与杂言诗

齐言诗是指字句整齐的一类诗,如四言、五言、七言诗,比较多见。此外

还有少量的三言、六言诗。

杂言诗是诗句不整齐、无固定格式的诗。唐代以前杂言诗较多,如汉代的《有所思》"有所思,乃在大海南。何用问遗君?双珠玳瑁簪,用玉绍缭之。闻君有他心,拉杂摧烧之。摧烧之,当风扬其灰。从今以往,勿复相思!相思与君绝!鸡鸣狗吠,兄嫂当知之。秋风肃肃晨风飔,东方须臾高知之"和《上邪》"上邪!我欲与君相知,长命无绝衰。山无陵,江水为竭,冬雷震震夏雨雪,天地合,乃敢与君绝"。这一类诗的体式,没有固定的句式和格律,但出现了一定数量的五言、七言句,首尾或中间夹杂少量长短不一的句式。有些以古乐府诗为题的歌行体诗,以五言或七言为主,夹杂少量的杂言,如《木兰诗》《登幽州台歌》《蜀道难》等。

词和曲虽然都是杂言体诗歌,却不属于杂言诗,是另外两类按照固定曲调和格律进行填写的诗歌形式,与汉代以来的杂言诗有质的不同。

五、古体诗

相较于近体诗而言,古体诗也称古诗或古风,是继《诗经》、楚辞之后,在唐代律诗成熟之前,没有严格句式、格律限制的诗体。随着其后律诗、词、曲的兴起,古体诗作为一种诗体,仍然流行不衰。古体诗大多以四言、五言、七言的形式存在,也有少量的三言、六言和杂言诗。

最初的古体诗句式比较自由,结构简单,大致押韵。整体上除了对句式有大体整齐的要求外,对其他方面的格律要求较少,篇幅也可长可短。

(1)四言古诗。《诗经》及其以后直到晋代都有大量的四言古诗作品。如屈原的《天问》、司马相如的《封禅颂》、曹操的《短歌行》《观沧海》《龟虽寿》、嵇康的《幽愤诗》等。东晋、南北朝以后,四言诗逐渐被五言、七言诗取代,就很少有优秀的四言诗作品产生了。

(2)五言古诗。五言诗较早见于汉代,是在四言诗的基础上,把两两词组的中间或尾部加上一个单字,使句式更加灵活,易于写作表达。早期比较著名的五言古诗有汉代苏武的《诗四首》、李陵的《诗三首》、卓文君的《白头吟》、李延年的《歌一首》、班固的《咏史》、蔡邕的《饮马长城窟行》,以及乐府诗《陌上桑》《古诗为焦仲卿妻作》及《古诗十九首》等。到汉末建安后期,五言诗取代四言诗的地位,被诗人们普遍使用。

(3)七言古诗。较早见于西汉汉武帝的《柏梁诗》和东汉张衡的《四愁诗》。早期比较著名的作品有曹丕的《燕歌行》、无名氏的《陇上歌》、鲍照的《拟行路难》、扬雄的《捣衣》、庾信的《乌夜啼》等。

五言、七言古诗,句式整齐,一般为偶句,可以有不固定的对仗句子,没有固定的长度,对平仄、韵律、对仗等没有严格要求。如《古诗十九首》中"青青河畔草,郁郁园中柳""青青陵上柏,磊磊涧中石",起兴即用对仗句,后面直到结束则没再出现对仗句。同样是《古诗十九首》,短的仅八句,共四个偶句;长的有十六句,共八个偶句。曹丕的《燕歌行》为"柏梁体"七言诗,七组偶句,中间夹杂一个单句,十五句诗,一韵到底,全篇没有一个工整的对仗句。张衡的《四愁诗》历来被认为是最早出现的文人七言诗,共有四首,每首七句,都由三组偶句和一个单句组成。其中有三个句子中间带有一个"兮"和两个"之",也可以看作是骚体诗和七言诗的混合体。

(4)乐府诗与歌行体诗。乐府是西汉以来建立的宫廷音乐机构,由其采集、整理、配乐选用的一类诗歌就称乐府诗。乐府诗有专题,与音乐、声律相联系,多题名为"歌、行、吟、引、哀、怨、别、词、曲"等,如《古八变歌》《古歌》《长歌行》《猛虎行》《折杨柳行》《艳歌行》等。一般采用五言、七言的齐言体,或夹杂少量的杂言句,富于变化。一直到唐代仍然有些诗人按乐府旧调、声律进行创作,如《凉州词》《塞下曲》《渭城曲》等。

歌行体诗是源自乐府诗的一种古体诗,多为七言,夹少量杂言,五言较少。早期有些作品篇幅较长,以叙事为主。一些作品仅沿用乐府题名,也有部分作品类似律诗、绝句而非叙事,且不受音乐、声律限制。由于题名为"歌""行"的比较多,以后就有了"歌行体"之称。这一类诗歌发展至盛唐时期,李白、杜甫等人对这类诗体创作有了大的发展。如李白的《子夜吴歌》《长干行》《江上吟》《梦游天姥吟留别》、杜甫的《茅屋为秋风所破歌》《兵车行》《丽人行》《无家别》、李颀的《古从军行》、高适的《燕歌行》等。其他如《节妇吟》《丹青引》《李凭箜篌引》《哀江头》《哀王孙》《闺怨》《宫怨》等,有些仅沿用乐府诗的旧题,已经脱离音乐,不受限于声律。中唐时期,白居易、元稹等人继承杜甫诗歌的现实主义传统,面向社会生活,运用新语言,创作出大量新题材,标以新诗题的乐府诗,称新乐府。白居易的《长恨歌》《琵琶行》、元稹的《连昌宫词》以及李贺的《金铜仙人辞汉歌》《老夫采玉歌》等许多作品,

在形式上采用的就是乐府的歌行体。歌行体诗古意浓厚,容量大,语言较为直白、古朴,在社会上流传较广,对当时诗歌作品的内容、风格的形成影响较大。唐代以后有些诗虽然仍然使用乐府的歌行之类的旧题,实际上与其并无实质性的联系。

六、格律诗

相较于古体诗而言,格律诗也称近体诗,是后人为区别于古体诗而对格律诗的一种称谓。格律诗是产生于南朝齐梁、成熟于初唐的一种诗歌体裁,其对格式、声调、韵律、对仗有着严格要求。格律诗形式精美、音调和谐、语言凝练、意蕴丰富,是古典诗歌中格律最为严格、创作技巧最为讲究、创作难度最大的一种诗歌体裁,也是古代文人刻意追求诗歌艺术美的一种体现。唯其格律严格与技巧讲究,如同戴着枷锁跳舞,加上优美的文辞和深刻、丰富的思想感情内涵,因而更能体现出作品高超的艺术水准。

格律诗有五言律诗、七言律诗、五言排律、七言排律和五言绝句、七言绝句。五言律诗、七言律诗均为八句,五言绝句、七言绝句均为四句。

格律诗在句式上均为偶句,每两句为一联,上句称为出句,下句称为对句或落句。五律和七律诗的结构为四联八句,一、二句为首联,三、四句称为颔联,五、六句称为颈联,七、八句称为尾联。

句数为六句或超过八句的律诗称为排律,排律对句数没有固定的要求。篇幅较长的如杜甫的《自京赴奉先县咏怀五百字》长达 100 句,500 字;《北征》长达 140 句,700 字。

五言绝句或七言绝句也称律绝,有人称其为"截句",即视为在五律或七律的八句中截取一段。截取首联和尾联的,没有必须对仗的要求;截取颔联和颈联的则必须对仗;当然也可以截取首联和颔联,或截取颈联和尾联。也有观点认为:绝句出自汉乐府的四句短歌,在南朝梁代徐陵所编诗集《玉台新咏》中即搜集了乐府诗中的"古绝句",加上后来的吴声、西曲中的五言四句体裁,共同对唐人绝句的产生有直接的影响,而非截取自近百年后才产生的律诗。唐代的绝句是可以唱的,在长短句的词流行之前,五、七言绝句是唐代歌曲的主要体裁。所以,也有人认为唐绝句是唐代的乐府诗。绝句由于字数少,则越须凝练,对韵律要求也同样严格。

诗 艺 篇

律绝与古绝是绝句的两种体裁,其中合乎近体诗格律的,称为律绝,近体诗定型之前的绝句形式称为古绝。古绝也是古体诗,不讲究平仄,押韵也是可平可仄,律绝则要求必须平韵。因此,在唐代律绝流行之后,为了加以区别,古绝就多押仄韵了。如著名的孟浩然所作《春晓》就是古绝。

此外,古代诗人们还创造了一些句式不同或具有特殊技巧与风格的诗。如宝塔诗、回环诗(或称回文诗)、剥皮诗、字谜诗、辘轳诗、藏头露尾诗、打油诗、集句诗、联句诗、嵌字诗等。这些杂类诗各具规则特点,有些纯粹是游戏,有些则具有一定的思想性和艺术性,为部分受众所喜爱,得以流传。

第二节 词

词别名"长短句",但不同于杂言诗,是按照词牌音律,以固定的句数、字数为格式,随乐曲、节拍、声律"填词"。各种词牌具有不同的基调,创作什么基调的词就选用什么基调的词牌。基调清丽明快的选《鹧鸪天》《忆江南》《采桑子》一类,基调哀怨缠绵的选《蝶恋花》《雨霖铃》《扬州慢》一类,基调雄浑或激愤的选《贺新郎》《满江红》《八声甘州》等。唐宋以来,古人共创造了1 000多个词牌,这当中也有一些词牌名称不同但格式韵律相同,如《忆秦娥》又称《秦楼月》,《忆江南》又称《望江南》,《如梦令》又称《忆仙姿》等。

词牌分小令、中调、长调。词调又分为令、引、近、慢。字数稍多的词牌都分为上、下两阕,也称为上、下片。每阕从头至尾意味着一段音乐的完成,就是说分成两阕的词调是由两段音乐组成的。上一阕结束意味着一段音乐的完成,而非整个词调的结束。上阕与下阕既有联系,又有区别。作者往往用上阕描写情境、场景,下阕用来抒情、议论,上、下阕连贯呼应,形成一个整体。在用韵方面,有的一韵到底,有的上、下阕转韵。还有的每两句一转韵。一些四个句组以上的词,如《虞美人》,八句八韵,共用了四个韵调,一、三句组是仄韵,二、四句组是平韵。有些长调分了上、中、下三阕甚至四阕,却并不转韵。如《夜半乐》《戚氏》等。

(1)小令。58字以内的词为小令。如《捣练子》《相见欢》《鹊桥仙》等。有些短的小令不分上、下阕,如《潇湘神》《渔歌子》《十六字令》等,称为单调。短小的单调无法容纳作者的创作内容,往往要重复一遍或者更多遍,才能满

足作者的创作需求。因此,许多单调的小令作者都重复写了多次,如李煜的《渔父》(也称《渔歌子》)写了两首,白居易的《忆江南》写了三首。

(2)中调。59至90字的词为中调。如《贺新郎》《水龙吟》等,分上、下两阕。

(3)长调。91字以上的词为长调。如《望海潮》为两阕,107字,《夜半乐》分为三阕,有144字,《戚氏》分为三阕,有212字,《莺啼序》分为四阕,有240字。

第三节 曲

曲包括散曲和杂剧中的剧曲两种不同的体裁。散曲是配合音乐可以唱的独立体式的长短句,形式上和词差不多,其性质也属于诗歌一类。散曲原本产生于民间的俗曲,是为满足市民阶层的文化娱乐需要发展起来的。后由民间传播到为文人所用,作为抒发个人感情的文学形式,移植到文坛上来。散曲有南曲、北曲之分,南曲与词相近,北曲与词差别较大,一般说的曲就是指北曲。剧曲产生于金、元时期发展起来的杂剧,杂剧是一种包括曲词、说白,有故事情节、有人物动作的戏剧。剧曲作为诗歌,是指杂剧中的唱腔曲词部分,多为长调,如套数一样,由一系列曲牌组成,也就是戏剧中按照曲调写的长短句。由于散曲与杂剧都兴盛于元代,所以,通常把元曲作为曲的代表。

北曲的曲调称为宫调,共有十二宫调,名称为:黄钟、正宫、大石调、小石调、仙吕、中吕、南吕、双调、越调、商调、商角调和般涉调,有些宫调并不常用,每个宫调下面有各自常用的曲牌。如正宫有《端正好》《滚绣球》等;仙吕有《点绛唇》《混江龙》等;中吕有《粉蝶儿》《醉春风》等;南吕有《一枝花》《梁州第七》等;双调有《夜行船》《沉醉东风》等。曲词就是按照不同的曲牌格式来创作的,散曲共有200个左右曲牌,在音乐上隶属于不同的宫调,所以在每一支或一套曲词的前面除了标明曲牌名称外,还要标出属于哪个宫调,加上曲的名称,一般有三部分。如白朴的【中吕·阳春曲】"题情","中吕"是宫调,"阳春曲"是曲牌,"题情"是曲名。其他如张可久的【黄钟·人月圆】《山中书事》、汤式的【双调·天香引】《西湖感旧》等也是这样。由于宫调对散曲并无实际作用,有些散曲就不标宫调,只标明曲牌。有些没有题目的曲词,只好用曲词的第一句来做标题,以区别于其他同曲牌的曲子。如贯云石的【正宫·小梁州】《芙蓉映水菊花黄》等。

散曲分小令、套数两种主要形式。

小令体裁小,也不分上、下阕(片)。如果用小令的曲调,篇幅不够时可以加【幺】,即原来的曲调加上新的内容重复一遍,字句也可以有增损。还可以用"带过"的方式,接上另一个或两个小令。小令如马致远的【天净沙】《秋思》和张养浩的【山坡羊】《潼关怀古》等。两个小令组合的如王实甫的【中吕·十二月带过尧民歌】《别情》、汪元亨的【双调·雁儿落带过得胜令】《和风闹燕莺》等。

套数是长调,多数用在剧曲中,也有许多独立的套数散曲。较长的套数长达数百字,是由若干支曲子连缀而成的大篇。这些曲子属于同一宫调,往往押相同的韵脚,有首有尾,结束时用煞曲、尾曲。如关汉卿的【南吕·一枝花】《不伏老》、马致远的【双调·夜行船】《秋思》等。

元曲有两大艺术特色:一是滑稽善谑。如睢景臣【般涉调·哨遍】《高祖还乡》通过调侃不知道刘邦已当了皇帝的农民还在述说刘邦发迹前在家乡时的一些丑事,借以发泄对统治者的蔑视情绪。二是富于市井气息。如钱霖的【般涉调·哨遍】《钱奴》,嘲笑某些商人在经营方面的极端吝啬。杜仁杰的【般涉调·耍孩儿】《庄家不识勾栏》,表现乡下农民进城后耳闻目睹剧院的商业气息和对场上演出内容的种种个人理解感受,语言直白,风格幽默滑稽。

第四节　诗、词、曲的区别

诗、词、曲的区别,不仅在于各自有不同的体式和格律,在创作风格、品质、特点方面,也有明显差异。有人把诗、词、曲在风格上的总体差异概括为"诗庄、词媚、曲艳",虽不尽然,对大多数作品来讲,还是比较贴切的。在古代许多文人看来,词和曲是没有地位的低级文化消费类产品,而诗是高雅的精神产品,认为"诗尊词卑"。故早期的文人士大夫无意作词,少数偶尔为之的作品,或把词作得高贵典雅,或作成民歌形态。如白居易的《忆江南》和刘禹锡的《竹枝词》等。

词与诗比较,从句式上看,表面上虽然是长短句,但在句式、字数、韵调等方面都有严格规定。好在词牌较多,故选择性较大。从词的内在品质特点看,王国维认为:"词为诗之余。""词之为体,要眇宜修,能言诗之所不能言,而不能尽言诗之所能言。诗之境阔,词之言长。"是说词可以作为诗人在诗作品之外的一种补充,把用诗难以表达的细微幽深的思想感情用词的方式来表达。在风格方面,二者相比,诗表达的内容意境更开阔一些,而词,尤以婉约词为代表,表现个人精神世界相对较窄,而风格精密细致,意味婉转绵长。吴梅先生认为词"上承诗,下启曲""在上不似诗,下不类曲""大抵空疏者作词,易近于曲;博雅者填词,不离乎诗"。是说文学修养深厚、知识渊博、趣味高雅的作者所作的词离不开诗的品质风韵,而知识匮乏、学养不足的作者,却把词作得类似于曲之浅俗。通过品味,能够感觉到诗的气质高贵、丰富含蓄、韵味古拙典雅是与词不同的。《竹枝词》与七言绝句相比,节奏较为轻快活泼,语言表达直白。而七绝的语言风格相对来说具有典雅凝重、节奏沉稳、寓意深、表达含蓄的特点。在格律方面,如果把《玉楼春》《生查子》《浣溪沙》这几个特殊词牌来与律诗中的七律、五律比较,只是在句式与部分使用律句上有相同之处。七言、五言律诗与《玉楼春》《生查子》相比差别在于:一是内在结构不同。律诗有首联、颔联、颈联、尾联的结构,有对仗、黏对、平仄相间和押平韵的要求。词则有上、下阕的结构,上阕有起头、过拍句组,下阕有换头、收拍句组。二是韵律要求不同。这两种词每句的起韵、收韵都有固定要求,且都押仄韵。《浣溪沙》的前三句和后三句分为上、下阕,有偶句,有单句。第一、二句与第四、五句为联句,第三句与第六句为单句,而排律都是偶句。

词与曲在格律与风格上比较,词的格律要严格很多,每句中特定位置字的声调有严格规定,韵脚落在哪个句子也有特定位置,比较注重审美效果,语言醇雅含蓄、委婉清丽、细腻深长,忌浅白直突、鄙俗艳趣。曲虽然有规定的曲律,但在运用中格律较宽松,用韵密度大,许多曲牌声调、韵调往往平仄通协。语言风格上不避俚俗,以口气直白率真、诙谐戏谑的活泼风格见长。

第九章　古典诗歌的法度

第一节　古典诗歌具备的基本要素

我国古典诗歌创作有其自身的法度和价值标准,要遵循创作规律,要有对旧体诗歌的敬畏之心,不随意写没有思想性、艺术性和缺乏真情实感的诗歌。乾隆贵为帝王,一生作诗数万首,罕有好诗流传下来,为后人所耻笑。

一、生动丰满的形象意境

诗歌作为语言艺术,以形象思维作为主要表现方式,核心特征就是要富于生动的形象感。诗人通过观察和发现生活中的景象,或通过符合内在逻辑的设景造境,将自己的感悟用诗歌语言展示、表达出来。这就是王国维先生所说的"一切景语皆情语"之意。具体说就是通过对意象、景象、境界的赋陈与抒情,直接或委婉含蓄地表达情感和意志。形象与景象表现形成诗歌意境,意境由作者所感悟的意象来展现"人人心中所有而笔下所无的"艺术形象与场景。如范仲淹的《苏幕遮》"碧云天,黄叶地。秋色连波,波上寒烟翠。山映斜阳天接水,芳草无情,更在夕阳外"所表现的就是秋季特定景象的意境。即使是哲理诗、议论诗,也应该对一定景象、形象有所展现,才更具感染力和说服力。如苏轼的《题西林壁》"横看成岭侧成峰,远近高低各不同。不识庐山真面目,只缘身在此山中"和朱熹的《观书有感其一》"半亩方塘一鉴开,天光云影共徘徊。问渠那得清如许,为有源头活水来",都是通过景象与意境的描述来论述道理的。

二、自然丰富的思想感情

古典诗歌是古人通过表现自然景象、个人生活、社会生活来表达认知、体验和思想感情的,应具有发自内心的丰富情感与所展现的境象相统一、协调的艺术特征,缺少这一特征则难以称之为好诗。富有感情和生命力、气韵充沛、具有能够感染人的精神活力是诗歌的风;思想内容充实、字句精要、语言明晰、清朗刚健是诗歌的骨。诗歌应使用适当的辞藻来润饰,有助于丰富作品的场景意境,使感情抒发与思想内涵得以扩展,诗人通过作品抒发情感思绪。

诗歌是诗人对自然界或人类社会的生命体验的一种表达。晚清学者、词人况颐周说:"吾听风雨,吾览江山,常觉风雨江山外有万不得已者在。此万不得已,即词心也""吾苍茫独立于寂寞无人之区,忽有匪夷所思之一念,自沉冥杳霭中来,吾于是乎有词"。这就是诗人将生命体验通过诗歌来表达的过程。

诗缘情,因情而发。同时,诗又言志,诗人通过诗歌表达自己的内心感情活动、思想体会,抒发个人意志。孔子说:"诗,可以兴,可以观,可以群,可以怨。"诗歌的表现形式,可喜、可悲、可泣、可诉、可狂、可怒;可欢悦、可愤恨、可哀怨、可惆怅;可含蓄委婉、可畅快淋漓;也可以运用比兴、借用典故来抒发内心世界,隐晦、婉转地表达作者的情感意志。吟诵古典诗歌,如柳永的慢词《卜算子》(江枫渐老)下阕:"脉脉人千里。念两处风情,万重烟水。雨歇天高,望断翠峰十二。尽无言、谁会凭高意?纵写得、离肠万种,奈归云谁寄!"把行旅之人思念恋人的感情表达得形象具体又浓烈缠绵。张祜的五言绝句《宫词》:"故国三千里,深宫二十年。一声《何满子》!双泪落君前。"短短20个字,中间用了一个"何满子"的典故,把对宫女悲惨命运的无限同情深刻而强烈地表达出来,后世评价极高。"一调吟千诗",是说在吟诵中要带着感情,缺乏感情的诗又怎么能吟诵呢?

三、凝练典雅的用词技巧

古典诗歌通常是用文言文来表达的,要求词语典雅、凝练、含蓄,以精炼和准确的字、词来表达丰富的内容,表现高超的文字运用技巧,既要准确达意,还要符合声律、韵律的要求。例如贾岛"鸟宿池边树,僧敲月下门"中"推敲"的典故和王安石"春风又绿江南岸"中"绿"字的选择,古人称之为"锤字",即千锤百炼选择准确恰当的字句。除曲可以用通俗的、符合题目内容或戏剧人物身份的语言来表达外,组成古诗词的语言文字应具有典雅的特色。俗语、标语口号按规则、常理不应入诗。在小说《红楼梦》中,贾宝玉填的《姽婳词》,写得形象生动、情节感人。只因首句写了"恒王好武兼好色",就被贾政批为"粗鄙",原因就是贾政认为"好武""好色"所用辞藻过于直白通俗而不够典雅。反之,所用字词过于古奥生涩,令人难解费解也不是好诗。

四、遵循基本的格律要求

格律是诗歌的艺术表现手段,格律工整是诗歌重要的艺术技巧。古典诗歌有较为严格的句式、声韵、对仗等格律要求,律诗尤其讲究格律。古代先贤创作的那些优秀诗歌一定是读起来韵律协畅、平仄搭配得错落有致、节奏感强、符合歌咏吟诵习惯,能体现出诗歌的声韵美感。如果严重违背格律、缺少韵律与节奏,就是写文章的白话而非诗歌创作艺术了。这里提出遵循基本的格律要求就是说,基本规则要遵守,但要灵活运用,不可过于教条机械,不能因为格律的限制而束缚了作者真情实感的抒发和意义的表达。事实上,古人在诗歌创作中,也经常出现"拗"的情况,当出现"拗句"时可以"变格"补救。不可泥古不化,强求符合格律,因律害意,妨碍正常的描述和表达,影响作品整体上的思想性和艺术性。

第二节　古典诗歌的构思方式

刘勰在《文心雕龙》中提出《诗经》创作的"六艺",即"风、雅、颂,赋、比、兴"。古人作诗词常用"赋、比、兴"的表现方式,最早提出"赋、比、兴"概念的是《周礼·春官·大师》。从《诗经》以来的创作方式来看,中国古代诗歌是把"赋、比、兴"作为主要构思方式进行创作的。在《诗经》中,《风》和《小雅》中用比、兴多些,《大雅》和《颂》中则多用赋,据统计,《诗经》中用"兴"的有370处,用"比"的有110处。

一、兴

兴就是起兴、兴寄,是借一物来引起、引出所要议论抒发之物。一般是在诗词曲的首句或最前端使用。朱熹说:"兴者,先言他物以引起所咏之辞也。"刘勰说:"观夫兴之托谕,婉而成章,称名也小,取类也大。"如《关雎》以"关关雎鸠,在河之洲"起兴,以雌雄雎鸠合鸣于河洲之上,来兴君子与淑女的合谐相配,引出男女相思的爱情主题。《古诗十九首其二》以"青青河畔草,郁郁园中柳"起兴,以游子外出渡河之畔的青草与家园中青郁的柳树,来兴夫妻分别,引出荡子外出不归的闺怨主题。这里要强调的是起兴的事物要与所议论抒发的事物具有一定的关联性,不能随意拿来一项事物用作起兴而失去起兴的意义。

二、比

比就是类比,即"以彼物比此物也",诗人有本体或情感,借一个事物作类比。一般来说,用来作比的事物总比被比的本体事物更加生动具体、鲜明浅近而为人们所知,便于人们联想和想象,能形象、生动、鲜明地突出事物(事情)的特征。如曹植在《七步诗》中用豆子和豆萁的关系比喻同根生的同胞手足之情;王维的《相思》把红豆比喻为可以思念情人的相思之物;李商隐的"春蚕到死丝方尽,蜡炬成灰泪始干",用春蚕吐丝与蜡烛"滴泪"比喻缠绵深重的情义,都起到了增强作品艺术感染力的效果。

三、赋

赋即"敷陈其事而直言之也",就是铺陈叙述,是作者把与思想感情有关的事物叙述表现出来。在篇幅较长的诗作中,铺陈与排比往往是结合在一起用的。就是把一连串紧密关联的景观物象、事态现象、人物形象和性格行为等,按照一定的顺序,组成一组结构基本相同、语气基本一致的句群。它既可以淋漓尽致地细腻铺写,又可以一气贯注、加强语势,还可以渲染某种环境、气氛和情绪。如王昌龄的《闺怨》:"闺中少妇不曾愁,春日凝妆上翠楼。忽见陌头杨柳色,悔教夫婿觅封侯。"就是用赋笔描写衣食无忧的少妇,在春日里登楼赏景时,忽然思念起外出博取功名的丈夫而产生悔恨的过程。又如杜甫《闻官军收河南河北》,从开头到结尾全部是赋的写法。

四、用典与用事

由于诗歌的洗练特征,古人在创作中讲究使用典故。以典故来充实内

容,可以最少的文字传达出最大的信息量,增加作者所要表达的事物或抒发的感情的容量。因此,用典在诗歌创作中比较常用,且占有较高位置。如李商隐《安定城楼》:"迢递高城百尺楼,绿杨枝外尽汀洲。贾生年少虚垂泪,王粲春来更远游。永忆江湖归白发,欲回天地入扁舟。不知腐鼠成滋味,猜意鹓雏竟未休。"用了贾谊、王粲、范蠡和庄周的一系列典故,贴切又饱含深意地表达出诗人的心迹。

用事也称使事或隶事,是指在诗歌创作中使用历史事件或旧闻逸事,或在诗句中熔炼前人的故事成为自己的语言,来表达诗人联想或感受的方法。如王昌龄《芙蓉楼送辛渐》末句"一片冰心在玉壶",就是熔炼了南朝诗人鲍照《代白头吟》中"清如玉壶冰"的诗句。白居易《长恨歌》首句"汉皇重色思倾国",即是以汉武帝刘彻宠幸有倾城倾国姿色的李夫人的历史旧事,导出唐明皇李隆基宠幸杨贵妃之事。唐代权臣李师道拉拢诗人张籍,张籍写了《节妇吟》回复,用汉乐府诗《陌上桑》《羽林郎》中的故事,委婉含蓄地加以拒绝。恰当地用事,使用有来历的字句,言简意深,能够为诗歌增色,增强表达效果,更能彰显作者的学识渊博与创作功力。

五、借用与化裁

借用是将前人的诗句拿过来与自己的诗句组合。晏几道《临江仙》"落花人独立,微雨燕双飞",借用唐代翁宏《春蚕》的诗句,在词中更加形象、具体,更加有新意。北宋林逋的《山园小梅》借用南唐诗人江为描写竹与桂的诗句"竹影横斜水清浅,桂香浮动月黄昏",稍加改动为"疏影横斜水清浅,暗香浮动月黄昏",使之符合梅花的仪态,成为名句。

诗歌创作中的化裁是指把前人的诗句,经过裁剪和变化,改造成不同的诗歌语言表达出来的方法。如王安石《桂枝香》词中"至今商女,时时犹唱,《后庭》遗曲",就是从杜牧的《泊秦淮》中"商女不知亡国恨,隔江犹唱《后庭花》"诗句化裁而来的。又如张养浩的《折桂令·中秋》:"一轮飞镜谁磨?照彻乾坤,印透山河。玉露泛泛,洗秋空银汉无波。比常夜清光更多,尽无碍桂影婆娑。老子高歌,为问嫦娥,良夜恹恹,不醉如何?"就是化裁了辛弃疾的《太常引》"一轮秋影转金波,飞镜又重磨。把酒问姮娥:被白发,欺人奈何?乘风好去,长空万里,直下看山河。斫去桂婆娑,人道是,清光更多",又添加了自己的感想而来的。

六、对比与联想

这里的对比与"赋、比、兴"中的"比"不同的是,对比是通过描绘形象或色彩反差极大的两种事物来反衬,古代诗歌作者常用对比的写作手法表达强烈的思想感情。如高适的"战士军前半死生,美人帐下犹歌舞"以及杜甫的"朱门酒肉臭,路有冻死骨"。联想与起兴不同,是看到某种境遇,联想到其他境遇;或对同类事物在不同时代的联想,挖掘事件的深层次原因加以评价。如王昌龄《出塞·其一》"但使龙城飞将在,不教胡马度阴山",由边关联想到汉代抗击匈奴的飞将军李广守卫边关为国家建功立业一事。苏轼《水调歌头》(明月几时有)中"人有悲欢离合,月有阴晴圆缺",就是由月亮的阴晴圆缺变化,联想到了人生的悲欢离合际遇与自然界相同自古如此,从而产生"但愿人长久,千里共婵娟"的愿望。

第三节　章法、句法、字法

一、章法

诗歌创作章法要符合所作诗、词、曲的体裁格律要求,谋篇布局从展开至结尾的整个过程也要遵循写文章"起、承、转、合"的基本规律。

(1)立意新颖。任何诗歌都有作者个人独特的立意,表达个人的感悟和思想感情。没有任何新意而去重复前人的话语组成自己的作品是毫无意义的。即使是模仿,也要加入自己的新意。如刘禹锡的《秋词二首·其一》:"自古逢秋悲寂寥,我言秋日胜春朝。晴空一鹤排云上,便引诗情到碧霄。"元稹的《菊花》:"秋丛绕舍似陶家,遍绕篱边日渐斜。不是花中偏爱菊,此花开尽更无花。"前人吟咏秋天景色和菊花姿容的诗作较多,而这两首诗立意独特,得出了与众不同的感悟而受到后人的喜爱和推崇。

(2)层次鲜明。一首诗歌,不论抒情、叙事还是论理,必须层次鲜明,过程迭进,表述清晰。开篇出句就要打开局面,或立意高远,或做出铺垫,为后来的句子留出余地。如孟浩然的《过故人庄》:"故人具鸡黍,邀我至田家。

诗 艺 篇

绿树村边合,青山郭外斜。开轩面场圃,把酒话桑麻。待到重阳日,还来就菊花。"叙事过程层层递进,场景步步深入展开,每一联表达一层意思,给读者以清晰的视觉和感觉印象。一首诗如果事件、场景重复混乱,顺序颠倒,会让读者无法理解和把握。

(3)结构完整。不论长诗还是小品,都需要结构完整。王维的《鹿柴》:"空山不见人,但闻人语响。返景入森林,复照青苔上。"短短4句话20个字,完成了起承转合的全过程。作者把所见到、听到和感悟到的空山林中的幽静景象生动、完整地表现了出来。

(4)不同义铺叙。即内容相同或意思相近的叙述语句不要重复,每个句子都要有所递进、扩展或转折。如李益的《喜见外弟又言别》:"十年离乱后,长大一相逢。问姓惊初见,称名忆旧容。别来沧海事,语罢暮天钟。明日巴陵道,秋山又几重。"前10个字交代经过10年离乱,彼此长大后又相逢。中间20个字,把与外弟相逢的惊喜过程一层层递进,生动地展现出来。后10个字又把即将别离不知何日再相逢的心情表达了出来。

二、句法

(1)符合规则。句法要符合格式、句式、韵律、声律、节奏、对仗、工整等规则要求,诗句内部和诗句之间通过有规律的声韵节奏、对应、对仗等,强化内部结构的艺术性联系,使其成为具有美感的艺术作品。

(2)辞藻华美。南朝人萧绎在《金楼子·立言篇》中提出,诗歌除必须用韵外,还必须具备声律、情思和辞藻之美。诗歌是艺术品,诗句中适当选用优美华丽的辞藻来修饰诗句,能够起到整体美观的效果,很有必要。杜甫的"不薄今人爱古人,清词丽句必为邻",就是这个意思。但使用华美的辞藻不可过多,过多则秾艳,即显俗气。

(3)对仗工整。对仗是诗歌创作的重要修辞方法。古人对对仗极其讲究,极力追求对仗的工整之美。植物、动物、景物、颜色、人名、地名、用典等要对仗,不仅名词、动词、形容词、副词、数词、量词之间要对仗,以至声调的平仄、韵律与节奏等凡是一类或近类、反类的事物都要对仗。如"山随平野尽,江入大荒流""潮平两岸阔,风正一帆悬""无边落木萧萧下,不尽长江滚滚来",对得越巧妙、越美观、越上口越好,越是难度大,对得越工整,越能体现技巧和学识水平。对仗中,使用孤、少、僻类的词、典来对仗,叫"奇对""险对",学识不够渊博或缺乏功力则难以对出。

(4)诗句高妙。一句名句、警句,可以使整首诗歌成为名篇。古代诗人那些流传下来的经典名篇,都有警句、名句在其中。所以古人在一首诗中,如果做不到通篇精彩,也要下功夫锤炼出具有闪光点的佳句,方能为人称颂。如黄檗禅师的"不经一番寒彻骨,怎得梅花扑鼻香?"、叶绍翁的"春色满园关不住,一枝红杏出墙来"、陆游的"山重水复疑无路,柳暗花明又一村"等,都是高妙之句。

三、字法

汉字是世界上独特的单形体、单音节字种,也是中国古典诗歌的创作基础,其字形、字音与字义合一的特性,决定了古典诗歌所具有的独特意蕴和美感。

(1)用字准确、形象、典雅。诗、词、曲都要求用字要准确、形象,用字的准确可以产生视觉形象和字义上的深意和美感,产生最佳的表达效果。关于贾岛的"推敲"典故、王安石的"春风又绿江南岸"选的"绿"字,以及晚唐诗人卢延让作诗"吟安一个字,捻断数茎须",都说明了古人作诗用字的严格。诗与词遣词用字力求典雅凝练,不用俗字、俗语。曲则因为要体现其诙谐与市井的特点,符合所表现的人物身份,在整体典雅的范围内,可以不避俚俗,是一种例外。现代人创作旧体诗时特别要注意,一般不宜用现代词语来表达,而应尽可能地选择恰当的文言文词语。语言功力不够者用词不当,很容易影响整首诗歌的美感而成为败笔。

(2)符合上、下句相对和声韵的规则。出句和对句用词、用字要符合相对或对仗的要求,并表达出诗歌的内涵意义。所选的字音要平仄交错,押韵、转韵也要符合声调平仄规则的要求,吟诵起来抑扬顿挫,可产生听觉上的美感。

(3)"字不复犯"。即创作律诗、绝句、小令时,尽量不在一首作品中重复使用过的字,否则会被认为学养功力不够,但叠字、对仗、字同意不同及有规律使用的字除外。李商隐的《暮秋独游曲江》:"荷叶生时春恨生,荷叶枯时秋恨成。深知身在情长在,怅望江头江水声。"围绕着曲江与江上荷叶表达

感情,在 4 句 28 个字中,连续用了两个"荷叶"、两个"时"、两个"恨"、两个"在"、两个"江"。前两句对仗,后两句虽不是字字对仗,整体上却是对应的。虽然有违"字不复犯",但如果存在对应关系,属于有规律地重复使用相同的字,也是诗歌创作中能够产生美感的一种技巧,而且是令人叫绝的高超技巧,同时也符合诗人情感表达的需要。

第四节　各种体裁诗歌的节奏

节奏是表达作品情感的重要手段,不同的情感需要不同的节奏来表现。同时,弄清楚了诗句的节奏,可以更好地运用声调的规则,产生诗句中声调平仄交叉、抑扬顿挫、回环往复的美感效果。如李白古诗"君不见/黄河之水天上来,奔流到海/不复回"体现出的是雄壮的气势。再如苏轼词"老夫聊发/少年狂,左/牵黄,右/擎苍"和辛弃疾词"七百里分/麾下炙,五十弦翻/塞外声",用铿锵有力的节奏,表达昂扬或激愤的情感。"不恨古人/吾不见,恨/古人不见/吾狂耳!"表达的是亢奋、激昂。李煜词"问君能有/几多愁,恰似/一江春水/向东流"、李清照词"寻寻/觅觅,冷冷/清清,凄凄/惨惨/戚戚",以及柳永词"今宵/酒醒何处,杨柳岸/晓风残月"等,以舒缓的节奏,表达委婉、凄厉、哀怨的情感。

节奏与声律、韵律的结合产生内在的气韵,能帮助作者表达思想感情,也能帮助读者更准确地吟诵和理解、欣赏作品。在格律、声韵方面,节奏有助于律诗、绝句的对、黏格律,达到起伏回环效果。

四言诗基本是二、二节奏,如"蒹葭/苍苍,白露/为霜。所谓/伊人,在水/一方""相鼠/有皮,人而/无仪。人而/无仪,不死/何为""目送/归鸿,手挥/五弦。俯仰/自得,游心/太玄"。

楚辞的节奏较复杂,如屈原的《离骚》"帝高阳之/苗裔兮,朕皇考曰/伯庸"、《国殇》"出不入兮/往不反,平原忽兮/路超远。带长剑兮/挟秦弓,首身离兮/心不惩"。

五言诗的节奏一般有两种,即二、二、一节奏和二、一、二节奏。如"细草/微风/岸,桅樯/独夜/舟"和"清晨/入/古寺,初日/照/高林"。

七言诗的节奏基本是二、二、二、一节奏和二、二、一、二节奏两种。如

"独怜/幽草/涧边/生,上有/黄鹂/深树/鸣""花飞/莫遣/随/流水,怕有/渔郎/来/问津"。七律诗也有特殊节奏的诗句,如苏轼的《过永乐文长老已卒》中的"三过门/间/老病死,一弹指/顷/去来今",就要按照"三、一、三"的节奏来读才符合表达的内容。

格律诗中五言诗与七言诗节奏的划分,有利于理解诗句中声调相对与相黏的规则。

歌行体诗中的长句比较复杂,需要与内容联系确定节奏。如"念天地之/悠悠,独怆然而/涕下!""何时/眼前突兀/见此屋,吾庐/独破受冻/死亦足"。

词句如"自是/人生长恨/水长东""想佳人/妆楼/颙望,误几回/天际/识归舟""啼鸟/还知/如许恨,料/不啼清泪/长啼血""目尽/青天/怀今古,肯儿曹/恩怨/相尔汝"。

曲由于句子较杂、较长,风格灵活,读时划分节奏的位置也比较复杂,需要结合句式结构和内容来把握。如徐再思的【双调·水仙子】《夜雨》"落灯花/棋未收,叹新丰/孤馆人留"和钟嗣成的【正宫·醉太平】"裹一顶/半新不旧/乌纱帽,穿一领/半长不短/黄麻罩,系一条/半联不断/皂环绦,做一个/穷/风月/训导",按照这样的节奏来读比较合适。

第五节 声　　律

一、声律是声调运用的规则

格律诗中声律运用的规则较为严格,声律运用好了可以提高诗歌声调的美感,这也是由中国字的特点决定的。中国字的特点是:一字一音或多音、一字一韵或多韵、一字一声调或多声调。但是在特定的诗、词、曲语言环境中,只能是一字一音、一韵、一声调。

古代较为完整的声韵体系来自永明体,是在南朝齐武帝永明时期沈约的倡导下形成的,使诗在脱离音乐之后,也适合于吟诵。要求在诗歌创作中,将四声调不同的文字按照一定规则组织排列起来,使诗歌产生抑扬顿挫、前后照应的声调美感。永明体对声调的要求比较繁杂,此后声律成为一

诗 艺 篇

种专门的学问。

二、四声

中国古典诗歌对声律有着严格的要求,这既是总结了古典诗歌创作的经验得失形成的创作规律,又是一种艺术表现形式,达到的效果是读起来朗朗上口,能够感受到一种声调美。既有助于表达作者的感情,也容易与读者的感情相通。一首旧体诗歌具备了优美的文字、美好而又耐人寻味的意境、深刻的思想内容和丰富的感情,但是如果没有用适当的声调规则进行协调,难以产生声调的交叉节奏之美,仍然不能算上乘之作。

由于古代的声韵学过于复杂,我们学习理解起来也比较难。一个简单化的方法就是按照汉语拼音的声调来理解和处理。有了汉语拼音的基础,就可以比较容易地掌握,因此我们可以把汉语拼音作为学习古代声韵学的辅助方法。古代有些字的发声声调不同于我们现代的声调,古代诗歌创作讲究的四声是指平、上、去、入四个声调,这是古人对声调的划分方法。不升不降为平声,由低向高为上声,由高向低为去声,短促的声调为入声。"平声平道莫低昂,上声高呼猛烈强,去声分明哀远道,入声短促急收藏""平声哀而安,上声厉而举,去声清而远,入声直而促"。这些形象生动的形容,能够帮助我们理解四声的发声标准与要求。

三、平仄

在古代四声"平、上、去、入"中,"平"即平声,"上、去、入"都是仄声。现代汉语拼音有四声和轻声,为了便于学习,对初学者来说,可以理解为:平声又分为阴平声和阳平声,平声相当于汉语拼音的第一、第二声,即阴平为第一声、阳平为第二声,在处理复杂的声韵时"两平还须辨阴阳"。仄声相当于汉语拼音的第三、第四声和轻声,即上声为第三声、去声为第四声,入声在现代汉语里面已经没有了,有人主张把它理解为轻声,也有一定的道理。至于声律中更加复杂深奥的内容,需要更深入地学习和探讨。

四、声律的运用

我们学习古典诗歌,在入门时,可以把复杂的问题简单化。

格律诗对声律的要求:在每句诗中,第二个字称为起,末尾字称为收。有平起平收、仄起平收、平起仄收、仄起仄收四种形式。每句诗中平仄声的字词也要求有间隔地错落搭配,又要与前后句的声调协调搭配,才能够产生声调上的美感。确立声律理论的梁代人沈约说:"五字之中,音韵悉异;两句之内,角徵不同。""欲使宫羽相变,低昂互节,若前有浮声,则后须切响。一简之内,音韵尽殊;两句之中,轻重悉异。"这里提出的"宫与羽""低与昂""浮与切""轻与重"实际上就是互相对应或间隔的轻声与重声、扬声与抑声。浮声就是平声,切响就是上、去、入仄声。就是说每一句诗里面的平仄声调高低要交叉不同,前后两句诗的声调也要有致地错开,这样处理的声调吟诵起来节奏感强、悦耳上口。经过对经典诗歌的反复朗读背诵,并熟练掌握这些规则之后,自然"高言妙句,音韵天成,皆暗与理合"。

在五言或者七言诗中,一般的节奏是每两个字为一个节奏,另一个是单字。五言分为三个节奏的词或词组,第一组为前两个字,保持不变,第二组可以是两个字,也可以是一个字,第三组与第二组相同,即"平平/仄仄/平",或"仄仄/平平/仄",或"平平/仄/平平",或"仄仄/平/仄仄"这四种基本句式。七言分为四个词或词组,前两组每组都是两个字,后三个字与五言的后三个字情况相同。为了声调协调、错落有致,一般在一个句子中,如果前面词组是连续两个平声,后面的词组就应该用两个仄声相接,交替进行。反之,连续两个仄声之后,就应该用两个平声相接。"平平/仄仄/平平/仄",或"仄仄/平平/仄仄/平",或"平平/仄仄/平/仄仄",或"仄仄/平平/仄仄/平平",这是七言诗的四个基本句式。

第六节 韵 律

诗歌是一种有韵的文体,不讲韵律的"诗歌"不是完整意义上的诗歌。韵律就是诗歌创作中音韵运用的规则。

一、韵脚与押韵

古代所称的韵,我们可以大致理解为汉语拼音中汉字的韵母。"韵脚"是诗、词、曲中一段句子结尾处使用的字。

诗 艺 篇

旧体诗的押韵,是在特定句子的韵脚处,或在独立成句的奇句韵脚处出韵或跟韵。一首诗歌可以押多个韵,即转韵。

律诗的韵要押在对句的句尾,也有首句句尾字押韵的,叫首句出韵。词、曲的押韵即词、曲特定句子的末尾字即"韵脚",不论诗词曲,押韵使用的字其韵母要相同(相通)或相近。

古人为了体现诗歌声韵中的美感,对韵的要求很严格,几近苛刻。古代有很多韵书,限定了哪个韵要押的是哪些字,不能违犯。如《广韵》中"一东"与"二冬"基本上是"ōng"韵,"三江"与"七阳"的韵都是"āng",都是平韵,"廿二养"与"廿三漾"的韵也基本是"àng",都是仄韵。如"东"和"冬"发音相同,"风"和"峰"发音相同,而"东"和"风"却被放在"一东"韵部,"冬"和"峰"却被放在"二冬"韵部,"规"和"归"发音相同,"危"和"微"发音相同,分别把"规"和"危"放到"四支"、把"归"和"微"放到"五微"两个韵部。古人对韵的要求十分复杂与严格,某些韵连王力老先生都觉得莫名其妙,这是否与古人、今人的发音不同有关不得而知。从齐梁时期沈约创立《四声谱》之后,经历了隋代的《切韵》、唐代的《广韵》,韵部多达 206 韵,连古人也觉得过于复杂苛刻,到南宋,山西平水人刘渊将其归并为《壬子新刊礼部韵略》,共 107 韵,世称"平水韵",后世一直沿用下来。在古人韵书中,早已把我们现在汉语拼音中的"i"韵通用了,如"支""衣""为""旗""思""慈"等都划在"四支"中。今天,我们用这个韵阅读古代诗歌就可以理解了。我们可以按照《普通话十三辙韵母表》(俗称十三辙)来简化处理押韵的问题。这十三辙就是:

(1)"发花",就是押 a 啊、ia 呀、ua 挖的韵;

(2)"梭坡",就是押 o 喔、e 鹅、uo 窝的韵;

(3)"乜斜",就是押 ie 耶、ue(üe)约的韵;

(4)"姑苏",就是押 u 乌的韵;

(5)"一七",就是押 i 衣、ü 迂、i(日、知、资等字的母音)的韵;

(6)"怀来",就是押 ai 哀、uai 歪的韵;

(7)"灰堆",就是押 ei 欸、ui(uei)威的韵;

(8)"遥条",就是押 ao 熬、iao 腰的韵;

(9)"油求",就是押 ou 欧、iu(iou)优的韵;

(10)"言前",就是押 an 安、ian 烟、uan 弯、üan 冤的韵;

(11)"人辰",就是押 en 恩、in 音、un(uen)温、ün 晕的韵;

(12)"江阳",就是押 ang 昂、iang 央、uang 汪的韵;

(13)"中东",就是押 eng 鞥(即亨字的韵母)、ing 英、weng(ueng)翁、ong(翁,即轰字的韵母)、iong 雍的韵。

掌握了这 13 辙韵母,再区分出平仄韵就可以了。

中华诗词协会于 21 世纪初公布了《中华新韵》,共分了"麻、波、皆、开、微、豪、尤、寒、文、唐、庚、齐、支、姑"14 个韵部,十三辙中的"一七"韵部,在古代往往是可以通用的,这里把"一七"韵部分成了"齐""支"两个韵部,稍微严了一点儿,但也简单明了和适用了。

在这方面,我们要向一些诗词大家学习,只要押大致相近的韵,不影响阅读吟诵的美感效果即可,不可泥古不化,墨守成规不识好句而影响鉴赏和创作。

二、平韵与仄韵

在韵脚处使用平声字称平韵,使用仄声字称仄韵。古代韵书中规定不同声调的字不算同韵,要求诗词中不同声调的字一般不能押韵。

(1)平韵。格律诗要求使用平韵,吟诵起来感觉好。如"好雨知时节,当春乃发生""朝辞白帝彩云间,千里江陵一日还",使用的就是平韵。词中有一些词牌也是平韵,如《长相思》《柳梢青》等都是平韵。再如李煜的《浪淘沙》"独自莫凭阑,无限江山,别时容易见时难。流水落花春去也,天上人间",即平韵。

(2)仄韵。古体诗对仄韵的使用没有特殊要求,可平可仄。如清代学者孙洙所编《唐诗三百首》,把杜甫的《望岳》"岱宗夫如何,齐鲁青未了。造化钟神秀,阴阳割昏晓。荡胸生层云,决眦入归鸟。会当凌绝顶,一览众山小",作为古体诗而不是五律编入,该诗即是押仄韵。词的音律是按固定的词牌使用固定的平、仄韵,《渔家傲》就是仄韵,如范仲淹的"塞下秋来风景异,衡阳雁去无留意,四面边声连角起,千嶂里,长烟落日孤城闭。浊酒一杯家万里,燕然未勒归无计,羌管悠悠霜满地。人不寐,将军白发征夫泪"。《水龙吟》《摸鱼儿》《永遇乐》《青玉案》等词牌也都是仄韵。

诗 艺 篇

三、用韵的规则

(1) 转韵与换韵。

在较长的诗歌中,往往所押的韵脚不能一韵到底。为了服从诗歌的内容,常转押其他的韵脚,即转韵。较长的诗有的转韵两次以上,如杜甫的《北征》《洗兵马》等多次转韵。歌行体诗通常是四句一转韵,也有两句或多句转韵的作品。词中的《清平乐》是上、下片由仄韵转平韵。《虞美人》则是上、下片每两句一转韵,八句四仄韵、四平韵,先由仄韵转平韵,再转仄韵,最后再转平韵。换韵则是指词曲中,同一声韵由平转仄或由仄转平,如苏轼的《西江月》"世事一场大梦,人生几度秋凉。夜来风叶已鸣廊,看取眉头鬓上。酒贱常愁客少,月明多被云妨。中秋谁与共孤光,把盏凄然北望",即两次由平韵转换为仄韵。

(2) 叠韵、重韵与连韵。

连续使用韵脚押韵的相同句式叫叠韵,叠韵是一种艺术形式,在词、曲中往往是一种规定句式,比较常用。词如李清照的"知否,知否""争渡、争渡"和陆游的"错、错、错""莫、莫、莫"。曲如郑光祖的"唤起思量,待不思量,怎不思量"和汤式的"问西湖昔日如何?朝也笙歌,暮也笙歌。问西湖今日如何?朝也干戈,暮也干戈",都是叠韵的形式。

重韵是指在诗、词、曲中,一个韵脚字在同一篇作品中重复出现。格律诗中与词重韵是违反规则的,不在韵脚的字尚且"字不复犯",韵脚字更不该重复出现了,如果出现通常被认为是作者能力低下的表现。古体诗与曲则不同,允许相同的韵字在韵脚重复出现,这是因为古体诗一般比较长,格律要求不尽严格。如张若虚的《春江花月夜》用了两个"人"字,杜甫的柏梁体诗《饮中八仙歌》用了两个"眠"字和两个"前"字。曲则由于口语化的特点,重韵是被允许的。如关汉卿的《一枝花》(杭州景)用了两个"地"字、两个"题"字,阿鲁威的《湘妃怨》用了两个"肠"字。

连韵是指韵在诗歌韵脚处的连续运用,除柏梁体诗是句句用韵外,为了体现声调的和谐美,齐梁之后的诗歌一般要求韵脚适当间隔用韵,诗的连韵较少出现。词的用韵比诗要密,有固定的位置,但多数不超过四连韵,特殊的词调如《渔家傲》,却是从首句到末句,句句用韵,一韵到底。曲的用韵则

更加密集,句句用韵、一韵到底的现象比较常见。如马致远的《汉宫秋》中汉元帝送别王昭君时的曲段,连续用了几十个韵:【梅花酒】"呀!俺向着这迥野悲凉,草已添黄,兔早迎霜,犬褪得毛苍,人揿起缨枪,马负着行装,车运着糇粮,打猎起围场。他,他,他,伤心辞汉主;我,我,我,携手上河梁。他部从入穷荒,我銮舆返咸阳。返咸阳,过宫墙;过宫墙,绕回廊;绕回廊,近椒房;近椒房,月昏黄;月昏黄,夜生凉;夜生凉,泣寒螀;泣寒螀,绿纱窗;绿纱窗,不思量!"【收江南】"呀!不思量,除是铁心肠。铁心肠,也愁泪滴千行。美人图今夜挂昭阳,我那里供养,便是我高烧银烛照红妆。"这是由于剧中人物所唱的曲词要配合曲调表现内心情感的需要,也表现出作者高超的选字用韵技巧。

当然,对于文学创作而言,旧体诗、词、曲应遵循格律要求。同时也不要由于格律的严格限制而束缚了思维,影响对景物、意象、境界的表现和作者的思想表达与感情抒发。历史上一些诗、词、曲大家正是尊重格律而不拘泥于格律,才创作出那些广为大众喜爱、流传千古的优秀作品。

第十章　格律诗与词、曲的创作规则

第一节　格律诗的创作规则与格律

五言律诗与七言律诗格律严格,篇有定句(每首八句),句有定字(五字或七字),字有定声(句中平仄相间,出、对句声调相对),联有定对(声调相对和字词对仗),联间有定黏(两联之间相黏)。

一、五言、七言律诗的声韵

每句中的字之间声调要适当互换交叉,节奏鲜明,韵脚要押韵,声调形式整齐,构成声韵优美、回环不绝的整体。

(1)押韵。律诗要求押平韵,一韵到底,每联都要押韵,韵脚在对句的尾字。如果首句出韵的话,对句也是相同的韵就是跟韵。之后诗中偶句的结尾字都要押这个韵,不能更改。如果首句不出韵,对句的尾字则必须出韵。

(2)句尾字的声调。律诗中每两句为一联,如果首句(出句)不出韵,句尾字可平可仄,如果首句出韵,则句尾字的韵脚要求是平韵,才能与后面偶句的平韵韵脚保持一致。后面的四个对句(落句)的韵脚都要押平韵。除首句外,出句的句尾字都要求押仄韵,尤其是第二和第四个出句,必须是仄韵,才能与对句韵脚的平韵呼应,产生整体韵律上的美感。

(3)相对与相黏。"一联内平仄相对,二联间平仄相黏",是相对与相黏的基本要求。

相对就是一联的出句和对句平仄相对,即对句的第二个字与出句的第二个字平仄相反,后面的字考虑平仄的间隔位置,也要随之变化,但始终要保持韵脚的平声韵。如五律的首联出句为"仄仄平平仄",对句则为"平平仄仄平";或出句为"平平平仄仄",对句则为"仄仄仄平平"。如果首句出韵,尾字必须是"平",则为出句"仄仄仄平平",对句就要"平平仄仄平"。出句为

"平平仄仄平",对句就要"仄仄仄平平",如果违反了就是"失对"。如杜甫的《旅夜书怀》,首联出句"细草微风岸","仄仄平平仄",对句"危樯独夜舟",以"平平平仄平"相对。颔联出句"星垂平野阔","平平平仄仄",对句"月涌大江流",以"仄仄仄平平"相对。颈联出句"名岂文章著","平仄平平仄",对句"官应老病休",以"平平仄仄平"相对。尾联"飘飘何所似","平平平仄仄",对句"天地一沙鸥",以"平仄仄平平"相对("一"字读仄声"义")。

七律与五律相同,如果首句出韵,即"平平仄仄仄平平",或者是"仄仄平平仄仄平"两种情况,对句相应就是"仄仄平平仄仄平"和"平平仄仄仄平平"。如果首句不出韵,即"平平仄仄平平仄",或者是"仄仄平平平仄仄"两种情况,对句相应就是"仄仄平平仄仄平"和"平平仄仄仄平平",同样不能违反而失对。

如李商隐的《锦瑟》:首联出句"锦瑟无端五十弦","仄仄平平仄平平",对句"一弦一柱思华年",以"仄平仄仄平仄平"(前一个"一"与"华"均读仄声"义"与"化")与出句相对。颔联出句"庄生晓梦迷蝴蝶","平平仄仄平平平",对句"望帝春心托杜鹃",以"仄仄平平仄仄平"相对。颈联出句"沧海月明珠有泪","平仄仄平平仄仄",对句"蓝田日暖玉生烟",以"平平仄仄仄平平"相对。尾联出句"此情可待成追忆","仄平仄仄平平仄",对句"只是当时已惘然",以"仄仄平平仄仄平"相对。

相黏的目的是要在整篇诗句中产生回环的声韵之美。五律、七律的四联八个句子的结构排列是"出、对;黏、对;黏、对;黏、对"。相黏就是平仄声调相同的字要"黏上",即下联的出句要与上联的对句"黏上",如果违反了就是"失黏"。从第三句开始,第二个字与前句第二个字声调相同,即后一联出句的第二个字的平仄要与前一联对句的第二个字平仄相同,而该联的对句第二个字仍要相反地对上,后面的字也仍要考虑平仄的相隔位置。以下类推,第五句的第二个字要与第四句的第二个字平仄相同,即"黏上",第六句的第二个字要与第五句的第二个字相对。第七句的第二个字要与第六句的第二个字平仄相同,即"黏上",第八句的第二个字仍然要与出句相对。

上、下句之间的声调是搭配协调关系。要求对句的声调与出句为相反的对应关系,以此排列平声与仄声的顺序,但结尾字(韵脚),必须是平声字。第三句出句与第二句前两个字为相同的声调,该句之后相接的两个字又要

与前面两个字的声调相反。第四句前两个字又要与第三句的前两个字相反排列平仄顺序,如果是绝句就结束了,如果是律诗接着以此类推,直到第八句结束。即出句"平平仄仄平平仄",对句与出句相反,为"仄仄平平仄仄平",再出句与上联相黏,应为"仄仄平平仄仄平",但第三句出句句尾字应押仄韵,又不能在句尾出现"三仄脚",就可以黏为"仄仄平平平仄仄",第四句对句与出句相反,但韵脚必须要用平韵,就应该为"平平仄仄仄平平"了,以下类推。作为韵脚,绝句的第三句韵脚必须是仄声,律诗的第七句也必须是仄声,才能与结尾的平声韵脚错落呼应,体现出声调的和谐之美。五律如王维的《酬张少府》:首联出句为"晚年惟好静","仄平平仄仄",对句是"万事不关心","仄仄仄平平",与之相对。颔联出句是"自顾无长策","仄仄平平仄",与上句相黏,对句是"空知返旧林","平平仄仄平",与之相对。颈联出句是"松风吹解带","平平平仄仄",与上句相黏,对句是"山月照弹琴","平仄仄平平",与之相对。尾联出句是"君问穷通理","平仄平平仄",与上句相黏,对句是"渔歌入浦深","平平仄仄平"与之相对。七律如李商隐的《无题》:首联出句是"昨夜星辰昨夜风","平仄平平平仄平",对句是"画楼西畔桂堂东",以"仄平平仄仄平平"与之相对。颔联出句是"身无彩凤双飞翼","平平仄仄平平仄",与上句相黏,对句是"心有灵犀一点通",以"平仄平平仄仄平"与之相对。颈联出句是"隔座送钩春酒暖","平仄仄平平仄仄",与上句相黏,对句是"分曹射覆蜡灯红",以"平平仄仄仄平平"与之相对。尾联出句是"嗟余听鼓应官去","平平平仄仄平仄",与上句相黏,对句是"走马兰台类转蓬",以"仄仄平平仄仄平"与之相对。

(4)"孤平""三平调"与"三仄脚"。孤平是指在一个七言句中,全句除韵脚外,只有一个平声字。如果全句除韵脚外,只有一个平声字,这叫作"犯孤平"。犯孤平的句子听起来声韵不美,蹩脚,是律诗(包括排律、律绝)的大忌。所以诗人们在写律诗的时候,注意避免孤平。此外,不论出句还是落句,句尾尽量不要出现连续三个以上相同的平或仄,这叫作"三平调"或"三仄脚",这样的结构影响整句声调节奏的美感。

在不能使每个词组都保持基本句式的相同声调时,有一条规则是"一、三、五不论,二、四、六分明",即每个句子中,第一、三、五个字可平可仄,但第二、第四、第六个字必须符合规则。实在避不开时就要考虑"三仄应须分上、去,两平还要辨阴、阳",在仄韵中区分出上声字和去声字,在平声中分出阴平字和阳平字,选择适当的字来弥补。

(5)"拗""救"与"拗体诗"。古人作格律诗要求极其严格,如果诗句没有按照声韵格律创作,违反了规则或者说对声韵格律做出了突破,叫作"拗"。"拗"的现象一是同一联的出、对句平仄失对,二是前、后联的句子平仄失黏。那么,出现拗句了,或者说失对或失黏了之后是要修改回来呢,还是任其"拗"下去呢?这样就有了"救"的说法,就是再继续"拗"下去,做成"拗体诗"。其实,在诗歌创作中,许多诗词大家是不计较个别字句的声调的,而是重点考虑诗歌整体的精神思想内容与艺术境界效果,把声韵效果放到了次要位置,不会本末倒置,不会因固守声韵格律而破坏表达的内容。我们在创作格律诗时,既不能偏执地固守声韵格律而影响整体内容,也不能任意破坏声韵格律而自认为是在作"拗体诗"。

二、五言、七言律诗的对仗

律诗对仗的要求是颔联与颈联要对仗,如果首联或尾联也对仗,则更增加了美学效果。以杜甫的七律《登高》为例:"风急天高猿啸哀,渚清沙白鸟飞回。无边落木萧萧下,不尽长江滚滚来。万里悲秋常作客,百年多病独登台。艰难苦恨繁霜鬓,潦倒新停浊酒杯。"全篇四联皆为对仗,是少见的佳作。在中国楹联学会制定的《联律通则》中,提出对仗的六个基本规则:"字句对等,词性对品,结构对应,节律对拍,平仄对立,形对意联。"律诗对仗首先要围绕同一主题展开,为表现同一主题服务,不能为了对仗偏离主题去找对仗词句。其次每个对仗句内容要充实,还要有递进延展,否则就成了文字游戏。除了字句相对外,还要考虑词性相对、句子的内部结构相对、节拍相对、语意内容相对以及平仄声调相对。严格的对仗,在词性方面,名词、动词、形容词、副词、数量词、实词、虚词,乃至颜色、性状都要一一对应,是一种狭义的对仗,即严对,也称为工对。相对宽泛一些的对仗只要语意内容和平仄声调相对,其他都不严格要求,称为宽对。在《登高》诗中,"风急天高猿啸哀"对"渚清沙白鸟飞回",是宽对;"无边落木萧萧下"对"不尽长江滚滚来",是严对。"万里"对"百年"是严对,"悲秋"对"多病"是宽对,"常作客"对"独登台"是严对,"艰难"对"潦倒"是严对,"苦恨"对"新停"是宽对,"繁霜鬓"对

诗 艺 篇

"浊酒杯"是宽对。对仗越工整,越"奇""险""严",难度越大,美学效果越明显。

三、绝句的创作规则

五绝、七绝属于律绝,与律诗的区别,只是句数不同及可以不对仗。也有把绝句中的一联或整首写成对仗的,如杜甫的《绝句四首·其三》(两个黄鹂鸣翠柳),通篇对仗,美学效果非常好,人人喜爱,妇孺皆能背诵。绝句每首四句,押平韵。为了体现声韵美,绝句也要求每联的出句与对句声调相对,两联之间尽可能相黏,但不像律诗那样要求严格。古绝则属于古体诗种类,非格律诗,不可与律绝混淆。

四、排律的创作规则

排律相比歌行体来说,要求是偶句形态,不能出现单句。五言至七言,句式要整齐,不能出现杂言句。出句与对句声调应相对,中间应有一定数量的对仗句。多押平韵,可一韵到底,也可中间转韵。

第二节 词的基本创作规则

一、基本创作规则

词由于是协同不同的音乐曲调来填写的,因此受到乐调的严格制约,"词皆有调,调有定句,句有定字,字有定声"。由于与乐调有密切联系,所以在文字方面,每首词牌都有固定的韵调和句式。每句词主要用韵的位置以及字的声调都有具体规定。词的句式在整首词中长短不一,规定了若干个句式和若干个句组。多数为两句一组,也有单句成组的,还有三句、四句一组的。在一首词中,如果是上、下阕的词,那么每一阕是一个乐调过程,上阕与下阕是既有联系又有区别的整体。每阕一般有两个以上句组,因为乐调节拍的关系,通常把词的首个句组称为起头或开头、起拍,把上阕的结尾句组称为过拍,或称为歇拍。下阕的承接句组称为换头,全词的结尾句组称为收拍,也有把下阕的结尾句组称作歇拍的。分为三、四阕的长调也是这样的

情况。

词句声调的起与收。词是长短句,四言句以上的句子与诗句相同,每句第二个字为起声,句尾字为收声。如果是三言句,则第一个字为起声,第三个字在末尾仍为收声。

词也讲究平仄相间、相对和对仗。在词的结构中,有一些要求用如同律诗的节奏,并且讲究平、仄相间、相对和对仗的句子,这样的句子称"律句"。一些词牌对某些句式要求用律句,就是按照律诗的节奏、声律、韵律及相对或对仗方式来写。往往在一个句组中有两个相邻、字数相同的句子时要求相对或对仗,从三言句到七言句都有律句,词中的相对句和对仗句能够增强词的美学效果。

虽然每个词牌都有固定的句式,但有些作者并不拘泥于此,往往在一个句组中,在不改变总字数的情况下,拆开某个句式来使用,如把"六,四。"句组变化为"四,六。"句组,把六言句拆为两个三言句,把七言句拆为三言句和四言句,或换作"三、四"读,都比较常见。有些词还有作者增损少量字和变格的现象。通常把最初的词牌格律作为正格,为多数词作者所公认和遵循,少数作者在原曲调下所作的改变或突破称为变格。

二、常用词牌格律 52 例

(1)《卜算子》,上、下两阕,每两句一组,共八句四个句组,四十四个字。句式上、下阕相同,为"五,五。七,五。",四仄韵。除起头组与换头组首句、第三句与第七句是仄起平收外,其余都是仄起仄收。上、下阕两个七言句为律句。

举例:严蕊《卜算子》。

不是爱风尘,似被前缘误。花落花开自有时,总赖东君主。

去也终须去,住也如何住? 若得山花插满头,莫问奴归处。

【注】 柳永曾作《卜算子》(江枫渐老),九句组,十六句,八十九字,仄调,是其创造的慢词,与该《卜算子》并无关联。

(2)《采桑子》,又名《丑奴儿》《罗敷媚》。上、下两阕,共八句四个句组,四十四个字,六平韵。句式上、下相同,各为"七,四。四。七,",前三句为一组,后一句单句成一组。起头组首句律句不起韵,为平起仄收,后面两个四

言句均押韵,过拍组七言单句为仄起平收,律句押韵。下阕同上阕。

举例:欧阳修《采桑子》。

春深雨过西湖好,百卉争妍,蝶乱蜂喧。晴日催花暖欲然。

兰桡画舸悠悠去,疑是神仙,返照波间。水阔风高扬管弦。

(3)《朝中措》,上、下阕九句,四个句组,四十八个字,五平韵。上阕句式为"七,五。六,六。",下阕句式为"四,四,四。六,六。"。起头组七言句为律句,平起平收起韵,五言句仄起平收。过拍组前六言句仄起仄收,后六言句平起平收。换头组前两个四言句平起仄收,后一个四言句仄起平收。收拍组前六言句仄起仄收,后六言句平起平收。

举例:朱敦儒《朝中措》。

先生筇杖是生涯,挑月更担花。把住都无憎爱,放行总是烟霞。

飘然携去,旗亭问酒,萧寺寻茶。恰似黄鹂无定,不知飞到谁家?

(4)《蝶恋花》,初名《鹊踏枝》,又名《凤栖梧》等。上、下两阕,共十句四个句组,六十个字,八仄韵。句式上、下相同,为"七,四,五。七,七。",前三句为一组,后两句为一组,押仄韵。起头组七言句为律句,仄起仄收起韵,四言句为平收,五言句为仄收。过拍组七言句为律句,仄起仄收,收拍七言句为平起仄收。上、下阕除四言句平韵外,其余句皆押仄韵。

举例:晏殊《蝶恋花》。

槛菊愁烟兰泣露,罗幕轻寒,燕子双飞去。明月不谙离恨苦,斜光到晓穿朱户。

昨夜西风凋碧树,独上高楼,望尽天涯路。欲寄彩笺兼尺素,山长水阔知何处。

(5)《点绛唇》,上、下阕四个句组,九句,四十一个字,七仄韵。上阕句式为"四,七。四,五。",下阕句式为"四,五。三,四,五。"。起头组四言句仄起平收,七言句为律句,平起仄收。过拍组四言句平起仄收,五言句仄起仄收。换头组四言句仄起平收,五言句平收。收拍组三言句为"平平仄"式,四言句平起仄收,五言句仄起仄收。

举例:苏轼《点绛唇》。

闲倚胡床,庾公楼外峰千朵。与谁同坐?明月清风我。

别乘一来,有唱应须和。还知么,自从添个,风月平分破。

(6)《定风波》,上、下两阕共十一句,四个句组,六十二个字,六平韵。句式为:上阕"七,七。七,二,七。";下阕"七,二,七。七,二,七。"。起头七言句仄起平收起韵,第二个七言句平起平收。其余三个"七,二,七"句,第一个七言句仄起仄收,第二个二言句必须是"平仄",第三个七言句平起平收。词中七言句皆为律句。

举例:黄庭坚《定风波》。

万里黔中一漏天,屋居终日似乘船。及至重阳天也霁,催醉,鬼门关外蜀江前。

莫笑老翁犹气岸,君看,几人黄菊上华颠?戏马台南追两谢,驰射,风流犹拍古人肩。

(7)《风入松》,共十二句,上、下阕各三个句组,七十六个字。句式为"七,五。七,七。六,六。",上、下两阕相同,八平韵。起头组七言句为律句,平起平收起韵,五言句为仄起平收。第三句七言为律句,平起仄收,第四句七言为"三、四"读,后两句过拍组以仄起仄收与平起平收相对应,下阕与上阕相同。

举例:吴文英《风入松》。

听风听雨过清明,愁草瘗花铭。楼前绿暗分携路,一丝柳、一寸柔情。料峭春寒中酒,交加晓梦啼莺。

西园日日扫林亭,依旧赏新晴。黄蜂频扑秋千索,有当时、纤手香凝。惆怅双鸳不到,幽阶一夜苔生。

(8)《贺新郎》,又名《金缕曲》《乳燕飞》等。上、下阕二十句,共十二句组,一百一十六个字,十二仄韵。上阕句式为"五。七(或三、四),四。七,六。七。七,八。三,三。",下阕句式为"七。七(或三、四),四。七,六。七。七,八。三,三。"。可以看出:上、下阕的不同只在起头句和换头句。上阕是五言,下阕是七言,而且都是单句独立组,其余部分完全相同。起头句仄起仄收起韵,第二句组的七言句为三、四句式,且三言应为"仄平平",后面两个四言句都是仄韵收。第三组七言句为律句,两句都是仄起仄收,第四组的七言单句为"三、四读",皆为仄收,第五组七言句为律句,仄起仄收,八言为"三、五"读,三言句仄起,五言句仄收,过拍组的两个三言句为"平仄仄,平平仄"。下阕换头句为平起仄收,其余与上片相同。

诗艺篇

举例：顾贞观《贺新郎》。

我亦飘零久！十年来，深恩负尽，死生师友。宿昔齐名非忝窃，只看杜陵消瘦。曾不减、夜郎僝僽。薄命长辞知己别，问人生到此凄凉否？千万恨，为君剖。

兄生辛未吾丁丑。共些时、冰霜摧折，早衰蒲柳。诗赋从今须少作，留取心魄相守。但愿得河清人寿！归日急翻行戍稿，把空名料理传身后。言不尽，观顿首。

(9)**《浣溪沙》**，上、下阕六句分为四个句组，四十二个字，五平韵。上、下阕各三句，句式皆为"七，七。七。"。上阕三平韵，首句起韵。下阕只有换头句押仄韵，其余为两平韵。整首词六个七言句皆为律句，下阕换头组两句为对偶句。

举例：张孝祥《浣溪沙》。

霜日明霄水蘸空，鸣鞘声里绣旗红。淡烟衰草有无中。

万里中原烽火北，一樽浊酒戍楼东。酒阑挥泪向悲风。

(10)**《浪淘沙》**，又名《卖花声》等。上、下阕共十句，四个句组，五十四个字，八平韵。上、下阕句式皆为"五，四。七。七，四。"，起头组首句五言句起韵，仄起平收。四言句仄起平收。七言句为律句，平起平收。过拍组七言句为律句，仄起仄收。四言句仄起平收。下阕与上阕相同。

举例：李煜《浪淘沙》。

帘外雨潺潺，春意将阑，罗衾不耐五更寒。梦里不知身是客，一晌贪欢。

独自莫凭阑，无限关山，别时容易见时难。流水落花春去也，天上人间！

(11)**《临江仙》**，上、下阕共十句，六个句组，六十个字，六平韵。上、下阕句式皆为"七，六。七。五，五。"。起头组七言句仄起仄收，六言句平起平收起韵。第三句七言为平起平收。过拍两个五言句，前一个平起仄收，后一个仄起平收。下阕与上阕相同，四个七言句皆为律句。

举例：苏轼《临江仙》。

夜饮东坡醒复醉，归来仿佛三更。家童鼻息已雷鸣。敲门都不应，倚杖听江声。

长恨此身非我有，何时忘却营营。夜阑风静縠纹平。小舟从此逝，江海寄余生。

108

另有三种变格的《临江仙》,分别在起拍、过拍、换头与收拍句上字数有不同的减少。

举例:晏几道《临江仙》。

梦后楼台高锁,酒醒帘幕低垂。去年春恨却来时。落花人独立,微雨燕双飞。

记得小蘋初见,两重心字罗衣。琵琶弦上说相思。当时明月在,曾照彩云归。

举例:赵长卿《临江仙》。

破靥盈盈巧笑,举杯滟滟迎逢。慧心端有谢娘风。烛花香雾,娇困面微红。

别恨彩笺虽寄,清歌浅酌难同。梦回楚馆雨云空。相思春暮,愁满绿芜中。

举例:鹿虔扆《临江仙》。

金锁重门荒苑静,绮窗愁对秋空。翠华一去寂无踪。玉楼歌吹,声断已随风。

烟月不知人事改,夜阑还照深宫。藕花相向野塘中。暗伤亡国,清露泣香红。

(12)《**减字木兰花**》,上、下阕四个句组,八句,四十四个字,每两句一韵,全词共四韵。上、下阕均由仄转平。上、下阕句式均为"四,七。四,七。"。起头四言句平起仄收,七言句仄起仄收。过拍四言句与七言句均仄起平收。下阕同上阕。四个七言句皆为律句。

举例:秦观《减字木兰花》。

天涯旧恨,独自凄凉人不问。欲见回肠,断尽金炉小篆香。

黛蛾长敛,任是春风吹不展。困倚危楼,过尽飞鸿字字愁。

(13)《**江城子**》,上、下阕共十六句,六个句组,七十个字,八平韵。句式为"七,三,三。四,五。七,三,三。",上、下阕相同。起头七言句与换头七言句都是平起平收,后面的两个三言句都是"仄平平",四言句与五言句都是仄起平收,过拍的七言句是仄起仄收,后面两个三言句为"平仄仄"和"仄平平"。四个七言句皆为律句。

举例:苏轼《江城子》。

凤凰山下雨初晴,水风清,晚霞明。一朵芙蕖,开过尚盈盈。何处飞来双白鹭?如有意,慕娉婷。

忽闻江上弄哀筝,苦含情,遣谁听?烟敛云收,依约是湘灵。欲待曲终寻问取,人不见,数峰青。

(14)《柳梢青》,上、下阕四个句组,十一句,四十九个字,五平韵。上阕句式为"四,四,四。四,四,四。",下阕句式为"六,七。四,四,四。"。上阕两个句组及下阕收拍句组三个四言句均为前句仄起平收、中间句平起仄收、后句仄起平收。换头六言句平起平收,七言句仄起平收,作三、四读。

举例:刘辰翁《柳梢青》。

铁马蒙毡,银花洒泪,春入愁城。笛里番腔,街头戏鼓,不是歌声。

那堪独坐青灯,想故国、高台月明!辇下风光,山中岁月,海上心情。

(15)《满江红》,上、下阕共八个句组,二十句,九十三个字,九仄韵。上阕句式为"四,三,四(或三、四)。三,四。七,七。八,三。",下阕句式为"三,三;三,三。五,四。七,七。八,三。"起头组首句四言为仄起平收,三言仄收,四言仄收。三言句与四言句之间用顿号也可,第二组三句皆为仄收。第三组两个七言句文字声调对仗,但尾字都以仄收,过拍组八言句为"一、七"读,一读字为仄声,七读句平起平收,也可作"三、五"读,后面的三言句仄收。下阕换头组两个三言句与后两个三言句都是仄收,且第四个三言句要与过拍三言句的三个平仄声相同。第二组五言句可作"一、四"读,后面的四言句平起仄收。第三组、收拍组和上阕相同。

举例:文天祥《满江红》。

燕子楼中,又捱过、几番秋色?相思处,青年如梦,乘鸾仙阙。肌玉暗消衣带缓,泪珠斜透花钿侧。最无端蕉影上窗纱,青灯歇。

曲池合,高台灭;人间事,何堪说!向南阳阡上,满襟清血。世态便如翻覆雨,妾身元是分明月。笑乐昌一段好风流,菱花缺。

(16)《满庭芳》,又名《锁阳台》等,上、下阕八个句组,二十二句,九十五个字,八平韵。上阕句式为"四,四,六。四,五。六,七。三,四,五。",下阕句式为"五(或二,三),四,四。三,六。六,七。三,四,五。"。起头组前两个四字句对仗,前句平收,后句仄收,后面的六言句平起平收。第二组的四言句平起仄收,五言句仄起平收。第三组六言句仄起仄收,七言句三、四读平收。过拍组的三言句必须"平平仄",四言仄收,五言仄起平收。换头组五言句可"二,三。"分开,若分开则二言句独立,平韵收,三言句仄收。后面的两个四言句对仗,前一个仄收,后一个平收。下阕第二组六言句平起平收。第三组六言句仄起仄收,七言句三、四读,平收。收拍组三言句为"平平仄",四言句平起仄收,五言句平起平收。

举例:秦观《满庭芳》。

山抹微云,天连衰草,画角声断谯门。暂停征棹,聊共引离尊。多少蓬莱旧事,空回首、烟霭纷纷。斜阳外,寒鸦万点,流水绕孤村。

销魂,当此际,香囊暗解,罗带轻分。谩赢得,青楼薄幸名存。此去何时见也,襟袖上、空惹啼痕。伤情处,高城望断,灯火已黄昏。

(17)《**摸鱼儿**》,上、下阕共十个句组,二十四句,一百一十六个字,十二仄韵。上阕句式为"三、四,六。七,六。三、三、七。四。五,四,五。",下阕句式为"三,六,六。七,六。三、三、七。四。五,四,五。"。起头三言句为"仄平平",四言句为平起仄收,六言句为平起平收。第二组七言句平起仄收,六言句仄起仄收。第三组前三言句为"平仄仄",后三言句仄收,七言句平起仄收。第四组四言单句平起仄收。过拍组五言句为一、四读,平收,四言句平起仄收,五言句仄起仄收。下阕换头组三言句与上片起拍三言句相反,为"平平仄"。六言句仄起仄收,后六言句平起仄收。第二组七言句平起仄收,六言句仄起仄收。第三组两个三言句皆仄收,七言句平起仄收。第四组四言单句依旧是平起仄收。收拍组五言句仄起平收,四言句平起仄收,结尾五言句仄起仄收。

举例:晁补之《摸鱼儿》。

买陂塘、旋栽杨柳,依稀淮岸江浦。东皋嘉雨新痕涨,沙觜鹭来鸥聚。堪爱处,最好是、一川夜月光流渚。无人独舞。任翠幄张天,柔茵藉地,酒尽未能去。

青绫被,莫忆金闺故步,儒冠曾把身误。弓刀千骑成何事?荒了邵平瓜圃。君试觑,满青镜、星星鬓影今如许!功名浪语。便似得班超,封侯万里,归计恐迟暮。

(18)《**念奴娇**》,又名百字令等,上、下阕共八个句组,二十句,一百个字,八仄韵。上阕句式为"四,三,六。七,六。四,四,五。四,六。",下阕句式为

"六,四,五。七,六。四,四,五。四,六。"。差别就在起头组与换头组句式不同。起头四言句平起但不起韵,三言句仄收,六言句平起仄收。第二组七言句仄起仄收,六言句仄收。第三组两个四言句为对仗句,前一个仄起平收,第二个平起仄收,五言句仄起仄收。过拍组四言句平起仄收,六言句仄收。下阕换头组六言句仄起平收,四言句平起仄收,五言句仄起仄收。其余句式声韵与上阕相同。

举例:张孝祥《念奴娇》。

洞庭青草,近中秋,更无一点风色。玉鉴琼田三万顷,著我扁舟一叶。素月分辉,明河共影,表里俱澄澈。悠然心会,妙处难与君说。

应念岭表经年,孤光自照,肝胆皆冰雪。短发萧骚襟袖冷,稳泛沧浪空阔。尽挹西江,细斟北斗,万象为宾客。扣舷独笑,不知今夕何夕?

(19)《南乡子》,又名《好离乡》《蕉叶怨》。上、下阕共六个句组,十句,五十六个字,八平韵。上、下阕句式相同,皆为"五,七。七,二。七。"。起头五言句与七言句均为仄起平收,第二组七言句仄起仄收,二言句叠字平韵,过拍七言单句仄起平收,下阕同上。

举例:苏轼《南乡子》。

霜降水痕收,浅碧鳞鳞露远洲。酒力渐消风力软,飕飕。破帽多情却恋头。

佳节若为酬,但把清尊断送秋。万事到头都是梦,休休。明日黄花蝶也愁。

(20)《南歌子》,又名《南柯子》《风蝶令》等。上、下阕共四个句组,十句,五十二个字,六平韵。句式为"五,五。七,六,三。",上下阕相同。起头和换头两组五言句为对仗律句,前句仄起仄收,后句平起平收。过拍组七言句平起平收,前面六言句与后面三言句可视为九言断开读,六言句仄起仄收,三言句为"仄平平"收。下阕同上阕。

举例:秦观《南歌子》。

香墨弯弯画,燕脂淡淡匀。揉蓝衫子杏黄裙,独倚玉阑无语、点檀唇。

人去空流水,花飞半掩门。乱山何处觅行云,又是一钩新月、照黄昏。

(21)《破阵子》,上、下阕共六个句组,十句,六十二个字,六平韵。句式为"六,六。七,七。五。",上、下阕相同。起头和换头两组六言句为对仗律

句,前句仄起仄收,后句平起平收。第二组两个七言句,前句仄起仄收,后句平收。过拍五言单句平收。下阕同上阕。

举例:辛弃疾《破阵子》。

醉里挑灯看剑,梦回吹角连营。八百里分麾下炙,五十弦翻塞外声。沙场秋点兵。

马作的卢飞快,弓如霹雳弦惊。了却君王天下事,赢得生前身后名。可怜白发生!

(22)**《菩萨蛮》**,上、下阕共四个句组,八句,四十四个字,每两句一韵,全词共四个转韵。上阕由仄转平,下阕亦由仄转平。上阕句式为"七,七。五,五。",下阕句式为"五,五。五,五。"。起头组两个七言句均为平起仄收。过拍两个五言句前句仄起平收,后句平起平收。换头两个五言句前句平起仄收,后句仄起仄收。收拍两个五言句前句仄起平收,后句平起平收。

举例:韦庄《菩萨蛮》。

人人尽说江南好,游人只合江南老。春水碧于天,画船听雨眠。

垆边人似月,皓腕凝霜雪。未老莫还乡,还乡须断肠。

(23)**《沁园春》**,上、下阕共八个句组,二十五句,一百一十四个字,八平韵。上阕句式为"四,四,四。五,四;四,四,四,四,七。三,五,四。",下阕句式为"六,八。五,四;四,四,四,四,七。三,五,四。"。起头组首句仄起,三个四言句均为平收。第二组五言句作一、四读,一字是冒头,照应后面的四个四言句。前三句仄收,后一句平收。第三组两个四言句前句仄起平收,后句平起平收,七言句为律句,仄起平收。过拍组三言句为"平平仄",五言句仍是一、四读,一字后面两个四言句前句仄收,后句平收。下阕换头组六言句平起平收,八言句作一、七或三、五读,平收。后面均与上阕相同。

举例:刘克庄《沁园春》。

何处相逢?登宝钗楼,访铜雀台。唤厨人斫就,东溟鲸脍;圉人呈罢,西极龙媒。天下英雄,使君与操,余子谁堪共酒杯?车千两,载燕南赵北,剑客奇才。

饮酣画鼓如雷,谁信被晨鸡轻唤回?叹年光过尽,功名未立;书生老去,机会方来。使李将军,遇高皇帝,万户侯何足道哉?披衣起,但凄凉感旧,慷慨生哀。

诗 艺 篇

【注】 该词下阕七言句"万户侯何足道哉?"未按律句写,应视为作者有意突破此规则,不以律害意。

(24)《清平乐》,上、下阕共四个句组,八句,四十六个字,上阕四仄韵,下阕三平韵。上阕句式为"四,五。七,六。",下阕句式为"六,六。六,六。"。起头四言句仄收,五言句仄起仄收。过拍七言句与六言句均仄起仄收。换头两个六言句均平起平收,收拍前六言句仄起仄收,后六言句平起平收。

举例:张炎《清平乐》。

采芳人杳,顿觉游情少。客里看春多草草,总被诗愁分了。

去年燕子天涯,今年燕子谁家?三月休听夜雨,如今不是催花。

(25)《鹊桥仙》,上、下阕共四个句组,十句,五十六个字,四仄韵。上、下阕句式相同,均为"四,四,六。七,七(或三、四)。",起头两个四言句均为平起仄收,六言句仄起仄收。过拍前七言句为律句,平起平收,后一个七言句作三、四读,三言句为"仄仄仄"韵,四言句平起仄收。上、下阕相同。

举例:陆游《鹊桥仙》。

一竿风月,一蓑烟雨,家在钓台西住。卖鱼生怕近城门,况肯到、红尘深处。

潮生理棹,潮平系缆,潮落浩歌归去。时人错把比严光,我自是、无名渔父。

(26)《青玉案》,上、下阕共六个句组,十三句,六十七个字,八仄韵。上阕句式为"七,三,三。七。四,四,五。",下阕句式为"七,七。七。四,四,五。"。起头七言句为平起仄收,前三言句为"仄仄仄"句式,后三言句为"平平仄"句式。第二组七言单句仄起仄收。过拍两个四言句均为平起仄收,五言句为仄起仄收。换头前七言句平起平收,后七言句仄起仄收。七言单句亦仄起仄收。收拍两个四言句仍平起仄收,尾句五言句仄起仄收。皆与上阕相同。

举例:辛弃疾《青玉案》。

东风夜放花千树,更吹落,星如雨。宝马雕车香满路。凤箫声动,玉壶光转,一夜鱼龙舞。

蛾儿雪柳黄金缕,笑语盈盈暗香去。众里寻他千百度。蓦然回首,那人却在,灯火阑珊处。

114

(27)《如梦令》，原名《忆仙姿》，此调为小令，共三个句组，七句，三十三个字，六仄韵。句式为"六，六。五，六。二，二，六。"。全词四个六言句均为仄起仄收，五言句为仄起平收，两个二言句为叠句、仄韵。

举例：李清照《如梦令》。

常记溪亭日暮，沉醉不知归路。兴尽晚回舟，误入藕花深处。争渡，争渡，惊起一滩鸥鹭。

(28)《阮郎归》，上、下阕共四个句组，九句，四十七个字，八平韵。上阕句式为"七，五。七，五。"，下阕句式为"三，三，五。七，五。"。此调中各七言、五言句皆为平起平收，换头的两个三言句，前一个仄收，后一个平收。

举例：秦观《阮郎归》。

湘天风雨破寒初，深沉庭院虚。丽谯吹罢小单于，迢迢清夜徂。

乡梦断，旅魂孤，峥嵘岁又除。衡阳犹有雁传书，郴阳和雁无。

(29)《三台令》，又名《调笑令》，共三个句组，八句，三十二个字，仄韵转平韵，再由平韵转仄韵，句句韵。句式为"二，二，六。六，六。二，二，六。"。起头两个二言句为叠句，为"平仄"句式，六言句仄起仄收。中间两个六言句前句平起平收，后句仄起平收。收拍两个二言句仍是叠句，且将前面六言句句尾两个字倒用，仍是"平仄"句式。这样，前面六言句句尾的两个字则必须是"仄平"方可，收拍六言句仄起仄收。

举例：冯延巳《三台令》。

南浦，南浦，翠鬟离人何处。当时携手高楼，依旧楼前水流。流水，流水，中有伤心双泪。

(30)《十六字令》，又名《苍梧谣》，共两个句组，四句，十六个字，三平韵。句式为"一，七。三，五。"。起头的单字平声并起韵，后面的七言句仄起平收。三言句首字平尾字仄，五言句仄起平收。

举例：张孝祥《十六字令》。

归，猎猎西风卷绣旗。拦教住，重举送行杯。

(31)《山花子》，又名《摊破浣溪沙》，上、下阕共四个句组，八句，四十八个字，五平韵。句式上、下阕都是"七，七。七，三。"。起头两个七言句前句仄起平收，后句平起平收。过拍七言句仄起仄收，三言句为"仄平平"句式，换头前七言句仄起仄收，后七言句平起平收。收拍句与过拍句相同。六个

诗 艺 篇

七言句皆为律句,且第一、二个七言句与第四、五个七言句为对仗句。

举例:陈子龙《山花子》。

杨柳迷离晓雾中,杏花零落五更钟。寂寂景阳宫外月,照残红。

蝶化彩衣金缕尽,虫衔画粉玉楼空。惟有无情双燕子,舞东风。

(32)《**苏幕遮**》,上、下阕共八个句组,十四句,六十二个字,八仄韵。上、下阕句式都是"三,三。四,五。七。四,五。"。起头两句三言句为"仄平平"和"平仄仄"句式。第二组四言句为仄起平收,五言句为仄起仄收。第三组七言单句为仄起仄收,过拍四言句为仄起平收,五言句为仄起仄收。下阕与上阕相同。

举例:周邦彦《苏幕遮》。

燎沉香,消溽暑。鸟雀呼晴,侵晓窥檐语。叶上初阳干宿雨。水面清圆,一一风荷举。

故乡遥,何日去?家住吴门,久作长安旅。五月渔郎相忆否?小楫轻舟,梦入芙蓉浦。

(33)《**诉衷情**》,上、下阕共四个句组,十句,四十四个字,六平韵。上阕句式为"七,五。六,五。",下阕句式为"三,三,三。四,四,四。"。起头七言句平起平收,五言句仄起平收。过拍六言句平起仄收,五言句仄起平收。换头三个三言句前一句为"平仄仄",后两句为"仄平平",收拍三个四言句,前句为仄收,后两句为平收。

举例:陆游《诉衷情》。

当年万里觅封侯,匹马戍梁州。关河梦断何处?尘暗旧貂裘。

胡未灭,鬓先秋,泪空流。此生谁料,心在天山,身老沧洲!

(34)《**声声慢**》,上、下阕共八个句组,十九句,九十四个字,八平韵。上阕句式为"四,四,六。四,六。六,七。三,五,四。",下阕句式为"六,五。四。四,六。六,七。三,七。"。起头两个四言句为对偶句,前句平起仄收,后句仄起平收,六言句平起平收。第二组四言句仄起平收,六言句平起平收。第三组六言句平起仄收,七言句平起平收且作三、四读。过拍组三言句为仄起仄收,五言句平起仄收,四言句仄起平收。下阕换头六言句仄起仄收,五言句作一、四读,一字为仄韵,仄收,四言句为仄起平收。第二组四言句仄起平收,六言句平起平收。第三组六言句平起仄收,七言句仍作三、四读,平起平

— 116 —

收。收拍三言句为"仄仄仄"式,七言句作三、四读,三言第一个字须仄,四言仄起平收。

举例:吴文英《声声慢》。

凭高入梦,摇落关情,寒香吹尽空岩。坠叶消红,欲题秋讯难缄。重阳正隔残照,趁西风、不响云尖。乘半暝,看残山灌翠,剩水开奁。

暗省长安年少,几传杯吊甫,把菊招潜。身老江湖,心随飞雁天南。乌纱倩谁重整,映风林、钩玉纤纤。漏声起,乱星河、入影画檐。

(35)**《水调歌头》**,上、下阕共八个句组,十九句,九十五个字,八平韵。上阕句式为"五,五。六,五。六,六。五。五,五。",下阕句式为"三,三,三。六,五。六,六。五。五,五。"。起头两个五言句,前句仄起仄收,后句仄起平收。第二组六言句平起仄收,五言句仄起平收。第三组两个六言句均为仄起仄收,五言句平收。过拍两个五言句,前句仄起仄收,后句仄起平收。换头组三个三言句,前一句不限,第二句仄收,第三句为"仄平平"。其余与上阕相同。

举例:叶梦得《水调歌头》。

秋色渐将晚,霜信报黄花。小窗低户深映,微路绕敧斜。为问山翁何事?坐看流年轻度,拚却鬓双华。徙倚望沧海,天净水明霞。

念平昔,空飘荡,遍天涯。归来三径重扫,松竹本吾家。却恨悲风时起,冉冉云间新雁,边马怨胡笳。谁似东山老,谈笑静胡沙?

(36)**《水龙吟》**,上、下阕共八个句组,二十三句,一百零二个字,八仄韵。上阕句式为"六,七。四,四,四。四,四,四。五,四,三,三。",下阕句式为"六,七。四,四,四。四,四,四。五,四,四。"。起头六言句平起平收,七言句平起仄收。第二组三个四言句均为平起仄收,第三组三个四言句中前一句仄起平收,后两句平起仄收。过拍五言句为一、四读,一为仄声,四为平起仄收,四言句平起仄收,两个三言句均为"平平仄"式。换头组六言句与起拍句相反,为仄起仄收,七言句为三、四读,三言为"仄平平",四言为平起仄收。下阕第二组与第三组各三个四言句,与上阕相同。收拍五言句仍为一、四读,韵调与上阕相同,后面四言句为平起仄收,收拍末句四言多作一、二、一读,前后各一字均为仄调,中间二字为平调,可增强语势和感情色彩。

举例:辛弃疾《水龙吟》。

渡江天马南来,几人真是经纶手?长安父老,新亭风景,可怜依旧!夷甫诸人,神州沉陆,几曾回首?算平戎万里,功名本是,真儒事,君知否?

况有文章山斗,对桐阴满庭清昼。当年堕地,而今试看,风云奔走。绿野风烟,平泉草木,东山歌酒。待他年整顿,乾坤事了,为先生寿。

(37)《天仙子》,上、下阕共六个句组,十二句,六十八个字,十仄韵。句式为"七,七。七。三,三,七。",上、下阕相同。起头组两个七言句均为仄起仄收,单句七言为平起仄收,过拍两个三言句皆为平起仄收,末句七言句为仄起仄收。下阕同上。

举例:苏轼《天仙子》。

走马探花花发未,人与化工俱不易。千回来绕百回看。蜂作婢,莺为使,谷雨清明空屈指。

白发卢郎情未已,一夜翦刀收玉蕊。尊前还对断肠红。人有泪,花无意,明日酒醒应满地。

(38)《踏莎行》,上、下阕共四个句组,十句,五十八个字,六仄韵。句式为"四,四,七。七,七。",下阕同上。起头组两个四言句对仗,前句平起平收,后句平起仄收,七言句平起仄收。过拍两个七言句,前句平起平收,后句平起仄收。下阕同上。

举例:秦观《踏莎行》。

雾失楼台,月迷津渡,桃源望断无寻处。可堪孤馆闭春寒,杜鹃声里斜阳暮。

驿寄梅花,鱼传尺素,砌成此恨无重数。郴江幸自绕郴山,为谁流下潇湘去。

(39)《唐多令》,上、下阕共六个句组,十二句,六十个字,八平韵。句式为"五,五。七。七,三,三。"。下阕同上阕。起头组两个五言句前句仄起平收,后句平起平收,七言句作三、四读,三言为"仄平平",四言为仄起平收,过拍七言句仄起仄收,两个三言句前句为仄收,后句为"仄平平"。下阕同上阕。第三组七言句与第六组七言句为律句。

举例:陈允平《唐多令》。

何处是秋风?月明霜露中。算凄凉、未到梧桐。曾向垂虹桥上看,有几树、水边枫。

客路怕相逢？酒浓愁更浓。数归期、犹是秋冬。欲寄相思无好句,聊折赠、雁来红。

举例:吴文英《唐多令》,为变格。

何处合成愁？离人心上秋。纵芭蕉不语也飕飕。都道晚凉天气好,有明月,怕登楼。

年少梦中休,花空烟水流。燕辞归、客尚淹留。垂柳不萦裙带住,漫长是,系行舟。

(40)《**西江月**》,上、下阕共四个句组,五十个字,八句六韵,上、下阕平韵转仄韵各一次。上、下阕句式均为"六,六。七,六。"。起头与换头组两个六言句为对仗律句,前句仄起仄收,后句平起平收。过拍组七言句为律句,平起平收,六言句仄起仄收。下阕同上阕。

举例:辛弃疾《西江月》。

明月别枝惊鹊,清风半夜鸣蝉。稻花香里说丰年,听取蛙声一片。

七八个星天外,两三点雨山前。旧时茅店社林边,路转溪桥忽见。

(41)《**相见欢**》,上、下阕共四个句组,七句,三十六个字,四平韵。句式上阕为"六,三。九。",下阕为"三,三,三。九。"。起头六言句平起平收,三言句为"仄平平",过拍九言句仄起平收,二、七读。换头组三个三言句中,前两个三言句皆仄收,后一个三言句平收,为"仄平平",收拍九言句仍仄起平收,作二、七读。

举例:纳兰性德《相见欢》。

落花如梦凄迷,麝烟微。又是夕阳潜下小楼西。

愁无限,消瘦尽,有谁知？闲教玉笼鹦鹉念郎诗。

(42)《**小重山**》,上、下阕共四个句组,十二句,五十八个字,八平韵。上阕句式为"七,五,三。七,三,五。",下阕句式为"五,五,三。七,三,五。"。起头组七言句为律句,仄起平收,五言句平起仄收,三言句为"仄平平",过拍组七言为律句,平起平收,三言为平收,五言为仄起平收。换头组两个五言句前句仄起平收,后句平起仄收,三言句仍是"仄平平"式,收拍组七言句为律句,平起平收,三言句为"平平仄"式,五言句为仄起平收。

举例:岳飞《小重山》。

昨夜寒蛩不住鸣,惊回千里梦,已三更。起来独自绕阶行,人悄悄,帘外

月胧明。

白首为功名,旧山松竹老,阻归程。欲将心事付瑶琴,知音少,弦断有谁听?

(43)《**一剪梅**》,上、下阕共四个句组,十二句,六十个字,六平韵。上、下阕句式均为"七,四,四。七,四,四。"。起头组七言句仄起平收,过拍组七言句平起平收,词中四个七言句皆为律句,每两个相连的四言句皆是关联句,且皆是仄起平收。下阕同上阕。

举例:蒋捷《一剪梅》。

一片春愁待酒浇,江上舟摇,楼上帘招。秋娘渡与泰娘桥,风又飘飘,雨又萧萧。

何日归家洗客袍?银字笙调,心字香烧。流光容易把人抛,红了樱桃,绿了芭蕉。

(44)《**忆秦娥**》,又名《秦楼月》《双荷叶》《碧云深》。上、下阕共四个句组,十句,四十六个字,八仄韵。上阕句式为"三,七。三,四,四。",下阕句式为"七,七。三,四,四。",起拍组三言句为仄起仄收,七言句为平起仄收。过拍组三言句重复前七言句后三个字,两个四言句,前句平起仄收,后句平起平收。换头组两个七言句皆为平起平收。收拍组三言句仍重复前七言句后三个字,后面两个四言句皆为平起仄收。

举例:李白《忆秦娥》。

箫声咽,秦娥梦断秦楼月。秦楼月,年年柳色,灞陵伤别。

乐游原上清秋节,咸阳古道音尘绝。音尘绝,西风残照,汉家陵阙。

(45)《**忆江南**》,又名《梦江南》《望江南》,共三个句组,五句,二十七个字,三平韵。句式为"三,五。七,七。五。"。起头三言句为平起仄收,五言句为仄起平收。两个七言句对仗,前句为仄起仄收,后句为平起平收。尾句五言句为仄起平收。

举例:白居易《忆江南》。

江南好,风景旧曾谙。日出江花红胜火,春来江水绿如蓝。能不忆江南?

(46)《**虞美人**》,上、下阕共四个句组,八句,五十六个字,每两句一韵。上阕由仄转平,下阕亦由仄转平。上、下阕句式皆为"七,五。七,九。"。起

120

头组七言句为平起仄收,五言句为仄起仄收。过拍组七言句为平起平收,九言句为仄起平收且作二、七读。下阕与上阕相同。词中七言句皆为律句。

举例:苏轼《虞美人》。

湖山信是东南美,一望须千里。使君能得几回来?便使樽前醉倒且徘徊。

沙河塘里灯初上,《水调》谁家唱?夜阑风静欲归时,惟有一江明月碧琉璃。

(47)**《玉楼春》**,又作《木兰花》《西湖曲》。上、下阕共四个句组,八句,五十六个字,仄韵。此调句式与七言律诗相同,区别在于不讲黏对,押仄韵。较七言古诗节奏轻快活泼,且每句起收韵的声调有自身的规则。起头组首句平起仄收,次句仄起仄收。过拍组首句平起平收,次句仄起仄收。下阕同上阕。

举例:辛弃疾《玉楼春》。

风前欲劝春光住,春在城南芳草路。未随流落水边花,且作飘零泥上絮。

镜中已觉星星误,人不负春春自负。梦回人远许多愁,只在梨花风雨处。

(48)**《渔家傲》**,上、下阕共四个句组,十句,六十二个字,句句押仄韵。句式上、下阕相同,为"七,七,七。三,七。"。起头组首句七言句为仄起仄收,后两句七言句为平起仄收。过拍组三言句为平起仄收,七言句为平起仄收。下阕同上阕。词中七言句皆为律句。

举例:王安石《渔家傲》。

平岸小桥千嶂抱,柔蓝一水萦花草,茅屋数间窗窈窕。尘不到,时时自有春风扫。

午枕觉来闻语鸟,欹眠似听朝鸡早,忽忆故人今总老。贪梦好,茫然忘了邯郸道。

(49)**《渔歌子》**,也叫《渔父》。单调小令,五句,二十七个字,四平韵。句式为"七,七。三,三,七。"。起头组七言句仄起平收起韵,次句七言句平起平收。两个三言句对仗,为"平仄仄""仄平平",尾句平起平收。三个七言句皆为律句。

举例：张志和《渔歌子》。

西塞山前白鹭飞，桃花流水鳜鱼肥。青箬笠，绿蓑衣，斜风细雨不须归。

(50)《**女冠子**》，上、下阕共四个句组，九句，四十一个字，四平韵。上阕句式为"四，六，三。五，五。"，下阕句式为"五，五。五，三。"。起头组首句四言句和次句六言句均仄收，后面三言句起韵平收。过拍组两个五言句对仗，前五言句仄收，后五言句平收。换头组前五言句仄收，后五言句平收。收拍组五言句仄收，末句三言句为平收。

举例：温庭筠《女冠子》。

含娇含笑，宿翠残红窈窕，鬓如蝉。寒玉簪秋水，轻纱卷碧烟。

雪胸鸾镜里，琪树凤楼前。寄语青娥伴，早求仙。

(51)《**醉花阴**》，上、下阕共四个句组，十句，五十二个字，六仄韵。上、下阕句式皆为"七，五。五，四，五。"。起头组七言句起韵、五言句仄起仄收，过拍组前五言句仄起平收，四言句平收，后五言句仄收。换头组七言句平起仄收落韵，五言句仄起仄收。收拍组与过拍组相同。起头组和换头组两个七言句皆为律句。

举例：辛弃疾《醉花阴》。

黄花谩说年年好，也趁秋光老。绿鬓不惊秋，若斗尊前，人好花堪笑。

蟠桃结子知多少，家住三山岛。何日跨归鸾，沧海飞尘，人世因缘了。

(52)《**鹧鸪天**》，又名《思佳客》。上、下阕共四个句组，九句，五十五个字，六平韵。句式为上阕"七，七。七，七。"，下阕"三，三，七。七，七。"。此调除换头两个三言句为"平仄仄""仄平平"外，其余均按律句过拍组两个七言句与换头组两个三言句均为对仗句。

举例：辛弃疾《鹧鸪天》。

不向长安路上行，却教山寺厌逢迎。味无味处求吾乐，材不材间过此生。

宁作我，岂其卿，人间走遍却归耕。一松一竹真朋友，山鸟山花好弟兄。

第三节　曲的基本创作规则

一、基本创作规则

曲在格律上，虽然同样是配乐歌唱的诗体，近似于词，具有相对固定的句数和字数，也要求辞藻华丽、对仗相对工整、声律和谐，但曲比词在格式上更加自由，在规则上更加松散。比如词"篇有定句、句有定字、字有定声"，曲则可以衬字和增句，平仄通押，用韵较密，不忌重韵。曲的字数在格律规定内的称"正字"，规定外另加的字称"衬字"，有些句子可以适当增减几个字。虽然有"衬不过三""衬不过六"之说，但有的曲词作者勇于突破，把衬字加到十几个，甚至二十个之多。曲的句子结构虽然固定，但也可以增句，一个句组可以有三或四个句子，有些可以多达五个以上。同时，相同曲牌有较多的变格，有些变格与原来的正格出入非常大，字数、句法、平仄和用韵都有变化。

曲的句中用字也同样要平仄相间，虽然也有起韵、收韵规则，但并不严格。曲用韵密度大，常常一首曲中所有的句子都押韵，相近的句子韵脚可以相通，甚至可以平仄通押。如李开先【醉太平】《一笑散》："夺泥燕口，削铁针头，刮金佛面细搜求，无中觅有。鹌鹑嗉里寻豌豆，鹭鸶腿下劈精肉，蚊子腹内剜脂油。亏老先生下手。"八句八韵，不分平仄。韵脚用字也可以重复，不忌重韵。可以借用前人诗词的语句或典故，或通过排比句的使用，把要表达的内容淋漓尽致地倾泻出来，说尽说透，不含蓄。尤其是可以用俗字俚句，语言风格接近口语化，大多七言句作三、四读。元代散曲成熟之后，虽然一些知识分子把它作为自我思想感情表达的文学工具，创作了部分风格庄重、典雅工整、内容严肃、类似词一样的散曲，如张养浩的【山坡羊·潼关怀古】、马致远的【天净沙·秋思】、张可久的【中吕·卖花声】《怀古》等，但其气韵、节奏与词仍然有细微的差别，且作品数量很小，不足以代表元曲的整体风格。

曲的对仗。曲的对仗较宽泛，不要求十分工整，只要大体上相对即可。曲的对仗与诗词不同的地方在于不仅有相邻两句的对仗，还有"鼎足对"（即相邻的三个句子相对仗)和"连璧对"(即相邻的四个以上句子相对仗)。如"青泥小剑关,红叶溢江岸,白草连云栈""密匝匝蚁排兵,乱纷纷蜂酿蜜,闹穰穰蝇争血"。甚至还有"连珠对"(更多的一系列句子相对)、"隔句对"(隔句相对)和"鸾凤和鸣对"(首句与尾句相对)等,如《西厢记》【叨叨令】:"见安排着车儿、马儿,不由人熬熬煎煎的气;有甚么心情花儿、靥儿打扮得娇娇滴滴的媚;准备着被儿、枕儿,只索昏昏沉沉的睡;从今后衫儿、袖儿,都揾做重重叠叠的泪。兀的不闷杀人也么哥?兀的不闷杀人也么哥?久已后书儿、信儿,索与我凄凄惶惶的寄。"最后一句对仗句与前面的连璧对形成隔句对,这种类似排比句方式的对仗,浓重地渲染了曲中人物内心的感情色彩,增加了曲的艺术成分,提高了美学价值,也显示了作者的文学功力。

元曲有一种"带过曲",就是由两支或者三支小令组成的、曲调可以衔接的体式,如【雁儿落带过得胜令】【楚天遥带过清江引】【十二月带过尧民歌】等。还有一种叫"套数"的体式,是指除小令外,可以由乐曲组成套的、由多种曲牌的曲调连缀起来、有开头和结尾的大型散曲或剧曲。如关汉卿的散曲【南吕·一枝花】《不伏老》由《一枝花》《梁州》《隔尾》《尾》四部分组成一个套数。《西厢记》中的【中吕·端正好】《长亭送别》,是由《端正好》《滚绣球》《叨叨令》《耍孩儿》《五煞》《四煞》《三煞》《二煞》《一煞》《收尾》十部分组成的一个套数。

二、常用曲牌格律 26 例

(1)【一枝花】,全曲共四个句组,九句,四十八个字,六平仄韵(平仄通叶)。句式为"五、五。五。五。四,五、五。七,七。"。韵脚除每组句尾外,第三组三个句尾皆为韵脚。第一组两个五言句和第二组两个五言句、第三组的两个五言句、末尾组两个七言句均为对仗句,末尾组两个七言句为"三、四"读。

【注】 叶,xié,叶韵的音是古代本音,为读古音可以谐韵之意。

举例:关汉卿【一枝花】《杭州景》。

普天下锦绣乡,寰海内风流地。大元朝新附国,亡宋家旧华夷。水秀山奇,一到处堪游戏,这答儿忒富贵。满城中绣幕风帘,一哄地人烟辏集。

【注】 例中粗体字为所增衬字,以下相同。

(2)【朝天子】,共四个句组,十一句,四十四个字,十仄韵。句式为"二、二、五。七,五。四,四,五。二,二,六。"。第三句组两个四言句对仗。

举例:徐再思【朝天子】《西湖》。

里湖,外湖,无处是无春处。真山真水真图画,一片玲珑玉。**宜酒宜诗,宜晴宜雨,销金锅锦绣窟**。老苏,老逋,杨柳堤梅花墓。

(3)【沉醉东风】,共三个句组,七句,三十九个字,六平仄韵。句式为"六,六。三,三。七,七,七。"。第一组两个六言句为对仗句,第二组两个三言句为对仗句,第三组中第一个与第三个七言句为"三、四"读。

举例:白朴【沉醉东风】《渔父祠》。

黄芦岸白苹渡口,绿杨堤红蓼滩头。**虽无刎颈交,却有忘机友**。点秋江白鹭沙鸥,傲杀人间万户侯,不识字烟波钓叟。

(4)【端正好】,共两个句组,五句,二十五个字,三仄韵。句式为"三,三,七。七,五。"。第一组七言句作"三、四"读。

举例:刘致【端正好】《上高监司》。

众生灵,遭魔障,正值着时岁饥荒。**谢**恩光拯济皆无恙,编做本词儿唱。

(5)【殿前欢】,共四个句组,九句,四十四个字,四平韵。句式为"三,七。七,四。六,三,六。四,四。"。第三组往往拆为三个五言句,为鼎足对,第四组两个四言句为对仗句。

举例:张可久【殿前欢】《客中》。

望长安,前程渺渺鬓斑斑。南来北往随征雁,行路艰难。青泥小剑关,红叶溢江岸,白草连云栈。功名半纸,风雪千山。

卫立中【殿前欢】(碧云深)。

碧云深,碧云深处路难寻。数椽茅屋和云赁,云在松阴。**挂**云和八尺琴,**卧**苔石**将**云根枕,**折**梅蕊**把**云梢沁。云心无我,云我无心。

(6)【人月圆】,共四个句组,十一句,四十八个字,四平韵。句式为"七,五。四,四,四。四,四,四。四,四,四。"。第二组三个四言句为鼎足对。

举例:张可久【人月圆】《会稽怀古》。

林深藏却云门寺,回首若耶溪。苎萝人去,蓬莱山在,老树荒碑。神仙何处,烧丹傍井,试墨临池。荷花十里,清风鉴水,明月天衣。

(7)【普天乐】,共四个句组,十一句,四十六个字,七平韵。句式为"三,

三。四,四。三,三。七,七。四,四,四。"。第三组两个三言句为对仗句。

举例:张可久【普天乐】《暮春即事》。

老梅边,孤山下。晴桥蟛蜞,小舫琵琶。**春残杜宇声,香冷荼蘼架**。淡抹浓妆山如画,酒旗儿三两人家。斜阳落霞,娇云嫩水,剩柳残花。

(8)【凭阑人】,共两个句组,四句,二十四个字,四平韵。句式为"七,七。五,五。"。两组中选一组作对仗句。

举例:乔吉【凭阑人】《香篆》。

一点雕盘萤度秋,半缕宫查云弄愁。情缘不到头,寸心灰未休。

(9)【庆东原】,共三个句组,八句,三十一个字,六平仄韵。句式为"三,三,七。四,四,四。三,三。"。第二句组三个四言句作鼎足对。

举例:张可久【庆东原】《次马致远先辈韵》。

诗情放,剑气豪,英雄不把穷通较。江中斩蛟,云间射雕,席上挥毫。**他得志**笑闲人,**他失脚**闲人笑。

(10)【塞鸿秋】,共三个句组,七句,五十个字,六仄韵。句式为"七,七。七,七。五,五,七。"。

举例:贯云石【塞鸿秋】《代人作》。

战西风几点宾鸿至,**感**起我南朝千古伤心事。**展**花笺欲写几句知心事,**空**教我停霜毫半晌无才思。往常得兴时,一扫无瑕疵,今日个病恹恹刚写下两个相思字。

(11)【十二月】,共三个句组,六句,四十二个字,四平韵。句式为"七,七。七,七。七,七。"。首句起仄韵,每句都作"三、四"读。

举例:王实甫【十二月过尧民歌】《别情》。

自别后遥山隐隐,更那堪远水粼粼。见杨柳飞绵滚滚,对桃花醉脸醺醺。透内阁香风阵阵,掩重门暮雨纷纷。

(12)【尧民歌】,共三个句组,七句,四十二个字,七平仄韵。句式为"七,七。七,七。二,五,五。"。

举例:洪昇【尧民歌】《枫江渔父图题词》。

描不出满怀乡思忆东吴,**因**写就小江秋色钓鱼图。**翠**森森包山一带有还无?片时间晚云收尽碧天孤。传书,平沙落雁呼,直飞过斜阳渡。

(13)【雁儿落】,又名【平沙落雁】。共两个句组,四句,二十个字,四平仄

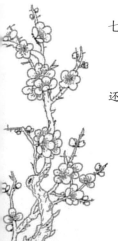

韵。句式为"五,五。五,五。"。每组两句均对仗。

举例:吴西逸【雁儿落】(雁儿落带过得胜令)。

春花闻杜鹃,秋月看归燕。人情薄似云,风景疾如箭。

(14)【得胜令】,共四个句组,八句,三十四个字,平仄韵。句式为"五,五。五、五。二,五。二,五。"。第一、第二句组两个五言句皆对仗,后两组间互相对仗。

举例:吴西逸【得胜令】(雁儿落带过得胜令)。

留下买花钱,趱入种桑园。茅苫三间厦,秧肥数顷田。床边,**放一册冷淡渊明传**。窗前,**抄几联清新杜甫篇**。

(15)【楚天遥】,共四个句组,八句,四十个字,四仄韵,句式为每句五言。第一组与第三组为对仗句。

举例:薛昂夫【楚天遥】(楚天遥带过清江引)。

花开人正欢,花落春如醉。春醉有时醒,人老欢难会。一江春水流,万点杨花坠。谁道是杨花,点点离人泪。

(16)【清江引】,共三个句组,五句,二十九个字,三仄韵。句式为"七,五。五,五,七。"。

举例:薛昂夫【清江引】(楚天遥带过清江引)。

回首有情风万里,渺渺天无际。愁共海潮来,潮去愁难退。**更那堪晚来风又急**。

(17)【天净沙】,共两个句组,五句,二十八个字,四平韵。句式为"六,六,六。四,六。"。首句组两个六言句为对仗句。

举例:白朴【天净沙】《秋》。

孤村落日残霞,轻烟老树寒鸦,一点飞鸿影下。青山绿水,白草红叶黄花。

(18)【折桂令】,又称【蟾宫曲】【天香引】【广寒秋】。共五个句组,十句,四十八个字,八平韵。句式为"六。四,四,四。四。七,七。四,四。"。第二句组两个四言句对仗,第四句组两个七言句对仗。

举例:王举之【折桂令】《读史有感》。

北邙山多少英雄?青史南柯,白骨西风。八阵图成,《六韬》书在,百战尘空。辅汉室功成卧龙,钓磻溪兆入飞熊。**世事秋蓬**,惟有渔樵,跳出樊笼。

(19)【山坡羊】,共三个句组,十一句,四十三个字,九平韵。句式为"四,四,七。三,三,七,七。一,三;一,三。"。首句组两个四言句为对仗句,尾句组两个一、三句为关联句。

举例:薛昂夫【山坡羊】《述怀》。

大江东去,长安西去,为功名走遍天涯路。厌舟车,喜琴书,早星星鬓影瓜田暮,心待足时名便足。高,高处苦;低,低处苦。

(20)【四块玉】,共两个句组,七句,二十九个字,五平仄韵。句式为"三,三,七,七。三,三,三。"。首句组与尾句组的前两个三言句多为对仗句。

举例:关汉卿【四块玉】《别情》。

自送别,心难舍,一点相思几时绝,凭阑袖拂杨花雪。溪又斜,山又遮,人去也。

(21)【寿阳曲】,共两个句组,五句,二十七个字,五仄韵。句式为"三,三,七。七,七。"。第三、第五句作"三、四"读。

举例:卢挚【寿阳曲】《夜忆》。

窗间月,檐外铁,这凄凉对谁分说。剔银灯欲将心事写,长吁气把灯吹灭。

(22)【阳春曲】,又名【喜春来】,共两个句组,五句,二十九个字,五平韵。句式为"七,七,七。三,五。"。首句前两个七言句为对仗句。

举例:白朴【阳春曲】《知几》(其一)。

知荣知辱牢缄口,谁是谁非暗点头,诗书丛里且淹留。闲袖手,贫煞也风流。

(23)【醉太平】,共三个句组,八句,四十四个字,八仄韵。句式为"四,四。七,四。七,七,七,四。"。首句组两个四言句对仗,第三组三个七言句为鼎足对。

举例:李开先【醉太平】《一笑散》。

夺泥燕口,削铁针头。刮金佛面细搜求,无中觅有。鹌鹑嗉里寻豌豆,鹭鸶腿下劈精肉,蚊子腹内刳脂油,亏老先生下手!

(24)【水仙子】,共三个句组,八句,四十二个字,六平韵。句式为"七,七,七。五,六。三,三,四。"。首句组前两个七言句对仗,也可与第三个七言句成鼎足对,尾句组两个三言句对仗。

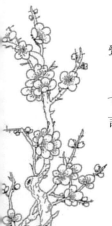

举例:乔吉【水仙子】《寻梅》。

冬前冬后几村庄,溪北溪南两履霜,树头树底孤山上。冷风来何处香?**忽相逢缟袂绡裳。酒醒**寒惊梦,**笛凄**春断肠,淡月留黄。

(25)【满庭芳】,共四个句组,十句,四十八个字,九平韵。句式为"四,四,四。六,四。七,七。三,四,五。"。第三组两个七言句对仗。

举例:姚燧【满庭芳】。

天风海涛,昔人曾此,酒圣诗豪。我到此闲登眺,日远天高。山接水茫茫渺渺,水连天隐隐迢迢。供吟笑,功名事了,不待老僧招。

(26)【寨儿令】,又名【柳营曲】,共四个句组,十二句,五十四个字,十平韵。句式为"三,三,七。四,四,五。六,六。五,五,一,五。"。第一组两个三言句对仗,第二组两个四言句对仗,第三组两个六言句对仗,第四组前面相邻的两个五言句对仗。

举例:汤式【寨儿令】。

酒乍醒,月初明,谁家小楼调玉筝?指拨轻清,音律和平,一字字诉衷情。**恰流莺花底叮咛,又孤鸿云外悲鸣。**滴碎金砌雨,敲碎玉壶冰,听,尽是断肠声!

第十一章　古典诗歌的类别

第一节　古典诗歌的分类

古典诗歌大体可分为抒情诗、叙事诗与哲理(论理)诗三类。

一、抒情诗

抒情诗是以抒发作者思想感情为主的诗歌,古典诗歌中绝大部分作品是抒情诗。如曹操的《短歌行》、阮籍的《咏怀·其一》、李白的《赠汪伦》、王维的《九月九日忆山东兄弟》、李煜的《虞美人》、陆游的《沈园二首》,张孝祥的《六州歌头》、辛弃疾的《水龙吟·登建康赏心亭》、李清照的《一剪梅》、秋瑾的《对酒》、关汉卿的【南吕·四块玉】《别情》等。抒情与叙事在诗歌作品中并非决然分开,抒情中也有适当的叙事铺陈,叙事中也包含着作者强烈的感情抒发与议论。如屈原的《离骚》,既叙述了自己的身世、经历与思想活动,又用大量的篇幅来议论政治,抒发对社稷与人民的感情。

二、叙事诗

以叙述事件过程为主的诗歌叫叙事诗。如乐府诗中无名氏的《陌上桑》《古诗为焦仲卿妻作》《木兰诗》、杜甫的"三吏""三别"、白居易的《长恨歌》《琵琶行》等。也有些叙事诗结构不完整,不连贯,并夹杂大量的议论,如李贺的《金铜仙人辞汉歌》、吴伟业的《圆圆曲》等。

三、哲理(论理)诗

哲理(论理)诗是诗人通过议论事物,表现哲理思想或对人生、生活体验的一类诗。诗人通过对某种事物的描写,将深刻、抽象的道理蕴含于鲜明的艺术形象之中。这种诗深沉浑厚、含蓄隽永。

哲理（论理）诗又分为三类：一是没有具体意象的议论诗。这类诗基本特点是有一定的诗意，但不够含蓄，往往是"概念大于形象"。如陆游的《冬夜读书示子聿》："古人学问无遗力，少壮工夫老始成。纸上得来终觉浅，绝知此事要躬行。"二是含有鲜明意象的哲理诗。这类诗内容深沉浑厚、含蓄隽永，将抽象的哲理蕴含于鲜明的艺术形象之中，是诗歌中的上乘作品。如苏轼《题西林壁》"横看成岭侧成峰，远近高低各不同。不识庐山真面目，只缘身在此山中"，以及朱熹《观书有感》《泛舟》和杨万里《过松源，晨炊漆公店六首（其五）》等。三是禅意诗。这类诗是作者受宗教思想影响创作出的具有强烈宗教思想意识的诗歌作品。如唐代布袋和尚的《插秧歌》"手把青秧插满田，低头便见水中天。六根清净方为道，退步原来是向前"，以及六祖慧能禅师的《偈语》等。

诗歌中还有一种打油诗，一般为齐言，句数也较少，风格轻松活泼。打油诗虽然一般情况下不登大雅之堂，但也有一些古人创作的打油诗亦庄亦谐，如苏轼的《竹笋焖肉诗》"无肉令人瘦，无竹令人俗。人瘦尚可肥，俗士不可医"，体现了苏轼对生活乐趣的追求。当代诗人聂绀弩也曾通过创作大量的打油诗，展现其时节知识分子的窘境遭遇，表达个人复杂的思想感情。近年来网络上流传的小林、大曾等人的打油诗，对不平事物的讽喻及对某些人的嘲讽或自嘲，也是具有深厚文学功底的作品。

第二节　古典诗歌题材的分类

我国古典诗歌中，既有反映现实与历史重大事件的题材，也有写景、咏物、表达思念的题材，体现了广泛性、多样化的特点。

一、咏景诗

诗人对某一特定山川河流、风景名胜、自然景象、季节景象或田园风光等进行描写，注入思想感情意志，抒发诗人情感的诗歌。如曹操的《碣石篇》、张若虚的《春江花月夜》、韦应物的《滁州西涧》、王维的《山居秋暝》、李白的《峨眉山月歌》、祖咏的《终南望余雪》、杜甫的《春夜喜雨》、白居易的《忆江南》、常建的《题破山寺后禅院》等。

二、边塞诗

反映边疆军事题材或边塞风光、生活一类的诗歌。如高适的《燕歌行》、岑参的《白雪歌送武判官归京》《轮台歌奉送封大夫出师西征》、李益的《夜上受降城闻笛》、卢纶的《塞下曲》等。

三、闺怨（宫怨）诗

作者借妇女之口表达已婚、未婚女子对恋爱婚姻、夫妻离合以及宫女在深宫中得不到爱情感到寂寞等浓厚思想感情的诗歌。如沈佺期的《独不见》、王昌龄的《闺怨》、李白的《子夜吴歌·秋歌》、陈玉兰的《寄夫》、朱庆余的《宫词》等。古代也有一些诗人借闺中（宫中）怨之口感叹个人身世，讽喻得不到朝廷当政者的赏识重用，或受到冷遇排挤，无法施展才能抱负等。如章碣的《东都望幸》、崔国辅的《怨词二首》、杜荀鹤的《春宫怨》、秦韬玉的《贫女》等。

四、咏史诗

作者在凭吊历史名胜古迹，阅读历史书籍，钩沉、思考历史事件时产生思想感情与独特见解而创作的诗歌。如杜甫的《咏怀古迹五首》、刘禹锡的《西塞山怀古》、温庭筠的《经五丈原》、章碣的《焚书坑》、杜牧的《赤壁》、皮日休的《汴河怀古》、郑畋的《马嵬坡》、王安石的《明妃曲二首》、王举之的《读史有感》等。许多诗人常常通过咏史来慨叹现实，抒发情感，辟析道理，乃至借古喻今。也有部分诗人借咏史题材，从与前人不同的角度来看待某个历史事件，推翻前人的一般认识，抒发个人独特的感受。

五、悼亡诗

表达作者对亡故的亲友以及名人先贤的怀念之情的诗歌。如《诗经》中的《小雅·蓼莪》、元稹的《遣悲怀三首》、李商隐的《哭刘司户蕡》、梅尧臣的《悼亡三首》、苏轼的《江城子》（十年生死两茫茫）、纳兰性德的《南乡子》（为亡妇题照）、孙中山的《挽刘道一》等。

六、送别诗

表达亲人、友人分离时的离别之情的诗歌。如孟浩然的《留别王维》、王昌龄的《芙蓉楼送辛渐》、李白的《赠汪伦》《金陵酒肆留别》、高适的《别董大》、柳永的《雨霖铃》、关汉卿的《长亭送别》等,表达了对友人、亲人及恋人的感情。

七、思念诗

作者思念家乡,思念家人、友人、故人、情人,回忆往事等的诗歌。如《古诗十九首》(其一)、王维的《九月九日忆山东兄弟》、陆游的《沈园二首》、李觏的《乡思》、杨万里的《春晴怀故园海棠二首》等。

八、咏人物诗

作者通过表现人物特征或境遇来表达思想感情。如李白的《赠孟浩然》赞颂孟浩然的风流儒雅,轩昂飘逸;杜甫的《饮中八仙歌》刻画了八位嗜酒文人的生动形象;陈子龙的《秦淮八艳题咏》记述、咏叹了"秦淮八艳"在明末清初动荡时代的个人命运等。

九、咏物诗

作者借所咏之物的特性来抒发、表达个人的思想感情的诗歌。如屈原的《橘颂》"受命不迁,生南国兮。深固难徙,更壹志兮",王维的《相思》"红豆生南国,春来发几枝?愿君多采撷,此物最相思",以及罗隐的《蜂》、李纲的《病牛》、于谦的《石灰吟》《咏煤炭》等。

十、纪事诗

作者通过叙述及议论历史或现实事件抒发个人思想感情的诗歌。如蔡琰的《悲愤诗》、曹操的《薤露》《蒿里行》、杜甫的《北征》、李贺的《金铜仙人辞汉歌》、魏源的《寰海十章》等。

十一、咏怀诗

作者为表达因某件事情引起的思想情绪,有感而作的诗歌。如王梵志

的《吾富有钱时》、王维的《秋夜独坐》、李白的《行路难》、罗隐的《自遣》、薛论道的【双调·水仙子】《愤世》、黄仲则的《感旧四首》等。

十二、赠答唱和诗

友人之间相互赠答酬唱，以及文人之间交流感情或思想认识的诗歌。如杜甫的《赠李白》、刘禹锡的《酬乐天扬州初逢席上见赠》、贾岛的《寄韩潮州愈》、欧阳修的《戏答元珍》《春日西湖寄谢法曹歌》等。有的诗步别人的原韵，有的诗只是在内容上酬唱。

十三、讽喻诗

对世态、事件或人性从正面或侧面给予评判的诗歌。其美刺作用体现在对社会、对政治的强烈正义感和责任感。如《诗经·伐檀》、杜牧的《过华清宫绝句三首其一》、白居易的《长恨歌》、刘禹锡的《玄都观桃花》、李绅的《悯农》、聂夷中的《伤田家》、李商隐的《贾生》、梅尧臣的《陶者》、唐寅的《秋扇》、李开先的《一笑散》等。

十四、励志诗

诗人通过对某种事物、事件的形象或抽象的描述，激励读者奋发作为的诗歌。如汉乐府的《长歌行》（青青园中葵）、颜真卿的《劝学》、黄檗禅师的《上堂开示颂》、朱熹的《偶成》、文天祥的《正气歌》、钱鹤滩的《明日歌》等。

十五、行旅诗

诗人根据行旅途中所见所闻、所思所想创作出的抒发感情的诗歌。如李白的《渡荆门送别》、岑参的《碛中作》、张继的《枫桥夜泊》、叶映榴的《榆次道中》、梁启超的《太平洋遇雨》等。

还有一种不属于按题材分类而是根据用途所定义的干谒诗。唐代诗歌兴盛，一些文人为了求得进身的机会，往往含蓄地写一些诗，向官员名士呈献，展示自己的才华与抱负，以求引荐。如孟浩然的《望洞庭湖赠张丞相》、白居易的《赋得古原草送别》等。白居易有一诗《见尹公亮新诗，偶赠绝句》："袖里新诗十首余，吟看句句是琼琚。如何持此将干谒，不及公卿一字书"，就是论及干谒诗的。

此外还有游仙诗、赞颂诗、郊庙诗、公宴诗等。

第三节 古典诗歌题材的运用

与所有文学作品相同,古典诗歌作品反映出作者与所选择题材的特定关系。选择什么样的题材、产生怎样的感想,反映出作者的价值观。作者对题材的选择与处理,关系到作品的生命和价值,同样也关系到读者的好恶与评判。同样的题材,作者的立意不同,感受和见解也会大相径庭。一般来说,反映的题材越重大或越接近人性深处,感受见解越独到、创新、深刻,越能够得到较高程度的评价。

一、政治题材

诗人对国家民族命运、民生疾苦、战争、灾荒等题材的叙述、感想与评价。如王粲的《七哀诗》、杜甫的《北征》《自京赴奉先县咏怀五百字》、龚自珍的《己亥杂诗其一百二十三》、秋瑾的《感愤》等。清代诗人赵翼有诗云:"国家不幸诗家幸,赋到沧桑句便工。"是说国家遭遇危难、飘摇不定,诗人才会有素材,所谓"诗穷而后工"、愤怒出诗人。亦即文人所处的时代磨难较多,人民生活灾难深重,作品就会因感情饱满、真挚而感人。

二、历史题材

诗人对重大历史事件、重要历史人物的个人命运、生活的感想与评价。如白居易的《长恨歌》、章碣的《焚书坑》、苏轼的《念奴娇·赤壁怀古》、王安石的《明妃曲二首》等。

三、大众生活、命运题材

反映社会底层人民生活命运,以及市井生活等内容的。如《小雅·何草不黄》、王粲的《七哀诗》、乐府诗《十五从军征》、杜甫的"三吏""三别"、白居易的《秦中吟》、范成大的《四时田园杂兴》等。

四、个人生活、命运题材

诗人对贵族、统治阶级生活场景的描绘及思想感情的抒发,对知识分子个人命运、官场仕途遭遇,以及对劳动人民生活苦难的同情悲悯等。如杜甫的《醉时歌》、白居易的《卖炭翁》、李煜的《破阵子》、马柳泉的《卖子叹》等。也可以小见大,从个人生活感受联想到国家或大众的命运,如杜荀鹤的《山中寡妇》等。

五、个人思想感情题材

抒发对爱情、亲情、友情的思想感受。如《古诗十九首》、王维的《九月九日忆山东兄弟》、元稹的《离思》、杨万里的《伤春》等。

第十二章　古代部分诗歌评论著作

伴随着我国古代诗歌发展的过程,从南北朝开始,一些诗歌评论的理论著作逐步问世,其中一些重要概念和观点及创作思想方法,对历代诗人的诗歌创作产生了重要影响,促进了诗歌的发展与质量的提高。这些专著文辞华采,论点精要,切中肯綮,对读者学习鉴赏古典诗歌,创作旧体诗大有裨益。这里列举部分作品简单加以介绍。

一、南朝梁代钟嵘的《诗品》

南朝梁代钟嵘的《诗品》是我国最早的一部诗歌评论专著。作者系统地评论了汉魏到南朝120多位诗人及其作品,以"风骨"和"丹采"(文采)为标准,按照上、中、下三品评价诗歌的价值、特色及优缺点。主张写诗应以明朗刚健为基干,润之以华美辞藻,以此建立起自己的审美和评价体系。如评价曹植"骨气奇高,词采华茂",为上品;对于曹操和陶潜则认为其诗歌文采不足,评为中品。在思想内容方面,重视阮籍、左思批判现实的作品;在风格方面,重视诗歌表现哀怨之情;在艺术方面,肯定赋、比、兴的表现方法。

二、中唐时期诗僧皎然的《诗式》

所谓式,就是法式、准则的意思,皎然的写作目的就是要"有益于诗教"。他强调真情性是诗教的基础以及在诗歌创作中艺术思维活动的重要性,同时肯定"复古通变"的意义。在艺术方法和风格上,认为应因象立意,在意象构成上,应以真情性取境立意。特别是其运用禅宗的哲学思想阐发诗歌创作规律,对以后以禅喻诗有很大影响。

三、晚唐司空图的《二十四诗品》

作者着眼于诗歌创作规律和艺术美学的探索,形象地概括了多种艺术表现形式与创作风格,提倡诗歌创作风格中的个性与艺术形象的多样性,强调通过艺术手段来进行各种意境创造的必要性,对后代诗人具有重要的启发作用。

四、宋代张戒的《岁寒堂诗话》

作者对有关诗歌创作规律的一系列重要问题提出自己的观点,对一些诗人及作品做出具体的分析评论,具有较大的理论价值。提出"咏物之为工,言志之为本也",即诗歌以言志为主,咏物服务于言志。更重要的是诗歌要有效地表现作者的情志,给予读者更多的审美感受,而不限于方式。提出"以意胜""以味胜""以韵胜""以气胜"的思想,提倡诗贵在"不迫不露",反对"词意浅露,略无余蕴"。

五、宋代严羽的《沧浪诗话》

宋代严羽的《沧浪诗话》是系统论述诗歌创作艺术特点和规律的著作,是对我国宋以后历代诗歌发展最有影响的诗话专著。作者提出"以识为主",提倡师古学古,把汉魏、盛唐当作学习的"正路"典范。以禅喻诗,重在妙悟。对汉魏盛唐诗歌要"熟参",有"透彻之悟",深刻理解汉魏盛唐的气象不凡、兴趣超诣之处。提出诗歌要有意境、诗味,使读者感到意味无穷,就必须通过生动具体的艺术形象来展现,因而在创作中不能脱离形象思维。提出"夫诗有别材,非关书(学)也;诗有别趣,非关理也"的观点,即作品的优劣成败,不是必须与读书用典相关,而是当以情感人,以形象、意境为主要特征,才有诗味趣味。"诗者,吟咏情性"是诗歌的本质。提出"入神"是诗歌的最高标准,"诗而入神,至矣、尽矣,蔑以加矣",抒情写物达到神妙境界,"言有尽而意无穷"。

六、金人元好问的《论诗绝句》

元好问有《论诗绝句》30首,纵论古今诗人与流派,受到后人赞誉。他提出诗要抒发真情实感,而真情实感来源于诗人的阅历见闻。强调诗要有真情,心诚而言。肯定陶潜"一语天然万古新,豪华落尽见真淳"。在风格上提倡刚健雄壮,反对柔弱纤丽。称颂曹植、刘桢为代表的"建安"风骨,"曹刘坐啸虎生风,四海无人角两雄"。赞扬《敕勒歌》"慷慨歌谣绝不传,穹庐一曲本

天然"。受其影响,清代的赵翼、翁方纲、龚自珍等都有许多观点鲜明和具有真知灼见的论诗绝句。

七、胡应麟的《诗薮》

《诗薮》的核心主张是"格调"。认为诗体格调随时代而降,因而格调应以高古为上。认为严羽的"悟"与李梦阳的"法"是"千古词场大关键",二者不可偏废。诗歌创作中"体格声调"是最基本的要求,"兴象风神"是由"法"而"悟"的结果。提出"神韵"的概念,称"登临、燕集、寄忆、赠送,惟以神韵为主"。称"古人之作,往往神韵超然,绝去斧凿",盛唐诗歌"气象浑成,神韵轩举"。

八、清初王夫之的《薑斋诗话》

《薑斋诗话》论述诗歌创作和鉴赏中的情景关系,认为情与景"虽有在心在物之分",但"名为二,而实不可离",互相转换,呈现"景生情、情生景""情中景、景中情"的现象,"故曰景者情之景,情者景之情也"。上一联景中有情,下一联情中有景,可以增加审美效果。王夫之认为好景是关键,"不能作景语,又何能作情语耶?"王夫之重视"意"在诗歌创作中的统帅作用,诗歌"以意为主""意犹帅也",主张诗"意"应表现得自然含蓄、虚实相间,达到"含情而能达,会景而生心,体物而得神"的境界。王夫之强调诗歌的抒情性而排斥叙事性,认为杜甫的《石壕吏》一类诗歌"终觉于史有余,于诗不足",未免偏颇。

九、清初叶燮的《原诗》

清初叶燮的《原诗》是一部阐述诗歌基本原理、创作规律和发展变化的理论专著,提出"感触起兴"的美学原则。诗人要通过创作来积极干预生活。强调诗歌文学的新变,提出"因时递变",今胜于古的发展观,这是诗歌的生命力所在。提出诗歌创作态度、基本要素和客观条件,即"理、事、情",认为创作的主观条件是"才、胆识、力"。他提出以"讥弹"作为一把客观评价的标尺,不能"以人为断",不能因为是古人、名人、权威,就不敢批评或搞双重标准,"截然为二"。尤其是他最早提出形象思维的概念,"泯端倪而离形象,绝

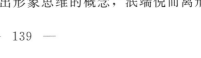

议论而穷思维",把形象与思维结合起来讨论,比别林斯基要早约200年。

十、清末王国维的《人间词话》

《人间词话》核心部分就是"境界"一说,提出"词以境界为最上,有境界则自成高格,自有名句"。境界包括"有我之境"与"无我之境""有造境,有写境,此理想与写实二派之所由分"。此外,他还提出"诗人之境界""常人之境界"与"客观之诗人""主观之诗人"的概念,对诗歌创作这一复杂现象,通过清晰的概念和高度的思辨性加以分析。

诗选篇

每一首诗歌都经过严格筛选,力求体现民族文化瑰宝的风貌,满足读者多方面的需求。

早期诗歌

《击壤歌》

日出而作,日入而息。凿井而饮,耕田而食。帝力于我何有哉!

【注】 相传这是远古先民赞美自由美好生活的歌谣。

《八伯歌》

明明上天,灿然星陈。日月光华,弘于一人。

【注】 相传这是先民赞美圣人高尚品德所作的歌谣。

《南风歌》

南风之薰兮,可以解吾民之愠兮。
南风之时兮,可以阜吾民之财兮。

【注】 相传这首歌是舜帝祈盼风调雨顺时所唱的。

《麦秀歌》

麦秀渐渐兮,禾黍油油。彼狡童兮,不与我好兮。

【注】 相传这是商纣王叔父箕子到周国时慨愤而作的诗。

《采薇歌》

登彼西山兮,采其薇矣。以暴易暴兮,不知其非矣。
神农虞夏,忽焉没兮。吾适安归矣,吁嗟徂兮。命之衰矣!

【注】 传说这是品德高尚的殷朝孤竹国贵族伯夷、叔齐饿死前所作的歌。伯夷、叔齐是孤竹国君亚微的两个儿子。父死,伯夷和三弟叔齐在继承君位一事上互相谦让并逃离。后天下宗周,伯夷、叔齐耻食周粟,采薇充食,终饿死于首阳山。

诗 选 篇

《孺子歌》

沧浪之水清兮,可以濯我缨;沧浪之水浊兮,可以濯我足。

【注】《孟子·离娄》中记载孔子在水边听到儿童唱的这首歌。

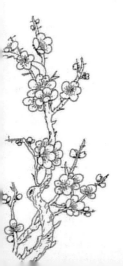

《诗经》

《周南·关雎》

关关雎鸠,在河之洲。窈窕淑女,君子好逑。
参差荇菜,左右流之。窈窕淑女,寤寐求之。
求之不得,寤寐思服。悠哉悠哉,辗转反侧。
参差荇菜,左右采之。窈窕淑女,琴瑟友之。
参差荇菜,左右芼之。窈窕淑女,钟鼓乐之。

【注】 这是一首相思恋歌,表现男子对所爱女子的热烈期望。荇(xìng)菜,一种水草。流之,在水中摆动。芼(mào),拔取。

《周南·芣苢》

采采芣苢,薄言采之。采采芣苢,薄言有之。
采采芣苢,薄言掇之。采采芣苢,薄言捋之。
采采芣苢,薄言袺之。采采芣苢,薄言襭之。

【注】 这是一首妇女集体采摘植物时合唱的歌,形象生动,节奏欢快。芣苢(fúyǐ),车前子草。薄,语助词。掇(duō),拾起来。捋(luō),摘取。袺(jié),手持衣角兜着。襭(xié),在腰带以上的襟怀里兜着。

《周南·桃夭》

桃之夭夭,灼灼其华。之子于归,宜其室家。
桃之夭夭,有蕡其实。之子于归,宜其家室。
桃之夭夭,其叶蓁蓁。之子于归,宜其家人。

【注】 这是一首为女子出嫁所作的祝词。夭夭,生机勃勃。灼灼(zhuózhuó),鲜艳。蕡(fén),果实累累。蓁蓁(zhēnzhēn),茂盛。

诗 选 篇

《鄘风·相鼠》

相鼠有皮,人而无仪。人而无仪,不死何为!
相鼠有齿,人而无止。人而无止,不死何俟!
相鼠有体,人而无礼。人而无礼,胡不遄死!

【注】 这首诗讽刺周代卫国统治者行为的卑鄙无耻。遄(chuán),速度快。

《魏风·伐檀》

坎坎伐檀兮,置之河之干兮。河水清且涟猗。
不稼不穑,胡取禾三百廛兮? 不狩不猎,胡瞻尔庭有县貆兮?
彼君子兮,不素餐兮!
坎坎伐辐兮,置之河之侧兮。河水清且直猗。
不稼不穑,胡取禾三百亿兮? 不狩不猎,胡瞻尔庭有县特兮?
彼君子兮,不素食兮!
坎坎伐轮兮,置之河之漘兮。河水清且沦猗。
不稼不穑,胡取禾三百囷兮? 不狩不猎,胡瞻尔庭有县鹑兮?
彼君子兮,不素飧兮!

【注】 这是一首奴隶们伐木造车劳动时所唱的歌,通过对奴隶主的讽刺,表达了劳动者与剥削者的对立情绪。廛(chán),古代一户平民所住的房屋,这里延伸指一户平民一年的税收,"三百"言其多。县,通"悬",悬挂。漘(chún),水边。囷(qūn),谷仓。

《卫风·木瓜》

投我以木瓜,报之以琼琚。匪报也,永以为好也。
投我以木桃,报之以琼瑶。匪报也,永以为好也。
投我以木李,报之以琼玖。匪报也,永以为好也。

【注】 这是一首男女互赠定情物的诗。

《郑风·野有蔓草》

野有蔓草,零露漙兮。有美一人,清扬婉兮。

《诗经》

邂逅相遇,适我愿兮。野有蔓草,零露瀼瀼。

有美一人,婉如清扬。邂逅相遇,与子偕臧。

【注】 这是一首情诗。漙(tuán),露水结成水珠。瀼瀼(ráng ráng),露水多的意思。臧,相爱。

《郑风·风雨》

风雨凄凄,鸡鸣喈喈。既见君子,云胡不夷?

风雨潇潇,鸡鸣胶胶。既见君子,云胡不瘳?

风雨如晦,鸡鸣不已。既见君子,云胡不喜?

【注】 这首诗写妻子在风雨天见到久别丈夫时的喜悦心情。瘳(chōu),愈,病好的意思。

《郑风·子衿》

青青子衿,悠悠我心。纵我不往,子宁不嗣音?

青青子佩,悠悠我思。纵我不往,子宁不来?

挑兮达兮,在城阙兮。一日不见,如三月兮!

【注】 这是一首表现姑娘与情人约会久等情人不来时心情急迫的诗。嗣,继续。嗣音,继续有音讯、保持联系的意思。挑兮达兮,独自急迫地来回走动,表现心情不安。

《曹风·下泉》

冽彼下泉,浸彼苞稂。忾我寤叹,念彼周京。

冽彼下泉,浸彼苞萧。忾我寤叹,念彼京周。

冽彼下泉,浸彼苞蓍。忾我寤叹,念彼京师。

芃芃黍苗,阴雨膏之。四国有王,郇伯劳之。

【注】 这首诗用植物受到地下寒水的浸蚀,慨叹小国受到大国的侵害,却得不到周王室的保护,以此感伤周王朝的没落。苞稂(láng)、苞萧、苞蓍(shī),都表示庄稼和其他草本植物。芃芃(péng péng),茂盛的样子。郇(xún),姬姓,代指周王室。

诗 选 篇

《邶风·凯风》

凯风自南,吹彼棘心。棘心夭夭,母氏劬劳。
凯风自南,吹彼棘薪。母氏圣善,我无令人。
爰有寒泉,在浚之下。有子七人,母氏劳苦。
睍睆黄鸟,载好其音。有子七人,莫慰母心。

【注】 这是一首儿子们悼念亡母的诗。棘,酸枣树。棘心,喻孩子们如同初生的嫩棘树。劬(qú)劳,劳苦。寒泉,指黄泉。浚(xùn),河南浚县。睍睆(xiànhuǎn),黄莺的叫声。

《邶风·燕燕》

燕燕于飞,差池其羽。之子于归,远送于野。
瞻望弗及,泣涕如雨。燕燕于飞,颉之颃之。
之子于归,远于将之。瞻望弗及,伫立以泣。
燕燕于飞,下上其音。之子于归,远送于南。
瞻望弗及,实劳我心。仲氏任只,其心塞渊。
终温且惠,淑慎其身。先君之思,以勖寡人。

【注】 这首诗是卫君送妹妹出嫁时,表达兄妹手足之情所作的。颉(xié)、颃(háng),向上飞为颉,向下飞为颃。燕子上下飞动盘旋,是不愿飞走,象征着惜别。勖(xù),勉励。

《邶风·击鼓》

击鼓其镗,踊跃用兵。土国城漕,我独南行。
从孙子仲,平陈与宋。不我以归,忧心有忡。
爰居爰处,爰丧其马。于以求之,于林之下。
死生契阔,与子成说。执子之手,与子偕老。
于嗟阔兮,不我活兮。于嗟洵兮,不我信兮。

【注】 这是一首长期征战的士兵叙述军旅生活、思念亲人的诗。镗(táng),击鼓声。爰居爰处,爰,于是,居与处都是停下的意思。契阔,契是团聚,阔是离别。与子成说,子是指妻子,成说是盟誓的意思。洵(xún),久远。

《邶风·静女》

静女其姝,俟我于城隅。爱而不见,搔首踟蹰。

静女其娈,贻我彤管。彤管有炜,说怿女美。

自牧归荑,洵美且异。匪女之为美,美人之贻。

【注】 这是一首描写情人约会情景的诗。娈(luán),娇美。炜(wěi),光彩。说怿(yuèyì),喜爱。归荑,归,借作馈。荑,细嫩的茅草。洵(xún),的确。匪,通非。女,通汝。

《秦风·无衣》

岂曰无衣?与子同袍。王于兴师,修我戈矛,与子同仇。

岂曰无衣?与子同泽。王于兴师,修我矛戟,与子偕作。

岂曰无衣?与子同裳。王于兴师,修我甲兵,与子偕行。

【注】 这是一首军歌,表达了士兵之间的友爱协作和士兵慷慨激昂的战斗热情。

《秦风·黄鸟》

交交黄鸟止于棘,谁从穆公?子车奄息。

维此奄息,百夫之特。临其穴,惴惴其慄。

彼苍者天,歼我良人! 如可赎兮,人百其身。

交交黄鸟止于桑,谁从穆公?子车仲行。

维此仲行,百夫之防。临其穴,惴惴其慄。

彼苍者天,歼我良人! 如可赎兮,人百其身。

交交黄鸟止于楚,谁从穆公?子车针虎。

维此针虎,百夫之御。临其穴,惴惴其慄。

彼苍者天,歼我良人! 如可赎兮,人百其身。

【注】 这是一首写给为秦穆公殉葬的子车氏奄息、仲行、针虎三兄弟的挽歌。百夫之特,抵得上一百人;以下百夫之防、百夫之御意皆相同。惴惴其慄,恐惧颤抖的样子。

诗 选 篇

《秦风·蒹葭》

蒹葭苍苍,白露为霜。所谓伊人,在水一方。
溯洄从之,道阻且长;溯游从之,宛在水中央。
蒹葭萋萋,白露未晞。所谓伊人,在水之湄。
溯洄从之,道阻且跻;溯游从之,宛在水中坻。
蒹葭采采,白露未已。所谓伊人,在水之涘。
溯洄从之,道阻且右;溯游从之,宛在水中沚。

【注】 这是一首表现因怀念恋人而心情惆怅的诗。蒹葭(jiānjiā),没有长成的芦苇。溯(sù),从岸边向上游走。洄(huí),曲折的水路。湄(méi),岸边。坻(chí),水中的小块陆地。涘(sì),水边。沚(zhǐ),同坻。

《王风·采葛》

彼采葛兮,一日不见,如三月兮!
彼采萧兮,一日不见,如三秋兮!
彼采艾兮,一日不见,如三岁兮!

【注】 这是一首思念情人的诗。

《王风·黍离》

彼黍离离,彼稷之苗。行迈靡靡,中心摇摇。
知我者,谓我心忧;不知我者,谓我何求?
悠悠苍天,此何人哉!
彼黍离离,彼稷之穗。行迈靡靡,中心如醉。
知我者,谓我心忧;不知我者,谓我何求?
悠悠苍天,此何人哉!
彼黍离离,彼稷之实。行迈靡靡,中心如噎。
知我者,谓我心忧;不知我者,谓我何求?
悠悠苍天,此何人哉!

【注】 这是一首慨叹西周王朝衰落的诗。离离,成行成片。行迈靡靡,行动迟缓。

《诗经》

《王风·君子于役》

君子于役,不知其期。曷至哉？鸡栖于埘。
日之夕矣,羊牛下来。君子于役,如之何勿思？
君子于役,不日不月。曷其有佸？鸡栖于桀。
日之夕矣,羊牛下括。君子于役,苟无饥渴？

【注】 这是一首妻子怀念长期服役未归丈夫的诗。曷(hé),何。埘(shí),土墙洞。有,又。佸(huó),相会。桀(jié),木桩。括,同佸,指牛羊聚在一起。

《小雅·蓼莪》

蓼蓼者莪,匪莪伊蒿。哀哀父母,生我劬劳！
蓼蓼者莪,匪莪伊蔚。哀哀父母,生我劳瘁！
瓶之罄矣,维罍之耻。鲜民之生,不如死之久矣！
无父何怙,无母何恃！出则衔恤,入则靡至。
父兮生我,母兮鞠我。拊我畜我,长我育我；
顾我复我,出入腹我。欲报之德,昊天罔极！
南山烈烈,飘风发发。民莫不谷,我独何害！
南山律律,飘风弗弗。民莫不谷,我独不卒！

【注】 这是一首儿子悼念父母的诗。蓼蓼(lùlù),长大的样子。莪(é)、蒿、蔚都是植物。瓶、罍都是盛水的容器。瓶喻父母,罍喻儿子,瓶从罍中汲水。瓶中空了,无水可汲,比喻儿子无以赡养父母是一种耻辱。怙、恃,都是依靠。衔恤,含忧。靡至,无所归。昊天罔极,父母的恩德如天大,报答不完。谷,善良。我独何害,我何以遭此不幸？卒,终的意思。我独不卒,我何以不能终养父母？

《小雅·伐木》

伐木丁丁,鸟鸣嘤嘤。出自幽谷,迁于乔木。
嘤其鸣矣,求其友声。相彼鸟矣,犹求友声。
矧伊人矣,不求友生？神之听之,终和且平。

伐木许许,酾酒有藇!既有肥羜,以速诸父。
宁适不来,微我弗顾。于粲洒扫,陈馈八簋。
既有肥牡,以速诸舅。宁适不来,微我有咎。
伐木于阪,酾酒有衍。笾豆有践,兄弟无远。
民之失德,乾餱以愆。有酒湑我,无酒酤我。
坎坎鼓我,蹲蹲舞我。迨我暇矣,饮此湑矣。

【注】 这是一首宴请亲友的民间乐歌。矧(shěn),况且。许许(hǔhǔ),把树挖空时的声音。酾(shī),过滤酒。藇(xù),美的样子。羜(zhù),羊羔。於(wū),赞叹声。粲(càn),鲜明、洁净的意思。簋(guǐ),盛粮食、食物等的器具。阪(bǎn),斜坡。衍,盛满。笾(biān),装食物的竹制器具。乾餱(hóu),粗劣的干粮。湑(xiǔ),过滤酒。酤(gū),一种熟酒。砍砍,击鼓声。蹲蹲(cúncún),起舞的样子。

《小雅·鹤鸣》

鹤鸣于九皋,声闻于野。鱼潜在渊,或在于渚。
乐彼之园,爰有树檀,其下维萚。他山之石,可以为错。
鹤鸣于九皋,声闻于天。鱼在于渚,或潜在渊。
乐彼之园,爰有树檀,其下维榖。他山之石,可以攻玉。

【注】 这是一首以自然界现象联想到社会生活的诗。皋,沼泽。爰,何处。萚(tuò),枯落的枝叶。榖(gǔ),楮树。

《小雅·鹿鸣》

呦呦鹿鸣,食野之苹。我有嘉宾,鼓瑟吹笙。
吹笙鼓簧,承筐是将。人之好我,示我周行。
呦呦鹿鸣,食野之蒿。我有嘉宾,德音孔昭。
视民不恌,君子是则是效。我有旨酒,嘉宾式燕以敖。
呦呦鹿鸣,食野之芩。我有嘉宾,鼓瑟鼓琴。
鼓瑟鼓琴,和乐且湛。我有旨酒,以燕乐嘉宾之心。

【注】 这是一首宴会上唱的乐歌。恌(tiāo),借作佻,轻薄。式燕以敖,整句是说嘉宾庄重从容。式,助词;燕,安,意指庄重;敖,遨游,意指行为动

作。湛(dān),喜乐。

《小雅·北山》

陟彼北山,言采其杞。偕偕士子,朝夕从事。
王事靡盬,忧我父母。普天之下,莫非王土。
率土之滨,莫非王臣。大夫不均,我从事独贤。
四牡彭彭,王事傍傍。嘉我未老,鲜我方将。
旅力方刚,经营四方。或燕燕居息,或尽瘁事国。
或息偃在床,或不已于行。或不知叫号,或惨惨劬劳。
或栖迟偃仰,或王事鞅掌。或湛乐饮酒,或惨惨畏咎。
或出入风议,或靡事不为。

【注】 这是一首反映西周末年统治阶级内部矛盾的诗。陟(zhì),登高。靡,没有。盬(gǔ),止息。鞅掌,烦劳不堪的样子。

《小雅·何草不黄》

何草不黄!何日不行!何人不将!经营四方。
何草不玄!何人不矜!哀我征夫,独为匪民!
匪兕匪虎,率彼旷野!哀我征夫,朝夕不暇!
有芃者狐,率彼幽草。有栈之车,行彼周道。

【注】 这是一首征夫控诉长期在外服役的诗。将,行走。经营,劳作。矜(jīn),危的意思,指活不下去了。有芃者狐,率彼幽草,整句意思是说:我们是人,怎么能像狐狸出没在荒草中? 芃,茂盛;率,出没。

骚体诗

❖ **屈原**（约公元前340—约公元前278年），名平，字原，又字灵均，战国时楚国诗人、政治家。早年任左徒、三闾大夫，兼管内政外交大事。主张对内举贤任能、修明法度，对外联齐抗秦。因遭朝廷内贵族排挤诽谤，被流放至汉北和沅湘流域。楚国郢都被秦军攻破后，自沉于汨罗江，以身殉楚国。屈原是中国历史上伟大的爱国诗人、浪漫主义文学的奠基人、"楚辞"的创立者，对后世诗歌产生了深远影响。

《离骚》

（节选一）

长太息而掩涕兮，哀民生之多艰。
余虽好修姱以鞿羁兮，謇朝谇而夕替。
既替余以蕙纕兮，又申之以揽茝。
亦余心之所善兮，虽九死其犹未悔！
怨灵修之浩荡兮，终不察夫民心。
众女嫉余之蛾眉兮，谣诼谓余以善淫。
固时俗之工巧兮，偭规矩而改错；
背绳墨以追曲兮，竞周容以为度。
忳郁邑余侘傺兮，吾独穷困乎此时也。
宁溘死以流亡兮，余不忍为此态也！

（节选二）

朝发轫于苍梧兮，夕余至乎县圃。
欲少留此灵琐兮，日忽忽其将暮。
吾令羲和弭节兮，望崦嵫而勿迫。

路漫漫其修远兮,吾将上下而求索。

【注】 这两段诗表现了作者善良、峻洁的精神品格与对高尚理想的不懈追求。虽,是"唯"的借用字。修姱(kuā),德行的美好。羁羁(jījī),马络头,这里比喻对自己的约束。謇(jiǎn),正直。谇(suì),责骂。替,废弃、换掉。蕙纕(huìxiāng),佩饰。茝(chǎi),香草。谣诼(zhuó),造谣诽谤。偭(miǎn),违背。忳(tūn),忧愁。侘傺(chàchì),怅然而立,失意的样子。溘(kè),忽然。轫(rèn),停车用的木块,发轫,起动车辆,启程。苍梧,即九嶷山,在湖南省南部。县,同悬,县圃,即悬圃,神话中的神仙居住的地方,在昆仑山内。琐,门上雕刻的花纹,灵琐指神仙住所的门。羲和,神话中太阳神的车夫。弭(mǐ),停止。节,车速。弭节,指停车。崦嵫(yānzī),神话中的山名,在太阳落山的地方。

《九歌·国殇》

操吴戈兮被犀甲,车错毂兮短兵接。
旌蔽日兮敌若云,矢交坠兮士争先。
凌余阵兮躐余行,左骖殪兮右刃伤。
霾两轮兮絷四马,援玉枹兮击鸣鼓。
天时坠兮威灵怒,严杀尽兮弃原野。
出不入兮往不反,平原忽兮路超远。
带长剑兮挟秦弓,首身离兮心不惩。
诚既勇兮又以武,终刚强兮不可凌。
身既死兮神以灵,子魂魄兮为鬼雄!

【注】 这是一首歌颂为国捐躯英雄的祭歌。躐(liè),践踏。殪(yì),死。霾(mái),通埋,深陷的意思。絷(zhí),绊住。

《九章·橘颂》

后皇嘉树,橘徕服兮。受命不迁,生南国兮。
深固难徙,更壹志兮。绿叶素荣,纷其可喜兮。
曾枝剡棘,园果抟兮。青黄杂糅,文章烂兮。

诗选篇

　　精色内白,类可任兮。纷缊宜修,姱而不丑兮。
　　嗟尔幼志,有以异兮。独立不迁,岂不可喜兮。
　　深固难徙,廓其无求兮。苏世独立,横而不流兮。
　　闭心自慎,终不失过兮。秉德无私,参天地兮。
　　愿岁并谢,与长友兮。淑离不淫,梗其有理兮。
　　年岁虽少,可师长兮。行比伯夷,置以为像兮。

【注】　这首诗通过咏叹橘的生长特点来表现作者在人格方面的追求。剡(yǎn),棘,尖利的刺。抟(tuán),圆圆的。糅(róu),橘子将成熟时的颜色。姱(kuā),美。廓,空阔广大,指心胸开阔。淑,品德善良。离,通丽。梗,梗直。

《九章·涉江》(节选)

　　余幼好此奇服兮,年既老而不衰。
　　带长铗之陆离兮,冠切云之崔嵬。
　　被明月兮珮宝璐,世溷浊而莫余知兮,吾方高驰而不顾。
　　驾青虬兮骖白螭,吾与重华游兮瑶之圃。
　　登昆仑兮食玉英,与天地兮同寿,与日月兮同光。
　　哀南夷之莫吾知兮,且余济乎江湘。

【注】　这首诗是作者晚年在江南流放时所作,表达了不与腐朽统治者妥协的高傲精神。衰,减弱。被,同"披"。溷(hùn)浊,混乱污浊。虬,一种传说中的龙。骖(cān),车前面两侧的马。螭(chī),另一种传说中的龙。重华,舜帝的名字。瑶之圃,传说昆仑山上盛产美玉的地方。玉英,传说中玉的花朵。南夷,南方未开化的落后地区。济,渡过的意思。

❖ 佚名

《渡易水歌》

　　风萧萧兮易水寒,壮士一去兮不复还。

【注】　这是《史记》中记载的燕国刺客荆轲赴秦国刺杀秦王嬴政,渡易

156

水河时表达慷慨悲壮心境所唱的歌词。

❖ **项羽**(前232—前202),名籍,字羽,泗水下相(今江苏宿迁)人。楚国贵族后代,秦朝末年起兵攻击秦军主力并灭秦,称西楚霸王。后与汉王刘邦争夺天下,兵败自刎于乌江。

《垓下歌》

力拔山兮气盖世,时不利兮骓不逝。
骓不逝兮可奈何?虞兮虞兮奈若何!

【注】 这是作者兵败垓下自杀前所唱的歌词。骓,骏马。虞,作者的妻子虞姬。

❖ **刘邦**(前256或前247—前195),即汉高祖,字季,沛郡丰邑(今江苏丰县)人,中国历史上杰出的政治家,汉朝开国皇帝,对中华民族的发展以及中国的统一有突出贡献。

《大风歌》

大风起兮云飞扬,威加海内兮归故乡,安得猛士兮守四方。

【注】 这是作者安定天下后回到故乡时所作的歌词。

❖ **刘彻**(前156—前87),汉武帝,字彘,汉民族和汉文化的伟大开拓者之一,中国历史上杰出的政治家、文学家,其雄才大略、文治武功使汉朝成为当时世界上最强大的国家。

《秋风辞》

秋风起兮白云飞,草木黄落兮雁南归。
兰有秀兮菊有芳,怀佳人兮不能忘。
泛楼船兮济汾河,横中流兮扬素波。
箫鼓鸣兮发棹歌,欢乐极兮哀情多。

诗 选 篇

少壮几时兮奈老何？

【注】 这是作者东巡时与群臣饮宴时所作的歌词。汎(fàn)，通浮。汎楼船，建有楼的大船。

❖蔡琰(177？—239？)，字文姬，蔡邕之女，博学多才，精通音律。汉末连年战争，已降汉的南匈奴左贤王将孀居的蔡琰掳去为妻，12年后曹操以重金赎回。其《悲愤诗》和《胡笳十八拍》是我国最早的自传体诗歌，生动真实地反映了战争给人民带来的深重灾难。

《胡笳十八拍》(节选六拍)

我生之初尚无为，我生之后汉祚衰。天不仁兮降乱离，地不仁兮使我逢此时。干戈日寻兮道路危，民卒流亡兮共哀悲。烟尘蔽野兮胡虏盛，志意乖兮节义亏。对殊俗兮非我宜，遭恶辱兮当告谁？笳一会兮琴一拍，心愤怨兮无人知。

戎羯逼我兮为室家，将我行兮向天涯。云山万重兮归路遐，疾风千里兮扬尘沙。人多暴猛兮如虺蛇，控弦被甲兮为骄奢。两拍张弦兮弦欲绝，志摧心折兮自悲嗟。

越汉国兮入胡城，亡家失身兮不如无生。毡裘为裳兮骨肉震惊，羯膻为味兮枉遏我情。鼙鼓喧兮从夜达明，胡风浩浩兮暗塞营。伤今感昔兮三拍成，衔悲畜恨兮何时平！

无日无夜兮不思我乡土，禀气含生兮莫过我最苦。天灾国乱兮人无主，唯我薄命兮没戎虏。殊俗心异兮身难处，嗜欲不同兮谁可语！寻思涉历兮多艰阻，四拍成兮益凄楚。

雁南征兮欲寄边声，雁北归兮为得汉音。雁飞高兮邈难寻，空断肠兮思愔愔。攒眉向月兮抚雅琴，五拍泠泠兮意弥深。

冰霜凛凛兮身苦寒，饥对肉酪兮不能餐。夜闻陇水兮声呜咽，朝见长城兮路杳漫。追思往日兮行李难，六拍悲来兮欲罢弹。

汉　　诗

❖ **苏武**(前140—前60),杜陵(今陕西西安)人,西汉杰出的外交家、民族英雄。武帝天汉元年出使匈奴被拘留。匈奴多次威胁利诱其投降不成,将他迁到北海边牧羊。留居匈奴十九年历尽艰辛,持节不屈,终于回到祖国。

《诗四首》

(其一)

骨肉缘枝叶,结交亦相因。四海皆兄弟,谁为行路人。
况我连枝树,与子同一身。昔为鸳与鸯,今为参与辰。
昔者常相近,邈若胡与秦。惟念当离别,恩情日以新。
鹿鸣思野草,可以喻嘉宾。我有一樽酒,欲以赠远人。
愿子留斟酌,叙此平生亲。

(其二)

结发为夫妻,恩爱两不疑。欢娱在今夕,燕婉及良时。
征夫怀远路,起视夜何其。参辰皆已没,去去从此辞。
行役在战场,相见未有期。握手一长叹,泪为生别滋。
努力爱春华,莫忘欢乐时。生当复来归,死当长相思。

(其三)

黄鹄一远别,千里顾徘徊。胡马失其群,思心常依依。
何况双飞龙,羽翼临当乖。幸有弦歌曲,可以喻中怀。
请为游子吟,泠泠一何悲。丝竹厉清声,慷慨有余哀。
长歌正激烈,中心怆以摧。欲展清商曲,念子不能归。
俛仰内伤心,泪下不可挥。愿为双黄鹄,送子俱远飞。

诗 选 篇

（其四）

烛烛晨明月，馥馥秋兰芳。芬馨良夜发，随风闻我堂。
征夫怀远路，游子恋故乡。寒冬十二月，晨起践严霜。
俯观江汉流，仰视浮云翔。良友远别离，各在天一方。
山海隔中州，相去悠且长。嘉会难再遇，欢乐殊未央。
愿君崇令德，随时爱景光。

【注】 此为作者出使匈奴前所作的诗，第一首别兄弟，第二首别妻子，第三、第四首别友人。燕婉，夫妻和爱之意。俛仰，俯视和仰视。馥馥（fùfù），香气很浓。

◆**李陵**（前134—前74），字少卿，陇西成纪（今甘肃秦安）人。西汉名将、文学家，飞将军李广长孙，与匈奴交战兵败投降。

《与苏武诗三首》

（其一）

良时不再至，离别在须臾。屏营衢路侧，执手野踟蹰。
仰视浮云驰，奄忽互相逾。风波一失所，各在天一隅。
长当从此别，且复立斯须。欲因晨风发，送子以贱躯。

（其二）

嘉会难再遇，三载为千秋。临河濯长缨，念子怅悠悠。
远望悲风至，对酒不能酬。行人怀往路，何以慰我愁？
独有盈觞酒，与子结绸缪。

（其三）

携手上河梁，游子暮何之？徘徊蹊路侧，恨恨不得辞。
行人难久留，各言长相思。安知非日月，弦望自有时。
努力崇明德，皓首以为期。

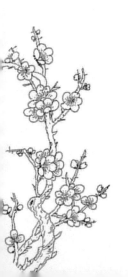

【注】 奄(yān),忽,忽然的意思。衢(qú),大路。屏营衢路侧,彷徨在大路旁。绸缪,紧密缠绕。蹊(xī),小路。恨恨,惆怅、伤感的意思。

❖**卓文君**,生卒年不详,原名文后,西汉时期蜀郡临邛(今四川邛崃)人,汉代才女,司马相如妻子。

《白头吟》

皑如山上雪,皎若云间月。闻君有两意,故来相决绝。
今日斗酒会,明旦沟水头。躞蹀御沟上,沟水东西流。
凄凄复凄凄,嫁娶不须啼。愿得一心人,白头不相离。
竹竿何嫋嫋,鱼尾何蓰蓰。男儿重意气,何用钱刀为。

【注】 作者听闻远在长安的丈夫欲再娶妻室,她通过这首诗表达了自己的心情和态度,打动了司马相如,使其取消了原来的念头。躞蹀(xièdié),往来徘徊。嫋嫋(niǎoniǎo),通袅袅,细长柔弱。蓰(xǐ),五倍的意思。蓰蓰,形容鱼很多。

❖**李延年**,生卒年不详,西汉音乐家,对搜集整理西汉乐府诗歌、乐曲贡献较大。

《歌一首》

北方有佳人,绝世而独立。一顾倾人城,再顾倾人国。
宁不知倾城与倾国,佳人难再得。

❖**班婕妤**(公元前48—公元2),名不详,汉成帝刘骜妃子(婕妤是汉代宫中女官的官职)。西汉文学家,善诗赋,也是班固、班超和班昭的祖姑。

《怨歌行》

新裂齐纨素,皎洁如霜雪。裁成合欢扇,团团似明月。
出入君怀袖,动摇微风发。常恐秋节至,凉飚夺炎热。
弃捐箧笥中,恩情中道绝。

诗 选 篇

【注】 新裂齐纨素,新裁出的齐地产的丝绢。箧笥(qièsì),盛物件的竹器。

❖班固(32—92),字孟坚。扶风安陵(今陕西省宝鸡市)人。东汉史学家、文学家。与司马迁合称"班马",著有《汉书》《两都赋》《白虎通义》等。

《咏史》

三王德弥薄,惟后用肉刑。太苍令有罪,就递长安城。
自恨身无子,困急独茕茕。小女痛父言,死者不可生。
上书诣阙下,思古歌鸡鸣。忧心摧折裂,晨风扬激声。
圣汉孝文帝,恻然感至情。百男何愦愦,不如一缇萦。

【注】 愦愦(kuìkuì),糊涂。缇萦(tíyíng),西汉官员淳于意之女。《史记》载:淳于意被人诬告下狱,缇萦随囚车到西安上书汉文帝,使其父得到宽恕。

❖张衡(78—139),字平子,南阳郡西鄂(今河南南阳)人。东汉杰出的天文学家、数学家、地理学家、文学家,官至尚书。

《四愁诗》(其一)

我所思兮在太山,欲往从之梁父艰,侧身东望涕沾翰。
美人赠我金错刀,何以报之英琼瑶。
路远莫致倚逍遥,何为怀忧心烦劳。

❖蔡邕(132—192),字伯喈。陈留郡圉县(今河南杞县)人。东汉时期名臣,文学家、书法家,才女蔡文姬之父,有《蔡中郎集》。

《饮马长城窟行》

青青河边草,绵绵思远道。远道不可思,宿昔梦见之。
梦见在我傍,忽觉在他乡。他乡各异县,辗转不可见。
枯桑知天风,海水知天寒。入门各自媚,谁肯相为言。

客从远方来,遗我双鲤鱼。呼儿烹鲤鱼,中有尺素书。
长跪读素书,书中竟何如。上有加餐食,下有长相忆。

【注】 异县,不同的地区。

❖ **辛延年**,生卒年及生平不详,东汉时期的著名诗人。

《羽林郎》

昔有霍家奴,姓冯名子都。依倚将军势,调笑酒家胡。
胡姬年十五,春日独当垆。长裾连理带,广袖合欢襦。
头上蓝田玉,耳后大秦珠。两鬟何窈窕,一世良所无。
一鬟五百万,两鬟千万余。不意金吾子,娉婷过我庐。
银鞍何煜爚,翠盖空踟蹰。就我求清酒,丝绳提玉壶。
就我求珍肴,金盘脍鲤鱼。贻我青铜镜,结我红罗裾。
不惜红罗裂,何论轻贱躯。男儿爱后妇,女子重前夫。
人生有新故,贵贱不相逾。多谢金吾子,私爱徒区区。

【注】 垆,指烧制酒的锅。金吾子,禁卫军官员。煜爚(yùyuè),光辉闪烁。踟蹰,停留、逗留。私爱,单方面的爱。徒,徒然。

魏、晋、南北朝诗

❖ **曹操**(155—220),即魏武帝,字孟德,沛国谯县(今安徽亳州)人。杰出的政治家、军事家、诗人。东汉末年宰相,在军阀割据、连年战乱的局面下统一北方,是曹魏政权的奠基者。

《蒿里行》

关东有义士,兴兵讨群凶。初期会盟津,乃心在咸阳。
军合力不齐,踌躇而雁行。势利使人争,嗣还自相戕。
淮南弟称号,刻玺于北方。铠甲生虮虱,万姓以死亡。
白骨露于野,千里无鸡鸣。生民百遗一,念之断人肠。

《短歌行》

对酒当歌,人生几何。譬如朝露,去日苦多。
慨当以慷,忧思难忘。何以解忧,唯有杜康。
青青子衿,悠悠我心。但为君故,沉吟至今。
呦呦鹿鸣,食野之苹。我有嘉宾,鼓瑟吹笙。
明明如月,何时可掇。忧从中来,不可断绝。
越陌度阡,枉用相存。契阔谈䜩,心念旧恩。
月明星稀,乌鹊南飞。绕树三匝,无枝可依。
山不厌高,海不厌深。周公吐哺,天下归心。

《观沧海》

东临碣石,以观沧海。水何澹澹,山岛竦峙。
树木丛生,百草丰茂。秋风萧瑟,洪波涌起。
日月之行,若出其中。星汉灿烂,若出其里。
幸甚至哉,歌以咏志。

《龟虽寿》

神龟虽寿,犹有竟时。腾蛇乘雾,终为土灰。
老骥伏枥,志在千里。烈士暮年,壮心不已。
盈缩之期,不但在天。养怡之福,可得永年。
幸甚至哉,歌以咏志。

❖ **曹丕**(187—226),即魏文帝,字子桓,曹操次子。三国时期的政治家、文学家。著有《典论》,当中的《论文》是中国文学史上第一篇系统的文学批评专论。

《杂诗》

漫漫秋夜长,烈烈北风凉。展转不能寐,披衣起彷徨。
彷徨忽已久,白露沾我裳。俯视清水波,仰看月明光。
天汉回西流,三五正纵横。草虫鸣何悲,孤雁独南翔。
郁郁多悲思,绵绵思故乡。愿飞安得翼,欲济河无梁。
向风长叹息,断绝我中肠。

《燕歌行二首》(其一)

秋风萧瑟天气凉,草木摇落露为霜。
群燕辞归雁南翔,念君客游思断肠。
慊慊思归恋故乡,何为淹留寄他方?
贱妾茕茕守空房,忧来思君不敢忘。不觉泪下沾衣裳。
援琴鸣瑟发清商,短歌微吟不能长。
明月皎皎照我床,星汉西流夜未央。
牵牛织女遥相望,尔独何辜限河梁!

❖ **王粲**(177—217),字仲宣。山阳郡高平(今山东省微山县人)。东汉末年文学家。善诗赋,为"建安七子"之冠,有《王侍中集》。

诗 选 篇

《七哀诗》

西京乱无象,豺虎方遘患。后弃中国去,委身适荆蛮。
亲戚对我悲,朋友相追攀。出门无所见,白骨蔽平原。
路有饥妇人,抱子弃草间。顾闻号泣声,挥涕独不还。
未知身死处,何能两相完?驱马弃之去,不忍听此言。
南登霸陵岸,回首望长安。悟彼泉下人,喟然伤心肝。

❖**刘桢**(179—217),字公幹,东平宁阳(今山东宁阳)人。东汉末年名士、诗人,"建安七子"之一。有《刘公幹集》。

《赠从弟》(其二)

亭亭山上松,瑟瑟谷中风。风声一何盛,松枝一何劲!
冰霜正惨凄,终岁常端正。岂不罹凝寒?松柏有本性。

❖**曹植**(192—232),字子建,曹操第三子,生前曾为陈王,谥号"思",又称陈思王。著名文学家,建安文学的代表人物之一与集大成者。代表作有《洛神赋》《白马篇》《七哀诗》等。诗以笔力雄健和词采华美见长,有《曹子建集》。

《白马篇》

白马饰金羁,连翩西北驰。借问谁家子,幽并游侠儿。
少小去乡邑,扬声沙漠垂。宿昔秉良弓,楛矢何参差。
控弦破左的,又发摧月支。仰手接飞猱,俯身散马蹄。
狡捷过猴猿,勇剽若豹螭。边城多警急,胡虏数迁移。
羽檄从北来,厉马登高堤。长驱蹈匈奴,左顾凌鲜卑。
弃身锋刃端,性命安可怀?父母且不顾,何言子与妻?
名编壮士籍,不得中顾私。捐躯赴国难,视死忽如归。

《仙人篇》

仙人揽六箸,对博太山隅。湘娥拊琴瑟,秦女吹笙竽。

玉樽盈桂酒，河伯献神鱼。四海一何局，九州安所如。
韩终与王乔，要我于天衢。万里不足步，轻举凌太虚。
飞腾逾景云，高风吹我躯。回驾观紫微，与帝合灵符。
阊阖正嵯峨，双阙万丈余。玉树扶道生，白虎夹门枢。
驱风游四海，东过王母庐。俯观五岳间，人生如寄居。
潜光养羽翼，进趣且徐徐。不见昔轩辕，升龙出鼎湖。
徘徊九天下，与尔长相须。

《七步诗》

煮豆持作羹，漉豉以为汁。

萁在釜下燃，豆在釜中泣。

本自同根生，相煎何太急？

❖ **陈琳**（？—217），字孔璋，广陵射阳人。东汉末年文学家，"建安七子"之一，有《陈记室集》。

《饮马长城窟行》

饮马长城窟，水寒伤马骨。往谓长城吏，慎莫稽留太原卒。
官作自有程，举筑谐汝声。男儿宁当格斗死，何能怫郁筑长城？
长城何连连，连连三千里。边城多健少，内舍多寡妇。
作书与内舍，便嫁莫留住。善待新姑嫜，时时念我故夫子。
报书往边地，君今出语一何鄙？身在祸难中，何为稽留他家子？
生男慎莫举，生女哺用脯。君独不见长城下，死人骸骨相撑拄。
结发行事君，慊慊心意间。明知边地苦，贱妾何能久自全。

❖ **蔡琰**

《悲愤诗二首》（其一）

卓众来东下，金甲耀日光。平土人脆弱，来兵皆胡羌。
猎野围城邑，所向悉破亡。斩截无孑遗，尸骸相撑拒。

诗选篇

马边悬男头,马后载妇女。长驱西入关,迥路险且阻。
还顾邈冥冥,肝脾为烂腐。所得有万计,不得令屯聚。
或有骨肉俱,欲言不敢语。失意几微间,辄言"毙降虏。
要当以亭刃,我曹不活汝!"岂敢惜性命,不堪其詈骂。
或便加捶杖,毒痛参并下。且则号泣行,夜则悲吟坐。
欲死不能得,欲生无一可。彼苍者何辜,乃遭此厄祸!

❖ **阮籍**(210—263),字嗣宗,陈留尉氏(今河南开封)人,三国时魏国诗人,"竹林七贤"之一。曾任步兵校尉,世称阮步兵。崇奉老庄之学。有《阮嗣宗集》。

《咏怀》

(其一)

夜中不能寐,起坐弹鸣琴。薄帷鉴明月,清风吹我襟。
孤鸿号外野,翔鸟鸣北林。徘徊将何见,忧思独伤心。

(其二)

平生少年时,轻薄好弦歌。西游咸阳中,赵李相经过。
娱乐未终极,白日忽蹉跎。驱马复来归,反顾望三河。
黄金百镒尽,资用常苦多。北临太行道,失路将如何。

(其三)

炎光延万里,洪川荡湍濑。弯弓挂扶桑,长剑倚天外。
泰山成砥砺,黄河为裳带。视彼庄周子,荣枯何足赖?
捐身弃中野,乌鸢作患害。岂若雄杰士,功名从此大!

【注】湍濑,水浅流急。扶桑,传说中的地名,在中国的东部,那里的树木高两千丈。鸢(yuān),鹰。

❖ **嵇康**(224—263),字叔夜,谯国铚县(今安徽省濉溪县)人。三国时期

思想家、音乐家、文学家。官中散大夫,世称"嵇中散"。司马氏掌权后,隐居拒绝出仕,受构陷而被处死。"竹林七贤"的精神领袖,有《嵇中散集》。

《五言诗三首》(其一)

人生譬朝露,世变多百罗。苟必有终极,彭聃不足多。
仁义浇淳朴,前识丧道华。留弱丧自然,天真难可和。
郢人审匠石,钟子识伯牙。真人不屡存,高唱谁当和。

【注】 彭聃,彭祖与老聃(老子),喻长寿之人。郢(yǐng),楚国国都。

《四言赠兄秀才入军诗十八章》(其十四)

息徒兰圃,秣马华山。流磻平皋,垂纶长川。
目送归鸿,手挥五弦。俯仰自得,游心太玄。
嘉彼钓叟,得鱼忘筌。郢人逝矣,谁与尽言?

【注】 息徒兰圃,徒,队伍,即部队在兰圃休息。磻(pān),磻溪,陕西宝鸡东南的河流。流磻平皋,在河流边的原野上打鸟。游心太玄,对大自然的奥妙能够心领神会。得鱼忘筌,捕到了鱼,忘记了捕鱼的竹器。郢人逝矣,谁与尽言?楚国的优秀工匠不在了,这心情向谁去说?

❖ **左思**(约250—约305),字太冲,齐国临淄(今山东淄博)人,西晋著名文学家。其《三都赋》为人称颂,一时"洛阳纸贵"。诗文语言质朴凝练。有《左太冲集》。

《咏史八首》

(其二)

郁郁涧底松,离离山上苗。以彼径寸茎,荫此百尺条。
世胄蹑高位,英俊沉下僚。地势使之然,由来非一朝。
金张藉旧业,七叶珥汉貂。冯公岂不伟,白首不见招。

【注】 金张藉旧业,七叶珥汉貂。金张,指汉代的金日䃅和张汤,其家族后人世代继承官位。七叶,七代。珥(ěr),插。汉貂,汉代侍中、中常侍的

诗 选 篇

头上插貂尾。冯公,冯唐,汉文帝时冯唐的人品与能力皆强,可老了还在做一个小官。

(其六)

荆轲饮燕市,酒酣气益震。哀歌和渐离,谓若傍无人。
虽无壮士节,与世亦殊伦。高眄邈四海,豪右何足陈。
贵者虽自贵,视之若埃尘。贱者虽自贱,重之若千钧。

【注】 眄(miàn),斜视。邈(miǎo),遥远。

❖**陆机**(261—303),字士衡,吴郡华亭(今属上海市)人。西晋著名文学家、书法家。与潘岳同为西晋诗坛的代表,有"陆海潘江"之称。

《猛虎行》

渴不饮盗泉水,热不息恶阴。恶木岂无枝?志士多苦心。
整驾肃时命,杖策将远寻。饥食猛虎窟,寒栖野雀林。
日归功未建,时往岁载阴。崇云临岸骇,鸣条随风吟。
静言幽谷底,长啸高山岑。急弦无懦响,亮节难为音。
人生诚未易,曷云开此衿。眷我耿介怀,俯仰愧古今。

【注】 整驾肃时命,整驾,整理车马,泛指整理行装;肃,恭敬;时命,时君之命。曷,同何。衿,通襟,襟抱。眷,眷顾。

❖**刘琨**(271—318),字越石,中山魏昌(今河北无极)人。晋代杰出的政治家、文学家、军事家。

《重赠卢谌》

握中有悬璧,本自荆山璆。惟彼太公望,昔在渭滨叟。
邓生何感激,千里来相求。白登幸曲逆,鸿门赖留侯。
重耳任五贤,小白相射钩。苟能隆二伯,安问党与仇?
中夜抚枕叹,想与数子游。吾衰久矣夫,何其不梦周?
谁云圣达节,知命故不忧。宣尼悲获麟,西狩涕孔丘。

功业未及建,夕阳忽西流。时哉不我与,去乎若云浮。
朱实陨劲风,繁英落素秋。狭路倾华盖,骇驷摧双辀。
何意百炼刚,化为绕指柔。

【注】 卢谌(chén),晋代官员、学者,刘琨是卢谌的姨夫。璆(qiú),美玉。辀(zhóu),马车辕。

❖ **陶潜**(约365—427),字元亮,晚年更名潜,字渊明,别号五柳先生,世称靖节先生。浔阳柴桑(今江西九江)人。东晋末到刘宋初杰出的诗人、散文家。出仕彭泽县令八十多天便弃职归隐田园,是中国第一位田园诗人,被称为"古今隐逸诗人之宗""田园诗派之鼻祖",有《陶渊明集》。

《归园田居五首》

(其一)

少无适俗韵,性本爱丘山。误落尘网中,一去三十年。
羁鸟恋旧林,池鱼思故渊。开荒南野际,守拙归园田。
方宅十余亩,草屋八九间。榆柳荫后檐,桃李罗堂前。
暧暧远人村,依依墟里烟。狗吠深巷中,鸡鸣桑树颠。
户庭无尘杂,虚室有余闲。久在樊笼里,复得返自然。

(其三)

种豆南山下,草盛豆苗稀。晨兴理荒秽,带月荷锄归。
道狭草木长,夕露沾我衣。衣沾不足惜,但使愿无违。

《饮酒》(其四)

结庐在人境,而无车马喧。问君何能尔,心远地自偏。
采菊东篱下,悠然见南山。山气日夕佳,飞鸟相与还。
此中有真意,欲辨已忘言。

《移居二首》(其一)

昔欲居南村,非为卜其宅。闻多素心人,乐与数晨夕。

怀此颇有年,今日从兹役。弊庐何必广,取足蔽床席。
邻曲时时来,抗言谈在昔。奇文共欣赏,疑义相与析。

《拟古》(其四)

迢迢百尺楼,分明望四荒。暮作归云宅,朝为飞鸟堂。
山河满目中,平原独茫茫。古时功名士,慷慨争此场。
一旦百岁后,相与还北邙。松柏为人伐,高坟互低昂。
颓基无遗主,游魂在何方?荣华诚足贵,亦复可怜伤!

《癸卯岁始春怀古田舍二首》(其二)

先师有遗训,忧道不忧贫。瞻望邈难逮,转欲志长勤。
秉耒欢时务,解颜劝农人。平畴交远风,良苗亦怀新。
虽未量岁功,即事多所欣。耕种有时息,行者无问津。
日入相与归,壶浆劳近邻。长吟掩柴门,聊为陇亩民。

《咏贫士七首》(其四)

安贫守贱者,自古有黔娄。好爵吾不荣,厚馈吾不酬。
一旦寿命尽,弊服仍不周。岂不知其极,非道故无忧。
从来将千载,未复见斯俦。朝与仁义生,夕死复何求?

【注】黔娄,战国时齐国隐士,名稷下,号黔娄子。拒绝齐国和鲁国君王的高官厚禄,隐居山中,励志苦节,品行端正。

《咏荆轲》

燕丹善养士,志在报强嬴。招集百夫良,岁暮得荆卿。
君子死知己,提剑出燕京。素骥鸣广陌,慷慨送我行。
雄发指危冠,猛气冲长缨。饮饯易水上,四座列群英。
渐离击悲筑,宋意唱高声。萧萧哀风逝,淡淡寒波生。
商音更流涕,羽奏壮士惊。心知去不归,且有后世名。
登车何时顾,飞盖入秦庭。凌厉越万里,逶迤过千城。
图穷事自至,豪主正怔营。惜哉剑术疏,奇功遂不成。

其人虽已没,千载有余情。

【注】 怔(zhèng)营,惊恐、惊慌失措的样子。

《读山海经》(其十)

精卫衔微木,将以填沧海。刑天舞干戚,猛志故常在。
同物既无虑,化去不复悔。徒设在昔心,良晨讵可待?

【注】 精卫,传说中的神鸟。炎帝的小女儿女娃,在东海溺水而亡,死后化作精卫鸟,坚持从西山衔木石去填东海。刑天,炎帝属下大臣,与黄帝作战,头颅被砍掉,以双乳为眼坚持战斗。干戚,盾牌和板斧。讵(jù),岂。

❖ 谢灵运(385—433),本名公义,字灵运,陈郡阳夏县(今河南省太康县)人,东晋至刘宋时期大臣,山水诗派鼻祖,有《谢康乐集》。

《登池上楼》

潜虬媚幽姿,飞鸿响远音。薄霄愧云浮,栖川怍渊沉。
进德智所拙,退耕力不任。徇禄反穷海,卧痾对空林。
衾枕昧节候,褰开暂窥临。倾耳聆波澜,举目眺岖嵚。
初景革绪风,新阳改故阴。池塘生春草,园柳变鸣禽。
祁祁伤豳歌,萋萋感楚吟。索居易永久,离群难处心。
持操岂独古,无闷征在今。

【注】 潜虬,喻隐士;飞鸿,喻有为的人;媚,喜爱。薄霄,迫近云霄。栖川,栖息水中。怍,内心不安。进德,增进德业,喻仕途进步。徇禄反穷海,谋求俸禄反而被派到偏远的海边。衾,被子。褰,窗帘。岖嵚,山岭高耸险峻。无闷,没有烦闷。征,证明。

《登江中孤屿》

江南倦历览,江北旷周旋。怀新道转回,寻异景不延。
乱流趋正绝,孤屿媚中川。云日相辉映,空水共澄鲜。
表灵物莫赏,蕴真谁为传。想像昆山姿,缅邈区中缘。
始信安期术,得尽养生年。

诗 选 篇

【注】 缅邈,悠远。

《石壁精舍还湖中作》

昏旦变气候,山水含清晖。清晖能娱人,游子憺忘归。
出谷日尚早,入舟阳已微。林壑敛暝色,云霞收夕霏。
芰荷迭映蔚,蒲稗相因依。披拂趋南径,愉悦偃东扉。
虑澹物自轻,意惬理无违。寄言摄生客,试用此道推。

【注】 憺(dàn),安闲舒适。偃,仰卧。澹,通淡,淡薄。摄生客,探求养生之道的人。惬(qiè),满足、畅快。

❖**鲍照**(约414—466),字明远,祖籍东海(今山东郯城),南朝宋文学家,曾出任前军参军,世称"鲍参军"。在游仙、赠别、咏史、拟古等方面皆有佳作留世。

《拟行路难》(其六)

对案不能食,拔剑击柱长叹息。
丈夫生世会几时,安能蹀躞垂羽翼?
弃置罢官去,还家自休息。
朝出与亲辞,暮还在亲侧。
弄儿床前戏,看妇机中织。
自古圣贤尽贫贱,何况我辈孤且直!

【注】 蹀躞(diéxiè),小步徘徊。

❖**陆凯**(?—504),本姓步六孤,字智君,代郡(今山西代县)人,鲜卑族。

《赠范晔》

折梅逢驿使,寄与陇头人。江南无所有,聊赠一枝春。

❖**谢朓**(464—499),字玄晖,号高斋,陈郡阳夏县(今河南太康)人,南齐诗人,与"大谢"谢灵运同族,世称"小谢"。曾为宣城太守,又称谢宣城。与

沈约等共创"永明体"。诗风清新秀丽,平仄协调,对偶工整,有《谢宣城集》。

《和刘西曹望海台诗》

沧波不可望,望极与天平。往往孤山映,处处春云生。
差池远雁没,飒沓群凫惊。嚣尘及簿领,弃舍出重城。
临川徒可羡,结网庶时营。

❖ **何逊**(472—约518?),南朝梁诗人。字仲言,官至尚书水部郎。诗与阴铿齐名,世称"何阴",南朝山水派代表人物。

《与胡兴安夜别》

居人行转轼,客子暂维舟。念此一筵笑,分为两地愁。
露湿寒塘草,月映清淮流。方抱新离恨,独守故园秋。

❖ **庾肩吾**(约487—552),字子慎,南阳新野(今河南新野)人,世居江陵。

《被执作一首》

发与年俱暮,愁将罪共深。聊持转风烛,暂映广陵琴。

❖ **王籍**,生卒年不详,字文海,琅邪临沂(今山东临沂)人。

《入若耶溪》

艅艎何泛泛,空水共悠悠。阴霞生远岫,阳景逐回流。
蝉噪林逾静,鸟鸣山更幽。此地动归念,长年悲倦游。

【注】 若耶溪,也叫越溪,在今绍兴市南部,相传是春秋时美女西施浣纱之处。艅艎(yúhuáng),一种木船。

❖ **庾信**(513—581),字子山,南阳郡新野县(今河南新野)人,南北朝时期文学家。与徐陵同时任萧纲的东宫学士,宫廷文学的代表作家之一,有《庾子山集》《庾开府集》。

《拟咏怀》(其八)

悲歌度燕水,弭节出阳关。李陵从此去,荆卿不复还。
故人形影灭,音书两俱绝。遥看塞北云,悬想关山雪。
游子河梁上,应将苏武别。

《重别周尚书》

阳关万里道,不见一人归。唯有河边雁,秋来南向飞。

汉、魏、南北朝乐府诗

❖ 佚名

《十五从军征》

十五从军征,八十始得归。道逢乡里人:"家中有阿谁?"
"遥望是君家,松柏冢累累。"兔从狗窦入,雉从梁上飞。
中庭生旅谷,井上生旅葵。舂谷持作饭,采葵持作羹。
羹饭一时熟,不知贻阿谁。出门东向望,泪落沾我衣。

《战城南》

战城南,死郭北,野死不葬乌可食。为我谓乌:且为客豪!
野死谅不葬,腐肉安能去子逃!水深激激,蒲苇冥冥;
枭骑战斗死,驽马徘徊鸣。梁筑室,何以南,梁何北?
禾黍不穫君何食?愿为忠臣安可得?
思子良臣,良臣诚可思。朝行出攻,暮不夜归!

【注】 这是一首充满悲壮气氛的悼念阵亡将士的歌。穫,通获。

《有所思》

有所思,乃在大海南。何用问遗君?
双珠玳瑁簪,用玉绍缭之。闻君有他心,拉杂摧烧之。
摧烧之,当风扬其灰。从今以往,勿复相思!
相思与君绝!鸡鸣狗吠,兄嫂当知之。妃呼狶!
秋风肃肃晨风飔,东方须臾高知之。

【注】 这是一首情感真挚热烈的情歌。作品对女主人公的爱情遇到波折前后的情绪描写得细腻而深刻。飔(sī),凉风。

诗 选 篇

《长歌行三首》(其一)

青青园中葵,朝露待日晞。阳春布德泽,万物生光辉。
常恐秋节至,焜黄华叶衰。百川东到海,何时复西归?
少壮不努力,老大徒伤悲!

《陌上桑》

日出东南隅,照我秦氏楼。秦氏有好女,自名为罗敷。
罗敷善蚕桑,采桑城南隅。青丝为笼系,桂枝为笼钩。
头上倭堕髻,耳中明月珠。缃绮为下裙,紫绮为上襦。
行者见罗敷,下担捋髭须。少年见罗敷,脱帽著帩头。
耕者忘其犁,锄者忘其锄。来归相怨怒,但坐观罗敷。
使君从南来,五马立踟蹰。使君遣吏往,问是谁家姝。
秦氏有好女,自名为罗敷。
罗敷年几何,二十尚不足,十五颇有余。
使君谢罗敷,宁可共载不。罗敷前置辞,使君一何愚。
使君自有妇,罗敷自有夫。东方千余骑,夫婿居上头。
何用识夫婿,白马从骊驹。青丝系马尾,黄金络马头。
腰中鹿卢剑,可直千万余。十五府小吏,二十朝大夫。
三十侍中郎,四十专城居。为人洁白皙,鬑鬑颇有须。
盈盈公府步,冉冉府中趋。坐中数千人,皆言夫婿殊。

【注】这首诗以幽默、诙谐的风格和喜剧性艺术手法,刻画了一个既美丽坚贞又聪明的采桑女子形象。鬑(lián),形容须发长。

《折杨柳行》

默默施行违,厥罚随事来。末喜杀龙逢,桀放于鸣条。
祖伊言不用,纣头悬白旄。指鹿用为马,胡亥以丧躯。
夫差临命绝,乃云负子胥。戎王纳女乐,以亡其由余。
璧马祸及虢,二国俱为墟。三夫成市虎,慈母投杼趋。
卞和之刖足,接舆归草庐。

— 178 —

【注】 这首诗引用一系列的历史故事来说明辨别是非真伪的利害后果。

《梁甫吟》

步出齐城门,遥望荡阴里。里中有三坟,累累正相似。
问是谁家墓,田疆古冶子。力能排南山,又能绝地纪。
一朝被谗言,二桃杀三士。谁能为此谋,国相齐晏子。

《古诗十九首》

(其一)

行行重行行,与君生别离。相去万余里,各在天一涯。
道路阻且长,会面安可知?胡马依北风,越鸟巢南枝。
相去日已远,衣带日已缓。浮云蔽白日,游子不顾返。
思君令人老,岁月忽已晚。弃捐勿复道,努力加餐饭。

(其二)

青青河畔草,郁郁园中柳。盈盈楼上女,皎皎当窗牖。
娥娥红粉妆,纤纤出素手。昔为倡家女,今为荡子妇。
荡子行不归,空床难独守。

(其三)

青青陵上柏,磊磊涧中石。人生天地间,忽如远行客。
斗酒相娱乐,聊厚不为薄。驱车策驽马,游戏宛与洛。
洛中何郁郁,冠带自相索。长衢罗夹巷,王侯多第宅。
两宫遥相望,双阙百余尺。极宴娱心意,戚戚何所迫?

(其五)

西北有高楼,上与浮云齐。交疏结绮窗,阿阁三重阶。
上有弦歌声,音响一何悲!谁能为此曲?无乃杞梁妻。

清商随风发,中曲正徘徊。一弹再三叹,慷慨有余哀。
不惜歌者苦,但伤知音稀。愿为双鸿鹄,奋翅起高飞。

(其六)

涉江采芙蓉,兰泽多芳草。采之欲遗谁,所思在远道。
还顾望旧乡,长路漫浩浩。同心而离居,忧伤以终老。

(其八)

冉冉孤生竹,结根泰山阿。与君为新婚,菟丝附女萝。
菟丝生有时,夫妇会有宜。千里远结婚,悠悠隔山陂。
思君令人老,轩车来何迟!伤彼蕙兰花,含英扬光辉。
过时而不采,将随秋草萎。君亮执高节,贱妾亦何为。

(其九)

庭中有奇树,绿叶发华滋。攀条折其荣,将以遗所思。
馨香盈怀袖,路远莫致之。此物何足贵,但感别经时。

(其十)

迢迢牵牛星,皎皎河汉女。纤纤擢素手,札札弄机杼。
终日不成章,泣涕零如雨。河汉清且浅,相去复几许。
盈盈一水间,脉脉不得语。

(其十五)

生年不满百,常怀千岁忧。昼短苦夜长,何不秉烛游!
为乐当及时,何能待来兹。愚者爱惜费,但为后世嗤。
仙人王子乔,难可与等期。

(其十九)

明月何皎皎,照我罗床纬。忧愁不能寐,揽衣起徘徊。
客行虽云乐,不如早旋归。出户独彷徨,愁思当告谁!

引领还入房,泪下沾裳衣。

《上邪》

上邪!我欲与君相知,长命无绝衰。
山无陵,江水为竭,冬雷震震夏雨雪,天地合,乃敢与君绝。

《子夜四时歌》

《春歌》选三

春风动春心,流目瞩山林。山林多奇采,阳鸟吐清音。
春林花多媚,春鸟意多哀。春风复多晴,吹我罗裳开。
自从别欢后,叹音不绝响。黄檗向春生,苦心随日长。

《夏歌》选三

朝登凉台上,夕宿兰池里。乘月采芙蓉,夜夜得莲子。
青荷盖渌水,芙蓉葩红鲜。郎见欲采我,我心欲怀莲。
盛暑非游节,百虑相缠绵。泛舟芙蓉湖,散思莲子间。

《秋歌》选三

清露凝如玉,凉风中夜发。情人不还卧,冶游步明月。
秋风入窗里,罗帐起飘扬。仰头看明月,寄情千里光。
白露朝夕生,秋风凄长夜。忆郎须寒服,乘月捣白素。

《冬歌》选三

寒鸟依高树,枯林鸣悲风。为欢憔悴尽,那得好颜容。
昔别春草绿,今还墀雪盈。谁知相思老,玄鬓白发生。
果欲结金兰,但看松柏林。经霜不堕地,岁寒无异心。

【注】 骀(dài),骀荡,舒畅。牖(yǒu),窗户。墀(chí),台阶上的平地。

《木兰诗》

唧唧复唧唧,木兰当户织。不闻机杼声,唯闻女叹息。

问女何所思?问女何所忆?女亦无所思,女亦无所忆。
昨夜见军帖,可汗大点兵。军书十二卷,卷卷有爷名。
阿爷无大儿,木兰无长兄。愿为市鞍马,从此替爷征。
东市买骏马,西市买鞍鞯。南市买辔头,北市买长鞭。
旦辞爷娘去,暮宿黄河边。
不闻爷娘唤女声,但闻黄河流水鸣溅溅。
旦辞黄河去,暮至黑山头。
不闻爷娘唤女声,但闻燕山胡骑鸣啾啾。
万里赴戎机,关山度若飞。朔气传金柝,寒光照铁衣。
将军百战死,壮士十年归。归来见天子,天子坐明堂。
策勋十二转,赏赐百千强。可汗问所欲,"木兰不用尚书郎,
愿驰千里足,送儿还故乡"。
爷娘闻女来,出郭相扶将。阿姊闻妹来,当户理红妆。
小弟闻姊来,磨刀霍霍向猪羊。开我东阁门,坐我西阁床。
脱我战时袍,著我旧时裳。当窗理云鬓,对镜贴花黄。
出门看伙伴,伙伴皆惊惶。同行十二年,不知木兰是女郎。
雄兔脚扑朔,雌兔眼迷离。双兔傍地走,安能辨我是雄雌!

【注】 扑朔、迷离,兔子在被提起耳朵时,雄兔会蹬脚挣扎,雌兔会眯起眼睛。

《敕勒歌》

敕勒川,阴山下。天似穹庐,笼盖四野。
天苍苍,野茫茫,风吹草低见牛羊。

【注】 这首歌相传为东魏将军斛律金用敕勒语所唱,后被译成汉语。

隋　　诗

❖ **卢思道**(535—586),字子行,小字释奴,范阳涿县(今河北涿州)人。北齐到隋朝大臣,著名诗人。

《从军行》

朔方烽火照甘泉,长安飞将出祁连。
犀渠玉剑良家子,白马金羁侠少年。
平明偃月屯右地,薄暮鱼丽逐左贤。
谷中石虎经衔箭,山上金人曾祭天。
天涯一去无穷已,蓟门迢递三千里。
朝见马岭黄沙合,夕望龙城阵云起。
庭中奇树已堪攀,塞外征人殊未还。
白云初下天山外,浮云直向五原间。
关山万里不可越,谁能坐对芳菲月。
流水本自断人肠,坚冰旧来伤马骨。
边庭节物与华异,冬霰秋霜春不歇。
长风萧萧渡水来,归雁连连映天没。
从军行,军行万里出龙庭。
单于渭桥今已拜,将军何处觅功名?

【注】 犀渠,犀牛皮做的盾牌。

❖ **薛道衡**(540—609),字玄卿,河东郡汾阴县(今山西万荣)人。隋朝大臣、诗人。隋炀帝时迁司隶大夫,世称薛司隶。

《人日思归》

入春才七日,离家已二年。人归落雁后,思发在花前。

诗 选 篇

《出塞》

高秋白露团,上将出长安。尘沙塞下暗,风月陇头寒。
转蓬随马足,飞霜落剑端。凝云迷代郡,流水冻桑干。
烽微桔槔远,桥峻辘轳难。从军多恶少,召募尽材官。
伏堤时卧鼓,疑兵乍解鞍。柳城擒冒顿,长坂纳呼韩。
受降今更筑,燕然已重刊。还嗤傅介子,辛苦刺楼兰。

【注】桔槔(jiégāo),一种在井上汲水的工具。辘轳(lùlu),井上汲水的绞盘。

❖ 杨广(569—618),即隋炀帝,弘农华阴(今陕西华阴)人,隋朝第二位皇帝。在位期间,疏浚大运河,营建东都洛阳,统一度量衡。对外频繁发动战争,滥用民力,穷奢极欲,引发全国范围的农民起义,导致隋朝覆亡。

《野望》

寒鸦飞数点,流水绕孤村。斜阳欲落处,一望黯消魂。

《春江花月夜二首》(其一)

暮江平不动,春花满正开。流波将月去,潮水带星来。

❖ 虞世基(?—618),字懋世,会稽余姚(今浙江慈溪)人。隋朝大臣,书法家虞世南哥哥。初仕南陈,隋朝建立后参掌朝政。

《入关》

陇云低不散,黄河咽复流。关山多道里,相接几重愁。

❖ 孔德绍,大约生活于隋末唐初时期,会稽人,孔子第三十四世孙。

《夜宿荒村》

绵绵夕漏深,客恨转伤心。抚弦无人听,对酒时独斟。

故乡万里绝,穷愁百虑侵。秋草思边马,绕枝惊夜禽。
风度谷余响,月斜山半阴。劳歌欲叙意,终是白头吟。

❖ 佚名

《送别诗》

杨柳青青著地垂,杨花漫漫搅天飞。
柳条折尽花飞尽,借问行人归不归。

唐　　诗

❖ **虞世南**(558—638),字伯施,越州余姚(今浙江慈溪)人。书法家、文学家。唐初任秘书监等职,书法方面与欧阳询、褚遂良、薛稷合称为"初唐四大书家"。有《虞秘监集》。

《蝉》

垂緌饮清露,流响出疏桐。居高声自远,非是藉秋风。

《赋得临池竹应制》

葱翠梢云质,垂彩映清池。波泛含风影,流摇防露枝。
龙鳞漾㟩谷,凤翅拂涟漪。欲识凌冬性,唯有岁寒知。

【注】漾(yàng),浮荡的水面。㟩(xiè),山涧。

❖ **陈叔达**(572—635),字子聪,吴兴长城(今浙江长兴)人。陈后主陈叔宝异母弟,后在唐朝初期任宰相。

《自君之出矣》

自君之出矣,红颜转憔悴。思君如明烛,煎心且衔泪。
自君之出矣,明镜罢红妆。思君如夜烛,煎泪几千行。

❖ **王绩**(约589—644),字无功,号东皋子,绛州龙门(今山西河津)人。

《野望》

东皋薄暮望,徙倚欲何依。树树皆秋色,山山唯落晖。
牧人驱犊返,猎马带禽归。相顾无相识,长歌怀采薇。

❖ **神秀**(约606—706),俗姓李,东京尉氏(今属河南尉氏)人,唐代高僧,禅宗北宗创始人。少习经史,博学多闻。

《偈语》

身是菩提树,心如明镜台。时时勤拂拭,勿使惹尘埃。

【注】 菩提,为梵语音译,有觉悟、智慧、知识、道路之意。佛经载:佛祖释迦牟尼在菩提树下悟道七昼夜,战胜各种邪恶诱惑,终于大彻大悟,成就佛果。

❖ **上官仪**(约605—665),字游韶,陕州陕县(今河南三门峡)人,唐朝宰相、诗人,开创"绮错婉媚"的上官体诗风。

《入朝洛堤步月》

脉脉广川流,驱马历长洲。鹊飞山月曙,蝉噪野风秋。

❖ **骆宾王**(约638—684),字观光,婺州义乌(今浙江义乌)人。"初唐四杰"之一。光宅元年跟随徐敬业起兵讨伐武则天,撰写《讨武曌檄》,有《骆宾王文集》。

《在狱咏蝉》

西陆蝉声唱,南冠客思侵。不堪玄鬓影,来对白头吟。
露重飞难进,风多响易沉。无人信高洁,谁为表予心。

《于易水送人一绝》

此地别燕丹,壮士发冲冠。昔时人已没,今日水犹寒。

❖ **六祖惠能**(638—713),俗姓卢,唐南海新兴(今属广东)人。用通俗简易的修持方法,创立了影响久远的禅宗南宗,成为中国禅宗的正系。

《偈语》

菩提本无树,明镜亦非台。本来无一物,何处惹尘埃?

诗 选 篇

❖ **寒山**(生卒年不详),长安(今陕西西安)人。出身官宦,屡次科考不第,三十岁后隐居于浙东天台山。

《杳杳寒山道》

杳杳寒山道,落落冷涧滨。啾啾常有鸟,寂寂更无人。
淅淅风吹面,纷纷雪积身。朝朝不见日,岁岁不知春。

❖ **杜审言**(约645—708),字必简,襄州襄阳(今湖北襄阳)人,杜甫的祖父。累官至修文馆直学士。唐代"近体诗"的奠基人之一,作品朴素自然,其五言律诗格律谨严。有《杜审言诗集》。

《和晋陵陆丞早春游望》

独有宦游人,偏惊物候新。云霞出海曙,梅柳渡江春。
淑气催黄鸟,晴光转绿苹。忽闻歌古调,归思欲沾襟。

《渡湘江》

迟日园林悲昔游,今春花鸟作边愁。
独怜京国人南窜,不似湘江水北流。

❖ **王勃**(约650—676),字子安,绛州龙门县(今山西河津)人。唐朝文学家,"初唐四杰"之一。擅长五律五绝,有《王子安集》。

《送杜少府之任蜀川》

城阙辅三秦,风烟望五津。与君离别意,同是宦游人。
海内存知己,天涯若比邻。无为在歧路,儿女共沾巾。

《滕王阁序诗》

滕王高阁临江渚,佩玉鸣鸾罢歌舞。
画栋朝飞南浦云,珠帘暮卷西山雨。

闲云潭影日悠悠,物换星移几度秋。

阁中帝子今何在,槛外长江空自流。

《山中》

长江悲已滞,万里念将归。况属高风晚,山山黄叶飞。

❖ **杨炯**(650—约693),字令明,华州华阴(今陕西华阴)人。"初唐四杰"之一,曾任盈川县令。诗歌内容和艺术风格上以突破齐梁"宫体诗风"为特色,有《杨盈川集》。

《从军行》

烽火照西京,心中自不平。牙璋辞凤阙,铁骑绕龙城。

雪暗凋旗画,风多杂鼓声。宁为百夫长,胜作一书生。

❖ **刘希夷**(约651—约679),字延之,汝州(今河南省汝州市)人。高宗时进士。诗以歌行见长,多感伤情调。

《代悲白头翁》

洛阳城东桃李花,飞来飞去落谁家?

洛阳女儿惜颜色,行逢落花长叹息。

今年花落颜色改,明年花开复谁在。

已见松柏摧为薪,更闻桑田变成海。

古人无复洛城东,今人还对落花风。

年年岁岁花相似,岁岁年年人不同。

寄言全盛红颜子,应怜半死白头翁。

此翁白头真可怜,伊昔红颜美少年。

公子王孙芳树下,清歌妙舞落花前。

光禄池台开锦绣,将军楼阁画神仙。

一朝卧病无相识,三春行乐在谁边?

宛转蛾眉能几时,须臾鹤发乱如丝。

诗 选 篇

但看古来歌舞地,惟有黄昏鸟雀悲。

❖ **宋之问**(约656—713),又名少连,字延清。唐汾州(今山西汾阳)人。参与改造宫体诗和定型近体诗,诗多歌功颂德之作,文辞华丽,自然流畅,有《宋之问集》。

《送别杜审言》

卧病人事绝,嗟君万里行。河桥不相送,江树远含情。
别路追孙楚,维舟吊屈平。可惜龙泉剑,流落在丰城。

《渡汉江》

岭外音书断,经冬复立春。近乡情更怯,不敢问来人。

❖ **沈佺期**(约656—716),字云卿,相州内黄(今河南内黄西)人。历中书舍人等,对律诗体制的形成颇有影响,有《沈佺期集》。

《杂诗三首》(其三)

闻道黄龙戍,频年不解兵。可怜闺里月,长在汉家营。
少妇今春意,良人昨夜情。谁能将旗鼓,一为取龙城。

《独不见》

卢家少妇郁金堂,海燕双栖玳瑁梁。
九月寒砧催木叶,十年征戍忆辽阳。
白狼河北音书断,丹凤城南秋夜长。
谁谓含愁独不见,更教明月照流黄!

❖ **陈子昂**(659—700),字伯玉,梓州射洪(今属四川)人。文学家、诗人,曾任右拾遗,后世称陈拾遗。初唐诗文革新人物之一,其诗风骨峥嵘,寓意深远,苍劲有力。有《陈子昂集》。

《登幽州台歌》

前不见古人,后不见来者。念天地之悠悠,独怆然而涕下!

《送魏大从军》

匈奴犹未灭,魏绛复从戎。怅别三河道,言追六郡雄。
雁山横代北,狐塞接云中。勿使燕然上,惟留汉将功。

《感遇三十八首》

(其二)

兰若生春夏,芊蔚何青青!幽独空林色,朱蕤冒紫茎。
迟迟白日晚,袅袅秋风生。岁华尽摇落,芳意竟何成?

(其十七)

本为贵公子,平生实爱才。感时思报国,拔剑起蒿莱。
西驰丁零塞,北上单于台。登山见千里,怀古心悠哉。
谁言未忘祸,磨灭成尘埃。

❖ **贺知章**(659—约744),字季真,晚年自号"四明狂客",越州永兴(今浙江杭州)人。诗人、书法家。武则天证圣元年状元。其诗清新潇洒,以绝句见长。

《咏柳》

碧玉妆成一树高,万条垂下绿丝绦。
不知细叶谁裁出,二月春风似剪刀。

《回乡偶书二首》

(其一)

少小离家老大回,乡音无改鬓毛衰。

儿童相见不相识,笑问客从何处来。

(其二)

离别家乡岁月多,近来人事半消磨。
惟有门前镜湖水,春风不改旧时波。

❖ **张若虚**(约670—730),扬州(今江苏扬州)人。与贺知章、张旭、包融并称为"吴中四士"。

《春江花月夜》

春江潮水连海平,海上明月共潮生。
滟滟随波千万里,何处春江无月明。
江流宛转绕芳甸,月照花林皆似霰。
空中流霜不觉飞,汀上白沙看不见。
江天一色无纤尘,皎皎空中孤月轮。
江畔何人初见月,江月何年初照人?
人生代代无穷已,江月年年只相似。
不知江月待何人,但见长江送流水。
白云一片去悠悠,青枫浦上不胜愁!
谁家今夜扁舟子,何处相思明月楼。
可怜楼上月徘徊,应照离人妆镜台。
玉户帘中卷不去,捣衣砧上拂还来。
此时相望不相闻,愿逐月华流照君。
鸿雁长飞光不度,鱼龙潜跃水成文。
昨夜闲潭梦落花,可怜春半不还家。
江水流春去欲尽,江潭落月复西斜。
斜月沉沉藏海雾,碣石潇湘无限路。
不知乘月几人归,落月摇情满江树。

❖ **张九龄**(673—740),字子寿,一名博物,韶州曲江(今广东韶关)人。

政治家、文学家。开元盛世时期的名相。直言敢谏,选贤任能,不附权贵。诗风清淡质朴,一扫唐初所沿袭的六朝绮靡诗风,有《曲江集》。

《感遇十二首》

(其一)

兰叶春葳蕤,桂华秋皎洁。欣欣此生意,自尔为佳节。
谁知林栖者,闻风坐相悦。草木有本心,何求美人折!

【注】 葳蕤(wēiruí),草木茂盛。

(其七)

江南有丹橘,经冬犹绿林。岂伊地气暖,自有岁寒心。
可以荐嘉宾,奈何阻重深。运命惟所遇,循环不可寻。
徒言树桃李,此木岂无阴。

《望月怀远》

海上生明月,天涯共此时。情人怨遥夜,竟夕起相思。
灭烛怜光满,披衣觉露滋。不堪盈手赠,还寝梦佳期。

❖ **王之涣**(688—742),字季凌,祖籍并州晋阳(今山西太原)。精于文章,以边塞诗闻名。

《凉州词》

黄河远上白云间,一片孤城万仞山。
羌笛何须怨杨柳,春风不度玉门关。

❖ **孟浩然**(689—740),字浩然,号孟山人,襄州襄阳(今湖北襄阳)人,著名山水田园派诗人,世称"孟襄阳"。不媚俗世,修道归隐。诗多写山水田园、隐居逸兴及羁旅行役之心情,有《孟浩然集》。

诗 选 篇

《留别王维》

寂寂竟何待,朝朝空自归。欲寻芳草去,惜与故人违。
当路谁相假?知音世所稀。只应守寂寞,还掩故园扉。

《与诸子登岘首》

人事有代谢,往来成古今。江山留胜迹,我辈复登临。
水落鱼梁浅,天寒梦泽深。羊公碑尚在,读罢泪沾襟。

《秋登万山寄张五》

北山白云里,隐者自怡悦。相望始登高,心随雁飞灭。
愁因薄暮起,兴是清秋发。时见归村人,平沙渡头歇。
天边树若荠,江畔洲如月。何当载酒来,共醉重阳节。

《过故人庄》

故人具鸡黍,邀我至田家。绿树村边合,青山郭外斜。
开轩面场圃,把酒话桑麻。待到重阳日,还来就菊花。

《宿桐庐江寄广陵旧游》

山暝听猿愁,沧江急夜流。风鸣两岸叶,月照一孤舟。
建德非吾土,维扬忆旧游。还将两行泪,遥寄海西头。

《宿建德江》

移舟泊烟渚,日暮客愁新。野旷天低树,江清月近人。

《临洞庭上张丞相》

八月湖水平,涵虚混太清。气蒸云梦泽,波撼岳阳城。
欲济无舟楫,端居耻圣明。坐观垂钓者,徒有羡鱼情。

《题义公禅房》

义公习禅寂,结宇依空林。户外一峰秀,阶前众壑深。

夕阳连雨足,空翠落庭阴。看取莲花净,方知不染心。

《岁暮归南山》

北阙休上书,南山归敝庐。不才明主弃,多病故人疏。
白发催年老,青阳逼岁除。永怀愁不寐,松月夜窗虚。

《清明日宴梅道士房》

林卧愁春尽,开轩览物华。忽逢青鸟使,邀入赤松家。
丹灶初开火,仙桃正落花。童颜若可驻,何惜醉流霞。

❖ **王昌龄**(698－757),字少伯。开元年进士及第,曾任龙标县尉。以边塞诗著名,人称"七绝圣手",有《王昌龄集》。

《从军行》(其四)

青海长云暗雪山,孤城遥望玉门关。
黄沙百战穿金甲,不破楼兰终不还。

《出塞》(其一)

秦时明月汉时关,万里长征人未还。
但使龙城飞将在,不教胡马度阴山。

《闺怨》

闺中少妇不曾愁,春日凝妆上翠楼。
忽见陌头杨柳色,悔教夫婿觅封侯。

《芙蓉楼送辛渐》

寒雨连江夜入吴,平明送客楚山孤。
洛阳亲友如相问,一片冰心在玉壶。

《送柴侍御》

流水通波接武冈,送君不觉有离伤。

诗　选　篇

青山一道同云雨,明月何曾是两乡。

❖ 祖咏(699—746),字、号均不详,洛阳(今河南洛阳)人。开元年进士及第,长期未授官。入仕后又遭贬谪,归隐汝水一带。

《望蓟门》

燕台一望客心惊,箫鼓喧喧汉将营。
万里寒光生积雪,三边曙色动危旌。
沙场烽火连胡月,海畔云山拥蓟城。
少小虽非投笔吏,论功还欲请长缨。

《终南望余雪》

终南阴岭秀,积雪浮云端。
林表明霁色,城中增暮寒。

❖ 王维(701?—761),字摩诘,号摩诘居士,河东蒲州(今山西永济)人。开元中进士第,官尚书右丞。参禅悟理,学庄信道,精通诗、书、画、音乐等。诗多咏山水田园,兼有边塞风光及怀古咏人之作。有《王右丞集》。

《山居秋暝》

空山新雨后,天气晚来秋。明月松间照,清泉石上流。
竹喧归浣女,莲动下渔舟。随意春芳歇,王孙自可留。

《酬张少府》

晚年惟好静,万事不关心。自顾无长策,空知返旧林。
松风吹解带,山月照弹琴。君问穷通理,渔歌入浦深。

《终南山》

太乙近天都,连山接海隅。白云回望合,青霭入看无。
分野中峰变,阴晴众壑殊。欲投人处宿,隔水问樵夫。

《鹿柴》

空山不见人,但闻人语响。返景入深林,复照青苔上。

《竹里馆》

独坐幽篁里,弹琴复长啸。深林人不知,明月来相照。

【注】篁(huáng),竹林。

《鸟鸣涧》

人闲桂花落,夜静春山空。月出惊山鸟,时鸣春涧中。

《终南别业》

中岁颇好道,晚家南山陲。兴来每独往,胜事空自知。
行到水穷处,坐看云起时。偶然值林叟,谈笑无还期。

《汉江临泛》

楚塞三湘接,荆门九派通。江流天地外,山色有无中。
郡邑浮前浦,波澜动远空。襄阳好风日,留醉与山翁。

《使至塞上》

单车欲问边,属国过居延。征蓬出汉塞,归雁入胡天。
大漠孤烟直,长河落日圆。萧关逢候骑,都护在燕然。

《九月九日忆山东兄弟》

独在异乡为异客,每逢佳节倍思亲。
遥知兄弟登高处,遍插茱萸少一人。

《春日与裴迪过新昌里访吕逸人不遇》

桃源一向绝风尘,柳市南头访隐沦。
到门不敢题凡鸟,看竹何须问主人。

城上青山如屋里,东家流水入西邻。
闭门著书多岁月,种松皆作老龙鳞。

《积雨辋川庄作》

积雨空林烟火迟,蒸藜炊黍饷东菑。
漠漠水田飞白鹭,阴阴夏木啭黄鹂。
山中习静观朝槿,松下清斋折露葵。
野老与人争席罢,海鸥何事更相疑?

【注】 藜(lí),一种野菜。菑(zī),初耕的田。

《送元二使安西》

渭城朝雨浥轻尘,客舍青青柳色新。
劝君更尽一杯酒,西出阳关无故人。

❖ **崔颢**(?—754),汴州(今河南开封)人。开元时进士,官至司勋员外郎。有《崔颢集》。

《黄鹤楼》

昔人已乘黄鹤去,此地空余黄鹤楼。
黄鹤一去不复返,白云千载空悠悠。
晴川历历汉阳树,芳草萋萋鹦鹉洲。
日暮乡关何处是,烟波江上使人愁。

❖ **李白**(701—762),字太白,号青莲居士,又号"谪仙人",伟大的浪漫主义诗人。深受黄老列庄思想影响,诗风雄奇奔放,俊逸清新,达到了内容与艺术的完美统一。有《李太白集》。

《古风》(其十九)

西上莲花山,迢迢见明星。素手把芙蓉,虚步蹑太清。
霓裳曳广带,飘拂升天行。邀我登云台,高揖卫叔卿。

恍恍与之去,驾鸿凌紫冥。俯视洛阳川,茫茫走胡兵。
流血涂野草,豺狼尽冠缨。

《北风行》

烛龙栖寒门,光曜犹旦开。
日月照之何不及此?惟有北风号怒天上来。
燕山雪花大如席,片片吹落轩辕台。
幽州思妇十二月,停歌罢笑双蛾摧。
倚门望行人,念君长城苦寒良可哀。
别时提剑救边去,遗此虎文金鞞靫。
中有一双白羽箭,蜘蛛结网生尘埃。
箭空在,人今战死不复回。
不忍见此物,焚之已成灰。
黄河捧土尚可塞,北风雨雪恨难裁。

【注】 鞞靫(bǐngchá),箭袋。

《独坐敬亭山》

众鸟高飞尽,孤云独去闲。相看两不厌,唯有敬亭山。

《夜宿山寺》

危楼高百尺,手可摘星辰。不敢高声语,恐惊天上人。

《赠孟浩然》

吾爱孟夫子,风流天下闻。红颜弃轩冕,白首卧松云。
醉月频中圣,迷花不事君。高山安可仰,徒此揖清芬。

《送友人》

青山横北郭,白水绕东城。此地一为别,孤蓬万里征。
浮云游子意,落日故人情。挥手自兹去,萧萧班马鸣。

诗 选 篇

《关山月》

明月出天山,苍茫云海间。长风几万里,吹度玉门关。
汉下白登道,胡窥青海湾。由来征战地,不见有人还。
戍客望边色,思归多苦颜。高楼当此夜,叹息未应闲。

《渡荆门送别》

渡远荆门外,来从楚国游。山随平野尽,江入大荒流。
月下飞天镜,云生结海楼。仍怜故乡水,万里送行舟。

《秋登宣城谢朓北楼》

江城如画里,山晚望晴空。两水夹明镜,双桥落彩虹。
人烟寒橘柚,秋色老梧桐。谁念北楼上,临风怀谢公。

《子夜吴歌·秋歌》

长安一片月,万户捣衣声。秋风吹不尽,总是玉关情。
何日平胡虏,良人罢远征。

《月下独酌》

花间一壶酒,独酌无相亲。举杯邀明月,对影成三人。
月既不解饮,影徒随我身。暂伴月将影,行乐须及春。
我歌月徘徊,我舞影零乱。醒时同交欢,醉后各分散。
永结无情游,相期邈云汉。

《沙丘城下寄杜甫》

我来竟何事?高卧沙丘城。城边有古树,日夕连秋声。
鲁酒不可醉,齐歌空复情。思君若汶水,浩荡寄南征。

《塞下曲六首》(其一)

五月天山雪,无花只有寒。笛中闻《折柳》,春色未曾看。

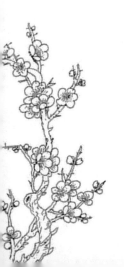

晓战随金鼓,宵眠抱玉鞍。愿将腰下剑,直为斩楼兰。

《黄鹤楼送孟浩然之广陵》

故人西辞黄鹤楼,烟花三月下扬州。
孤帆远影碧空尽,唯见长江天际流。

《金陵酒肆留别》

风吹柳花满店香,吴姬压酒唤客尝。
金陵子弟来相送,欲行不行各尽觞。
请君试问东流水,别意与之谁短长。

《早发白帝城》

朝辞白帝彩云间,千里江陵一日还。
两岸猿声啼不住,轻舟已过万重山。

《峨眉山月歌》

峨眉山月半轮秋,影入平羌江水流。
夜发清溪向三峡,思君不见下渝州。

《宣城见杜鹃花》

蜀国曾闻子规鸟,宣城还见杜鹃花。
一叫一回肠一断,三春三月忆三巴。

《望天门山》

天门中断楚江开,碧水东流至此回。
两岸青山相对出,孤帆一片日边来。

《赠汪伦》

李白乘舟将欲行,忽闻岸上踏歌声。
桃花潭水深千尺,不及汪伦送我情。

诗 选 篇

《闻王昌龄左迁龙标,遥有此寄》

杨花落尽子规啼,闻道龙标过五溪。
我寄愁心与明月,随风直到夜郎西。

《春夜洛城闻笛》

谁家玉笛暗飞声,散入春风满洛城。
此夜曲中闻《折柳》,何人不起故园情?

《清平调三首》

(其一)

云想衣裳花想容,春风拂槛露华浓。
若非群玉山头见,会向瑶台月下逢。

(其二)

一枝红艳露凝香,云雨巫山枉断肠。
借问汉宫谁得似,可怜飞燕倚新妆。

(其三)

名花倾国两相欢,长得君王带笑看。
解释春风无限恨,沉香亭北倚阑干。

《登金陵凤凰台》

凤凰台上凤凰游,凤去台空江自流。
吴宫花草埋幽径,晋代衣冠成古丘。
三山半落青天外,二水中分白鹭洲。
总为浮云能蔽日,长安不见使人愁。

《江上吟》

木兰之枻沙棠舟,玉箫金管坐两头。

美酒尊中置千斛,载妓随波任去留。
仙人有待乘黄鹤,海客无心随白鸥。
屈平词赋悬日月,楚王台榭空山丘。
兴酣笔落摇五岳,诗成笑傲凌沧洲。
功名富贵若长在,汉水亦应西北流。

【注】 枻(yì),船桨。

《宣州谢朓楼饯别校书叔云》

弃我去者,昨日之日不可留;
乱我心者,今日之日多烦忧。
长风万里送秋雁,对此可以酣高楼。
蓬莱文章建安骨,中间小谢又清发。
俱怀逸兴壮思飞,欲上青天揽明月。
抽刀断水水更流,举杯销愁愁更愁。
人生在世不称意,明朝散发弄扁舟。

《将进酒》

君不见黄河之水天上来,奔流到海不复回。
君不见高堂明镜悲白发,朝如青丝暮成雪。
人生得意须尽欢,莫使金樽空对月。
天生我材必有用,千金散尽还复来。
烹羊宰牛且为乐,会须一饮三百杯。
岑夫子,丹丘生,将进酒,杯莫停。
与君歌一曲,请君为我倾耳听。
钟鼓馔玉不足贵,但愿长醉不愿醒。
古来圣贤皆寂寞,惟有饮者留其名。
陈王昔时宴平乐,斗酒十千恣欢谑。
主人何为言少钱?径须沽取对君酌。
五花马,千金裘,呼儿将出换美酒,与尔同销万古愁。

诗 选 篇

《行路难三首》

(其一)

金樽清酒斗十千,玉盘珍羞值万钱。
停杯投箸不能食,拔剑四顾心茫然。
欲渡黄河冰塞川,将登太行雪满山。
闲来垂钓碧溪上,忽复乘舟梦日边。
行路难,行路难,多歧路,今安在?
长风破浪会有时,直挂云帆济沧海。

(其二)

大道如青天,我独不得出。
羞逐长安社中儿,赤鸡白狗赌梨栗。
弹剑作歌奏苦声,曳裾王门不称情。
淮阴市井笑韩信,汉朝公卿忌贾生。
君不见昔时燕家重郭隗,拥篲折节无嫌猜。
剧辛乐毅感恩分,输肝剖胆效英才。
昭王白骨萦蔓草,谁人更扫黄金台?
行路难,归去来!

(其三)

有耳莫洗颍川水,有口莫食首阳蕨。
含光混世贵无名,何用孤高比云月?
吾观自古贤达人,功成不退皆殒身。
子胥既弃吴江上,屈原终投湘水滨。
陆机雄才岂自保?李斯税驾苦不早。
华亭鹤唳讵可闻?上蔡苍鹰何足道?
君不见吴中张翰称达生,秋风忽忆江东行。
且乐生前一杯酒,何须身后千载名?

《庐山谣寄卢侍御虚舟》

我本楚狂人,凤歌笑孔丘。手持绿玉杖,朝别黄鹤楼。
五岳寻仙不辞远,一生好入名山游。
庐山秀出南斗傍,屏风九叠云锦张,影落明湖青黛光。
金阙前开二峰长,银河倒挂三石梁。
香炉瀑布遥相望,回崖沓障凌苍苍。
翠影红霞映朝日,鸟飞不到吴天长。
登高壮观天地间,大江茫茫去不还。
黄云万里动风色,白波九道流雪山。
好为庐山谣,兴因庐山发。
闲窥石镜清我心,谢公行处苍苔没。
早服还丹无世情,琴心三叠道初成。
遥见仙人彩云里,手把芙蓉朝玉京。
先期汗漫九垓上,愿接卢敖游太清。

❖**王翰**,生卒年不详,字子羽,并州晋阳(今山西太原)人。景龙年进士,道州司马。

《凉州词》

葡萄美酒夜光杯,欲饮琵琶马上催。
醉卧沙场君莫笑,古来征战几人回。

❖**戎昱**(约744—约800),荆州(今湖北江陵)人。青年时曾游历长安、齐、赵、陇西等地,中进士后于建中三年任侍御史,后任辰州、虔州刺史。有《戎昱诗集》。

《塞下曲》

汉将归来虏塞空,旌旗初下玉关东。
高蹄战马三千匹,落日平原秋草中。

诗 选 篇

《咏史》

汉家青史上，计拙是和亲。
社稷依明主，安危托妇人。
岂能将玉貌，便拟静胡尘。

❖ **高适**（约700—765），字达夫，沧州渤海县（今河北省景县）。天宝年进士及第，出任淮南节度使，讨伐永王李璘叛乱、安史叛军。与岑参、王昌龄、王之涣合称"边塞四诗人"，有《高常侍集》。

《燕歌行》

（开元二十六年，客有从御史大夫张公出塞而还者，作《燕歌行》以示适，感征戍之事，因而和焉。）

汉家烟尘在东北，汉将辞家破残贼。
男儿本自重横行，天子非常赐颜色。
摐金伐鼓下榆关，旌旆逶迤碣石间。
校尉羽书飞瀚海，单于猎火照狼山。
山川萧条极边土，胡骑凭陵杂风雨。
战士军前半死生，美人帐下犹歌舞！
大漠穷秋塞草衰，孤城落日斗兵稀。
身当恩遇常轻敌，力尽关山未解围。
铁衣远戍辛勤久，玉箸应啼别离后。
少妇城南欲断肠，征人蓟北空回首。
边庭飘飖那可度，绝域苍茫更何有！
杀气三时作阵云，寒声一夜传刁斗。
相看白刃血纷纷，死节从来岂顾勋？
君不见沙场征战苦，至今犹忆李将军！

【注】摐（chuāng）金伐鼓，军队在战场上敲锣击鼓。

《别董大二首》（其一）

千里黄云白日曛，北风吹雁雪纷纷。

莫愁前路无知己,天下谁人不识君?

【注】 曛(xūn),昏暗。

《除夜作》

旅馆寒灯独不眠,客心何事转凄然。
故乡今夜思千里,霜鬓明朝又一年。

❖ **常建**(708—765),祖籍邢州人。开元年进士,仕宦不得意,来往于山水名胜,后隐居鄂渚。

《题破山寺后禅院》

清晨入古寺,初日照高林。竹径通幽处,禅房花木深。
山光悦鸟性,潭影空人心。万籁此俱寂,但余钟磬音。

❖ **颜真卿**(709—784),字清臣,别号应方,京兆万年(今陕西西安)人。开元年进士。安史之乱时,率义军对抗叛军。代宗时封鲁郡公,人称"颜鲁公",被派遣劝谕叛将李希烈时遇害。书法精妙,创"颜体"楷书,与赵孟頫、柳公权、欧阳询并称为"楷书四大家"。有《颜鲁公文集》。

《劝学》

三更灯火五更鸡,正是男儿读书时。
黑发不知勤学早,白首方悔读书迟。

❖ **杜甫**(712—770),字子美,自号少陵野老,原籍湖北襄阳,伟大的现实主义诗人。曾任中书省左拾遗和剑南节度使严武幕中检校工部员外郎,后世称杜拾遗、杜工部,也称杜少陵、杜草堂。杜甫忧国忧民,人格高尚,诗艺精湛,表达了儒家仁爱思想和强烈的忧患意识,后人称为"诗圣"。他的诗记录了唐代由盛转衰的历史巨变,被称为"诗史"。有约1500首诗歌存于《杜工部集》。

诗选篇

《望岳》

岱宗夫如何,齐鲁青未了。造化钟神秀,阴阳割昏晓。
荡胸生层云,决眦入归鸟。会当凌绝顶,一览众山小。

【注】 眦(zì),眼角。

《登岳阳楼》

昔闻洞庭水,今上岳阳楼。吴楚东南坼,乾坤日夜浮。
亲朋无一字,老病有孤舟。戎马关山北,凭轩涕泗流。

【注】 坼(chè),裂开。

《春望》

国破山河在,城春草木深。感时花溅泪,恨别鸟惊心。
烽火连三月,家书抵万金。白头搔更短,浑欲不胜簪。

《不见》

不见李生久,佯狂真可哀!世人皆欲杀,吾意独怜才。
敏捷诗千首,飘零酒一杯。匡山读书处,头白好归来。

《赠卫八处士》

人生不相见,动如参与商。今夕复何夕,共此灯烛光。
少壮能几时,鬓发各已苍。访旧半为鬼,惊呼热中肠。
焉知二十载,重上君子堂。昔别君未婚,儿女忽成行。
怡然敬父执,问我来何方。问答未及已,驱儿罗酒浆。
夜雨剪春韭,新炊间黄粱。主称会面难,一举累十觞。
十觞亦不醉,感子故意长。明日隔山岳,世事两茫茫。

《石壕吏》

暮投石壕村,有吏夜捉人。老翁逾墙走,老妇出门看。
吏呼一何怒,妇啼一何苦。听妇前致词,三男邺城戍。

一男附书至,二男新战死。存者且偷生,死者长已矣。
室中更无人,惟有乳下孙。有孙母未去,出入无完裙。
老妪力虽衰,请从吏夜归。急应河阳役,犹得备晨炊。
夜久语声绝,如闻泣幽咽。天明登前途,独与老翁别。

《新婚别》

兔丝附蓬麻,引蔓故不长。嫁女与征夫,不如弃路旁。
结发为妻子,席不暖君床。暮婚晨告别,无乃太匆忙。
君行虽不远,守边赴河阳。妾身未分明,何以拜姑嫜。
父母养我时,日夜令我藏。生女有所归,鸡狗亦得将。
君今往死地,沈痛迫中肠。誓欲随君去,形势反苍黄。
勿为新婚念,努力事戎行。妇人在军中,兵气恐不扬。
自嗟贫家女,久致罗襦裳。罗襦不复施,对君洗红妆。
仰视百鸟飞,大小必双翔。人事多错迕,与君永相望。

【注】 嫜(zhāng),公公,丈夫的父亲。襦(rú),短衣、短袄。

《月夜忆舍弟》

戍鼓断人行,秋边一雁声。露从今夜白,月是故乡明。
有弟皆分散,无家问死生。寄书长不达,况乃未休兵。

《旅夜书怀》

细草微风岸,危樯独夜舟。星垂平野阔,月涌大江流。
名岂文章著,官应老病休。飘飘何所似,天地一沙鸥。

《月夜》

今夜鄜州月,闺中只独看。遥怜小儿女,未解忆长安。
香雾云鬟湿,清辉玉臂寒。何时倚虚幌,双照泪痕干。

【注】 虚幌,作者想象中的情景。

《春夜喜雨》

好雨知时节,当春乃发生。随风潜入夜,润物细无声。

远芳侵古道,晴翠接荒城。晓看红湿处,花重锦官城。

《梦李白二首》

(其一)

死别已吞声,生别常恻恻。江南瘴疠地,逐客无消息。
故人入我梦,明我长相忆。恐非平生魂,路远不可测。
魂来枫林青,魂返关塞黑。君今在罗网,何以有羽翼。
落月满屋梁,犹疑照颜色。水深波浪阔,无使蛟龙得。

(其二)

浮云终日行,游子久不至。三夜频梦君,情亲见君意。
告归常局促,苦道来不易。江湖多风波,舟楫恐失坠。
出门搔白首,若负平生志。冠盖满京华,斯人独憔悴。
孰云网恢恢,将老身反累。千秋万岁名,寂寞身后事。

《佳人》

绝代有佳人,幽居在空谷。自云良家子,零落依草木。
关中昔丧乱,兄弟遭杀戮。官高何足论,不得收骨肉。
世情恶衰歇,万事随转烛。夫婿轻薄儿,新人美如玉。
合昏尚知时,鸳鸯不独宿。但见新人笑,那闻旧人哭。
在山泉水清,出山泉水浊。侍婢卖珠回,牵萝补茅屋。
摘花不插发,采柏动盈掬。天寒翠袖薄,日暮倚修竹。

《戏为六绝句》

(其一)

庾信文章老更成,凌云健笔意纵横。
今人嗤点流传赋,不觉前贤畏后生。

(其二)

王杨卢骆当时体,轻薄为文哂未休。
尔曹身与名俱灭,不废江河万古流。

(其三)

纵使"卢王操翰墨,劣于汉魏近风骚"。
龙文虎脊皆君驭,历块过都见尔曹。

【注】 历块过都见尔曹,块,指一块土地、田野;都,指城市、都城。经历过田野和都城,才知道你们的高低长短。

(其四)

才力应难跨数公,凡今谁是出群雄。
或看翡翠兰苕上,未掣鲸鱼碧海中。

(其五)

不薄今人爱古人,清词丽句必为邻。
窃攀屈宋宜方驾,恐与齐梁作后尘。

(其六)

未及前贤更勿疑,递相祖述复先谁?
别裁伪体亲风雅,转益多师是汝师。

《江南逢李龟年》

岐王宅里寻常见,崔九堂前几度闻。
正是江南好风景,落花时节又逢君。

《江畔独步寻花七绝句》(其六)

黄四娘家花满蹊,千朵万朵压枝低。
留连戏蝶时时舞,自在娇莺恰恰啼。

诗选篇

《赠花卿》

锦城丝管日纷纷,半入江风半入云。
此曲只应天上有,人间能得几回闻?

《贫交行》

翻手为云覆手雨,纷纷轻薄何须数。
君不见管鲍贫时交,此道今人弃如土。

《饮中八仙歌》

知章骑马似乘船,眼花落井水底眠。
汝阳三斗始朝天,道逢麹车口流涎,恨不移封向酒泉。
左相日兴费万钱,饮如长鲸吸百川,衔杯乐圣称避贤。
宗之潇洒美少年,举觞白眼望青天,皎如玉树临风前。
苏晋长斋绣佛前,醉中往往爱逃禅。
李白斗酒诗百篇,长安市上酒家眠。
天子呼来不上船,自称臣是酒中仙。
张旭三杯草圣传,脱帽露顶王公前,挥毫落纸如云烟。
焦遂五斗方卓然,高谈雄辩惊四筵。

《漫兴》

肠断春江欲尽头,杖藜徐步立芳洲。
颠狂柳絮随风舞,轻薄桃花逐水流。

《江上值水如海势聊短述》

为人性僻耽佳句,语不惊人死不休。
老去诗篇浑漫与,春来花鸟莫深愁。
新添水槛供垂钓,故着浮槎替入舟。
焉得思如陶谢手,令渠述作与同游。

《登高》

风急天高猿啸哀,渚清沙白鸟飞回。
无边落木萧萧下,不尽长江滚滚来。
万里悲秋常作客,百年多病独登台。
艰难苦恨繁霜鬓,潦倒新停浊酒杯。

《登楼》

花近高楼伤客心,万方多难此登临。
锦江春色来天地,玉垒浮云变古今。
北极朝廷终不改,西山寇盗莫相侵。
可怜后主还祠庙,日暮聊为梁甫吟。

《野望》

西山白雪三城戍,南浦清江万里桥。
海内风尘诸弟隔,天涯涕泪一身遥。
惟将迟暮供多病,未有涓埃答圣朝。
跨马出郊时极目,不堪人事日萧条。

《悲陈陶》

孟冬十郡良家子,血作陈陶泽中水。
野旷天清无战声,四万义军同日死。
群胡归来血洗箭,仍唱胡歌饮都市。
都人回面向北啼,日夜更望官军至。

《闻官军收河南河北》

剑外忽传收蓟北,初闻涕泪满衣裳。
却看妻子愁何在,漫卷诗书喜欲狂。
白日放歌须纵酒,青春作伴好还乡。
即从巴峡穿巫峡,便下襄阳向洛阳。

诗 选 篇

《蜀相》

丞相祠堂何处寻,锦官城外柏森森。
映阶碧草自春色,隔叶黄鹂空好音。
三顾频烦天下计,两朝开济老臣心。
出师未捷身先死,长使英雄泪满襟。

《江村》

清江一曲抱村流,长夏江村事事幽。
自去自来堂上燕,相亲相近水中鸥。
老妻画纸为棋局,稚子敲针作钓钩。
但有故人供禄米,微躯此外复何求?

《狂夫》

万里桥西一草堂,百花潭水即沧浪。
风含翠篠娟娟净,雨裛红蕖冉冉香。
厚禄故人书断绝,恒饥稚子色凄凉。
欲填沟壑唯疏放,自笑狂夫老更狂。

【注】 篠(xiǎo),比较细的竹子。裛(yì),湿润。蕖(qú),荷花的别名。

《曲江二首》

(其一)

一片花飞减却春,风飘万点正愁人。
且看欲尽花经眼,莫厌伤多酒入唇。
江上小堂巢翡翠,苑边高冢卧麒麟。
细推物理须行乐,何用浮名绊此身。

(其二)

朝回日日典春衣,每日江头尽醉归。

酒债寻常行处有,人生七十古来稀。
穿花蛱蝶深深见,点水蜻蜓款款飞。
传语风光共流转,暂时相赏莫相违。

《客至》

舍南舍北皆春水,但见群鸥日日来。
花径不曾缘客扫,蓬门今始为君开。
盘餐市远无兼味,樽酒家贫只旧醅。
肯与邻翁相对饮,隔篱呼取尽余杯。

【注】 醅(pēi),没有过滤的酒。

《秋兴八首》(其一)

玉露凋伤枫树林,巫山巫峡气萧森。
江间波浪兼天涌,塞上风云接地阴。
丛菊两开他日泪,孤舟一系故园心。
寒衣处处催刀尺,白帝城高急暮砧。

【注】 催刀尺,催促剪裁衣服。砧,捶衣石。急暮砧,急忙在晚间洗衣物。

《茅屋为秋风所破歌》

八月秋高风怒号,卷我屋上三重茅。
茅飞渡江洒江郊,高者挂罥长林梢,下者飘转沉塘坳。
南村群童欺我老无力,忍能对面为盗贼。
公然抱茅入竹去,唇焦口燥呼不得,归来倚杖自叹息。
俄顷风定云墨色,秋天漠漠向昏黑。
布衾多年冷似铁,骄儿恶卧踏里裂。
床头屋漏无干处,雨脚如麻未断绝。
自经丧乱少睡眠,长夜沾湿何由彻!
安得广厦千万间,大庇天下寒士俱欢颜,风雨不动安如山!
呜呼!何时眼前突兀见此屋,吾庐独破受冻死亦足!

诗 选 篇

【注】 罥(juàn),捕捉鸟兽的网。俄顷(qǐng),片刻、一会儿。

❖**刘长卿**(？—约789),字文房,原籍宣城。天宝年进士及第,刚直犯上,两度贬谪,官随州刺史,世称刘随州。

《逢雪宿芙蓉山主人》

日暮苍山远,天寒白屋贫。
柴门闻犬吠,风雪夜归人。

《长沙过贾谊宅》

三年谪宦此栖迟,万古惟留楚客悲。
秋草独寻人去后,寒林空见日斜时。
汉文有道恩犹薄,湘水无情吊岂知?
寂寂江山摇落处,怜君何事到天涯!

❖**王湾**,生卒年不详,号为德,洛阳(今属河南)人。玄宗先天年进士及第,授荥阳主簿。

《次北固山下》

客路青山外,行舟绿水前。潮平两岸阔,风正一帆悬。
海日生残夜,江春入旧年。乡书何处达,归雁洛阳边。

❖**岑参**(约715—770),荆州江陵(今湖北荆州市)人。天宝年进士及第,曾任嘉州刺史,世称"岑嘉州",与高适并称"高岑"。

《白雪歌送武判官归京》

北风卷地白草折,胡天八月即飞雪。
忽如一夜春风来,千树万树梨花开。
散入珠帘湿罗幕,狐裘不暖锦衾薄。
将军角弓不得控,都护铁衣冷难着。

瀚海阑干百丈冰,愁云惨淡万里凝。
中军置酒饮归客,胡琴琵琶与羌笛。
纷纷暮雪下辕门,风掣红旗冻不翻。
轮台东门送君去,去时雪满天山路。
山回路转不见君,雪上空留马行处。

《轮台歌奉送封大夫出师西征》

轮台城头夜吹角,轮台城北旄头落。
羽书昨夜过渠黎,单于已在金山西。
戍楼西望烟尘黑,汉兵屯在轮台北。
上将拥旄西出征,平明吹笛大军行。
四边伐鼓雪海涌,三军大呼阴山动。
虏塞兵气连云屯,战场白骨缠草根。
剑河风急雪片阔,沙口石冻马蹄脱。
亚相勤王甘苦辛,誓将报主静边尘。
古来青史谁不见,今见功名胜古人。

【注】 羽书,插有羽毛的紧急军事文书。渠黎,在今新疆轮台县东南。单(chán)于,匈奴的部落首领。旄(máo),牦牛尾装饰的旌旗。

《逢入京使》

故园东望路漫漫,双袖龙钟泪不干。
马上相逢无纸笔,凭君传语报平安。

《碛中作》

走马西来欲到天,辞家见月两回圆。
今夜未知何处宿,平沙莽莽绝人烟。

【注】 碛(qì),沙漠。

《行军九日思长安故园》

强欲登高去,无人送酒来。遥怜故园菊,应傍战场开。

❖ **韩翃**，生卒年不详，字君平，南阳（今属河南）人，"大历十才子"之一。天宝年进士，官至中书舍人。有《韩君平诗集》。

《寒食》

春城无处不飞花，寒食东风御柳斜。

日暮汉宫传蜡烛，轻烟散入五侯家。

❖ **司空曙**(720—790)，字文明，广平（今河北邯郸市永年）人。大历年间进士，官至虞部郎中，"大历十才子"之一。

《江村即事》

钓罢归来不系船，江村月落正堪眠。

纵然一夜风吹去，只在芦花浅水边。

❖ **钱起**（约720—约782），字仲文，吴兴（今浙江湖州）人，"大历十才子"之一。天宝年进士，官至考功郎中，世称"钱考功"。

《省试湘灵鼓瑟》

善鼓云和瑟，常闻帝子灵。冯夷空自舞，楚客不堪听。

苦调凄金石，清音入杳冥。苍梧来怨慕，白芷动芳馨。

流水传湘浦，悲风过洞庭。曲终人不见，江上数峰青。

《暮春归故山草堂》

谷口春残黄鸟稀，辛夷花尽杏花飞。

始怜幽竹山窗下，不改清阴待我归。

❖ **张继**，生卒年不详，约公元753年前后在世，字懿孙，湖北襄州（今湖北襄阳）人。天宝年进士，曾任洪州盐铁判官。

《枫桥夜泊》

月落乌啼霜满天,江枫渔火对愁眠。
姑苏城外寒山寺,夜半钟声到客船。

❖ **戴叔伦**(732—789),字幼公,润州金坛(今江苏常州)人。曾任容管经略使,晚年为道士。

《题稚川山水》

松下茅亭五月凉,汀沙云树晚苍苍。
行人无限秋风思,隔水青山似故乡。

❖ **韦应物**(约737—791),字义博,陕西西安人。曾任江州刺史、检校左司郎中、苏州刺史,世称"韦苏州""韦左司""韦江州"。有《韦苏州诗集》。

《寄李儋元锡》

去年花里逢君别,今日花开已一年。
世事茫茫难自料,春愁黯黯独成眠。
身多疾病思田里,邑有流亡愧俸钱。
闻道欲来相问讯,西楼望月几回圆。

《滁州西涧》

独怜幽草涧边生,上有黄鹂深树鸣。
春潮带雨晚来急,野渡无人舟自横。

❖ **卢纶**(约742—约799),字允言,河中蒲(今山西永济)人,"大历十才子"之一。天宝末年进士,有《卢户部诗集》。

《送李端》

故关衰草遍,离别自堪悲。路出寒云外,人归暮雪时。

诗 选 篇

少孤为客早,多难识君迟。掩泪空相向,风尘何处期?

❖ **李益**(746—829),字君虞,陇西姑臧(今甘肃武威)人。大历年进士,仕途失意弃官在燕赵一带游历,以边塞诗出名。

《喜见外弟又言别》

十年离乱后,长大一相逢。问姓惊初见,称名忆旧容。
别来沧海事,语罢暮天钟。明日巴陵道,秋山又几重。

《夜上受降城闻笛》

回乐峰前沙似雪,受降城外月如霜。
不知何处吹芦管,一夜征人尽望乡。

《从军北征》

天山雪后海风寒,横笛遍吹《行路难》。
碛里征人三十万,一时回首月中看。

❖ **李嘉祐**(?—约779),字从一,赵州(今河北赵县)人。天宝七年进士,曾任台州刺史,有《李嘉祐诗》。

《竹楼》

傲吏身闲笑五侯,西江取竹起高楼。
南风不用蒲葵扇,纱帽闲眠对水鸥。

❖ **张谓**(?—约778),字正言,河内(今河南沁阳)人。

《同王徵君湘中有怀》

八月洞庭秋,潇湘水北流。还家万里梦,为客五更愁。
不用开书帙,偏宜上酒楼。故人京洛满,何日复同游?

【注】帙(zhì),古代书画外面包着的布套。

❖**孟郊**(751—814),字东野,湖州武康人。曾任溧阳县尉,由于不能舒展抱负,放迹林泉,徘徊赋诗。诗作多写世态炎凉、民间苦难,与贾岛并称"郊寒岛瘦",有《孟东野诗集》。

《游子吟》

慈母手中线,游子身上衣。临行密密缝,意恐迟迟归。
谁言寸草心,报得三春晖。

《登科后》

昔日龌龊不足夸,今朝放荡思无涯。
春风得意马蹄疾,一日看尽长安花。

【注】 龌龊(wòchuò),原意是指不干净,引申为品行不洁,这里指处境困顿。

❖**杨巨源**(755—825),字景山,后改名巨济,山西永济人,贞元五年进士。

《城东早春》

诗家清景在新春,绿柳才黄半未匀。
若待上林花似锦,出门俱是看花人。

❖**张籍**(约767—830),字文昌,原籍吴郡,侨寓和州乌江(今安徽和县)。世称"张水部""张司业"。

《节妇吟》

君知妾有夫,赠妾双明珠。
感君缠绵意,系在红罗襦。
妾家高楼连苑起,良人执戟明光里。
知君用心如日月,事夫誓拟同生死。

还君明珠双泪垂,恨不相逢未嫁时。

《秋思》

洛阳城里见秋风,欲作家书意万重。
复恐匆匆说不尽,行人临发又开封。

❖ **韩愈**(768—824),字退之,河南河阳人,世称"韩昌黎""昌黎先生",进士出身,官至监察御史。文学家、思想家、哲学家,唐代古文运动的倡导者,唐宋八大家之首,与柳宗元并称"韩柳",有"文章巨公""百代文宗"之名,有《韩昌黎集》。

《左迁至蓝关示侄孙湘》

一封朝奏九重天,夕贬潮阳路八千。
欲为圣明除弊事,肯将衰朽惜残年!
云横秦岭家何在,雪拥蓝关马不前。
知汝远来应有意,好收吾骨瘴江边。

【注】 瘴(zhāng),湿热并充斥着毒气瘟疫,这里指潮州。

《早春呈水部张十八员外》

天街小雨润如酥,草色遥看近却无。
最是一年春好处,绝胜烟柳满皇都。

《晚春》

草木知春不久归,百般红紫斗芳菲。
杨花榆荚无才思,惟解漫天作雪飞。

❖ **崔护**(?—831),字殷功,蓝田(今属陕西)人,贞元年进士及第,官至岭南节度使。

《题都城南庄》

去年今日此门中,人面桃花相映红。

人面不知何处去，桃花依旧笑春风。

❖ **刘禹锡**(772－842)，字梦得，河南洛阳人。曾任监察御史，参与"永贞革新"，革新失败后，屡遭贬谪。诗文俱佳，有《刘梦得文集》等。

《蜀先主庙》

天下英雄气，千秋尚凛然。势分三足鼎，业复五铢钱。
得相能开国，生儿不象贤。凄凉蜀故妓，来舞魏宫前。

《西塞山怀古》

王濬楼船下益州，金陵王气黯然收。
千寻铁锁沉江底，一片降幡出石头。
人世几回伤往事，山形依旧枕寒流。
今逢四海为家日，故垒萧萧芦荻秋。

《酬乐天扬州初逢席上见赠》

巴山楚水凄凉地，二十三年弃置身。
怀旧空吟闻笛赋，到乡翻似烂柯人。
沉舟侧畔千帆过，病树前头万木春。
今日听君歌一曲，暂凭杯酒长精神。

《始闻秋风》

昔看黄菊与君别，今听玄蝉我却回。
五夜飕飗枕前觉，一年颜状镜中开。
马思边草拳毛动，雕盼青云睡眼开。
天地肃清堪四望，为君扶病上高台。

《秋词》(其一)

自古逢秋悲寂寥，我言秋日胜春朝。
晴空一鹤排云上，便引诗情到碧霄。

诗 选 篇

《石头城》

山围故国周遭在,潮打空城寂寞回。
淮水东边旧时月,夜深还过女墙来。

《乌衣巷》

朱雀桥边野草花,乌衣巷口夕阳斜。
旧时王谢堂前燕,飞入寻常百姓家。

《故洛城古墙》

粉落椒飞知几春,风吹雨洒旋成尘。
莫言一片危基在,犹过无穷往来人。

《玄都观桃花》

紫陌红尘拂面来,无人不道看花回。
玄都观里桃千树,尽是刘郎去后栽。

《再游玄都观》

百亩庭中半是苔,桃花净尽菜花开。
种桃道士归何处,前度刘郎今又来。

《杨柳枝词》

塞北梅花羌笛吹,淮南桂树小山词。
请君莫奏前朝曲,听唱新翻《杨柳枝》。

《浪淘沙九首选二》

(其六)

日照澄洲江雾开,淘金女伴满江隈。
美人首饰侯王印,尽是沙中浪底来。

（其八）

莫道谗言如浪深，莫言迁客似沙沉。
千淘万漉虽辛苦，吹尽狂沙始到金。

《乐天见示伤微之敦诗晦叔三君子皆有深分因成是诗以寄》

吟君叹逝双绝句，使我伤怀奏短歌。
世上空惊故人少，集中惟觉祭文多。
芳林新叶催陈叶，流水前波让后波。
万古到今同此恨，闻琴泪尽欲如何。

《酬乐天咏老见示》

人谁不顾老，老去有谁怜？身瘦带频减，发稀冠自偏。
废书缘惜眼，多灸为随年。经事还谙事，阅人如阅川。
细思皆幸矣，下此便修然。莫道桑榆晚，为霞尚满天。

【注】 修（xiāo）然，无拘无束，自由自在。

《望洞庭》

湖光秋月两相和，潭面无风镜未磨。
仰望洞庭山水色，白银盘里一青螺。

❖ **白居易**（772－846），字乐天，号香山居士。官至左赞善大夫。伟大的现实主义诗人，唐代三大诗人之一。倡导新乐府运动，诗歌题材广泛，语言平易通俗，有《白氏长庆集》。

《赋得古原草送别》

离离原上草，一岁一枯荣。野火烧不尽，春风吹又生。
远芳侵古道，晴翠接荒城。又送王孙去，萋萋满别情。

【注】 王孙，草的别名。

诗 选 篇

《钱塘湖春行》

孤山寺北贾亭西,水面初平云脚低。
几处早莺争暖树,谁家新燕啄春泥。
乱花渐欲迷人眼,浅草才能没马蹄。
最爱湖东行不足,绿杨阴里白沙堤。

《大林寺桃花》

人间四月芳菲尽,山寺桃花始盛开。
长恨春归无觅处,不知转入此中来。

《放言五首》(其三)

赠君一法决狐疑,不用钻龟与祝蓍。
试玉要烧三日满,辨材须待七年期。
周公恐惧流言日,王莽谦恭未篡时。
向使当初身便死,一生真伪复谁知?

【注】 钻龟、祝蓍(shì),都是古人占卜的一种方式。

《秦中吟十首·轻肥》

意气骄满路,鞍马光照尘。借问何为者,人称是内臣。
朱绂皆大夫,紫绶或将军。夸赴军中宴,走马去如云。
尊罍溢九酝,水陆罗八珍。果擘洞庭橘,脍切天池鳞。
食饱心自若,酒酣气益振。是岁江南旱,衢州人食人。

【注】 尊、罍(léi),都是古人盛酒的器皿。

❖柳宗元(773—819),字子厚,河东解县(现山西运城)人,唐宋八大家之一,著名文学家、思想家。世称"柳河东""河东先生",因任柳州刺史,又称"柳柳州",有《河东先生集》。

《江雪》

千山鸟飞绝,万径人踪灭。孤舟蓑笠翁,独钓寒江雪。

《登柳州城楼寄漳、汀、封、连四州刺史》

城上高楼接大荒,海天愁思正茫茫。
惊风乱飐芙蓉水,密雨斜侵薜荔墙。
岭树重遮千里目,江流曲似九回肠。
共来百越文身地,犹自音书滞一乡!

《别舍弟宗一》

零落残红倍黯然,双垂别泪越江边。
一身去国六千里,万死投荒十二年。
桂岭瘴来云似墨,洞庭春尽水如天。
欲知此后相思梦,长在荆门郢树烟。

❖ **元稹**(779—831),字微之,河南洛阳人。官至监察御史。与白居易共同倡导新乐府运动,世称"元白"。有《元氏长庆集》。

《遣悲怀三首》

(其一)

谢公最小偏怜女,自嫁黔娄百事乖。
顾我无衣搜荩箧,泥他沽酒拔金钗。
野蔬充膳甘长藿,落叶添薪仰古槐。
今日俸钱过十万,与君营奠复营斋。

【注】 荩箧(jìnqiè),用草编的箱子。荩,草;箧,箱子。

(其二)

昔日戏言身后事,今朝都到眼前来。
衣裳已施行看尽,针线犹存未忍开。
尚想旧情怜婢仆,也曾因梦送钱财。

诚知此恨人人有,贫贱夫妻百事哀。

(其三)

闲坐悲君亦自悲,百年都是几多时。
邓攸无子寻知命,潘岳悼亡犹费词。
同穴窅冥何所望?他生缘会更难期。
惟将终夜长开眼,报答平生未展眉。

【注】 同穴,《诗经·王风·大车》有"榖则异室,死则同穴"。窅(yǎo),幽暗。冥,阴间。

《离思五首》(其四)

曾经沧海难为水,除却巫山不是云。
取次花丛懒回顾,半缘修道半缘君。

《菊花》

秋丛绕舍似陶家,遍绕篱边日渐斜。
不是花中偏爱菊,此花开尽更无花。

❖ **贾岛**(779—843),字阆仙,河北范阳(治今河北涿州)人。早年出家为僧,名无本、"碣石山人"。曾任长江主簿,故称贾长江。一生穷愁,人称"苦吟诗人",多写荒凉枯寂之境,重词句锤炼。与孟郊齐名,后人以"郊寒岛瘦"喻其诗风格,有《长江集》。

《题李凝幽居》

闲居少邻并,草径入荒园。鸟宿池边树,僧敲月下门。
过桥分野色,移石动云根。暂去还来此,幽期不负言。

《访隐者不遇》

松下问童子,言师采药去。只在此山中,云深不知处。

《剑客》

十年磨一剑,霜刃未曾试。今日把示君,谁有不平事?

《忆江上吴处士》

闽国扬帆去,蟾蜍亏复圆。秋风生渭水,落叶满长安。
此地聚会夕,当时雷雨寒。兰桡殊未返,消息海云端。

❖ **胡令能**(785—826),河南郑州中牟县人。

《小儿垂钓》

蓬头稚子学垂纶,侧坐莓苔草映身。
路人借问遥招手,怕得鱼惊不应人。

❖ **张祜**(785—约852),字承吉,清河(今河北清河西人),家世显赫,为人清高,生性孤傲,不事科举,一生未仕。

《宫词》

故国三千里,深宫二十年。
一声《何满子》,双泪落君前。

《题金陵渡》

金陵津渡小山楼,一宿行人自可愁。
潮落夜江斜月里,两三星火是瓜州。

❖ **朱庆馀**,生卒年不详,名可久,字庆馀,越州(冶浙江绍兴)人,喜老庄之道。宝历年进士,官至秘书省校书郎。

《宫词》

寂寂花时闭院门,美人相并立琼轩。

诗 选 篇

含情欲说宫中事,鹦鹉前头不敢言。

❖ **李贺**(790－816),字长吉,福昌(今河南宜阳)人。王室后人,仕途不顺,热心于诗歌创作。作品抒发对理想抱负的追求,想象极为丰富,引用神话传说,托古寓今。是继屈原、李白之后又一位享誉盛名的浪漫主义诗人。有《昌谷集》。

《南园十三首》

(其五)

男儿何不带吴钩,收取关山五十州?
请君暂上凌烟阁,若个书生万户侯。

【注】 吴钩,春秋时一种青铜制作的弯刀。

(其六)

寻章摘句老雕虫,晓月当帘挂玉弓。
不见年年辽海上,文章何处哭秋风。

《金铜仙人辞汉歌》

(魏明帝青龙元年八月,诏宫官牵车,西取汉孝武捧露盘仙人,欲立置前殿。宫官既拆盘,仙人临载,乃潸然泪下。唐诸王孙李长吉遂作《金铜仙人辞汉歌》。)

茂陵刘郎秋风客,夜闻马嘶晓无迹。
画栏桂树悬秋香,三十六宫土花碧。
魏官牵车指千里,东关酸风射眸子。
空将汉月出宫门,忆君清泪如铅水。
衰兰送客咸阳道,天若有情天亦老。
携盘独出月荒凉,渭城已远波声小。

《致酒行》

零落栖迟一杯酒,主人奉觞客长寿。

主父西游困不归,家人折断门前柳。
吾闻马周昔作新丰客,天荒地老无人识。
空将笺上两行书,直犯龙颜请恩泽。
我有迷魂招不得,雄鸡一声天下白。
少年心事当拿云,谁念幽寒坐呜呃。

❖**许浑**(约791—约858),字用晦,江苏丹阳人。曾任监察御史,睦州、郢州刺史等。晚年居润州丁卯桥村,有《丁卯集》。作诗声调平仄自成一格,创"丁卯体"。多以怀古、田园诗为题材。

《谢亭送别》

劳歌一曲解行舟,红叶青山水急流。
日暮酒醒人已远,满天风雨下西楼。

《咸阳城西楼晚眺》

一上高城万里愁,蒹葭杨柳似汀洲。
溪云初起日沉阁,山雨欲来风满楼。
鸟下绿芜秦苑夕,蝉鸣黄叶汉宫秋。
行人莫问当年事,故国东来渭水流。

❖**李涉**,生卒年不详,约806年前后在世,号清溪子,河南洛阳人。文宗时任国子监博士。

《题鹤林寺僧舍》

终日昏昏醉梦间,忽闻春尽强登山。
因过竹院逢僧话,又得浮生半日闲。

❖**杜牧**(803—853),字牧之,号樊川居士,陕西西安人。杰出的文学家,官至睦州刺史。以七言绝句著称,内容多咏史抒怀。人称"小杜",以别于杜甫"老杜",与李商隐并称"小李杜"。晚年居长安南樊川,后世称"杜樊川",

诗 选 篇

有《樊川文集》。

《清明》

清明时节雨纷纷,路上行人欲断魂。
借问酒家何处有,牧童遥指杏花村。

《江南春》

千里莺啼绿映红,水村山郭酒旗风。
南朝四百八十寺,多少楼台烟雨中。

《泊秦淮》

烟笼寒水月笼沙,夜泊秦淮近酒家。
商女不知亡国恨,隔江犹唱《后庭花》。

《赤壁》

折戟沉沙铁未销,自将磨洗认前朝。
东风不与周郎便,铜雀春深锁二乔。

《过华清宫绝句三首》(其一)

长安回望绣成堆,山顶千门次第开。
一骑红尘妃子笑,无人知是荔枝来。

《赠别二首》(其二)

多情却似总无情,唯觉樽前笑不成。
蜡烛有心还惜别,替人垂泪到天明。

《山行》

远上寒山石径斜,白云生处有人家。
停车坐爱枫林晚,霜叶红于二月花。

《秋夕》

银烛秋光冷画屏,轻罗小扇扑流萤。
天阶夜色凉如水,坐看牵牛织女星。

《寄扬州韩绰判官》

青山隐隐水迢迢,秋尽江南草未凋。
二十四桥明月夜,玉人何处教吹箫?

《登九峰楼寄张祜》

百感衷来不自由,角声孤起夕阳楼。
碧山终日思无尽,芳草何年恨即休。
睫在眼前长不见,道非身外更何求?
谁人得似张公子,千首诗轻万户侯。

《题宣州开元寺水阁,阁下宛溪,夹溪居人》

六朝文物草连空,天淡云闲今古同。
鸟去鸟来山色里,人歌人哭水声中。
深秋帘幕千家雨,落日楼台一笛风。
惆怅无因见范蠡,参差烟树五湖东。

《九日齐山登高》

江涵秋影雁初飞,与客携壶上翠微。
尘世难逢开口笑,菊花须插满头归。
但将酩酊酬佳节,不用登临恨落晖。
古往今来只如此,牛山何必独沾衣。

❖**赵嘏**(约806—约853),字承祐,楚州山阳(今江苏淮安)人,会昌年进士及第,仕渭南尉。

诗 选 篇

《江楼感旧》

独上江楼思渺然,月光如水水如天。
同来望月人何处,风景依稀似去年。

《闻笛》

谁家吹笛画楼中,断续声随断续风。
响遏行云横碧落,清和冷月到帘栊。
兴来三弄有桓子,赋就一篇怀马融。
曲罢不知人在否,余音嘹亮尚飘空。

❖ **温庭筠**(约 801—866),本名岐,字飞卿,太原祁(今山西祁县)人。恃才不羁,好讥刺权贵,屡试不第,一生坎坷潦倒。精通音律,诗词俱优。词刻意求精,注重文采和声情,辞藻华丽,秾艳精致,内容多写闺情,被尊为"花间派鼻祖",与韦庄齐名。有《温飞卿集笺注》等。

《商山早行》

晨起动征铎,客行悲故乡。鸡声茅店月,人迹板桥霜。
槲叶落山路,枳花明驿墙。因思杜陵梦,凫雁满回塘。

《利州南渡》

澹然空水对斜晖,曲岛苍茫接翠微。
波上马嘶看棹去,柳边人歇待船归。
数丛沙草群鸥散,万顷江田一鹭飞。
谁解乘舟寻范蠡,五湖烟水独忘机。

《经五丈原》

铁马云雕共绝尘,柳营高压汉宫春。
天清杀气屯关右,夜半妖星照渭滨。
下国卧龙空寤主,中原得鹿不由人。

象床宝帐无言语,从此谯周是老臣。

【注】 得鹿,一作逐鹿。

❖**黄檗禅师**(? —855),别名黄檗、黄檗希运,是唐代靖州鹫峰(今江西宜丰黄檗山)大乘佛教高僧。

《上堂开示颂》

尘劳迥脱事非常,紧把绳头做一场。
不经一番寒彻骨,怎得梅花扑鼻香。

❖**陈陶**(约812—885),字嵩伯,号三教布衣,鄱阳剑浦人。屡举进士不第,隐居不仕。有《陈嵩伯诗集》。

《陇西行》

誓扫匈奴不顾身,五千貂锦丧胡尘。
可怜无定河边骨,犹是春闺梦里人。

❖**李商隐**(813—858),字义山,号玉谿生,怀州河内(今河南沁阳)人。开成二年进士及第,迁弘农县尉。卷入党争旋涡,一生困顿不得志。诗作构思新奇,风格秾丽,刻意追求美。部分诗歌过于隐晦迷离,难于索解。

《无题四首》(其一)

来是空言去绝踪,月斜楼上五更钟。
梦为远别啼难唤,书被催成墨未浓。
蜡照半笼金翡翠,麝熏微度绣芙蓉。
刘郎已恨蓬山远,更隔蓬山一万重!

《夜雨寄北》

君问归期未有期,巴山夜雨涨秋池。
何当共剪西窗烛,却话巴山夜雨时。

诗 选 篇

《无题·相见时难别亦难》

相见时难别亦难,东风无力百花残。
春蚕到死丝方尽,蜡炬成灰泪始干。
晓镜但愁云鬓改,夜吟应觉月光寒。
蓬山此去无多路,青鸟殷勤为探看。

《锦瑟》

锦瑟无端五十弦,一弦一柱思华年。
庄生晓梦迷蝴蝶,望帝春心托杜鹃。
沧海月明珠有泪,蓝田日暖玉生烟。
此情可待成追忆,只是当时已惘然。

《无题·昨夜星辰昨夜风》

昨夜星辰昨夜风,画楼西畔桂堂东。
身无彩凤双飞翼,心有灵犀一点通。
隔座送钩春酒暖,分曹射覆蜡灯红。
嗟余听鼓应官去,走马兰台类转蓬。

《嫦娥》

云母屏风烛影深,长河渐落晓星沉。
嫦娥应悔偷灵药,碧海青天夜夜心。

《登乐游原》

向晚意不适,驱车登古原。夕阳无限好,只是近黄昏。

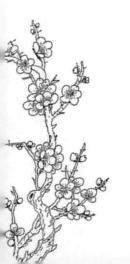

《韩冬郎即席为诗相送,一座尽惊。他日余方追吟"连宵侍坐久徘徊"之句,有老成之风,因成二绝寄酬,兼呈畏之员外》(其一)

十岁裁诗走马成,冷灰残烛动离情。
桐花万里丹山路,雏凤清于老凤声。

《晚晴》

深居俯夹城,春去夏犹清。天意怜幽草,人间重晚晴。
并添高阁迥,微注小窗明。越鸟巢干后,归飞体更轻。

《安定城楼》

迢递高城百尺楼,绿杨枝外尽汀洲。
贾生年少虚垂涕,王粲春来更远游。
永忆江湖归白发,欲回天地入扁舟。
不知腐鼠成滋味,猜意鹓雏竟未休。

《贾生》

宣室求贤访逐臣,贾生才调更无伦。
可怜夜半虚前席,不问苍生问鬼神。

《霜月》

初闻征雁已无蝉,百尺楼高水接天。
青女素娥俱耐冷,月中霜里斗婵娟。

《谒山》

从来系日乏长绳,水去云回恨不胜。
欲就麻姑买沧海,一杯春露冷如冰。

诗 选 篇

❖ **高蟾**,生卒年不详,河朔人。乾符三年进士,官至御史中丞。

《上高侍郎》

天上碧桃和露种,日边红杏倚云栽。
芙蓉生在秋江上,不向东风怨未开。

《金陵晚望》

曾伴浮云归晚翠,犹陪落日泛秋声。
世间无限丹青手,一片伤心画不成。

❖ **高骈**(821—887),字千里。幽州(冶今北京)人。历任秦州刺史、诸道行营都统等。

《山亭夏日》

绿树阴浓夏日长,楼台倒影入池塘。
水晶帘动微风起,满架蔷薇一院香。

❖ **曹松**(828—903),字梦徵,舒州(今安徽安庆)人。光化年进士,授校书郎。

《己亥岁》

泽国江山入战图,生民何计乐樵苏。
凭君莫话封侯事,一将功成万骨枯。

❖ **罗隐**(833—910),原名横,字昭谏,杭州新城(今浙江杭州)人,科考屡试不第后投吴越王钱镠,官至给事中。

《西施》

家国兴亡自有时,吴人何苦怨西施。
西施若解倾吴国,越国亡来又是谁?

《蜂》

不论平地与山尖,无限风光尽被占。
采得百花成蜜后,为谁辛苦为谁甜?

《筹笔驿》

抛掷南阳为主忧,北征东讨尽良筹。
时来天地皆同力,运去英雄不自由。
千里山河轻孺子,两朝冠剑恨谯周。
唯余岩下多情水,犹解年年傍驿流。

《黄河》

莫把阿胶向此倾,此中天意故难明。
解通银汉应须曲,才出昆仑便不清。
高祖誓功衣带小,仙人占斗客槎轻。
三千年后知谁在,何必劳君报太平。

❖ **章碣**(836-905),字丽山,睦州桐庐人。乾符年进士。有《章碣集》。

《焚书坑》

竹帛烟销帝业虚,关河空锁祖龙居。
坑灰未冷山东乱,刘项原来不读书。

《东都望幸》

懒修珠翠上高台,眉月连娟恨不开。
纵使东巡也无益,君王自领美人来。

❖ **韦庄**(约836-910),字端己。长安杜陵(今陕西西安)人,韦应物四世孙,五代时前蜀宰相。所著叙事诗《秦妇吟》与《古诗为焦仲卿妻作》《木兰诗》并称"乐府三绝"。与温庭筠同为"花间派"代表作家,并称"温韦",《菩萨

诗 选 篇

蛮》五首为宋词奠基之作。有《浣花集》《浣花词》。

《送日本国僧敬龙归》

扶桑已在渺茫中,家在扶桑东更东。
此去与师谁共到,一船明月一帆风。

《台城》

江雨霏霏江草齐,六朝如梦鸟空啼。
无情最是台城柳,依旧烟笼十里堤。

❖**聂夷中**(837—?),河南人。咸通年登第,华阴县尉。诗作揭露统治阶级对人民的残酷剥削,对田家农户的疾苦寄予同情。

《伤田家》

二月卖新丝,五月粜新谷。医得眼前疮,剜却心头肉。
我愿君王心,化作光明烛。不照绮罗筵,只照逃亡屋。

❖**皮日休**(约838—约883),字逸少,后改袭美,号鹿门子,襄阳(今属湖北)人,晚唐诗人、文学家。咸通年进士及第,官至毗陵副使。诗文与陆龟蒙齐名,世称"皮陆"。有《皮日休集》等。

《汴河怀古》

尽道隋亡为此河,至今千里赖通波。
若无水殿龙舟事,共禹论功不较多?

❖**杜荀鹤**(846—904),字彦之,号九华山人。池州石埭(今安徽石台)人。出身寒微,中年始中进士,朱温灭唐建后梁,任翰林学士。其诗多反映晚唐的混乱黑暗及人民由此而深受的苦痛。

《小松》

自小刺头深草里,而今渐觉出蓬蒿。

时人不识凌云木,直待凌云始道高。

《泾溪》

泾溪石险人兢慎,终岁不闻倾覆人。
却是平流无石处,时时闻说有沉沦。

《再经胡城县》

去岁曾经此县城,县民无口不冤声。
今来县宰加朱绂,便是生灵血染成。

《山中寡妇》

夫因兵死守蓬茅,麻苎衣衫鬓发焦。
桑柘废来犹纳税,田园荒后尚征苗。
时挑野菜和根煮,旋斫生柴带叶烧。
任是深山更深处,也应无计避征徭。

❖**崔涂**,约887年前后在世,字礼山,浙江桐庐人。唐僖宗光启年进士。

《除夜有怀》

迢递三巴路,羁危万里身。乱山残雪夜,孤烛异乡人。
渐与骨肉远,转于僮仆亲。那堪正飘泊,明日岁华新。

《春夕旅怀》

水流花谢两无情,送尽东风过楚城。
蝴蝶梦中家万里,子规枝上月三更。
故园书动经年绝,华发春唯满镜生。
自是不归归不得,五湖烟景有谁争?

❖**王驾**(851—?),字大用,号守素先生,河中(今山西永济)人。大顺年进士,官至礼部员外郎,后弃官归隐。

诗 选 篇

《雨晴》

雨前初见花间蕊,雨后全无叶底花。
蜂蝶纷纷过墙去,却疑春色在邻家。

《社日》

鹅湖山下稻粱肥,豚栅鸡栖半掩扉。
桑柘影斜春社散,家家扶得醉人归。

❖ **陆龟蒙**(？—约881),字鲁望,号天随子、甫里先生,姑苏(今江苏苏州)人。曾作湖、苏二州刺史幕僚,后隐居松江甫里。

《白莲》

素蘤多蒙别艳欺,此花端合在瑶池。
无情有恨何人觉,月晓风清欲堕时。

【注】 蘤(huā),古同花。

❖ **陈玉兰**,女诗人,生卒年不详,生平不详。

《寄夫》

夫戍边关妾在吴,西风吹妾妾忧夫。
一行书信千行泪,寒到君边衣到无?

❖ **谭用之**,约932年前后在世,字藏用,唐末五代诗人。

《秋宿湘江遇雨》

江上阴云锁梦魂,江边深夜舞刘琨。
秋风万里芙蓉国,暮雨千家薜荔村。
乡思不堪悲橘柚,旅游谁肯重王孙。
渔人相见不相问,长笛一声归岛门。

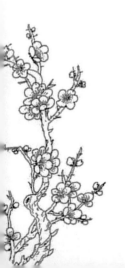

❖ **秦韬玉**,生卒年不详,字中明,京兆长安(今陕西西安)人,累举不第,从僖宗入蜀,中和二年赐进士及第。

《贫女》

蓬门未识绮罗香,拟托良媒益自伤。
谁爱风流高格调,共怜时世俭梳妆。
敢将十指夸针巧,不把双眉斗画长。
苦恨年年压金线,为他人作嫁衣裳。

宋　　诗

❖ **徐铉**(917—992),字鼎臣,广陵(今江苏扬州)人。五代文字学家、书法家,官吏部尚书。归宋后官至散骑常侍,世称徐骑省。

《送王四十五归东都》

海内兵方起,离筵泪易垂。怜君负米去,惜此落花时。
想忆看来信,相宽指后期。殷勤手中柳,此是向南枝。

❖ **杨徽之**(921—1000),字仲猷,建州浦城(今属福建)人。五代后周至北宋时期大臣、藏书家、诗人。

《寒食寄郑起侍郎》

清明时节出郊原,寂寂山城柳映门。
水隔淡烟修竹寺,路经疏雨落花村。
天寒酒薄难成醉,地迥楼高易断魂。
回首故山千里外,别离心绪向谁言?

❖ **柳开**(947—1000),字仲涂,号东郊野夫、补亡先生,大名(今河北大名)人。开宝年进士,任殿中侍御史,提倡韩愈、柳宗元的散文,反对宋初的华靡文风,为宋代古文运动倡导者。著有《河东先生集》。

《塞上》

鸣骹直上一千尺,天静无风声更干。
碧眼胡儿三百骑,尽提金勒向云看。

【注】　骹(xiāo),一种响箭。金勒,马笼头。

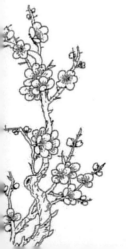

❖ **王禹偁**(954－1001),字元之,济州巨野人。太平兴国年进士,官翰林学士。敢于直言讽谏,屡受贬谪。曾贬至黄州,世称王黄州。北宋诗文革新运动的先驱,多反映社会现实,有《小畜集》。

《清明》

无花无酒过清明,兴味萧然似野僧。
昨日邻家乞新火,晓窗分与读书灯。

《日长简仲咸》

日长何计到黄昏?郡僻官闲昼掩门。
子美集开诗世界,伯阳书见道根源。
风飘北院花千片,月上东楼酒一樽。
不是同年来主郡,此心牢落共谁论。

《官舍竹》

谁种萧萧数百竿?伴吟偏称作闲官。
不随夭艳争春色,独守孤贞待岁寒。
声拂琴床生雅趣,影侵棋局助清欢。
明年纵便量移去,犹得今冬雪里看!

《畲田词五首》(其四)

北山种了种南山,相助力耕岂有偏?
愿得人间皆似我,也应四海少荒田。

《村行》

马穿山径菊初黄,信马悠悠野兴长。
万壑有声含晚籁,数峰无语立斜阳。
棠梨叶落胭脂色,荞麦花开白雪香。
何事吟余忽惆怅,村桥原树似吾乡。

诗 选 篇

❖**魏野**(960－1019),字仲先,号草堂居士。诗效法姚合、贾岛,苦力求工,风格清淡朴实。一生清贫不随波逐流,为后人称道。

《书友人屋壁》

达人轻禄位,居处傍林泉。洗砚鱼吞墨,烹茶鹤避烟。
闲惟歌圣代,老不恨流年。静想闲来者,还应我最偏。

《寻隐者不遇》

寻真误入蓬莱岛,香风不动松花老。
采芝何处未归来,白云遍地无人扫。

❖**潘阆**(？－1009),字梦空,号逍遥子,大名(今属河北)人。官至滁州参军。性格疏狂,诗作风格类孟郊、贾岛。

《岁暮自桐庐归钱塘》

久客见华发,孤棹桐庐归。新月无朗照,落日有余晖。
渔浦风水急,龙山烟火微。时闻沙上雁,一一皆南飞。

❖**寇准**(961－1023),字平仲,华州下邽(今陕西渭南北)人。北宋政治家、诗人。太平兴国五年进士,为人刚直,拜参知政事,后人多称其寇忠愍或寇莱公。有《寇忠愍诗集》。

《书河上亭壁四首》(其三)

岸阔樯稀波渺茫,独凭危槛思何长。
萧萧远树疏林外,一半秋山带斜阳。

❖**蒨桃**,生卒年不详,寇准侍妾。

宋　诗

《呈寇公二首》

（其一）

一曲清歌一束绫，美人犹自意嫌轻。
不知织女萤窗下，几度抛梭织得成。

（其二）

风劲衣单手屡呵，幽窗轧轧度寒梭。
腊天日短不盈尺，何似妖姬一曲歌。

❖**林逋**（967—1028），字君复，后人称其和靖先生，钱塘（今浙江杭州），北宋诗人。隐居西湖孤山，终生不仕不娶，唯喜植梅养鹤，人称"梅妻鹤子"。

《山园小梅》

众芳摇落独暄妍，占尽风情向小园。
疏影横斜水清浅，暗香浮动月黄昏。
霜禽欲下先偷眼，粉蝶如知合断魂。
幸有微吟可相狎，不须檀板共金樽。

《孤山寺端上人房写望》

底处凭阑思眇然，孤山塔后阁西偏。
阴沉画轴林间寺，零落棋枰葑上田。
秋景有时飞独鸟，夕阳无事起寒烟。
迟留更爱吾庐近，只待重来看雪天。

❖**钱惟演**（977—1034），字希圣，临安（今杭州市临安区）人。北宋文学家，累迁工部尚书、枢密使、崇信节度使。"西昆体"骨干诗人，有《家王故事》。

诗 选 篇

《对竹思鹤》

瘦玉萧萧伊水头,风宜清夜露宜秋。
更教仙骥旁边立,尽是人间第一流。

❖ **范仲淹**(989－1052),字希文。祖籍邠州。北宋改革家、政治家、文学家、思想家。大中祥符年进士及第,因秉公直言而屡遭贬斥。仁宗拜参知政事,发起"庆历新政",新政受挫后历知杭州、青州等。谥号"文正",有《范文正公集》。

《江上渔者》

江上往来人,但爱鲈鱼美。
君看一叶舟,出没风波里。

❖ **曾公亮**(999－1078),字明仲,号乐正。泉州晋江(冶今福建泉州)人。仁宗天圣年进士,以集贤殿大学士拜相。与丁度编撰《武经总要》,为古代第一部官方编纂的军事百科全书。

《宿甘露僧舍》

枕中云气千峰近,床底松声万壑哀。
要看银山拍天浪,开窗放入大江来。

❖ **梅尧臣**(1002－1060),字圣俞,世称梅宛陵,宣州宣城(今属安徽)人。皇祐年赐进士出身,累迁国子监直讲,官至都官员外郎,世称"梅直讲""梅都官"。参与编撰《新唐书》,有《宛陵先生文集》。

《悼亡三首》

(其一)

结发为夫妇,于今十七年。相看犹不足,何况是长捐!

我鬓已多白,此身宁久全?终当与同穴,未死泪涟涟。

【注】 捐,捐躯意。

(其二)

每出身如梦,逢人强意多。归来仍寂寞,欲语向谁何?
窗冷孤萤入,宵长一雁过。世间最无苦,精爽此销磨。

(其三)

从来有修短,岂敢问苍天?见尽人间妇,无如美且贤。
譬令愚者寿,何不假其年?忍此连城宝,沉埋向九泉!

《陶者》

陶尽门前土,屋上无片瓦。十指不沾泥,鳞鳞居大厦。

《田家语》

谁道田家乐?春税秋未足。里胥扣我门,日夕苦煎促。
盛夏流潦多,白水高于屋。水既害我菽,蝗又食我粟。
前月诏书来,生齿复板录。三丁籍一壮,恶使操弓韣。
州符今又严,老吏持鞭朴。搜索稚与艾,唯存跛无目。
田间敢怨嗟,父子各悲哭。南亩焉可事?买剑卖牛犊。
愁气变久雨,铛缶空无粥。盲跛不能耕,死亡在迟速。
我闻诚所惭,徒尔叨君禄。却咏归去来,刈薪向深谷。

【注】 韣(dú),装弓箭的袋子。

❖ **张载**(1020—1077),字子厚,长安(今陕西长安)人,居横渠镇,世称横渠先生。北宋哲学家,官至崇政殿说书。他的"横渠四句""为天地立心,为生民立命,为往圣继绝学,为万世开太平"以及他批判佛、道"空""无"的唯物主义思想,对后世影响很大。有《张子全书》。

《合云寺书事三首·其一》

竹间幽径草成围,藜杖穿云翠满衣。

诗 选 篇

石上坐忘惊觉晚,山前明月伴人归。

《赠司马君实》

二龙闲卧洛波清,今日都门独马行。
愿得贤人均出处,始知深意在苍生。

❖ 欧阳修(1007－1072),字永叔,号醉翁、六一居士,吉州吉水(今属江西)人,北宋政治家、文学家。仁宗天圣年进士,官至参知政事,世称欧阳文忠公。唐宋八大家之一,领导了北宋诗文革新运动。主修《新唐书》,独撰《新五代史》,有《欧阳文忠公文集》。

《戏答元珍》

春风疑不到天涯,二月山城未见花。
残雪压枝犹有橘,冻雷惊笋欲抽芽。
夜闻归雁生乡思,病入新年感物华。
曾是洛阳花下客,野芳虽晚不须嗟。

《丰乐亭游春三首》(其三)

红树青山日欲斜,长郊草色绿无涯。
游人不管春将老,往来亭前踏落花。

《唐崇徽公主手痕和韩内翰》

故乡飞鸟尚啁啾,何况悲笳出塞愁。
青冢埋魂知不返,翠崖遗迹为谁留?
玉颜自古为身累,肉食何人与国谋?
行路至今空叹息,岩花野草自春秋。

《画眉鸟》

百啭千声随意移,山花红紫树高低。
始知锁向金笼听,不及林间自在啼。

《春日西湖寄谢法曹歌》

西湖春色归,春水绿于染。群芳烂不收,东风落如糁。

参军春思乱如云,白发题诗愁送春。

遥知湖上一樽酒,能忆天涯万里人。

万里思春尚有情,忽逢春至客心惊。

雪消门外千山绿,花发江边二月晴。

少年把酒逢春色,今日逢春头已白。

异乡物态与人殊,惟有东风旧相识。

❖**苏舜钦**(1008—1049),字子美,开封(今属河南)人。景祐年进士,任湖州长史。提倡古文运动,有《苏舜钦集》。

《和〈淮上遇便风〉》

浩荡清淮天共流,长风万里送归舟。

应愁晚泊喧卑地,吹入沧溟始自由。

《夏意》

别院深深夏簟清,石榴开遍透帘明。

树阴满地日当午,梦觉流莺时一声。

《淮中晚泊犊头》

春阴垂野草青青,时有幽花一树明。

晚泊孤舟古祠下,满川风雨看潮生。

❖**李觏**(1009—1059),字泰伯,号盱江先生,南城(今属江西)人,北宋思想家、教育家。今存《直讲李先生文集》。

《乡思》

人言落日是天涯,望极天涯不见家。

诗 选 篇

已恨碧山相阻隔,碧山还被暮云遮。

❖ **张俞**,生卒年不详,字少愚,又字才叔,号白云先生,益州郫(今属四川)人,北宋文学家。

《蚕妇》

昨日入城市,归来泪满巾。
遍身罗绮者,不是养蚕人!

❖ **陶弼**(1015—1078),字商翁,永州人。以功得朔阳主簿,调朔阳令。有《邕州小集》。

《碧湘门》

城中烟树绿波漫,几万楼台树影间。
天阔鸟行疑没草。地卑江势欲沉山。

❖ **周敦颐**(1017—1073),字茂叔,道州营道(今湖南道县)人,世称濂溪先生。理学思想奠基人,文学家、哲学家。有《周元公集》。

《题春晚》

花落柴门掩夕晖,昏鸦数点傍林飞。
吟余小立阑干外,遥见樵渔一路归。

❖ **黄庶**(1019—1058),字亚夫,号青社。洪州分宁(今江西修水)人,黄庭坚父。仁宗庆历二年进士,知康州等地。

《探春》

雪里犹能醉落梅,好营杯具待春来。
东风便试新刀尺,万叶千花一手裁。

宋　诗

❖ **曾巩**(1019－1083)，字子固，江西南丰人，后居临川，北宋文学家、史学家、政治家。嘉祐年进士及第，历任多地知州及史官修撰。为政廉洁奉公，勤于政事，关心民生疾苦，文列唐宋八大家，世称"南丰先生"。

《城南》

雨过横塘水满堤，乱山高下路东西。
一番桃李花开尽，惟有青青草色齐。

❖ **司马光**(1019－1086)，字君实，号迂叟，陕州夏县(今属山西)人，北宋政治家、史学家、文学家。仁宗宝元年进士及第，累迁龙图阁直学士。宋神宗时，反对王安石变法，主持编纂了编年体通史《资治通鉴》。有《温国文正司马公文集》等。

《客中初夏》

四月清和雨乍晴，南山当户转分明。
更无柳絮因风起，惟有葵花向日倾。

❖ **王安石**(1021－1086)，字介甫，号半山，抚州临川人。著名思想家、政治家、文学家、改革家。熙宁二年任参知政事，主持变法，因守旧派反对而失败。文列唐宋八大家，诗风含蓄深沉、深婉不迫，以丰神远韵的风格在北宋诗坛自成一家，世称"王荆公体"。词作意境空阔苍茫，形象淡远纯朴。有《临川先生文集》等。

《登飞来峰》

飞来峰上千寻塔，闻说鸡鸣见日升。
不畏浮云遮望眼，自缘身在最高层。

《葛溪驿》

缺月昏昏漏未央，一灯明灭照秋床。
病身最觉风露早，归梦不知山水长。

诗 选 篇

坐感岁时歌慷慨,起看天地色凄凉。
鸣蝉更乱行人耳,正抱疏桐叶半黄。

《江上》

江北秋阴一半开,晚云含雨却低回。
青山缭绕疑无路,忽见千帆隐映来。

《泊船瓜洲》

京口瓜洲一水间,钟山只隔数重山。
春风又绿江南岸,明月何时照我还?

《夜直》

金炉香烬漏声残,翦翦轻风阵阵寒。
春色恼人眠不得,月移花影上栏杆。

《明妃曲二首》(其一)

明妃初出汉宫时,泪湿春风鬓脚垂。
低徊顾影无颜色,尚得君王不自持。
归来却怪丹青手,入眼平生未曾有。
意态由来画不成,当时枉杀毛延寿。
一去心知更不归,可怜着尽汉宫衣。
寄声欲问塞南事,只有年年鸿雁飞。
家人万里传消息,好在毡城莫相忆!
君不见咫尺长门闭阿娇,人生失意无南北。

《梅花》

墙角数枝梅,凌寒独自开。遥知不是雪,为有暗香来。

《书湖阴先生壁二首》(其一)

茅檐长扫净无苔,花木成畦手自栽。

一水护田将绿绕，两山排闼送青来。

【注】 闼(tà)，小门。

《元日》

爆竹声中一岁除，春风送暖入屠苏。
千门万户曈曈日，总把新桃换旧符。

❖ 刘攽(1023－1089)，字贡夫，号公非。临江新喻(今江西新余)人，北宋史学家。庆历进士，历任多地知州，官至中书舍人。助司马光纂修《资治通鉴》，有《东汉刊误》等。

《新晴》

青苔满地初晴后，绿树无人昼梦余。
唯有南风旧相识，偷开门户又翻书。

❖ 王安国(1028－1074)，字平甫，抚州临川人，王安石同母弟。熙宁元年进士及第，历任武昌军节度推官、大理寺丞等。

《游庐山宿栖贤寺》

古屋萧萧卧不周，弊裘起坐兴绸缪。
千山月午乾坤昼，一壑泉鸣风雨秋。
迹入尘中惭有累，心期物外欲何求！
明朝松路须惆怅，忍更无诗向此留。

❖ 王令(1032－1059)，字钟美，后改字逢原。广陵(今江苏扬州)人。有《广陵先生文集》。

《读老杜诗集》

气吞风雅妙无伦，碌碌当年不见珍。
自是古贤因发愤，非关诗道可穷人。

诗选篇

镌镵物象三千首,照耀乾坤四百春。
寂寞有名身后事,惟余孤冢来江滨。

【注】 镌镵(juān chán),雕琢,刻画。

《送春》

三月残花落更开,小檐日日燕飞来。
子规夜半犹啼血,不信东风唤不回。

❖ **程颢**(1032—1085),字伯淳,号明道,世称"明道先生"。河南府洛阳(今河南洛阳)人,教育家。仁宗嘉祐二年进士,累官镇宁军节度判官等职。与弟弟程颐同为理学的奠基者,有《二程全书》。

《春日偶成》

云淡风轻近午天,傍花随柳过前川。
时人不知余心乐,将谓偷闲学少年。

《偶成》

闲来无事不从容,睡觉东窗日已红。
万物静观皆自得,四时佳兴与人同。
道通天地有形外,思入风云变态中。
富贵不淫贫贱乐,男儿到此是豪雄。

《游月陂》

月陂堤上四徘徊,北有中天百尺台。
万物已随秋气改,一樽聊为晚凉开。
水心云影闲相照,林下泉声静自来。
世事无端何足计,但逢佳节约重陪。

❖ **苏轼**(1037—1101),字子瞻、和仲,号铁冠道人、东坡居士,眉州眉山

（今属四川）人，著名文学家、书法家、画家。嘉祐年进士及第。元丰三年因"乌台诗案"入狱被贬。哲宗即位后任礼部尚书等职，出知杭州等地。晚年因新党执政一再被贬到偏远的惠州、儋州等地。北宋中期文坛领袖，在诗、词、散文、书、画等方面成就很高。文恣肆纵横豪放，著述宏富，名列唐宋八大家；诗题材广阔，风格清新，豪健旷达，词开豪放一派。有《东坡七集》等。

《和子由渑池怀旧》

人生到处知何似？应似飞鸿踏雪泥。
泥上偶然留指爪，鸿飞那复计东西？
老僧已死成新塔，坏壁无由见旧题。
往日崎岖还记否？路长人困蹇驴嘶。

【注】 蹇(jiǎn)，跛足。

《石苍舒醉墨堂》

人生识字忧患始，姓名粗记可以休。
何用草书夸神速，开卷惝恍令人愁？
我尝好之每自笑，君有此病何能瘳！
自言其中有《至乐》，适意无异《逍遥游》。
近者作堂名"醉墨"，如饮美酒销百忧。
乃知柳子语不妄，病嗜土炭如珍羞。
君于此艺亦云至，堆墙败笔如山丘。
兴来一挥百纸尽，骏马倏忽踏九州。
我书意造本无法，点画信手烦难求。
胡为议论独见假，只字片纸皆藏收？
不减钟张君自足，下方罗赵我亦优。
不须临池更苦学，完取绢素充衾裯。

《饮湖上初晴后雨二首》(其二)

水光潋滟晴方好，山色空濛雨亦奇。
欲把西湖比西子，淡妆浓抹总相宜。

诗 选 篇

【注】 潋滟(liànyàn),水波荡漾,波光闪闪。

《春宵》

春宵一刻值千金,花有清香月有阴。
歌管楼台声细细,秋千院落夜沉沉。

《中秋月》

暮云收尽溢清寒,银汉无声转玉盘。
此生此夜不长好,明月明年何处看!

《八月十五日看潮五绝》(其三)

江边身世两悠悠,久与沧波共白头。
造物亦知人易老,故教江水向西流。

《过永乐文长老已卒》

初惊鹤瘦不可识,旋觉云归无处寻。
三过门间老病死,一弹指顷去来今。
存亡惯见浑无泪,乡井难忘尚有心。
欲向钱塘访圆泽,葛洪川畔待秋深。

《题西林壁》

横看成岭侧成峰,远近高低各不同。
不识庐山真面目,只缘身在此山中。

《惠崇春江晚景》(其一)

竹外桃花三两枝,春江水暖鸭先知。
蒌蒿满地芦芽短,正是河豚欲上时。

《书李世南所画秋景二首》(其一)

野水参差落涨痕,疏林欹倒出霜根。

扁舟一棹归何处？家在江南黄叶村。

【注】 欹（qī），倾斜。

《赠刘景文》

荷尽已无擎雨盖，菊残犹有傲霜枝。
一年好景君须记，最是橙黄橘绿时。

《正月二十日与潘、郭二生出郊寻春忽记去年是日同至女王城作诗乃和前韵》

东风未肯入东门，走马还寻去岁村。
人似秋鸿来有信，事如春梦了无痕。
江城白酒三杯酽，野老苍颜一笑温。
已约年年为此会，故人不用赋《招魂》。

《有美堂暴雨》

游人脚底一声雷，满座顽云拨不开。
天外黑风吹海立，浙东飞雨过江来。
十分潋滟金樽凸，千杖敲铿羯鼓催。
唤起谪仙泉洒面，倒倾鲛室泻琼瑰。

《澄迈驿通潮阁二首》

（其一）

倦客愁闻归路遥，眼明飞阁俯长桥。
贪看白鹭横秋浦，不觉青林没晚潮。

（其二）

余生欲老海南村，帝遣巫阳招我魂。
杳杳天低鹘没处，青山一发是中原。

诗 选 篇

《六月二十日夜渡海》

参横斗转欲三更,苦雨终风也解晴。
云散月明谁点缀?天容海色本澄清。
空余鲁叟乘桴意,粗识轩辕奏乐声。
九死南荒吾不恨,兹游奇绝冠平生。

❖ **黄庭坚**(1045－1105),字鲁直,号山谷道人、涪翁,洪州分宁(江西修水)人,北宋著名文学家、书法家,开创江西诗派。有《山谷集》。书法独树一格,为"宋四家"之一。

《秋思寄子由》

黄叶山川知晚秋,小虫催女献功裘。
老松阅世卧云壑,挽着沧江无万牛。

《寄黄几复》

我居北海君南海,寄雁传书谢不能。
桃李春风一杯酒,江湖夜雨十年灯。
持家但有四立壁,治病不蕲三折肱。
想见读书头已白,隔溪猿哭瘴烟滕。

【注】 蕲(qí),一种草药。

《题子瞻枯木》

折冲儒墨阵堂堂,书入颜杨鸿雁行。
胸中元自有丘壑,故作老木蟠风霜。

《和答元明黔南赠别》

万里相看忘逆旅,三声清泪落离觞。
朝云往日攀天梦,夜雨何时对榻凉?
急雪脊令相并影,惊风鸿雁不成行。

260

归舟天际常回首,从此频书慰断肠。

【注】 脊令,即鹡鸰,水鸟名,喻兄弟友爱。

《雨中登岳阳楼望君山二首》

(其一)

投荒万死鬓毛斑,生出瞿塘滟滪关。
未到江南先一笑,岳阳楼上对君山。

【注】 滟滪(yànyù),即瞿塘峡口的滟滪堆,是长江航行的险障难关。

(其二)

满川风雨独凭栏,绾结湘娥十二鬟。
可惜不当湖水面,银山堆里看青山。

《题胡逸老致虚庵》

藏书万卷可教子,遗金满籯常作灾。
能与贫人共年谷,必有明月生蚌胎。
山随宴坐画图出,水作夜窗风雨来。
观山观水皆得妙,更将何物污灵台?

【注】 籯(yíng),竹笼。

《跋子瞻和陶诗》

子瞻谪岭南,时宰欲杀之。饱吃惠州饭,细和渊明诗。
彭泽千载人,东坡百世士。出处虽不同,风味乃相似。

《鄂州南楼书事四首》(其一)

四顾山光接水光,凭栏十里芰荷香。
清风明月无人管,并作南楼一味凉。

《清明》

佳节清明桃李笑,野田荒冢只生愁。

诗 选 篇

雷惊天地龙蛇蛰,雨足郊原草木柔。
人乞祭余骄妾妇,士甘焚死不公侯。
贤愚千载知谁是,满眼蓬蒿共一丘。

《登快阁》

痴儿了却公家事,快阁东西倚晚晴。
落木千山天远大,澄江一道月分明。
朱弦已为佳人绝,青眼聊因美酒横。
万里归船弄长笛,此心吾与白鸥盟。

《过平舆怀李子先时在并州》

前日幽人佐吏曹,我行堤草认青袍。
心随汝水春波动,兴与并门夜月高。
世上岂无千里马,人中难得九方皋。
酒船鱼网归来是,花落故溪深一篙。

【注】 九方皋,春秋时的相马家。

❖**秦观**(1049—1100),字少游,号邗沟居士,高邮(今江苏高邮)人。北宋婉约派词人。元丰八年进士,累官国史院编修官。婉约派重要作家。有《淮海集》存诗100多首,宋诗十四卷存诗430多首。

《春日五首》(其一)

一夕轻雷落万丝,霁光浮瓦碧参差。
有情芍药含春泪,无力蔷薇卧晓枝。

❖**圆因法师**,生卒年、生平不详。

《早辨修行路》

贪名逐利满世间,不如破衲道人间。
笼鸡有食汤锅近,野鹤无粮天地宽。

富贵百年难保守,轮回六道易循环。

劝君早辨修行路,一失人身万劫休。

❖ **陈师道**(1053—1102),字履常,又字无己,号后山居士,徐州彭城(今江苏徐州)人,江西诗派重要作家。

《绝句四首》(其四)

书当快意读易尽,客有可人期不来。

世事相违每如此,好怀百岁几回开?

《送吴先生谒惠州苏副使》

闻名欣识面,异好有同功。我亦惭吾子,人谁恕此公。

百年双白鬓,万里一秋风。为说任安在,依然一秃翁。

❖ **李唐**(1066—1150),字晞古,河阳三城(今河南孟州)人,我国古代著名画家。

《题画》

云里烟村雨里滩,看之容易作之难。

早知不入时人眼,多买燕脂画牡丹。

❖ **韩驹**(1080—1135),字子苍,号牟阳,陵阳仙井(今四川仁寿)人。江西诗派诗人、诗论家。讲究韵律,锤字炼句,追求来历典故,有《陵阳集》。

《为葛亚卿作》(其五)

君住江滨起画楼,妾居海角送潮头。

潮中有妾相思泪,流到楼前更不流。

❖ **赵佶**(1082—1135),号宣和主人,宋朝第八位皇帝,书画家。尊信道教,自称"教主道君皇帝"。艺术造诣极高,利用皇权推动绘画,使宋代的绘

诗 选 篇

画艺术得到了空前发展,自创"瘦金体"书法。靖康二年兵败,与钦宗赵桓被金人掳去,死于五国城(黑龙江依兰)。

《绝句》

彻夜西风撼破扉,萧条孤馆一灯微。
家山回首三千里,目断山南无雁飞。

❖**李纲**(1083—1140),字伯纪,号梁溪先生,邵武(今属福建)人,抗金名臣。徽宗政和年进士,官至兵部侍郎、尚书右丞。于靖康元年击退攻打汴梁金兵,力主抗金,受投降派排挤几遭免职。有《梁溪集》。

《病牛》

耕犁千亩实千箱,力尽筋疲谁复伤?
但愿众生皆得饱,不辞羸病卧残阳。

❖**李清照**(1084—约1151),号易安居士,齐州章丘(今属山东济南)人。婉约词派代表。所作词善用白描手法,语言清丽。论词强调协律,提出词"别是一家"之说,反对以作诗文之法作词。后人辑有《漱玉集》《漱玉词》。

《夏日绝句》

生当作人杰,死亦为鬼雄。
至今思项羽,不肯过江东。

❖**吕本中**(1084—1145),字居仁,世称东莱先生,寿州(治今安徽凤台)人。江西诗派诗人。

《连州阳山归路》

稍离烟瘴近湘潭,疾病衰颓已不堪。
儿女不知来避地,强言风物胜江南。

❖ **曾几**(1084—1166),字吉甫、志甫,号茶山居士,谥号文清,南宋诗人。历任江西、浙西提刑、礼部侍郎。有《茶山集》。

《三衢道中》

梅子黄时日日晴,小溪泛尽却山行。
绿阴不减来时路,添得黄鹂四五声。

❖ **朱弁**(1085—1144),字少章,号观如居士,徽州婺源(今属江西)人。建炎元年自荐副使赴金,为金所拘,不肯屈服,拘留十六年后放归。在留金期间写下了许多怀念故国的诗作,有《风月堂诗话》。

《春阴》

关河迢递绕黄沙,惨惨阴风塞柳斜。
花带露寒无戏蝶,草连云暗有藏鸦。
诗穷莫写愁如海,酒薄难将梦到家。
绝域东风竟何事?只应催我鬓边华!

❖ **陈与义**(1090—1139),字去非,号简斋,洛阳人。累官太学博士、吏部侍郎、给事中。江西诗派重要作家,诗词俱工,有《简斋集》。

《襄邑道中》

飞花两岸照船红,百里榆堤半日风。
卧看满天云不动,不知云与我俱东。

《伤春》

庙堂无策可平戎,坐使甘泉照夕峰。
初怪上都闻战马,岂知穷海看飞龙。
孤臣霜发三千丈,每岁烟花一万重。
稍喜长沙向延阁,疲兵敢犯犬羊锋。

诗 选 篇

《雨中再赋海山楼》

百尺阑干横海立,一生襟抱与山开。
岸边天影随潮入,楼上春容带雨来。
慷慨赋诗还自恨,徘徊舒啸却生哀。
灭胡猛士今安有?非复当年单父台。

❖ 张元干(1091—1161),字仲宗,号芦川居士、真隐山人,芦川永福(今福建永泰)人。历任太学上舍生、陈留县丞。与张孝祥一起号称南宋初期"词坛双璧"。

《潇湘图》

落日孤烟过洞庭,黄陵祠畔白苹汀。
欲知万里苍梧眼,泪尽君山一点青。

❖ 刘子翚(1101—1147),字彦冲,号屏山,建州崇安(今属福建)人。南宋理学家。补承务郎,因病辞归家乡,专事讲学,曾为朱熹老师。有《屏山集》。

《汴京纪事二十首》(其七)

空嗟覆鼎误前朝,骨朽人间骂未销。
夜月池台王傅宅,春风杨柳太师桥。

❖ 岳飞(1103—1142),字鹏举,相州汤阴(今河南汤阴)人。抗金名将、民族英雄、诗人。绍兴六年至十年率师北伐,先后收复郑州、洛阳等地,大败金军,遭受投降派诬陷被害。代表词作《满江红》是千古传诵的爱国名篇。

《池州翠微亭》

经年尘土满征衣,特特寻芳上翠微。
好水好山观不足,马蹄催趁月明归。

《题青泥市萧寺壁》

雄气堂堂贯斗牛,誓将直节报君仇。
斩除顽恶还车驾,不问登坛万户侯。

❖ **董颖**,生卒年不详,字仲达,德兴(今属江西)人,宣和年进士。

《江上》

万顷沧江万顷秋,镜天飞雪一双鸥。
摩挲数尺沙边柳,待汝成阴系钓舟。

❖ **黄公度**(1109—1156),字师宪,号知稼翁,莆田(今属福建)人。绍兴年进士,仕至尚书考功员外郎,有《知稼翁集》《知稼翁词》。

《道间即事》

花枝已尽莺将老,桑叶渐稀蚕欲眠。
半湿半晴梅雨道,乍寒乍暖麦秋天。
村垆沽酒谁能择?邮壁题诗尽偶然。
方寸怡怡无一事,粗裘粝食地行仙。

【注】 粝(lì),糙米。

❖ **林升**(1123—1189),字云友,又字梦屏,号平山居士,浙江平阳(今浙江苍南)人,南宋诗人。

《题临安邸》

山外青山楼外楼,西湖歌舞几时休!
暖风熏得游人醉,直把杭州作汴州。

❖ **陆游**(1125—1210),字务观,号放翁,越州山阴(今浙江绍兴)人,南宋文学家、史学家、爱国诗人。孝宗赐进士出身,累官至宝谟阁待制。为官正

诗 选 篇

直、坚持抗金,屡遭主和派排斥。诗词饱含爱国热情,对后世影响深远。其《剑南诗稿》收诗 9 000 余首。

《游山西村》

莫笑农家腊酒浑,丰年留客足鸡豚。
山重水复疑无路,柳暗花明又一村。
箫鼓追随春社近,衣冠简朴古风存。
从今若许闲乘月,拄杖无时夜叩门。

《剑门道中遇微雨》

衣上征尘杂酒痕,远游无处不消魂。
此身合是诗人未？细雨骑驴入剑门。

《关山月》

和戎诏下十五年,将军不战空临边。
朱门沉沉按歌舞,厩马肥死弓断弦。
戍楼刁斗摧落月,三十从军今白发。
笛里谁知壮士心,沙头空照征人骨。
中原干戈古亦闻,岂有逆胡传子孙？
遗民忍死望恢复,几处今宵垂泪痕！

《楚城》

江上荒城猿鸟悲,隔江便是屈原祠。
一千五百年间事,只有滩声似旧时。

《夜读范至能揽辔录,言中原父老见使者多挥涕,感其事作绝句》

公卿有党排宗泽,帷幄无人用岳飞。
遗老不应知此恨,亦逢汉节解沾衣。

《书愤》

早岁那知世事艰,中原北望气如山。

楼船夜雪瓜洲渡,铁马秋风大散关。
塞上长城空自许,镜中衰鬓已先斑。
《出师》一表真名士,千载谁堪伯仲间?

《临安春雨初霁》

世味年来薄似纱,谁令骑马客京华?
小楼一夜听春雨,深巷明朝卖杏花。
矮纸斜行闲作草,晴窗细乳戏分茶。
素衣莫起风尘叹,犹及清明可到家。

《秋夜将晓出篱门迎凉有感二首》(其二)

三万里河东入海,五千仞岳上摩天。
遗民泪尽胡尘里,南望王师又一年!

《十一月四日风雨大作二首》(其二)

僵卧孤村不自哀,尚思为国戍轮台。
夜阑卧听风吹雨,铁马冰河入梦来。

《冬夜读书示子聿》

古人学问无遗力,少壮功夫老始成。
纸上得来终觉浅,绝知此事要躬行。

《沈园二首》

(其一)

城上斜阳画角哀,沈园非复旧池台。
伤心桥下春波绿,曾是惊鸿照影来。

(其二)

梦断香消四十年,沈园柳老不吹绵。

此身行作稽山土,犹吊遗踪一泫然!

《书愤二首》(其一)

白发萧萧卧泽中,只凭天地鉴孤忠。
厄穷苏武餐毡久,忧愤张巡嚼齿空。
细雨春芜上林苑,颓垣夜月洛阳宫。
壮心未与年俱老,死去犹能作鬼雄。

《病起书怀》

病骨支离纱帽宽,孤臣万里客江干。
位卑未敢忘忧国,事定犹须待阖棺。
天地神灵扶庙社,京华父老望和銮。
出师一表通今古,夜半挑灯更细看。

《示儿》

死去元知万事空,但悲不见九州同。
王师北定中原日,家祭无忘告乃翁。

❖ 范成大(1126—1193),字致能,一字幼元,号此山居士、石湖居士,平江府吴县(今江苏苏州)人。南宋名臣、文学家。绍兴年进士,乾道六年出使金国,不辱使命而还。诗作题材广泛,风格平易浅显、清新妩媚,自成一家。有《石湖居士诗集》《揽辔录》等。

《横塘》

南浦春来绿一川,石桥朱塔两依然。
年年送客横塘路,细雨垂杨系画船。

《州桥》

州桥南北是天街,父老年年等驾回。
忍泪失声询使者:几时真有六军来?

《鄂州南楼》

谁将玉笛弄中秋？黄鹤归来识旧游。
汉树有情横北渚,蜀江无语抱南楼。
烛天灯火三更市,摇月旌旗万里舟。
却笑鲈乡垂钓手,武昌鱼好便淹留。

《夏日田园杂兴十二绝》

（其一）

梅子金黄杏子肥,麦花雪白菜花稀。
日长篱落无人过,惟有蜻蜓蛱蝶飞。

（其七）

昼出耘田夜绩麻,村庄儿女各当家。
童孙未解供耕织,也傍桑阴学种瓜。

（其十一）

采菱辛苦废犁锄,血指流丹鬼质枯。
无力买田聊种水,近来湖面亦收租。

❖ **杨万里**(1127—1206),字廷秀,号诚斋,吉州吉水(今江西吉水县)人。绍兴年进士,累官至宝谟阁直学士。诗歌多描写自然景物,创造了语言浅近明白、清新自然且富有幽默情趣的"诚斋体"。也有一些反映民间疾苦、抒发爱国感情的作品。有《诚斋集》。

《小池》

泉眼无声惜细流,树阴照水爱晴柔。
小荷才露尖尖角,早有蜻蜓立上头。

诗 选 篇

《明发房溪二首》(其一)

山路婷婷小树梅,为谁零落为谁开?
多情也恨无人赏,故遣低枝拂面来。

《晓出净慈寺送林子方》

毕竟西湖六月中,风光不与四时同。
接天莲叶无穷碧,映日荷花别样红。

《泊平江百花洲》

吴中好处是苏州,却为王程得胜游。
半世三江五湖棹,十年四泊百花洲。
岸傍杨柳都相识,眼底云山苦见留。
莫怨孤舟无定处,此身自是一孤舟。

《过松源晨炊漆公店六首》(其五)

莫言下岭便无难,赚得行人错喜欢。
正入万山圈子里,一山放过一山拦。

《伤春》

准拟今春乐事浓,依然枉却一东风。
年年不带看花眼,不是愁中即病中。

《桂源铺》

万山不许一溪奔,拦得溪声日夜喧。
到得前头山脚尽,堂堂溪水出前村。

❖朱熹(1130—1200),字元晦,号晦庵,世称朱文公。祖籍徽州婺源(今江西婺源)。著名的理学家、思想家、哲学家、教育家、诗人,儒学集大成者,世尊称为朱子。与程颢、程颐合称"程朱学派"。其理学思想对后世影响很大,成为历代的官方哲学,是中国教育史上继孔子后的又一人。曾任漳州知府、浙东巡抚,做官清正有为,振举书院建设。有《四书章句集注》等,成为明清两代朝廷规定的教科书和科举考试标准。

《偶成》

少年易老学难成,一寸光阴不可轻。
未觉池塘春草绿,阶前梧叶已秋声。

《春日》

胜日寻芳泗水滨,无边光景一时新。
等闲识得东风面,万紫千红总是春。

《观书有感二首》

（其一）

半亩方塘一鉴开,天光云影共徘徊。
问渠那得清如许？为有源头活水来。

（其二）

昨夜江边春水生,艨艟巨舰一毛轻。
向来枉费推移力,此日中流自在行。

【注】 艨艟(méngchōng),战船。

❖**张栻**(1133—1180),字敬夫,号南轩,学者称南轩先生,后世又称张宣公。汉州绵竹(今四川绵竹市)人,教育家。主管岳麓书院教事,从学者达数千人,成为一代学宗。

《立春偶成》

律回岁晚冰霜少,春到人间草木知。
便觉眼前生意满,东风吹水绿参差。

诗 选 篇

❖ **朱淑真**(1135－1180),号幽栖居士,浙中杭州人。博通经史,能文善画,精音律,工诗词。有《断肠词》《断肠诗集》。

《落花》

连理枝头花正开,妒花风雨便相催。
愿教青帝常为主,莫遣纷纷点翠苔。

❖ **辛弃疾**(1140－1207),字幼安,号稼轩,济南府历城县(今济南市历城区)人。豪放派词人代表,与苏轼合称"苏辛"。生于金国统治地区,早年曾参与起义并与金人作战,后在江西、湖南、福建等地为官,为投降派排挤。其词风格多样,以豪放为主,沉雄豪迈又不乏细腻柔媚。题材广阔又善化用典故入词,抒发爱国热情,倾诉壮志难酬的悲愤,对当时执政者的屈辱求和颇多谴责。有《稼轩长短句》。

《送湖南部曲》

青衫匹马万人呼,幕府当年急急符。
愧我明珠成薏苡,负君赤手缚於菟。
观书老眼明如镜,论事惊人胆满躯。
万里云霄送君去,不妨风雨破吾庐。

【注】 於菟(wūtú),虎的别称。

❖ **叶适**(1150－1223),字正则,号水心居士。温州永嘉(今浙江温州)人。淳熙五年榜眼,官至兵部侍郎。主张功利之学,反对空谈,所代表的永嘉事功学派,是温州创业精神的思想发源,与当时朱熹的理学、陆九渊的心学并列为"南宋三大学派"。

《锄荒》

锄荒培薄寺东隈,一种风光百样栽。
谁妒眼中无俗物,前花开遍后花开。

❖ **刘过**(1154—1206),字改之,号龙洲道人。吉州太和(今江西泰和县)人。应举屡不中,布衣终身,有《龙洲集》等。

《夜思中原》

中原邈邈路何长,文物衣冠天一方。
独有孤臣挥血泪,更无奇杰叫天阍。
关河夜月冰霜重,宫殿春风草木荒。
犹耿孤忠思报主,插天剑气夜光芒。

❖ **姜夔**(约1155—1209),字尧章,号白石道人,饶州鄱阳(今江西鄱阳县)人。南宋文学家、音乐家。终生未仕,精诗词、散文、书法,精通音律,能自度曲,词格律严密,作品空灵含蓄,有《白石道人诗集》《白石道人歌曲》等。

《过垂虹》

自作新词韵最娇,小红低唱我吹箫。
曲终过尽松陵路,回首烟波十四桥。

《姑苏怀古》

夜暗归云绕柁牙,江涵星影鹭眠沙。
行人怅望苏台柳,曾与吴王扫落花。

❖ **韩淲**(1159—1224),字仲止,号涧泉,信州上饶(今属江西)人。仕后不久即归,有《涧泉集》。

《风雨中诵潘邠老诗》

满城风雨近重阳,独上吴山看大江。
老眼昏花忘远近,壮心轩豁任行藏。
从来野色供吟兴,是处秋光合断肠。
今古骚人乃如许,暮潮声卷入苍茫。

诗 选 篇

❖ **徐玑**(1162—1214),字致中,号灵渊,温州永嘉人,"永嘉四灵"之一。

《泊舟呈灵晖》

泊舟风又起,系缆野桐林。月在楚天碧,春来湘水深。
官贫思近阙,地远动愁心。所喜同舟者,清羸亦好吟。

【注】 羸(léi),瘦弱或疲困。

❖ **戴复古**(1167—?),字式之,号石屏、石屏樵隐,台州黄岩(今浙江台州)人,南宋著名江湖诗派诗人。一生不仕,浪游江湖,后归家隐居,有《石屏诗集》。

《江阴浮远堂》

横冈下瞰大江流,浮远堂前万里愁。
最苦无山遮望眼,淮南极目尽神州。

《月夜舟中》

满船明月浸虚空,绿水无痕夜气冲。
诗思浮沉樯影里,梦魂摇曳橹声中。
星辰冷落碧潭水,鸿雁悲鸣红蓼风。
数点渔灯依古岸,断桥垂露滴梧桐。

❖ **赵师秀**(1170—1219),字紫芝,号灵秀,永嘉(今浙江温州)人,"永嘉四灵"之一。

《约客》

黄梅时节家家雨,青草池塘处处蛙。
有约不来过夜半,闲敲棋子落灯花。

❖ **曹豳**(1170—1249),字西士,号东畎,温州瑞安(今属浙江)人。嘉泰

二年进士,知福州,以礼部侍郎召。

《春暮》

门外无人问落花,绿阴冉冉遍天涯。
林莺啼到无声处,青草池塘独听蛙。

❖**翁卷**,生卒年不详,字续古,永嘉(今属浙江)人,南宋诗人,为"永嘉四灵"之一,有《四岩集》。

《野望》

一天秋色冷晴湾,无数峰峦远近间。
闲上山来看野水,忽于水底见青山。

《乡村四月》

绿遍山原白满川,子规声里雨如烟。
乡村四月闲人少,才了蚕桑又插田。

《哭徐山民》

已是穷侵骨,何期早丧身!分明上天意,磨折苦吟人。
花色连晴昼,莺声在近邻。谁怜三尺像,犹带瘦精神。

《山雨》

一夜满林星月白,亦无云气亦无雷。
平明忽见溪流急,知是他山落雨来。

❖**某尼**,生卒年及生平不详。

《悟道诗》

尽日寻春不见春,芒鞋踏遍陇头云。
归来笑拈梅花嗅,春在枝头已十分。

诗 选 篇

❖ **陈均**(1174—1244),字平甫,号云岩,兴化莆田人。

《九江闻雁》

烟波渺渺梦悠悠,家在江南海尽头。
音信稀疏兄弟隔,一声新雁九江秋。

❖ **僧志南**,生平不详。

《绝句》

古木阴中系短篷,杖藜扶我过桥东。
沾衣欲湿杏花雨,吹面不寒杨柳风。

❖ **刘克庄**(1187—1269),字潜夫,号后村居士,福建莆田县(今福建省莆田市)人。南宋豪放派词人,江湖诗派诗人。官居工部尚书等。词多豪放之作。有《后村先生大全集》。

《莺梭》

掷柳迁乔太有情,交交时作弄机声。
洛阳三月花如锦,多少工夫织得成!

❖ **姚镛**(1191—?),字希声,号雪篷,剡溪(今浙江嵊州市)人。嘉定年进士,擢守赣州。工诗词,有《雪篷集》。

《访中洲》

踏雨来敲竹下门,荷香清透紫绡裙。
相逢未暇论奇字,先向水边看白云。

❖ **叶绍翁**(1194—1269),字嗣宗,号靖逸,龙泉(今浙江龙泉)人,曾在朝廷做小官。诗属江湖诗派风格。有《靖逸小稿》。

《游园不值》

应怜屐齿印苍苔,小扣柴扉久不开。
春色满园关不住,一枝红杏出墙来。

❖ **周弼**(1194－1255),字伯弜,汝阳(今河南汝南)人。诗书画皆工,尤擅画墨竹。

《夜深》

虚堂人静不闻更,独坐书床对夜灯。
门外不知春雪霁,半峰残月一溪灯。

❖ **徐元杰**(1196－1246),字仁伯,号梅野,江西省上饶人。绍定五年进士,累官国子祭酒,擢中书舍人,有《梅野集》。

《湖上》

花开红树乱莺啼,草长平湖白鹭飞。
风日晴和人意好,夕阳箫鼓几船归。

❖ **武衍**,生卒年不详,字朝宗,原籍汴梁(今河南开封),南渡后寓临安(今浙江杭州)清湖河,有《适安藏拙余稿》等。

《宫词》

梨花风动玉阑香,春色沉沉锁建章。
唯有落红官不禁,尽教飞舞出宫墙。

❖ **叶茵**(1199－?),字景文,笠泽(今江苏苏州)人。

《山行》

青山不识我姓字,我亦不识青山名。

诗　选　篇

飞来白鸟似相识,对我对山三两声。

❖**雷震**,生卒年不详,眉州(今四川眉山)人,宁宗嘉定年进士。

《村晚》

草满池塘水满陂,山衔落日浸寒漪。
牧童归去横牛背,短笛无腔信口吹。

❖**卢梅坡**,生卒年及生平不详,别名卢钺。

《雪梅二首》(其一)

梅雪争春未肯降,骚人阁笔费评章。
梅须逊雪三分白,雪却输梅一段香。

❖**赵希桐**,生卒年及生平不详,字谊父,宋朝宗室。有《抱拙小稿》。

《次萧冰崖梅花韵》

冰姿琼骨净无瑕,竹外溪边处士家。
若使牡丹开得早,有谁风雪看梅花?

❖**俞桂**,生卒年不详,字希郯,仁和(今浙江省杭州)人,绍定五年进士。

《过湖》

舟移别岸水纹开,日暖风香正落梅。
山色蒙蒙横画轴,白鸥飞处带诗来。

❖**方岳**(1199—1262),字巨山,号秋崖。徽州祁门(今属安徽)人。绍定五年进士,知抚州。因得罪权贵被弹劾罢官,后隐居不仕,有《深雪偶谈》。

《泊歙浦》

此路难为别,丹枫似去年。人行秋色里,雁落客愁边。

宋　诗

霜月倚寒渚,江声惊夜船。孤城吹角处,独立渺风烟。

【注】　歙(shè)浦,安徽南部的一条河流。

❖ **郑震**(1199－1262),字叔起,号菊山,福州连江人。郑思肖之父,南宋理学家,晚年讲学于安定、和靖书院。

《荆南别贾制书东归》

来时秋雨满江楼,归日春风度客舟。
回首荆南天一角,月明吹笛下扬州。

❖ **何应龙**,生卒年不详,字子翔,号橘潭,钱塘(今浙江杭州)人。嘉泰进士,曾知汉州。

《见梅》

云绕前冈水绕村,忽惊空谷有佳人。
天寒日暮吹香去,尽是冰霜不是春。

《客怀》

客怀处处不宜秋,秋到梧桐动客愁。
想得故人无字到,雁声远过夕阳楼。

❖ **罗与之**,生卒年不详,字与甫,号雪坡,螺川(今江西吉安)人。终身隐居,有《雪坡小稿》。

《看叶》

红紫飘零草不芳,始宜携杖向池塘。
看花应不如看叶,绿影扶疏意味长。

❖ **陆垕**,生卒年不详,字景思,号云西,会稽(今浙江绍兴)人。绍定年进士,任翰林权直兼国史院编修等。

诗 选 篇

《退宫人》

破箧犹存旧赐香,轻将魂梦别昭阳。
只知镜里春难驻,谁道人间夜更长!
父母家贫容不得,君王恩重死难忘。
东风二月垂杨柳,犹解飞花入苑墙。

❖**丁开**,生卒年不详,字复见,长沙人。南宋谏官,因得罪权贵贾似道被劾罢。

《建业》

谁遣凄凉满眼中?苹花渺渺又秋风。
龙蹲虎踞江山大,马去牛来社稷空。
纵有千人惟诺诺,本无百岁更匆匆。
乾坤颠倒孤舟在,聊复残生伴钓翁。

❖**严羽**,生卒年不详,字丹丘,号沧浪逋客,世称严沧浪。邵武莒溪(今福建邵武)人。一生未仕,论诗推重汉魏盛唐,号召学古,著有《沧浪诗话》。

《临川逢郑遐之云梦》

天涯十载无穷恨,老泪灯前语罢垂。
明发又为千里别,相思应尽一生期。
洞庭波浪帆开晚,云梦兼葭鸟去迟。
世乱音书到何日?关河一望不胜悲!

《访益上人兰若》

独寻青莲宇,行过白沙滩。一径入松雪,数峰生暮寒。
山僧喜客至,林阁供人看。吟罢拂衣去,钟声云外残。

❖**张琰**,生卒年不详,南宋广陵人,与元兵作战中牺牲。

《出塞曲二首》(其一)

腰间插雄剑,中夜龙虎吼。平明登前途,万里不回首。
男儿当野死,岂为印如斗。忠诚表壮节,灿烂千古后。

❖**柴望**(1212—1280),字仲山,号秋堂,江山人。嘉熙四年为太学上舍,供职中书省。

《和通判弟随亨书感韵》

风沙万里梦堪惊,地老天荒只此情。
世上但知王蠋义,人间唯有伯夷清。
堂前旧燕归何处? 花外啼鹃月几更?
莫话凄凉当日事,剑歌泪尽血沾缨。

【注】 王蠋(zhú):齐国贤者。燕破齐,王蠋义不事燕,自缢而亡。

❖**家铉翁**(约1213—1297),号则堂,南宋末年大臣,元初隐士。眉州(今四川省眉山市)人。官至端明殿学士兼签书枢密院事。

《寄江南故人》

曾向钱塘住,闻鹃忆蜀乡。
不知今夕梦,到蜀到钱塘?

❖**谢枋得**(1226—1289),字君直,号叠山,信州弋阳(今江西弋阳县)人。南宋末年著名爱国诗人,诗文豪迈奇绝,自成一家。带领义军在江东抗元,被俘殉国,有《叠山集》。

《庆全庵桃花》

寻得桃源好避秦,桃红又见一年春。
花飞莫遣随流水,怕有渔郎来问津。

诗选篇

《春日闻杜宇》

杜鹃日日劝人归,一片归心谁得知!
望帝有神如可问,谓予何日是归期?

《武夷山中》

十年无梦得还家,独立青峰野水涯。
天地寂寥山雨歇,几生修得到梅花?

《北行别人》

雪中松柏愈青青,扶植纲常在此行。
天下岂无龚胜洁,人间不独伯夷清。
义高便觉生堪舍,礼重方知死甚轻。
南八男儿终不屈,皇天上帝眼分明。

❖ **陈文龙**(1232—1276),福建兴化(今福建莆田)人,字刚中,号如心,咸淳四年状元,抗元名将,被俘殉国。

《元兵俘至合沙,诗寄仲子》

斗垒孤危势不支,书生守志定难移。
自经沟渎非吾事,臣死封疆是此时。
须信累囚堪衅鼓,未闻烈士竖降旗。
一门百指沦胥尽,惟有丹衷天地知。

❖ **戴昺**(1233年前后在世),字景明,号东野,天台人。嘉定年进士,授赣州法曹参军。诗清婉可讽,有《东野农歌集》。

《夜过鉴湖》

推篷四望水连空,一片蒲帆正饱风。
山际白云云际月,子规声在白云中。

❖ **文天祥**(1236—1283),字宋瑞,又字履善。道号浮休道人、文山。吉州庐陵(今江西省吉安市)人,南宋末年政治家、文学家,抗元名臣,民族英雄。宝祐年状元,曾任右丞相兼枢密使,与张世杰、陆秀夫等拥立益王赵昰为帝。战败被俘,屡经威逼利诱,三年后从容就义。有《文山先生全集》。

《过零丁洋》

辛苦遭逢起一经,干戈寥落四周星。
山河破碎风飘絮,身世浮沉雨打萍。
惶恐滩头说惶恐,零丁洋里叹零丁。
人生自古谁无死,留取丹心照汗青。

《金陵驿二首》(其一)

草合离宫转夕晖,孤云飘泊复何依?
山河风景元无异,城郭人民半已非。
满地芦花和我老,旧家燕子傍谁飞?
从今别却江南路,化作啼鹃带血归。

《正气歌》

天地有正气,杂然赋流形。下则为河岳,上则为日星。
于人曰浩然,沛乎塞苍冥。皇路当清夷,含和吐明庭。
时穷节乃见,一一垂丹青。在齐太史简,在晋董狐笔。
在秦张良椎,在汉苏武节;为严将军头,为嵇侍中血;
为张睢阳齿,为颜常山舌;或为辽东帽,清操厉冰雪;
或为《出师表》,鬼神泣壮烈;或为渡江楫,慷慨吞胡羯;
或为击贼笏,逆竖头破裂;是气所磅礴,凛烈万古存。
当其贯日月,生死安足论!地维赖以立,天柱赖以尊。
三纲实系命,道义为之根。嗟予遘阳九,隶也实不力。
楚囚缨其冠,传车送穷北。鼎镬甘如饴,求之不可得。
阴房阗鬼火,春院閟天黑。牛骥同一皂,鸡栖凤凰食。

诗选篇

一朝蒙雾露,分作沟中瘠。如此再寒暑,百沴自辟易。
哀哉沮洳场,为我安乐国。岂有他谬巧,阴阳不能贼!
顾此耿耿在,仰视浮云白。悠悠我心忧,苍天曷有极!
哲人日已远,典刑在夙昔。风檐展书读,古道照颜色。

【注】 笏(hù),古代大臣上朝拿着的手板,用玉、象牙或竹片制成,上面可以记事。遘(gòu),相遇。镬(huò),古代的大锅。阒(qù),静寂,没有一点声音。閟(bì),掩蔽。沴(lì),灾害。沮洳(jùrù),大量腐烂植物埋在地下形成的沼泽。

❖ **真山民**,生卒年不详,传为括苍(今浙江丽水)人,宋末进士,有《真山民诗集》。

《泊舟严滩》

天色微茫入暝钟,严陵湍上系孤蓬。
水禽与我共明月,芦叶同谁吟晚风?
隔浦人家渔火外,满江愁思笛声中。
云开休望飞鸿影,身即天涯一断鸿。

【注】 严滩,也称"严陵滩",浙江中部富春江上的一处滩涂,以东汉著名学者、隐士严光(字子陵)在富春山隐居得名。

❖ **郑协**,生卒年不详,号南谷,理宗景定元年为广东转运使。

《溪桥晚兴》

寂寞亭基野渡边,春流平岸草芊芊。
一川晚照人闲立,满袖杨花听杜鹃。

❖ **汪元量**(约1241—约1317),字大有,号水云,钱塘(今浙江杭州)人。宋末诗人、宫廷琴师。宋亡被掳往大都,后出家为道士,游江南多地,诗歌多记录亡国苦难,有《湖山类稿》和《水云集》。

《湖州歌九十八首》(其三十八)

青天淡淡月荒荒,两岸淮田尽战场。
宫女不眠开眼坐,更听人唱《哭襄阳》。

《秋日酬王昭仪》

愁到浓时酒自斟,挑灯看剑泪痕深。
黄金台愧少知己,碧玉调将空好音。
万叶秋风孤馆梦,一灯夜雨故乡心。
庭前昨夜梧桐雨,劲气萧萧入短襟。

《潼关》

蔽日乌云拨不开,昏昏勒马度关来。
绿芜径路人千里,黄叶邮亭酒一杯。
事去空垂悲国泪,愁来莫上望乡台。
桃林塞外秋风起,大漠天寒鬼哭哀。

❖ 郑思肖(1241—1318),原名之因,宋亡后改名思肖,因肖是宋朝国姓"赵"的组成部分。字忆翁,表示不忘故国;号所南,日常坐卧,要向南背北。宋末诗人、画家,擅长作墨兰,花叶萧疏而不画根土,意寓宋土地已被掠夺。无根的兰花,寓意南宋失去国土根基。有诗集《心史》《所南翁一百二十图诗集》等。

《咏制置李公芾》

举家自杀尽忠臣,仰面青天哭断云。
听得北人歌里唱,"潭州城是铁州城"!

《画菊》

花开不并百花丛,独立疏离趣未穷。
宁可枝头抱香死,何曾吹落北风中?

诗 选 篇

《德祐二年岁旦二首》

（其一）

力不胜于胆，逢人空泪垂。一心中国梦，万古《下泉》诗。
日近望犹见，天高问岂知！朝朝向南拜，愿睹汉旌旗。

（其二）

有怀常不释，一语一酸辛。此地暂胡马，终身只宋民。
读书成底事，报国是何人！耻见干戈里，荒城梅又春。

《伯牙绝弦图》

终不求人更赏音，只当仰面看山林。
一双闲手无聊赖，满地斜阳是此心。

《送友人归》

年高雪满簪，换渡浙江浔。花落一杯酒，月明千里心。
凤凰身宇宙，麋鹿性山林。别后空回首，冥冥烟树深。

《八砺三首》（其二）

生得贞心铁石坚，肯将识见与时迁。
泪如江水流成海，恨似山峰插入天。
慷慨歌声闻屋外，婆娑剑影落灯前。
篇篇字字皆盟誓，莫作空言只浪传。

❖ **方凤**(1241—1322)，字韶卿、韶父，号岩南老人。浦江后郑村人。宋亡遁归隐于仙华山。有《月泉吟社诗》。

《哭陆秀夫》

祚微方拥幼，势极尚扶颠。鳌背舟中国，龙胡水底天。

巩存周已晚,蜀尽汉无年。独有丹心皎,长依海日悬。

❖ **林景熙**(1242－1310),字德旸,号霁山。温州平阳(今属浙江)人,爱国诗人。咸淳年进士,官从政郎。宋亡后隐居。元世祖时西域僧人杨琏真迦挖掘绍兴宋帝陵墓,林景熙激于爱国义愤,约乡人收拾帝后骸骨葬于兰亭,移植皇陵冬青树为标志。有《霁山集》。

《梦回》

梦回荒馆月笼秋,何处砧声唤客愁。
深夜无风莲叶响,水寒更有未眠鸥。

❖ **谢翱**(1249－1295),字皋羽,号晞发子,原籍长溪。爱国诗人。文天祥开府延平,率乡兵数百人投之,任谘议参军。

《书文山卷后》

魂飞万里程,天地隔幽明。死不从公死,生如无此生。
丹心浑未化,碧血已先成。无处堪回首,吾今变姓名。

元、明、清诗

❖ **杨弘道**(1189—1271),字叔能,号素庵,淄川人。气高古,不事举业,磊落有大志。有《小亨集》。

《空村谣》

凄风羊角转,旷野埃尘腥。膏血夜为火,望际光青荧。
颓垣俯积灰,破屋仰见星。蓬蒿塞前路,瓦砾堆中庭。
杀戮馀稚老,疲羸行欲倾。居空村问汝,何以供朝昏?
气息仅相属,致词难遽言。往时百余家,今日数人存。
顷筐长镵随日出,树木有皮草有根。
春磨沃饥火,水土仍君恩。
但恨铢求尽地底,官吏有时还到门。

❖ **元好问**(1190—1257),字裕之,号遗山,世称遗山先生。太原秀容(今山西忻州)人。文学家、史学家。金宣宗兴定五年进士,官至知制诰。是宋金对峙时期北方的文坛盟主,尊为"北方文雄""一代文宗"。擅作诗、文、词、曲,有《元遗山先生全集》。

《论诗三十首》

(其四)

一语天然万古新,豪华落尽见真淳。
南窗白日羲皇上,未害渊明是晋人。

(其五)

纵横诗笔见高情,何物能浇块垒平?

老阮不狂谁会得?出门一笑大江横。

(其七)

慷慨歌谣绝不传,穹庐一曲本天然。
中州万古英雄气,也到阴山敕勒川。

(其二十二)

奇外无奇更出奇,一波才动万波随。
只知诗到苏黄尽,沧海横流却是谁?

《横波亭为青口帅赋》

孤亭突兀插飞流,气压元龙百尺楼。
万里风涛接瀛海,千年豪杰壮山丘。
疏星淡月鱼龙夜,老木清霜鸿雁秋。
倚剑长歌一杯酒,浮云西北是神州。

❖ **刘因**(1249—1293),字梦吉,号静修。雄州容城(今河北容城)人。著名理学家、诗人。至元十九年应召入朝,为右赞善大夫,不久借口母病辞官。至元二十八年忽必烈再度遣使召,以疾辞。

《山家》

马蹄踏水乱明霞,醉袖迎风受落花。
怪见溪童出门望,雀声先我到山家。

❖ **赵孟頫**(1254—1322),字子昂,号松雪道人。吴兴(今浙江湖州)人,宋皇室后人。至元年累官荣禄大夫等,后借病乞归。博学多才,能诗善文,开创元代新画风,创"赵体"书法,与欧阳询、颜真卿、柳公权并称"楷书四大家",有《松雪斋集》。

《岳鄂王墓》

鄂王坟上草离离,秋日荒凉石兽危。

诗 选 篇

南渡君臣轻社稷，中原父老望旌旗。
英雄已死嗟何及，天下中分遂不支。
莫向西湖歌此曲，水光山色不胜悲。

《题所画梅竹赠石民瞻》

故人赠我江南句，飞尽梅花我未归。
欲寄相思无别语，一枝寒玉淡春晖。

❖**范梈**(1272－1330)，字亨父，人称文白先生，清江（今江西樟树）人。至大年为翰林院编修等，兴办学校，教育民众。有《范德机诗集》。

《浔阳》

露下天高滩月明，行人西指武昌城。
扁舟未到心先到，卧听浔阳谯鼓声。

❖**虞集**(1272－1348)，字伯生，号道园。临川崇仁（今江西崇仁）人。成宗大德年累官奎章阁侍书学士等，有《道园学古录》。

《至正改元辛巳寒食日示弟即诸子侄》

江山信美非吾土，漂泊栖迟近百年。
山舍墓田同水曲，不堪梦觉听啼鹃。

《挽文丞相》

徒把金戈挽落晖，南冠无奈北风吹。
子房本为韩仇出，诸葛宁知汉祚移。
云暗鼎湖龙去远，月明华表鹤归迟。
不须更上新亭望，大不如前洒泪时。

❖**倪瓒**(1301－1374)，字泰宇，别字元镇，号云林子，江苏无锡人，元末明初画家、诗人。擅画山水和墨竹，与黄公望、王蒙、吴镇合称"元四家"。

《题郑所南兰》

秋风兰蕙化为茅,南国凄凉气已消。
只有所南心不改,泪泉和墨写离骚。

❖ **王冕**(1287—1359),字元章,号煮石山农、梅花屋主等,诸暨(今属浙江)人,著名画家、诗人。性格孤傲,轻视功名利禄,有《竹斋集》。

《墨梅》

我家洗砚池头树,朵朵花开淡墨痕。
不要人夸颜色好,只留清气满乾坤。

《白梅》

冰雪林中著此身,不同桃李混芳尘。
忽然一夜清香发,散作乾坤万里春。

❖ **唐温如**,生卒年及生平不详,名珙,字温如,元末明初诗人,会稽山阴(今浙江绍兴)人。

《题龙阳县青草湖》

西风吹老洞庭波,一夜湘君白发多。
醉后不知天在水,满船清梦压星河。

❖ **刘基**(1311—1375),字伯温,浙江青田(今浙江文成)人。元末明初政治家、文学家。辅佐朱元璋平定天下,精通天文、兵法、数理等。与宋濂、高启并称"明初诗文三大家",有《诚意伯刘先生文集》。

《五月九日大雨》

风驱急雨洒高城,云压轻雷殷地声。
雨过不知龙去处,一池草色万蛙鸣。

诗 选 篇

❖ **杨基**(1326—1378),字孟载,号眉庵。吴中(今江苏苏州)人。诗人,"吴中四杰"之一。累官至山西按察使,被谗夺官,死于工所。

《岳阳楼》

春色醉巴陵,阑干落洞庭。水吞三楚白,山接九疑青。
空阔鱼龙气,婵娟帝子灵。何人夜吹笛,风雨急冥冥。

❖ **高启**(1336—1374),字季迪,号槎轩、青丘子,长洲(今江苏苏州)人。授翰林院国史编修,参修《元史》,后因文字狱被朱元璋腰斩。有《高太史大全集》。

《梅花九首》(其一)

琼姿只合在瑶台,谁向江南处处栽?
雪满山中高士卧,月明林下美人来。
寒依疏影萧萧竹,春掩残香漠漠苔。
自去何郎无好咏,东风愁寂几回开。

❖ **王恭**(1343—?),字安仲,长乐潭头镇沙堤人。家贫,为樵夫20多年。善诗文,敕修《永乐大典》,授翰林典籍。

《春雁》

春风一夜到衡阳,楚水燕山万里长。
莫怪春来便归去,江南虽好是他乡。

❖ **于谦**(1398—1457),字廷益,号节庵,杭州钱塘县人。为官清廉敢言,官至少保,世称于少保。土木堡之变后反对南迁,率军击退瓦剌兵守住京师。后被冤杀,谥忠肃。有《于忠肃集》。

《石灰吟》

千锤万凿出深山,烈火焚烧若等闲。

粉身碎骨浑不怕,要留清白在人间。

《咏煤炭》

凿开混沌得乌金,藏蓄阳和意最深。
爇火燃回春浩浩,洪炉照破夜沉沉。
鼎彝元赖生成力,铁石犹存死后心。
但愿苍生俱饱暖,不辞辛苦出山林。

【注】 爇(jué),火把。

《上太行》

西风落日草斑斑,云薄秋空鸟独还。
两鬓霜华千里客,马蹄又上太行山。

❖ **钱福**(1461—1504),字与谦,号鹤滩。松江府华亭(今上海松江)人,弘治三年状元,官翰林修撰。有《鹤滩集》。

《明日歌》

明日复明日,明日何其多。我生待明日,万事成蹉跎。
世人苦被明日累,春去秋来老将至。
朝看水东流,暮看日西坠。
百年明日能几何?请君听我明日歌。

❖ **唐寅**(1470—1524),字伯虎,号六如居士,苏州府吴县人,著名画家、书法家、诗人。年轻时卷入科场舞弊案入狱,追求个性解放。诗文与祝允明、文徵明、徐祯卿并称"吴中四才子"。

《画鸡》

头上红冠不用裁,满身雪白走将来。
平生不敢轻言语,一叫千门万户开。

诗 选 篇

《菊花》

故园三径吐幽丛,一夜玄霜坠碧空。
多少天涯未归客,尽借篱落看秋风。

《秋扇》

秋来纨扇合收藏,何事佳人重感伤?
请将世情详细看,大抵谁不逐炎凉?

《言志》

不炼金丹不坐禅,不为商贾不耕田。
闲来写就丹青卖,不使人间造孽钱。

《夜读》

夜来欹枕细思量,独卧残灯漏夜长。
深虑鬓毛随世白,不知腰带几时黄。
人言死后还三跳,我要生前做一场。
名不显时心不朽,再挑灯火看文章。

《桃花庵歌》

桃花坞里桃花庵,桃花庵里桃花仙。
桃花仙人种桃树,又摘桃花换酒钱。
酒醒只在花前坐,酒醉还来花下眠。
半醒半醉日复日,花落花开年复年。
但愿老死花酒间,不愿鞠躬车马前。
车尘马足贵者趣,酒盏花枝贫者缘。
若将富贵比贫贱,一在平地一在天。
若将贫贱比车马,他得驱驰我得闲。
别人笑我忒疯癫,我笑他人看不穿。
不见五陵豪杰墓,无花无酒锄作田。

《把酒对月歌》

李白前时原有月，惟有李白诗能说。
李白如今已仙去，月在青天几圆缺？
今人犹歌李白诗，明月还如李白时。
我学李白对明月，白与明月安能知！
李白能诗复能酒，我今百杯复千首。
我愧虽无李白才，料应月不嫌我丑。
我也不登天子船，我也不上长安眠。
姑苏城外一茅屋，万树梅花月满天。

❖ **王守仁**（1472—1529），本名王云，字伯安，号阳明，浙江余姚人。杰出的思想家、文学家、军事家、教育家。弘治年进士，累官两广总督、南京兵部尚书等，平定盗乱及朱宸濠叛乱。是心学的集大成者，弟子极众，世称"姚江学派"。

《泛海》

险夷原不滞胸中，何异浮云过太空？
夜静海涛三万里，月明飞锡下天风。

《登大伾山》

晓披烟雾入青峦，山寺疏钟万木寒。
千古河流成沃野，几年沙势自风湍。
水穿石甲龙鳞动，日绕峰头佛顶宽。
宫阙五云天北极，高秋更上九霄看。

❖ **马柳泉**（1478—1536），明朝人，名马卿，字敬臣，号柳泉，河南林州人，官至都察院右副都御使。

《卖子叹》

贫家有子贫亦娇，骨肉恩重那能抛？

诗 选 篇

饥寒生死不相保,割肠卖儿为奴曹。
此时一别何日见?遍抚儿身舔儿面。
有命丰年来赎儿,无命九泉抱长怨。
嘱儿且莫忧爷娘,忧思成病谁汝将?
抱头顿足哭声绝,悲风飒飒天茫茫。

❖ **王廷陈**(1493—1551),字稚钦,号梦泽。黄冈赤膊龙(今属武汉)人。正德年进士。有《梦泽集》。

《春日山居即事》

草动三江色,林占万壑晴。篱边春水至,檐际暖云生。
溪犬迎船吠,邻鸡上树鸣。鹿门何必去,次第可躬耕。

❖ **李攀龙**(1514—1570),字于鳞,号沧溟,山东济南历城人,著名文学家。倡导文学复古运动,为"后七子"的领袖人物。

《送子相归广陵》

广陵秋色雨中开,系马青枫江上台。
落日千帆低不度,惊涛一片雪山来。

《塞上曲·送元美》

白羽如霜出塞寒,胡烽不断接长安。
城头一片西山月,多少征人马上看。

《和聂仪部明妃曲》

天山雪后北风寒,抱得琵琶马上弹。
曲罢不知青海月,徘徊犹作汉宫看。

❖ **杨继盛**(1516—1555),字仲芳,号椒山,直隶容城(今河北容城)人。著名谏臣,嘉靖年进士,官兵部员外郎。因上疏弹劾严嵩被迫害下狱,备受

折磨后处死,谥忠愍。有《杨忠愍集》。

《因前作谕鸦鹊》(其一)

宇宙到头俱梦幻,生人何必叹云泥。
疏狂见惯荣枯事,鸦鹊从今俱慢啼。

《题残菊》

万树红芳带露残,独怜黄菊对霜看。
东君不与花为主,一任西风落砌寒。

《言志诗》

饮酒读书四十年,乌纱头上是青天。
男儿欲画凌烟阁,第一功名不爱钱。

《次梅轩韵》

一点丹心一点忠,竹花难入万花丛。
年来不见青松友,独喜晴梅相映红。

《题郭剑泉岁寒松柏卷》

君去霜台无御史,君来秋省有刑官。
百年节操惟松柏,休负当时旧岁寒。

《狱中红苔》

寒栎凄凄哀怨绝,阴云黯黯郁愁结。
西风满地苔痕红,尽是渭囚冤泪血。

《临刑》

浩气还太虚,丹心照千古。
生平未报国,留作忠魂补!

诗 选 篇

❖ **徐渭**(1521—1593),字文长,号青藤道士。绍兴府山阴(今浙江绍兴)人。文学家、书画家、戏曲家。在诗文、戏剧、书画等方面独树一帜,与解缙、杨慎并称"明代三才子"。所著《南词叙录》为第一部关于南戏的理论专著。另有杂剧《四声猿》《歌代啸》。

《野葡萄藤》

半生落魄已成翁,独立书斋啸晚风。
笔底明珠无处卖,闲抛闲掷野藤中。

《牡丹》

五十八年贫贱身,何曾妄念洛阳春。
不然岂少胭脂在,富贵花将墨写神。

《山阴景孟刘侯乘舆过访,闭门不见,乃题诗素纨致谢》

传呼拥道使君来,寂寂柴门久不开。
不是疏狂甘慢客,恐因车马乱苍苔。

❖ **王世贞**(1526—1590),字元美,号凤洲,苏州太仓人,文学家、史学家。嘉靖年进士,累官至刑部尚书。"后七子"之一,有《弇山堂别集》等。

《登太白楼》

昔闻李供奉,长啸独登楼。此地一垂顾,高名百代留。
白云海色曙,明月天门秋。欲觅重来者,潺湲济水流。

【注】 潺湲(chányuán),流水不断。

❖ **李贽**(1527—1602),号宏甫,又号卓吾。福建泉州人。思想家、文学家,泰州学派的一代宗师。嘉靖年举人,历姚安知府。在麻城讲学从者数千人。批判重农抑商,倡导功利价值。被诬下狱后不堪折磨自杀。有《史纲评要》等。

《系中八绝·老病初苏》

名山大壑登临遍,独此垣中未入门。
病间始知身在系,几回白日几回昏?

《宿吴门》

秋深风落木,清水半池荷。驱马向何去?吴门客子多。

❖ **戚继光**(1528—1588),字元敬,号南塘。山东登州(今山东蓬莱)人,抗倭名将,杰出的军事家、书法家、诗人、民族英雄。

《马上作》

南北驱驰报主情,江花边草笑平生。
一年三百六十日,多是横戈马上行。

❖ **马闲卿**,生卒年不详,字芷居。金陵人,翰林陈沂之继室。善山水白描,工诗,有《芷居集》。

《暮秋》

野色满园中,闲情立晚风。菊花含雨艳,枫叶醉霜红。

❖ **汤显祖**(1550—1616),江西临川人,字义仍,号海若、若士、清远道人,著名戏曲家、文学家。任遂昌知县等。戏剧作品《还魂记》《紫钗记》《南柯记》和《邯郸记》,合称"临川四梦"。

《觊回宿龙潭》

是岁春连雪,烟花思不堪。雨中双燕子,今夕是江南。

❖ **袁宏道**(1568—1610),字中郎,号石公。湖北公安人。万历十九年进士,任国子博士等。"公安派"领袖,提出"独抒性灵,不拘格套"的性灵说。

诗选篇

反对文学复古,认为文章与时代有密切关系。

《感事》

湘山晴色远微微,尽日江头独醉归。
不见两关传露布,尚闻三殿未垂衣。
边筹自古无中下,朝论于今有是非。
日暮平沙秋草乱,一双白鸟避人飞。

《东阿道中晚望》

东风吹绽红亭树,独上高原愁日暮。
可怜骊马蹄下尘,吹作游人眼中雾。
青山渐高日渐低,荒原冻雀一声啼。
三归台畔古碑没,项羽坟头石马嘶。

❖**钟惺**(1574—1624),字伯敬,号退谷,湖广竟陵人,文学家。万历年进士,官至福建提学佥事。不久辞官闭户读书,与谭元春共创追求从古人诗文中获得"性灵"的"竟陵派"。

《夜归》

落日下山径,草堂人未归。砌虫泣凉露,篱犬吠残晖。
霜静月愈皎,烟生墟更微。入秋知几日,邻杵数声稀。

❖**钱谦益**(1582—1664),字受之,号牧斋,学者称虞山先生,苏州府常熟县人。万历年探花,明末诗坛盟主及东林党领袖之一,官至礼部尚书,后降清为礼部侍郎。其著述《明史稿》毁于火。有《牧斋诗抄》等,乾隆视钱谦益作失节者,遭删禁。

《后秋兴》(其一)

海角崖山一线斜,从今也不属中华。
更无鱼腹捐躯地,况有龙涎泛海槎。

望断关河非汉帜,吹残日月是胡笳。
嫦娥老大无归处,独倚银轮哭桂花。

❖**袁崇焕**(1584—1630),字元素,号自如,广州府东莞人,明末抗清名将,爱国将领。万历年进士,官至兵部尚书,督师蓟、辽,兼督登、莱、天津军务,多次击败后金军的进犯,击退皇太极,解京师之围。后被朱由检冤杀遭凌迟处死,有《袁督师遗集》。

《边中送别》

五载离家别路悠,送君寒浸宝刀头。
欲知肺腑同生死,何用安危问去留?
策杖只因图雪耻,横戈原不为封侯。
故园亲侣如相问,愧我边尘尚未收。

《山海关送季弟南还》

公车犹记昔年情,万里从我塞上征。
牧圉此时犹捍御,驱驰何日慰升平。
由来友爱钟吾辈,肯把须眉负此生。
去住安危俱莫问,燕然曾勒古人名。

【注】 圉(yǔ),养马的地方。

《偕诸将游海岛》

战守逶迤不自由,偏因胜地重得愁。
荣华我已知庄梦,忠愤人将谓杞忧。
边衅久开终是定,室戈方操几时休?
片云孤月应肠断,桩树凋零又一秋。

《遇词林寺口占》

四十年来过半身,望中祇树隔红尘。
如今着足空王地,多了从前学杀人。

诗 选 篇

《南还别陈翼所总戎》

慷慨同仇日,间关百战时。功高明主眷,心苦后人知。
麋鹿还山便,麒麟绘阁宜。去留都莫讶,秋草正离离。

《临刑口占》

一生事业总成空,半世功名在梦中。
死后不愁无勇将,忠魂依旧守辽东。

❖ **冯舒**(1593—1649),字己苍,号默庵,江苏常熟人,明末清初学者。不避权势,被罗织讥讽朝廷之罪,屈死狱中。

《丙戌岁朝二首》(其一)

投老余生又到春,萧萧短发尚为人。
世情已觉趋时便,天道难言与善亲。
梦里山川存故国,劫余门巷失比邻。
野人忆著前年事,洒泪临风问大钧。

❖ **史可法**(1602—1645),字宪之,号道邻,河南祥符(今开封)。明末抗清名将、民族英雄。为官清廉,坚贞不屈,官至兵部尚书。清军南下后,坚守扬州城,城破遇难。有《史忠正公集》。

《偶成》

逸兴豪情岂易降,试评今古有谁双?
近来学得持雌诀,镇日无言独对江。

《忆母二首》

(其一)

母在江之南,儿在江之北。相逢叙梦中,牵衣喜且哭。

（其二）

来家不面母，咫尺犹千里。矶头洒清泪，滴滴沉江底。

❖ **傅山**（1607－1684），明清之际思想家、书法家、医学家。初名鼎臣，字青竹，改字青主，山西太原人，清初保持民族气节的典范人物。与顾炎武、黄宗羲、王夫之、李颙、颜元被梁启超称为"清初六大师"。长于哲学、佛理、道学、医学、诗歌、书画、金石、武术、考据等。诗集有《霜红龛集》。在清代有"医圣"之名，有《傅青主女科》等。

《青羊庵》

芟苍凿翠一庵经，不为瞿昙作客星。
既是为山平不得，我来添尔一峰青。

【注】 瞿昙，释迦牟尼的姓，也作为佛或和尚的代称。

《口号》

今古风流论不胜，门庭萧索足深情。
此时久已非东汉，犹喜区区党锢名。

《乙酉岁除八绝句》（其一）

纵说今宵旧岁除，未应除得旧臣荼。
摩云即有回阳雁，寄得南枝芳信无？

❖ **陈子龙**（1608－1647），字卧子，松江华亭（今上海松江）人，明朝末年大臣、学者。崇祯年进士，擢兵科给事中。组织民众武装抗清，事败被捕后投水殉国。为婉约名家，为云间诗、词派首领。

《秋日杂感》

行吟坐啸独悲秋，海雾江云引暮愁。
不信有天常似醉，最怜无地可埋忧。
荒荒葵井多新鬼，寂寂瓜田识故侯。

诗 选 篇

见说五湖供饮马,沧浪何处着渔舟?

《秦淮八艳题咏》

(其一)《访媚香楼吊李香君》

绣阁漾淮水,夭桃灼灼开。抚琴余韵歇,掩卷尾声回。
溅血喷权贵,却饫饭草莱。凛然香扇坠,千古节堪哀。

(其三)《访秋水阁吊柳如是》

隐隐河东柳,迎酬尽党人。序题戊寅草,帐设绛云茵。
殉国艰于死,悬棺矢不臣。皇皇多列士,侠骨让红唇。

(其五)《访祗陀庵吊卞玉京》

锦树纤尘绝,叩门乌鹊惊。酒垆酣欲醉,弦索冷无声。
不忍经行处,偏教此处行。惜哉莹玉质,空诵法华经。

(其八)《访商山寺吊陈圆圆》

花底哀弦咽,飞泉洗劫尘。羞蒙声色误,枉诘是非论。
易帜翻流寇,冲冠委贰臣。圆光归寂照,名节俱沉沦。

❖**吴伟业**(1609—1672),字骏公,号梅村,江苏太仓人。崇祯年进士,翰林院编修。顺治年被迫应诏为国子监祭酒。后以奉嗣母丧为由乞假南归不复出仕。与钱谦益、龚鼎孳并称"江左三大家"。

《无题》

系艇垂杨映绿浔,玉人湘管画帘深。
千丝碧藕玲珑腕,一卷芭蕉展转心。
题罢红窗歌缓缓,听来青鸟信沉沉。
天边恰有黄姑恨,吹入萧郎此夜吟。

《遇旧友》

已过才追问,相看是故人。乱离何处见,消息苦难真。
拭眼惊魂定,衔杯笑语频。移家就吾住,白首两遗民。

❖ **黄宗羲**(1610－1695),字太冲,号南雷,别号梨洲老人等,浙江余姚人。明末清初经学家、史学家、思想家、教育家。提出"天下为主,君为客"的民主思想,主张以"天下之法"取代皇帝的"一家之法"。著有《明儒学案》《宋元学案》《明夷待访录》《孟子师说》等。

《九日出北门沿惜字庵至范文清东篱》

两两三三郭外阡,僧房篱落共连延。
高林初带冰霜气,风景俄成惨淡天。
如此江山残照下,奈何心事菊花边。
不须更觅登高地,只恐登高便泫然!

❖ **顾炎武**(1613－1682),字忠清,人称亭林先生,南直隶昆山(今江苏昆山)人。明末清初杰出思想家、学者,与黄宗羲、王夫之并称为明末清初"三大儒"。崇祯十六年国子监生,加入复社,清兵入关后组织反清活动。拒绝清廷仕用,为清初继往开来的一代宗师。著有《日知录》《亭林诗集》等。

《祖豫州闻鸡》

万国秋声静,三河夜色寒。星临沙树白,月下戍楼残。
击柝行初转,提戈梦未安。沉几通物表,高响入云端。
岂足占时运,要须振羽翰。风尘怀抚剑,天地一征鞍。
失旦何年补?先鸣意独难。函关犹未出,千里路漫漫。

《赠傅处士山》

为问明王梦,何时到傅岩?临风吹短笛,断雪荷长镵。
老去肱频折,愁深口自缄。相逢江上客,有泪湿青衫。

诗 选 篇

《又酬傅处士次韵》

愁听关塞遍吹笳,不见中原有战车。
三户已亡熊绎国,一成犹启少康家。
苍龙日暮还行雨,老树春深更著花。
待得汉廷明诏近,五湖同觅钓鱼槎。

《汾州祭吴炎、潘柽章二节士》

露下空林百草残,临风有恸奠椒兰。
韭溪血化幽泉碧,蒿里魂归白日寒。
一代文章亡左马,千秋仁义在吴潘。
巫招虞殡俱零落,欲访遗书远道难。

❖ 宋琬(1614－1673),字玉叔,号荔裳,汉族,山东莱阳人。顺治年进士,任陇西右道佥事、按察使等。有《安雅堂全集》。

《狱中对月》

疏星耿耿逼人寒,清漏丁丁画角残。
客泪久从愁外尽,月明犹许醉中看。
栖鸟绕树冰霜苦,哀雁横天关塞难。
料得故园今夜梦,随风应已到长安。

❖ 张家玉(1616－1647),字元子,号芷园。广州府东莞县(今属广东)人。南明抗清将领,民族英雄。

《军中夜感》

惨淡天昏与地荒,西风残月冷沙场。
裹尸马革英雄事,纵死终令汗竹香。

❖ 张煌言(1620－1664),字玄著,号苍水,浙江鄞县(今宁波鄞州)人,南

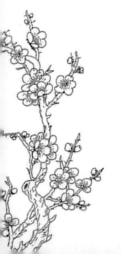

明儒将、诗人、民族英雄。崇祯年举人,官至南明兵部侍郎。坚持抗清斗争近20年,后于杭州遇害。有《张苍水集》。

《忆西湖》

梦里相逢西子湖,谁知梦醒却模糊。
高坟武穆连忠肃,添得新祠一座无?

❖ **郑成功**(1624—1662),字明俨,福建泉州南安人。明末清初抗清名将,民族英雄。清军攻入江南后,在中国东南沿海抗清。1661年率军横渡台湾海峡,从荷兰总督手中收复台湾。有《延平王集》。

《出师讨满夷自瓜洲至金陵》

缟素临江誓灭胡,雄狮十万气吞吴。
试看天堑投鞭渡,不信中原不姓朱。

❖ **朱彝尊**(1629—1709),字锡鬯,号竹垞,浙江秀水(今浙江嘉兴)人。词人、学者。康熙年翰林院检讨,参加纂修《明史》。词风清丽,为"浙西词派"创始人,所辑《词综》是中国词学方面的重要选本。有《曝书亭集》等。

《秣陵》

秣陵城阕暮云封,估客帆樯落日逢。
万里星霜沙塞雁,五更风雨蓟门松。
长江铁锁空千尺,大道朱楼定几重?
此夕愁人听鼓角,惊心不似景阳钟。

❖ **夏完淳**(1631—1647),字存古,号小隐。松江府华亭县(今上海松江)人,明末诗人、民族英雄。14岁从军征战抗清,兵败被俘,不屈而死,年仅17岁,有《狱中上母书》传世。

《别云间》

三年羁旅客,今日又南冠。无限山河泪,谁言天地宽。

诗 选 篇

已知泉路近,欲别故乡难。毅魄归来日,灵旗空际看。

❖ **屈大均**(1630—1696),又名绍隆,字骚余,号非池,广东番禺人。明末清初著名学者、诗人,积极参与反清活动,后避祸为僧。著作多毁于雍正、乾隆两朝,有《翁山诗外》。

《鲁连台》

一笑无秦帝,飘然向海东。谁能排大难,不屑计奇功?
古戍三秋雁,高台万木风。从来天下士,只在布衣中。

《壬戌清明作》

朝作轻寒暮作阴,愁中不觉已春深。
落花有泪因风雨,啼鸟无情自古今。
故国江山徒梦寐,中华人物又销沉。
龙蛇四海归无所,寒食年年怆客心。

❖ **王士禛**(1634—1711),字子真,号阮亭,又号渔洋山人,山东新城人。清初诗人、文学家。顺治年进士,官至刑部尚书。突破正统文坛和文人偏见,重视和高度评价小说、戏曲、民歌等通俗文学、文体,主要成就在诗文创作与理论方面。

《真州绝句》

扬州西去是真州,河水清清江水流。
斜日孤帆相次泊,笛声遥起暮江楼。

《江上》

吴头楚尾路如何? 烟雨秋深暗白波。
晚趁寒潮渡江去,满林黄叶雁声多。

《田横客墓》

一剑纵横百战身,楚虽三户能亡秦。

拔山力尽虞兮死,争及田横五百人。

《秋柳四首》(其一)

秋来何处最销魂,残照西风白下门。
他日差池春燕影,只今憔悴晚烟痕。
愁生陌上黄骢曲,梦远江南乌夜村。
莫听临风三弄笛,玉关哀怨总难论。

❖**蒲松龄**(1640—1715),字留仙,别号柳泉居士,世称聊斋先生,济南府淄川人。清代杰出文学家、学者。著《聊斋志异》,并有大量诗文、戏剧、俚曲以及农业、医药方面的著述。

《山村》

村舍开门对水涯,丛丛深树尽繁花。
衣分缭白紫青色,犬吠围桃傍柳家。
远岫浓烟时欲雨,南山爽气暮成霞。
西来弥望遥天阔,雁字书空近日斜。

❖**叶映榴**(1642—1688),字炳霞,号苍岩,上海人。顺治年进士,康熙二年授湖北粮督。为政清廉,刚直不阿,遇叛乱为国捐躯。工书、画,有《忠节公遗集》。

《榆次道中》

路出榆关西复西,荒原白草怪禽啼。
经行百里无人迹,惟有秋风送马蹄。

❖**查慎行**(1650—1727),字悔余,号他山。杭州府海宁花溪(今属浙江)人,清代诗人、文学家。早年受教于黄宗羲,康熙年进士,授翰林院编修。诗风清新隽永,艺术上以白描著称,对后来袁枚及性灵派影响较大,有《敬业堂诗集》。

诗 选 篇

《兴安岭绝顶远眺》

舆图远辟古兴安,凤舞龙回气郁蟠。
半岭出云铺大漠,乔松落叶倚高寒。
丹青不数东南秀,俯仰方知覆载宽。
万里乾坤千里目,欣从奇险得奇观。

《三闾祠》

平远江山极目回,古祠漠漠背城开。
莫嫌举世无知己,未有庸人不忌才。
放逐肯消亡国恨?岁时犹动楚人哀!
湘江沅芷年年绿,想见吟魂自往来。

❖ **纳兰性德**(1655—1685),叶赫那拉氏,字容若,号楞伽山人,满洲正黄旗人,大学士明珠长子。清三大词人之首。康熙十五年进士,主持编纂儒学汇编《通志堂经解》,授一等侍卫。词以"真"取胜,写景逼真传神,词风清丽婉约,格高韵远。有《饮水词》等。

《秣陵怀古》

山色江声共寂寥,十三陵树晚萧萧。
中原事业如江左,芳草何须怨六朝。

《送荪友诗句》

人生何如不相识,君老江南我燕北。
何如相逢不相合,更无别恨横胸臆。
留君不住我心苦,横门骊歌泪如雨。
君行四月草萋萋,柳花桃花半委泥。
江流浩淼江月堕,此时君亦应思我。
我今落拓何所止,一事无成已如此。
平生纵有英雄血,无由一溅荆江水。

元、明、清诗

　　荆江日落阵云低,横戈跃马今何时?
　　忽忆去年风月夜,与君展卷论王霸。
　　君今偃仰九龙间,吾欲从兹事耕稼。
　　芙蓉湖上芙蓉花,秋风未落如朝霞。
　　君如载酒须尽醉,醉来不复思天涯。

❖ **赵执信**(1662—1744),字伸符,号秋谷,晚号饴山老人、知如老人,山东淄博人。著名诗论家。曾任右春坊右赞善兼翰林院检讨。

《出都》

　　事往浑如梦,忧来岂有端。罢官怜酒失,去国觉天寒。
　　北阙烟中远,西山马首宽。十年一挥手,今日别长安。

❖ **沈德潜**(1673—1769),字确士,号归愚,苏州府长洲人。诗人、学者。乾隆年进士,官至礼部侍郎。论诗主"格调",有《沈归愚诗文全集》。

《晚秋杂兴》(其一)

　　蓬户炊常断,朱门廪亦空。已判骨肉离,无处鬻儿童。
　　井邑征求里,牛羊涕泪中。谁能师郑监,绘图达深宫。

❖ **仓央嘉措**(1683—1706),藏族僧人、诗人,法名罗桑仁钦仓央嘉措,第六世达赖喇嘛。诗歌内容多以爱情为主,大胆写实,具有深刻的哲理性。有《仓央嘉措情歌》《十戒诗》等。

《不负如来不负卿》

　　曾虑多情损梵行,入山又恐别倾城。
　　世间安得两全法,不负如来不负卿。

【注】　这首诗为藏文译作汉文。

❖ **郑燮**(1693—1766),字克柔,号板桥,江苏兴化人。书画家、文学家。

诗 选 篇

乾隆元年进士,任山东范县、潍县县令,政绩显著。辞官后客居扬州,以卖画为生,为"扬州八怪"中重要人物。其诗、书、画世称"三绝",是清代有代表性的文人画家。有《郑板桥集》。

《诗赠黄慎》

家看古庙破苔痕,惯写荒涯乱树根。
画到精神飘没外,更无真相有真魂。

《竹石》

咬定青山不放松,立根原在破岩中。
千磨万击还坚劲,任尔东西南北风。

《潍县署中画竹呈年伯包大中丞括》

衙斋卧听萧萧竹,疑是民间疾苦声。
些小吾曹州县吏,一枝一叶总关情。

《予告归里,画竹别潍县绅士民》

乌纱掷去不为官,囊橐萧萧两袖寒。
写取一枝清瘦竹,秋风江上作鱼竿。

《新竹》

新竹高于旧竹枝,全凭老干为扶持。
下年再有新生者,十丈龙孙绕凤池。

❖**林韵徵**,生卒年不详,名颀,号佩环,诗人张问陶之妻。

《自题小照呈外》

爱君笔底有烟霞,自拔金钗付酒家。
修到人间才子妇,不辞清瘦似梅花。

❖ **袁枚**(1716—1798)，字子才，号简斋、随园老人。钱塘(今浙江杭州)人，诗人、散文家、文学批评家。曾任县令，后辞官隐居，广收诗学弟子。倡导"性灵说"，主张诗文审美创作应抒写性灵，写出诗人的个性，表现个人生活遭际中的真情实感，有《随园诗话》。

《所见》

牧童骑黄牛，歌声振林樾。意欲捕鸣蝉，忽然闭口立。

《苔》

白日不到处，青春恰自来。苔花如米小，也学牡丹开。

《马嵬》

莫唱当年长恨歌，人间亦自有银河。
石壕村里夫妻别，泪比长生殿上多。

❖ **蒋士铨**(1725—1785)，字心馀，号藏园，又号清容居士，晚号定甫。祖籍浙江长兴。清代戏曲家、文学家。乾隆年进士，官翰林院编修，后辞官在书院讲学。诗与袁枚、赵翼合称"江右三大家"。有《忠雅堂诗集》存诗2 000余首、戏曲集《红雪楼九种曲》。

《岁暮到家》

爱子心无尽，归家喜及辰。寒衣针线密，家信墨痕新。
见面怜清瘦，呼儿问苦辛。低徊愧人子，不敢叹风尘。

❖ **赵翼**(1727—1814)，字雲崧，号瓯北。江苏阳湖县(今常州)人，史学家、诗人、文学家。乾隆年探花，官至贵西兵备道。后辞官主讲于安定书院。所著《廿二史札记》是"清代三大史学名著"之一。论诗主"独创"，反对"摹拟"。与袁枚、张问陶为清代性灵派三大家。

诗 选 篇

《论诗五首》

（其一）

李杜诗篇万口传，至今已觉不新鲜。
江山代有才人出，各领风骚数百年。

（其二）

满眼生机转化钧，天工人巧日争新。
预支五百年新意，到了千年又觉陈。

（其三）

只眼须凭自主张，纷纷艺苑说雌黄。
矮人看戏何曾见？都是随人说短长。

《题元遗山集》

身阅兴亡浩劫空，两朝文献一衰翁。
无官未害餐周粟，有史深愁失楚弓。
行殿幽兰悲夜火，故都乔木泣秋风。
国家不幸诗家幸，赋到沧桑句便工。

《野步》

峭寒催换木棉裘，倚仗郊原作近游。
最是秋风管闲事，红他枫叶白人头。

❖ 黄景仁（1749—1783），字汉镛，一字仲则，号鹿菲子，江苏武进人，黄庭坚后裔，诗人。乾隆年曾任县丞，困顿愁苦早夭。有《两当轩集》。

《别老母》

搴帷拜母河梁去，白发愁看泪眼枯。

惨惨柴门风雪夜,此时有子不如无。

【注】 搴(qiān),拔取,这里指用手关门。

《杂咏》(其五)

朝行燕市中,夕宿夷门道。酒徒既寂寥,信陵亦荒草。
壮士重一言,千金失其宝。万里拥头颅,朝在暮不保。
当其悲来时,天地亦为老。感此抱区区,双鬓如蓬葆。
倦言怀古人,忧心惄如捣。

【注】 惄(nì),忧思。

《感旧四首》

(其二)

唤起窗前尚宿酲,啼鹃催去又声声。
丹青旧誓相如札,禅榻经时杜牧情。
别后相思空一水,重来回首已三生。
云阶月地依然在,细逐空香百遍行。

(其三)

遮莫临行念我频,竹枝留浣泪痕新。
多缘刺史无坚约,岂视萧郎作路人。
望里彩云疑冉冉,愁边春水故粼粼。
珊瑚百尺珠千斛,难换罗敷未嫁身。

《杂感》

仙佛茫茫两未成,只知独夜不平鸣。
风蓬飘尽悲歌气,泥絮沾来薄幸名。
十有九人堪白眼,百无一用是书生。
莫因诗卷愁成谶,春鸟秋虫自作声。

诗 选 篇

《绮怀十六首》(其十五)

几回花下坐吹箫,银汉红墙入望遥。
似此星辰非昨夜,为谁风露立中宵?
缠绵思尽抽蚕茧,宛转心伤剥后蕉。
三五年时三五月,可怜杯酒不曾消。

《秋夕》

桂堂寂寂漏声迟,一种秋怀两地知。
羡尔女牛逢隔岁,为谁风露立多时?
心如莲子常含苦,愁似春蚕未断丝。
判逐幽兰共颓化,此生无分了相思。

❖ **张维屏**(1780－1859),字子树,一字南山,广东番禺人,清代官员、诗人。曾作长诗讴歌抗击英国的反侵略斗争。

《新雷》

造物无言却有情,每于寒尽觉春生。
千红万紫安排著,只待新雷第一声。

《木棉》

攀枝一树艳东风,日在珊瑚顶上红。
春到岭南花不少,众芳丛里识英雄。

❖ **林则徐**(1785－1850),字元抚,号俟村老人等,福建侯官县人,政治家、思想家和诗人。曾任湖广总督等,两次受命为钦差大臣,主张严禁鸦片,主持虎门销烟,有"民族英雄"之誉。虽一生力抗西方入侵,但对西方文化、科技和贸易持开放态度,主张学其优而用之。主持编译《四洲志》,参与魏源编撰的《海国图志》,对晚清的洋务运动具有启发作用。

《赴戍登程口占示家人》

力微任重久神疲,再竭衰庸定不支。
苟利国家生死以,岂因祸福避趋之。
谪居正是君恩厚,养拙刚于戍卒宜。
戏与山妻谈故事,试吟断送老头皮。

❖ **姚莹**(1785—1853),安徽桐城人,清朝史学家、文学家。桐城派首领姚鼐侄孙。进士出身,先后任广西、湖南按察使。

《论诗绝句》

铁马楼船风雪里,中原北望气如虹。
平生壮志无人识,却向梅花觅放翁。

❖ **龚自珍**(1792—1841),字璱人,号定盦,浙江仁和(今杭州)人。思想家、诗人、文学家和改良主义的先驱。曾任礼部主事等职,主张革除弊政,支持林则徐禁除鸦片,抵制外国侵略。著名诗作《己亥杂诗》共 315 首,多咏怀讽喻之作。

《己亥杂诗》

(其五)

浩荡离愁白日斜,吟鞭东指即天涯。
落红不是无情物,化作春泥更护花。

(其八十三)

只筹一缆十夫多,细算千艘渡此河。
我亦曾縻太仓粟,夜闻邪许泪滂沱!

(其一百二十三)

不论盐铁不筹河,独倚东南涕泪多。

国赋三升民一斗,屠牛那不胜栽禾!

(其一百二十五)

九州生气恃风雷,万马齐喑究可哀。
我劝天公重抖擞,不拘一格降人才。

《咏史》

金粉东南十五州,万重恩怨数名流。
牢盆狎客操全算,团扇才人踞上游。
避席畏闻文字狱,著书都为稻粱谋。
田横五百人安在,难道归来尽列侯?

❖ **魏源**(1794—1857),名远达,字默深,号良图,湖南邵阳人,启蒙思想家、文学家。道光年进士,官至高邮知州。倡导学习西方先进科学技术,提出"师夷长技以制夷"的主张。编有《海国图志》。

《寰海十章》(其一)

城上旌旗城下盟,怒潮已作落潮声。
阴疑阳战玄黄血,电挟雷攻水火并。
鼓角岂真天上降?琛珠合向海王倾。
全凭宝气销兵气,此夕蛟宫万丈明。

❖ **高鼎**(1828—1880),字象一,一字拙吾,浙江仁和(今浙江杭州)人,有《拙吾诗文稿》。

《村居》

草长莺飞二月天,拂堤杨柳醉春烟。
儿童散学归来早,忙趁东风放纸鸢。

❖ **黄遵宪**(1848—1905),字公度,别号人境庐主人,广东嘉应人。外交

家、思想家、爱国诗人。历任驻多国参赞、总领事等职,被誉为"近代中国走向世界第一人""诗界革新导师"。戊戌变法期间任湖南按察使,协助湖南巡抚陈宝箴推行新政,变法失败后还乡。有《人境庐诗草》《日本杂事诗》等。

《夜起》

千声檐铁百淋铃,雨横风狂暂一停。
正望鸡鸣天下白,又惊鹅击海东青。
沉阴曀曀何多日,残月晖晖尚几星。
斗室苍茫吾独立,万家酣睡几人醒?

【注】 曀曀(yìyì),阴沉昏暗。

《题梁任父同年》

寸寸山河寸寸金,侉离分裂力谁任。
杜鹃再拜忧天泪,精卫无穷填海心。

❖ **陈三立**(1853—1937),字伯严,号散原,江西义宁(今修水)人,近代同光体诗派代表人物,有"中国最后一位传统诗人"之誉。有《散原精舍文集》。

《庸庵同年赋诗见怀时眼中兵起先发袭击感而次》

山居访旧命湖航,虚过高轩欠举觞。
一水盈盈情脉脉,有人扶杖立斜阳。

《病山成亡姬兰婴小传题其后》

怜影盟魂护乱离,善根慧业总成痴。
十年家国伤心史,留证巫阳下视时。

❖ **陈衍**(1856—1937),字叔伊,号石遗老人,福建侯官(今福州市)人,近代著名学者,同光体诗派代表人物。提倡维新,为学部主事、京师大学堂教习。辛亥革命后在大学讲学。

诗 选 篇

《郊行见菜花》

一色菜花十里黄,好风斜日送微香。
分明触起童时景,只有髭须换老苍。

❖ **丘逢甲**(1864—1912),字仙根,号蛰仙,广东镇平人。爱国诗人、教育家、抗日保台志士。台湾衡文书院主讲,于台南和嘉义教育新学,支持维新变法。曾任广东教育总会会长等职。

《春愁》

春愁难遣强看山,往事惊心泪欲潸。
四百万人同一哭,去年今日割台湾。

【注】 潸(shān),流泪状。

❖ **谭嗣同**(1865—1898),字复生,号壮飞,湖南浏阳人,思想家、维新派人士。所著《仁学》是维新派第一部哲学著作。早年在湖南倡办时务学堂、南学会等,主办《湘报》,宣传变法维新,推行新政。参加领导戊戌变法失败后被杀,为"戊戌六君子"之一。

《潼关》

终古高云簇此城,秋风吹散马蹄声。
河流大野犹嫌束,山入潼关不解平。

《有感一章》

世间无物抵春愁,合向苍冥一哭休。
四万万人齐下泪,天涯何处是神州?

《狱中题壁》

望门投止思张俭,忍死须臾待杜根。
我自横刀向天笑,去留肝胆两昆仑。

元、明、清诗

❖ **梁启超**(1873－1929)，字卓如，号任公，又号饮冰室主人等，广东新会人。维新派领袖，著名政治活动家、启蒙思想家、教育家、史学家和文学家。戊戌变法领袖之一，变法失败后流亡国外。辛亥革命后出任北洋政府司法总长，袁世凯称帝后策划讨袁。后在清华研究院任国学导师，倡导文体改良的"诗界革命"和"小说界革命"。一生著述甚丰，有《饮冰室合集》。

《读陆放翁集四首》

（其一）

诗界千年靡靡风，兵魂销尽国魂空。
集中什九从军乐，亘古男儿一放翁。

（其二）

辜负胸中十万兵，百无聊赖以诗鸣。
谁怜爱国千行泪，说到胡尘意不平。

《太平洋遇雨》

一雨纵横亘二洲，浪淘天地入东流。
却余人物淘难尽，又挟风雷作远游。

❖ **徐锡麟**(1873－1907)，字伯荪，号光汉子，浙江山阴（今绍兴）人。光复会成员，近代民主革命先驱。在绍兴创设书局，宣传反清革命。创办大通学堂，任安徽巡警学堂监督。1907年率领学生军起义失败后就义。

《出塞》

军歌应唱大刀环，誓灭胡奴出玉关。
只解沙场为国死，何须马革裹尸还。

❖ **黄兴**(1874－1916)，字克强，号廑午、竞武。湖南善化（长沙）人。中国近代民主革命家，辛亥革命时期的先驱和领袖。有《黄克强先生全集》。

诗 选 篇

《咏鹰》

独立雄无敌,长空万里风。可怜此豪杰,岂肯困樊笼!
一去渡沧海,高扬摩碧穹。秋深霜气肃,木落万山空。

《赠宫崎寅藏》

独立苍茫自咏诗,江湖侠气有谁知?
千金结客浑闲事,一笑逢君在此时。
浪把文章震流俗,果然意气是男儿。
关山满目斜阳暮,匹马秋风何所之?

《为宫崎寅藏书条幅》

妖云弥漫岭南天,凄绝燕塘碧血鲜。
穷图又见荆卿苦,脱剑今逢季札贤。
七日泣秦终有救,十年兴越岂徒然。
会须劫到金蛇日,百万雄师直抵燕。

❖**秋瑾**(1875-1907),号竞雄,鉴湖女侠,浙江阴山(今绍兴)人,中国女权和女学思想的倡导者,民主革命志士。在日本加入同盟会,从事反清革命活动,为辛亥革命做出了重大贡献。领导反清起义失败后被俘就义。有《秋瑾诗词》《秋瑾集》。

《对酒》

不惜千金买宝刀,貂裘换酒也堪豪。
一腔热血勤珍重,洒去犹能化碧涛。

《感愤》

莽莽神州叹陆沉,救时无计愧偷生。
抟沙有愿兴亡楚,博浪无椎击暴秦。
国破方知人种贱,义高不碍客囊贫。
经营恨未酬同志,把剑悲歌涕泪横。

《黄海舟中日人索句并见日俄战争地图》

万里乘风去复来,只身东海挟春雷。
忍看图画移颜色,肯使江山付劫灰?
浊酒不销忧国泪,救时应仗出群才。
拼将十万头颅血,须把乾坤力挽回。

《日人石井君索和即用原韵》

漫云女子不英雄,万里乘风独向东!
诗思一帆海空阔,梦魂三岛月玲珑。
铜驼已陷悲回首,汗马终惭未有功。
如许伤心家国恨,那堪客里度春风!

❖**章炳麟**(1869—1936),原名学乘,字枚叔,号太炎,浙江余杭人。近代民主革命家、思想家、学者。《时务报》撰述,光复会发起人,后参加同盟会,主编同盟会机关报《民报》和《大共和日报》等,任孙中山总统府枢密顾问。

《狱中赠邹容》

邹容吾小弟,被发下瀛洲。快剪刀除辫,干牛肉作糇。
英雄一入狱,天地亦悲秋。临命须掺手,乾坤只两头。

【注】 糇(hóu),干粮。

❖**孙中山**(1866—1925),名文,字德明,号逸仙,化名中山樵。中国近代伟大的民主革命家。倡导三民主义,创立兴中会和中国同盟会,组织领导反清民主运动。辛亥革命后为中华民国临时大总统。有《孙中山全集》等。

《挽刘道一》

半壁东南三楚雄,刘郎死去霸图空。
尚余遗孽艰难甚,谁与斯人慷慨同。
塞上秋风悲战马,神州落日泣哀鸿。
几时痛饮黄龙酒,横揽江流一奠公。

唐、五代、宋词

❖ 李白

《忆秦娥》

箫声咽,秦娥梦断秦楼月。秦楼月,年年柳色,灞陵伤别。
乐游原上清秋节,咸阳古道音尘绝。音尘绝,西风残照,汉家陵阙。

《菩萨蛮》

平林漠漠烟如织,寒山一带伤心碧。暝色入高楼,有人楼上愁。
玉阶空伫立,宿鸟归飞急。何处是归程,长亭连短亭。

❖ 张志和(732—774),字子同,初名龟龄,号玄真子,祖籍婺州金华,曾任南浦县尉等职。后弃官弃家,浪迹江湖,渔樵为乐。

《渔歌子》

西塞山前白鹭飞,桃花流水鳜鱼肥。青箬笠,绿蓑衣,斜风细雨不须归。

❖ 刘禹锡

《潇湘神二首》

(其一)

湘水流,湘水流,九疑云雾至今愁。君问二妃何处所?零陵香草露中秋。

(其二)

斑竹枝,斑竹枝,泪痕点点寄相思。楚客欲听瑶瑟怨,潇湘深夜月明时。

《忆江南》

春去也！多谢洛城人。弱柳从风疑举袂,丛兰裛露似沾巾。独笑亦含嚬。

《竹枝词九首》(其二)

山桃红花满上头,蜀江春水拍江流。花红易衰似郎意,水流无限似侬愁。

❖ 白居易

《忆江南三首》

(其一)

江南好,风景旧曾谙。日出江花红胜火,春来江水绿如蓝。能不忆江南？

(其二)

江南忆,最忆是杭州。山寺月中寻桂子,郡亭枕上看潮头。何日更重游？

(其三)

江南忆,其次忆吴宫。吴酒一杯春竹叶,吴娃双舞醉芙蓉。早晚复相逢。

《长相思》

汴水流,泗水流,流到瓜州古渡头。吴山点点愁。
思悠悠,恨悠悠,恨到归时方始休。月明人倚楼。

诗 选 篇

❖ 温庭筠

《菩萨蛮六首》

（其一）

小山重叠金明灭，鬓云欲度香腮雪。懒起画蛾眉，弄妆梳洗迟。照花前后镜，花面交相映。新帖绣罗襦，双双金鹧鸪。

（其六）

南园满地堆轻絮，愁闻一霎清明雨。雨后却斜阳，杏花零落香。无言匀睡脸，枕上屏山掩。时节欲黄昏，无聊独倚门。

《梦江南二首》

（其一）

千万恨，恨极在天涯。山月不知心里事，水风空落眼前花。摇曳碧云斜。

（其二）

梳洗罢，独倚望江楼。过尽千帆皆不是，斜晖脉脉水悠悠。肠断白蘋头！

❖ 韦庄

《菩萨蛮五首》（其二）

人人尽说江南好，游人只合江南老。春水碧于天，画船听雨眠。垆边人似月，皓腕凝霜雪。未老莫还乡，还乡须断肠。

《思帝乡》

春日游，杏花吹满头。陌上谁家年少足风流？

妾拟将身嫁与一生休。纵被无情弃,不能羞。

《女冠子二首》

(其一)

四月十七,正是去年今日,别君时。忍泪佯低面,含羞半敛眉。
不知魂已断,空有梦相随。除却天边月,没人知。

(其二)

昨夜夜半,枕上分明梦见,语多时。依旧桃花面,频低柳叶眉。
半羞还半喜,欲去又依依。觉来知是梦,不胜悲!

❖ **顾敻**,生卒年及生平不详,约928年前后在世,五代词人。

《诉衷情》

永夜抛人何处去?绝来音。香阁掩,眉敛,月将沉。
争忍不相寻?怨孤衾。换我心,为你心,始知相忆深。

❖ **冯延巳**(903—960),字正中,广陵(今江苏扬州)人。著名词人、南唐宰相。他的词多写闲情逸致,文人气息浓厚,对北宋初期的词人影响较大。有词集《阳春集》。

《鹊踏枝八首》

(其一)

谁道闲情抛掷久,每到春来,惆怅还依旧。日日花前常病酒,不辞镜里朱颜瘦。

河畔青芜堤上柳,为问新愁,何事年年有?独立小桥风满袖,平林新月人归后。

诗 选 篇

（其七）

庭院深深深几许？杨柳堆烟，帘幕无重数。玉勒雕鞍游冶处，楼高不见章台路。

雨横风狂三月暮，门掩黄昏，无计留春住。泪眼问花花不语，乱红飞过秋千去。

《谒金门》

风乍起，吹皱一池春水。闲引鸳鸯香径里，手挼红杏蕊。

斗鸭阑干独倚，碧玉搔头斜坠。终日望君君不至，举头闻鹊喜。

❖**李璟**(916—961)，字伯玉，徐州彭城县（今江苏省徐州市）人，五代南唐第二位皇帝，史称南唐中主。词作感情真挚、风格清新、语言不事雕琢，词作收录在《南唐二主词》。

《山花子》

菡萏香销翠叶残，西风愁起绿波间。还与容光共憔悴，不堪看。

细雨梦回鸡塞远，小楼吹彻玉笙寒。簌簌泪珠多少恨，倚栏杆。

❖**李煜**(937—978)，徐州彭城县人，原名从嘉，字重光，号钟山隐士、莲峰居士。中主李璟之子，南唐末代君主，兵败降宋。以词享誉文坛，语言明快、形象生动、用情真挚，对后世词坛影响深远。

《渔父二首》

（其一）

浪花有意千重雪，桃李无言一队春。一壶酒，一竿纶，世上如侬有几人？

（其二）

一棹春风一叶舟，一纶茧缕一轻钩。花满渚，酒满瓯，万顷波中得自由。

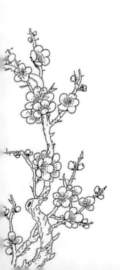

《清平乐》

别来春半,满目愁肠断。砌下落梅如雪乱,拂了一身还满。
雁来音信无凭,路遥归梦难成。离恨恰如春草,更行更远还生。

《长相思》

一重山,两重山,山远天高烟水寒。相思枫叶丹。
菊花开,菊花残,塞雁高飞人未还。一帘风月闲。

《相见欢·林花谢了春红》

林花谢了春红,太匆匆!长恨朝来寒重晚来风。
胭脂泪,留人醉,几时重?自是人生长恨水长东!

《虞美人》

春花秋月何时了,往事知多少?小楼昨夜又东风,故国不堪回首月明中。
雕栏玉砌应犹在,只是朱颜改。问君能有几多愁,恰似一江春水向东流。

《相见欢·无言独上西楼》

无言独上西楼,月如钩。寂寞梧桐深院锁清秋。
剪不断,理还乱,是离愁。别是一番滋味在心头。

《浪淘沙·往事只堪哀》

往事只堪哀,对景难排。秋风庭院藓侵阶,一桁珠帘闲不卷,终日谁来?
金锁已沉埋,壮气蒿莱。晚凉天净月华开,想得玉楼瑶殿影,空照秦淮!

《破阵子》

四十年来家国,三千里地山河。凤阁龙楼连霄汉,琼枝玉树作烟萝,几曾识干戈?
一旦归为臣虏,沈腰潘鬓消磨。最是仓皇辞庙日,教坊犹奏离别歌,垂泪对宫娥。

诗 选 篇

《浪淘沙·帘外雨潺潺》

帘外雨潺潺,春意将阑。罗衾不耐五更寒,梦里不知身是客,一晌贪欢。
独自莫凭阑,无限关山。别时容易见时难,流水落花春去也,天上人间!

❖ 潘阆

《酒泉子》

长忆观潮,满郭人争江上望。来疑沧海尽成空,万面鼓声中。
弄潮儿向涛头立,手把红旗旗不湿。别来几向梦中看,梦觉尚心寒。

❖ 林逋

《长相思》

吴山青,越山青,两岸青山相对迎。谁知离别情?
君泪盈,妾泪盈,罗带同心结未成。江头潮已平。

❖ 范仲淹

《苏幕遮》

碧云天,黄叶地。秋色连波,波上寒烟翠。山映斜阳天接水。芳草无情,更在斜阳外。
黯乡魂,追旅思。夜夜除非,好梦留人睡。明月楼高休独倚。酒入愁肠,化作相思泪。

《渔家傲》

塞下秋来风景异,衡阳雁去无留意,四面边声连角起。千嶂里,长烟落日孤城闭。
浊酒一杯家万里,燕然未勒归无计!羌管悠悠霜满地。人不寐,将军白发征夫泪。

❖ **柳永**（约987—约1053），原名三变，字景庄，后改名永，字耆卿，又称柳七。崇安（今福建武夷山）人，为北宋词代表人物。暮年及第，曾任余杭县令，以屯田员外郎致仕，世称柳屯田。他是第一位对宋词进行全面革新的词人，也是两宋词坛上创用词调最多的词人。

《雨霖铃》

寒蝉凄切，对长亭晚，骤雨初歇。都门帐饮无绪，留恋处，兰舟催发。执手相看泪眼，竟无语凝噎。念去去、千里烟波，暮霭沉沉楚天阔。

多情自古伤离别，更那堪冷落清秋节！今宵酒醒何处？杨柳岸、晓风残月。此去经年，应是良辰好景虚设。便纵有千种风情，更与何人说？

《凤栖梧》

伫倚危楼风细细，望极春愁，黯黯生天际。草色烟光残照里，无言谁会凭栏意？

拟把疏狂图一醉，对酒当歌，强乐还无味。衣带渐宽终不悔，为伊消得人憔悴。

《鹤冲天》

黄金榜上，偶失龙头望。明代暂遗贤，如何向？未遂风云便，争不恣狂荡，何须论得丧？才子词人，自是白衣卿相。

烟花巷陌，依约丹青屏障。幸有意中人，堪寻访？且恁偎红倚翠。风流事，平生畅，青春都一晌。忍把浮名，换了浅斟低唱。

《诉衷情近》

雨晴气爽，伫立江楼望处。澄明远水生光，重叠暮山耸翠。遥认断桥幽径，隐隐渔村，向晚孤烟起。

残阳里，脉脉朱阑静倚。黯然情绪，未饮先如醉，愁无际！暮云过了，秋光老尽，故人千里，竟日空凝睇！

诗 选 篇

《望海潮》

东南形胜,三吴都会,钱塘自古繁华。烟柳画桥,风帘翠幕,参差十万人家。云树绕堤沙,怒涛卷霜雪,天堑无涯。市列珠玑,户盈罗绮,竞豪奢。

重湖叠巘清嘉。有三秋桂子,十里荷花。羌管弄晴,菱歌泛夜,嬉嬉钓叟莲娃。千骑拥高牙,乘醉听箫鼓,吟赏烟霞。异日图将好景,归去凤池夸。

【注】 巘(yǎn),大山上的小山。

《玉蝴蝶》

望处雨收云断,凭阑悄悄,目送秋光。晚景萧疏,堪动宋玉悲凉。水风轻、苹花渐老,月露冷、梧叶飘黄。遣情伤,故人何在?烟水茫茫。

难忘。文期酒会,几孤风月,屡变星霜。海阔山遥,未知何处是潇湘?念双燕、难凭远信,指暮天、空识归航。黯相望,断鸿声里,立尽斜阳。

《八声甘州》

对潇潇暮雨洒江天,一番洗清秋。渐霜风凄惨,关河冷落,残照当楼。是处红衰翠减,苒苒物华休。惟有长江水,无语东流。

不忍登高临远,望故乡渺邈,归思难收。叹年来踪迹,何事苦淹留?想佳人妆楼颙望,误几回天际识归舟?争知我、倚阑杆处,正恁凝愁!

注:颙(yóng),头大,引申为仰望。恁(nèn),怎样。

《卜算子》

江枫渐老,汀蕙半凋,满目败红衰翠。楚客登临,正是暮秋天气。引疏砧、断续残阳里。对晚景、伤怀念远,新愁旧恨相继。

脉脉人千里。念两处风情,万重烟水。雨歇天高,望断翠峰十二。尽无言、谁会凭高意?纵写得、离肠万种,奈归云谁寄!

《曲玉管》

陇首云飞,江边日晚,烟波满目凭阑久。立望关河萧索,千里清秋,忍凝眸?

— 334 —

杳杳神京,盈盈仙子,别来锦字终难偶。断雁无凭,冉冉飞下汀洲,思悠悠。

暗想当初,有多少幽欢佳会。岂知聚散难期,翻成雨恨云愁!阻追游。每登山临水,惹起平生心事。一场消黯,永日无言,却下层楼。

《倾杯》

鹜落霜洲,雁横烟渚,分明画出秋色。暮雨乍歇,小楫夜泊,宿苇村山驿。何人月下临风处,起一声羌笛。离愁万绪,闲岸草切切、蛩吟如织。

为忆芳容别后,水遥山远,何计凭鳞翼。想绣阁深沉,争知憔悴损、天涯行客。楚峡云归,高阳人散,寂寞狂踪迹。望京国,空目断、远峰凝碧。

❖ **张先**(990—1078),字子野,乌程(今浙江湖州)人。婉约派代表人物。天圣年进士。官至尚书都官郎中。有《张子野词》。

《天仙子》

水调数声持酒听,午醉醒来愁未醒。送春春去几时回?临晚镜,伤流景,往事后期空记省。

沙上并禽池上暝,云破月来花弄影。重重帘幕密遮灯。风不定,人初静,明日落红应满径。

《千秋岁》

数声鶗鴂,又报芳菲歇。惜春更把残红折。雨轻风色暴,梅子青时节。永丰柳,无人尽日花飞雪。

莫把幺弦拨,怨极弦能说。天不老,情难绝。心似双丝网,中有千千结。夜过也,东方未白凝残月。

【注】 鶗鴂(tíjué),杜鹃的别称。

❖ **晏殊**(991—1055),字同叔,抚州临川人,北宋政治家、文学家。官至集贤殿学士、同平章事兼枢密使。词风含蓄婉丽,有《珠玉词》。

诗 选 篇

《浣溪沙》

一曲新词酒一杯,去年天气旧亭台。夕阳西下几时回?
无可奈何花落去,似曾相识燕归来。小园香径独徘徊。

《采桑子》

时光只解催人老,不信多情,长恨离亭。泪滴春衫酒易醒。
梧桐昨夜西风急,淡月胧明,好梦频惊。何处高楼雁一声?

《蝶恋花》

槛菊愁烟兰泣露,罗幕轻寒,燕子双飞去。明月不谙离恨苦,斜光到晓穿朱户。
昨夜西风凋碧树,独上高楼,望尽天涯路。欲寄彩笺兼尺素,山长水阔知何处。

《清平乐》

红笺小字,说尽平生意。鸿雁在云鱼在水,惆怅此情难寄。
斜阳独倚西楼,遥山恰对帘钩。人面不知何处,绿波依旧东流。

《踏莎行》

碧海无波,瑶台有路,思量便合双飞去。当时轻别意中人,山长水远知何处。
绮席凝尘,香闺掩雾,红笺小字凭谁附。高楼目尽欲黄昏,梧桐叶上萧萧雨。

❖ 宋祁(998—1061),字子京。祖籍安州安陆。天圣年进士,官龙图阁学士等。与欧阳修等合修《新唐书》,大部分为宋祁所作。

《玉楼春·春景》

东城渐觉风光好,縠皱波纹迎客棹。绿杨烟外晓寒轻,红杏枝头春

意闹。

浮生长恨欢娱少,肯爱千金轻一笑。为君持酒劝斜阳,且向花间留晚照。

❖ 欧阳修

《采桑子十首》(其一)

轻舟短棹西湖好,绿水逶迤,芳草长堤。隐隐笙歌处处随。
无风水面琉璃滑,不觉船移,微动涟漪。惊起沙禽掠岸飞。

《浪淘沙》

把酒祝东风,且共从容。垂杨紫陌洛城东,总是当时携手处,游遍芳丛。
聚散苦匆匆,此恨无穷。今年花胜去年红,可惜明年花更好,知与谁同?

《生查子·元夕》

去年元夜时,花市灯如昼。月上柳梢头,人约黄昏后。
今年元夜时,月与灯依旧。不见去年人,泪湿春衫袖。

❖ 王安石

《浣溪沙》

百亩中庭半是苔,门前白道水萦回。爱闲能有几人来。
小院回廊春寂寂,山桃溪杏两三栽。为谁零落为谁开。

《桂枝香》

登临送目,正故国晚秋,天气初肃。千里澄江似练,翠峰如簇。征帆去棹残阳里,背西风、酒旗斜矗。彩舟云淡,星河鹭起,画图难足。

念往昔、繁华竞逐,叹门外楼头,悲恨相续。千古凭高,对此漫嗟荣辱。六朝旧事随流水,但寒烟芳草凝绿。至今商女,时时犹唱,《后庭》遗曲。

诗 选 篇

《渔家傲》

平岸小桥千嶂抱,柔蓝一水紫花草,茅屋数间窗窈窕。尘不到,时时自有春风扫。

午枕觉来闻语鸟,欹眠似听朝鸡早,忽忆故人今总老。贪梦好,茫然忘了邯郸道。

❖ 王观(1035—1100),字通叟,号逐客,泰州如皋人。仁宗嘉祐二年进士。历任大理寺丞、江都知县等。

《卜算子·送鲍浩然之浙东》

水是眼波横,山是眉峰聚。欲问行人去那边,眉眼盈盈处。

才始送春归,又送君归去。若到江南赶上春,千万和春住。

❖ 晏几道(1038—1110),北宋著名词人。字叔原,号小山,抚州临川人。晏殊第七子,官至开封府判官。性孤傲,中年家境中落。词语言清丽、感情深挚,表达情感直率。多写爱情生活,是婉约派重要作家。有《小山词》。

《临江仙》

梦后楼台高锁,酒醒帘幕低垂。去年春恨却来时。落花人独立,微雨燕双飞。

记得小苹初见,两重心字罗衣。琵琶弦上说相思。当时明月在,曾照彩云归。

《鹧鸪天五首》

(其一)

彩袖殷勤捧玉钟,当年拚却醉颜红。舞低杨柳楼心月,歌尽桃花扇底风。

从别后,忆相逢,几回魂梦与君同。今宵剩把银釭照,犹恐相逢是梦中。

【注】 釭(gāng),灯。

(其三)

醉拍春衫惜旧香,天将离恨恼疏狂。年年陌上生秋草,日日楼中到夕阳。

云渺渺,水茫茫,征人归路许多长。相思本是无凭语,莫向花笺费泪行。

《阮郎归》

天边金掌露成霜,云随雁字长。绿杯红袖趁重阳,人情似故乡。

兰佩紫,菊簪黄,殷勤理旧狂。欲将沉醉换悲凉,清歌莫断肠。

《满庭芳》

南苑吹花,西楼题叶,故园欢事重重。凭阑秋思,闲记旧相逢。几处歌云梦雨,可怜便、流水西东。别来久,浅情未有,锦字系征鸿。

年光还少味,开残槛菊,落尽溪桐。漫留得,尊前淡月西风。此恨谁堪共说,清愁付、绿酒杯中。佳期在,归时待把,香袖看啼红。

❖苏轼

《江城子·湖上与张先同赋》

凤凰山下雨初晴,水风清、晚霞明。一朵芙蕖,开过尚盈盈。何处飞来双白鹭?如有意,慕娉婷。

忽闻江上弄哀筝,苦含情,遣谁听?烟敛云收,依约是湘灵。欲待曲终寻问取,人不见,数峰青。

《虞美人》

湖山信是东南美,一望弥千里。使君能得几回来?便使樽前醉倒且徘徊。

沙河塘里灯初上,水调谁家唱?夜阑风静欲归时,惟有一江明月碧琉璃。

诗 选 篇

《卜算子·黄州定慧院寓居作》

缺月挂疏桐,漏断人初静。时见幽人独往来,缥缈孤鸿影。

惊起却回头,有恨无人省。拣尽寒枝不肯栖,寂寞沙洲冷。

《临江仙·夜饮东坡醒复醉》

夜饮东坡醒复醉,归来仿佛三更。家童鼻息已雷鸣。敲门都不应,倚杖听江声。

长恨此身非我有,何时忘却营营。夜阑风静縠纹平。小舟从此逝,江海寄余生。

《一斛珠》

洛城春晚,垂杨乱掩红楼半。小池轻浪纹如篆。烛下花前,曾醉离歌宴。

自惜风流云雨散,关山有限情无限。待君重见寻芳伴。为说相思,目断西楼燕。

《江城子·乙卯正月二十日夜记梦》

十年生死两茫茫,不思量,自难忘。千里孤坟,无处话凄凉。纵使相逢应不识,尘满面,鬓如霜。

夜来幽梦忽还乡,小轩窗,正梳妆。相顾无言,惟有泪千行。料得年年肠断处,明月夜,短松冈。

《望江南·超然台作二首》

(其一)

春未老,风细柳斜斜。试上超然台上看,半壕春水一城花。烟雨暗千家。

(其二)

寒食后,酒醒却咨嗟。休对故人思故国,且将新火试新茶。诗酒趁

年华。

《水调歌头》

（丙辰中秋，欢饮达旦，大醉，作此篇，兼怀子由。）

明月几时有，把酒问青天。不知天上宫阙，今夕是何年。我欲乘风归去，又恐琼楼玉宇，高处不胜寒。起舞弄清影，何似在人间。

转朱阁，低绮户，照无眠。不应有恨，何事长向别时圆？人有悲欢离合，月有阴晴圆缺，此事古难全。但愿人长久，千里共婵娟。

《西江月》

世事一场大梦，人生几度秋凉。夜来风叶已鸣廊，看取眉头鬓上。

酒贱常愁客少，月明多被云妨。中秋谁与共孤光，把盏凄然北望。

《沁园春》

孤馆灯青，野店鸡号，旅枕梦残。渐月华收练，晨霜耿耿；云山摛锦，朝露漙漙。世路无穷，劳生有限，似此区区长鲜欢。微吟罢，凭征鞍无语，往事千端。

当时共客长安，似二陆初来俱少年。有笔头千字，胸中万卷；致君尧舜，此事何难？用舍由时，行藏在我，袖手何妨闲处看。身长健，但优游卒岁，且斗尊前。

《定风波·莫听穿林打叶声》

莫听穿林打叶声，何妨吟啸且徐行。竹杖芒鞋轻胜马，谁怕？一蓑烟雨任平生。

料峭春风吹酒醒，微冷，山头斜照却相迎。回首向来萧瑟处，归去，也无风雨也无晴。

《浣溪沙》

（游蕲水清泉寺，寺临兰溪，溪水西流。）

山下兰芽短浸溪，松间沙路净无泥。萧萧暮雨子规啼。

诗 选 篇

谁道人生无再少？门前流水尚能西。休将白发唱黄鸡。

《念奴娇·赤壁怀古》

大江东去，浪淘尽，千古风流人物。故垒西边，人道是，三国周郎赤壁。乱石崩云，惊涛拍岸，卷起千堆雪。江山如画，一时多少豪杰。

遥想公瑾当年，小乔初嫁了，雄姿英发。羽扇纶巾，谈笑间，樯橹灰飞烟灭。故国神游，多情应笑我，早生华发。人生如梦，一樽还酹江月。

《定风波》

（王定国歌儿曰柔奴，姓宇文氏，眉目娟丽，善应对，家世住京师。定国南迁归，余问柔："广南风土，应是不好？"柔对曰："此心安处，便是吾乡。"因为缀此词云。）

常羡人间琢玉郎，天应乞与点酥娘。自作清歌传皓齿，风起，雪飞炎海变清凉。

万里归来颜愈少，微笑，笑时犹带岭梅香。试问岭南应不好？却道：此心安处是吾乡。

《江城子·密州出猎》

老夫聊发少年狂，左牵黄，右擎苍。锦帽貂裘，千骑卷平冈。为报倾城随太守，亲射虎，看孙郎。

酒酣胸胆尚开张，鬓微霜，又何妨！持节云中，何日遣冯唐？会挽雕弓如满月，西北望，射天狼。

《蝶恋花·春景》

花褪残红青杏小，燕子飞时，绿水人家绕。枝上柳绵吹又少，天涯何处无芳草！

墙里秋千墙外道，墙外行人，墙里佳人笑。笑渐不闻声渐悄，多情却被无情恼。

《临江仙·送钱穆父》

一别都门三改火，天涯踏尽红尘。依然一笑作春温。无波真古井，有节

是秋筼。

惆怅孤帆连夜发,送行淡月微云。尊前不用翠眉颦。人生如逆旅,我亦是行人。

❖ 黄庭坚

《鹧鸪天》

黄菊枝头生晓寒,人生莫放酒杯干。风前横笛斜吹雨,醉里簪花倒著冠。

身健在,且加餐,舞裙歌板尽清欢。黄花白发相牵挽,付与时人冷眼看。

❖ 秦观

《鹊桥仙》

纤云弄巧,飞星传恨,银汉迢迢暗度。金风玉露一相逢,便胜却人间无数。

柔情似水,佳期如梦,忍顾鹊桥归路。两情若是久长时,又岂在朝朝暮暮?

《踏莎行》

雾失楼台,月迷津渡,桃源望断无寻处。可堪孤馆闭春寒,杜鹃声里斜阳暮。

驿寄梅花,鱼传尺素,砌成此恨无重数。郴江幸自绕郴山,为谁流下潇湘去。

《江城子》

西城杨柳弄春柔,动离忧,泪难收。犹记多情,曾为系归舟。碧野朱桥当日事,人不见,水空流。

韶华不为少年留,恨悠悠,几时休?飞絮落花时候,一登楼。便作春江都是泪,流不尽,许多愁。

诗 选 篇

《满庭芳》

山抹微云,天连衰草,画角声断谯门。暂停征棹,聊共引离尊。多少蓬莱旧事,空回首、烟霭纷纷。斜阳外,寒鸦万点,流水绕孤村。

销魂。当此际,香囊暗解,罗带轻分。谩赢得、青楼薄幸名存。此去何时见也,襟袖上、空惹啼痕。伤情处,高城望断,灯火已黄昏。

❖李之仪(约1035－1117),字端叔,号姑溪居士。沧州无棣(今山东无棣)人。短期为官后遭贬,有《姑溪词》。

《卜算子》

我住长江头,君住长江尾。日日思君不见君,共饮长江水。

此水几时休?此恨何时已?只愿君心似我心,定不负相思意。

❖贺铸(1052－1125),字方回,又名贺三愁,人称贺梅子,自号庆湖遗老。卫州(治今河南卫辉)人。词兼豪放、婉约之长,用韵严,富有节奏感和音乐美。

《横塘路》

凌波不过横塘路,但目送,芳尘去。锦瑟华年谁与度?月桥花院,琐窗朱户,只有春知处。

飞云冉冉蘅皋暮,彩笔新题断肠句。若问闲情都几许?一川烟草,满城风絮,梅子黄时雨。

❖晁补之(1053－1110),字无咎,号归来子,济州巨野(今属山东)人,"苏门四学士"之一。官至礼部郎中。有《鸡肋集》等。

《摸鱼儿》

买陂塘,旋栽杨柳,依稀淮岸江浦。东皋嘉雨新痕涨,沙角鹭来鸥聚。堪爱处,最好是一川夜月光流渚。无人独舞。任翠幄张天,柔茵藉地,酒尽未能去。

青绫被,莫忆金闺故步,儒冠曾把身误。弓刀千骑成何事?荒了邵平瓜圃。君试觑,满青镜,星星鬓影今如许!功名浪语。便似得班超,封侯万里,归计恐迟暮。

❖ 周邦彦(1057—1121),字美成,号清真居士,钱塘(今浙江杭州)人,北宋文学家,"婉约派"的代表词人之一。徽宗时在大晟府负责谱制词曲。精通音律,创作许多新词调,为后来格律词派词人所宗,婉约词人尊为"正宗"。有《片玉集》,又名《清真集》。

《苏幕遮》

燎沉香,消溽暑。鸟雀呼晴,侵晓窥檐语。叶上初阳干宿雨。水面清圆,一一风荷举。

故乡遥,何日去?家住吴门,久作长安旅。五月渔郎相忆否?小楫轻舟,梦入芙蓉浦。

【注】 溽(rù),潮湿。

《兰陵王·柳》

柳阴直,烟里丝丝弄碧。隋堤上、曾见几番,拂水飘绵送行色。登临望故国,谁识京华倦客?长亭路,年去岁来,应折柔条过千尺。

闲寻旧踪迹,又酒趁哀弦,灯照离席。梨花榆火催寒食。愁一箭风快,半篙波暖,回头迢递便数驿,望人在天北。

凄恻,恨堆积!渐别浦萦回,津堠岑寂。斜阳冉冉春无极。念月榭携手,露桥闻笛。沉思前事,似梦里,泪暗滴。

【注】 堠(hòu),古代瞭望敌方情况的土堡。

《六丑·落花》

正单衣试酒,恨客里、光阴虚掷。愿春暂留,春归如过翼,一去无迹。为问花何在?夜来风雨,葬楚宫倾国。钗钿堕处遗香泽。乱点桃蹊,轻翻柳陌,多情为谁追惜?但蜂媒蝶使,时叩窗隔。

诗 选 篇

东园岑寂,渐蒙笼暗碧。静绕珍丛底,成叹息。长条故惹行客,似牵衣待话,别情无极。残英小、强簪巾帻。终不似一朵,钗头颤袅,向人欹侧。漂流处、莫趁潮汐。恐断红、尚有相思字,何由见得?

❖ 赵佶

《眼儿媚》

玉京曾忆昔繁华,万里帝王家。琼林玉殿,朝喧弦管,暮列笙琶。
花城人在今萧索,春梦绕胡沙。家山何处,忍听羌笛,吹彻梅花。

❖ 李清照

《如梦令·昨夜雨疏风骤》

昨夜雨疏风骤,浓睡不消残酒。试问卷帘人,却道海棠依旧。知否?知否?应是绿肥红瘦。

《如梦令·常记溪亭日暮》

常记溪亭日暮,沉醉不知归路。兴尽晚回舟,误入藕花深处。争渡,争渡,惊起一群鸥鹭。

《醉花阴》

薄雾浓云愁永昼,瑞脑消金兽。佳节又重阳,玉枕纱厨,半夜凉初透。
东篱把酒黄昏后,有暗香盈袖。莫道不消魂,帘卷西风,人比黄花瘦。

《一剪梅》

红藕香残玉簟秋,轻解罗裳,独上兰舟。云中谁寄锦书来,雁字回时,月满西楼。
花自飘零水自流,一种相思,两处闲愁。此情无计可消除,才下眉头,却上心头。

【注】 簟(diàn),竹席。

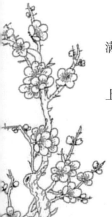

《渔家傲》

天接云涛连晓雾,星河欲转千帆舞,仿佛梦魂归帝所。闻天语,殷勤问我归何处?

我报路长嗟日暮,学诗谩有惊人句,九万里风鹏正举。风休住,蓬舟吹取三山去。

《声声慢》

寻寻觅觅,冷冷清清,凄凄惨惨戚戚。乍暖还寒时候,最难将息。三杯两盏淡酒,怎敌他、晚来风急?雁过也,正伤心,却是旧时相识。

满地黄花堆积,憔悴损,如今有谁堪摘?守著窗儿,独自怎生得黑?梧桐更兼细雨,到黄昏、点点滴滴。这次第,怎一个愁字了得?

《鹧鸪天·桂花》

暗淡轻黄体性柔,情疏迹远只香留。何须浅碧深红色,自是花中第一流。

梅定妒,菊应羞,画阑开处冠中秋。骚人可煞无情思,何事当年不见收?

❖ **惠洪**(1071—1128),一名德洪,字觉范,自号寂音尊者。俗姓喻,江西宜丰人,北宋著名诗僧。因结交党人两度入狱,被发配海南。

《青玉案》

绿槐烟柳长亭路,恨取次、分离去。日永如年愁难度。高城回首,暮云遮尽,目断人何处。

解鞍旅舍天将暮,暗忆丁宁千万句。一寸柔肠情几许。薄衾孤枕,梦回人静,侵晓潇潇雨。

❖ **叶梦得**(1077—1148),字少蕴,苏州长洲人。绍圣四年进士,官至户部尚书。开启南宋前期以"气"入词的词坛新路。

诗 选 篇

《贺新郎》

睡起流莺语。掩苍苔、房栊向晚,乱红无数。吹尽残花无人见,惟有垂杨自舞。渐暖霭初回轻暑。宝扇重寻明月影,暗尘侵、上有乘鸾女。惊旧恨,遽如许!

江南梦断横江渚。浪黏天、葡萄涨绿,半空烟雨。无限楼前沧波意,谁采苹花寄取?但怅望兰舟容与。万里云帆何时到?送孤鸿、目断千山阻。谁为我,唱金缕?

【注】 遽(jù),急忙。

《水调歌头二首》

(其一)

(九月望日,与客习射西园,余病不能射。)

霜降碧天静,秋事促西风。寒声隐地初听,中夜入梧桐。起瞰高城回望,寥落关河千里,一醉与君同。叠鼓闹清晓,飞骑引雕弓。

岁将晚,客争笑,问衰翁:平生豪气安在?走马为谁雄?何似当筵虎士,挥手弦声响处,双雁落遥空。老矣真堪愧!回首望云中。

(其二)

秋色渐将晚,霜信报黄花。小窗低户深映,微露绕欹斜。为问山公何事?坐看流年轻度,拼却鬓双华。徙倚望沧海,天净水明霞。

念平昔,空飘荡,遍天涯。归来三径重扫,松竹本吾家。却恨悲风时起,冉冉云间新雁,边马怨胡笳。谁似东山老,谈笑静胡沙?

《八声甘州·寿阳楼八公山作》

故都迷岸草,望长淮依然绕孤城。想乌衣年少,芝兰秀发,戈戟云横。坐看骄兵南渡,沸浪骇奔鲸。转眄东流水,一顾功成。

千载八公山下,尚断崖草木,遥拥峥嵘。漫云涛吞吐,无处问豪英。信劳生空成今古,笑我来何事怆遗情?东山老,可堪岁晚,独听桓筝!

❖ 陈与义

《虞美人·大光祖席,醉中赋长短句》

张帆欲去仍搔首,更醉君家酒。吟诗日日待春风,及至桃花开后却匆匆。

歌声频为行人咽,记著樽前雪。明朝酒醒大江流,满载一船离恨向衡州。

《临江仙·高咏楚词酬午日》

高咏楚词酬午日,天涯节序匆匆。榴花不似舞裙红。无人知此意,歌罢满帘风。

万事一身伤老矣!戎葵凝笑墙东。酒杯深浅去年同。试浇桥下水,今夕到湘中。

《临江仙·夜登小阁,忆洛中旧游》

忆昔午桥桥上饮,坐中多是豪英。长沟流月去无声。杏花疏影里,吹笛到天明。

二十余年如一梦,此身虽在堪惊。闲登小阁看新晴。古今多少事,渔唱起三更。

❖ 岳飞

《满江红》

怒发冲冠,凭栏处、潇潇雨歇。抬望眼、仰天长啸,壮怀激烈。三十功名尘与土,八千里路云和月。莫等闲白了少年头,空悲切。

靖康耻,犹未雪;臣子恨,何时灭?驾长车踏破,贺兰山缺。壮志饥餐胡虏肉,笑谈渴饮匈奴血。待从头收拾旧山河,朝天阙。

《小重山》

昨夜寒蛩不住鸣,惊回千里梦,已三更。起来独自绕阶行,人悄悄,帘外

月胧明。

白首为功名,旧山松竹老,阻归程。欲将心事付瑶琴,知音少,弦断有谁听?

【注】 蛩(qióng),蟋蟀。

❖ **张元干**(1091—约1170),字仲宗,号芦川居士、真隐山人,晚年自称芦川老隐,长乐(今福建福州市长乐区)人。任陈留县丞,与张孝祥并称南宋初期"词坛双璧"。

《贺新郎二首》(其一)《送胡邦衡待制赴新州》

梦绕神州路。怅秋风、连营画角,故宫离黍。底事昆仑倾砥柱,九地黄流乱注?聚万落千村狐兔。天意从来高难问,况人情老易悲难诉!更南浦,送君去。

凉生岸柳催残暑。耿斜河、疏星淡月,断云微度。万里江山知何处?回首对床夜语。雁不到、书成谁与?目尽青天怀今古,肯儿曹恩怨相尔汝?举大白,听金缕。

❖ **朱敦儒**

《水龙吟》

放船千里凌波去,略为吴山留顾。云屯水府,涛随神女,九江东注。北客翩然,壮心偏感,年华将暮。念伊嵩旧隐,巢由故友,南柯梦,遽如许!

回首妖氛未扫,问人间英雄何处?奇谋报国,可怜无用,尘昏白羽。铁锁横江,锦帆冲浪,孙郎良苦。但愁敲桂棹,悲吟梁父,泪流如雨。

《临江仙》

直自凤凰城破后,擘钗破镜纷飞。天涯海角信音稀。梦回辽海北,魂断玉关西。

月解重圆星解聚,如何不见人归?今春还听杜鹃啼。年年看塞雁,一十四番回。

【注】 擘(bāi),分裂。

《卜算子》

古涧一枝梅,免被园林锁。路远山深不怕寒,似共春相趓。
幽思有谁知?托契都难可。独自风流独自香,明月来寻我。

【注】 趓(duǒ),同躲。

《朝中措二首》

(其一)

先生筇杖是生涯,挑月更担花。把住都无憎爱,放行总是烟霞。
飘然携去,旗亭问酒,萧寺寻茶。恰似黄鹂无定,不知飞到谁家?

【注】 筇(qióng),一种可以做手杖的竹子。

(其二)

红稀绿暗掩重门,芳径罢追寻。已是老于前岁,那堪穷似他人!
一杯自劝,江湖倦客,风雨残春。不是酴醾相伴,如何过得黄昏?

【注】 酴醾(túmí),一种醇度较高的酒。

❖ **蔡松年**(1107—1159),字伯坚,号萧闲老人。冀州真定(今河北正定)人,金代诗人。有《萧闲老人明秀集》。

《鹧鸪天·赏荷》

秀樾横塘十里香,水花晚色静年芳。胭脂雪瘦熏沉水,翡翠盘高走夜光。

山黛远,月波长,暮云秋影蘸潇湘。醉魂应逐凌波梦,分付西风此夜凉。

❖ **陆游**

《诉衷情》

当年万里觅封侯,匹马戍梁州。关河梦断何处?尘暗旧貂裘。

诗 选 篇

胡未灭,鬓先秋,泪空流。此生谁料,心在天山,身老沧州!

《谢池春》

壮岁从戎,曾是气吞残虏。阵云高、狼烟夜举。朱颜青鬓,拥雕戈西戍。笑儒冠自来多误。

功名梦断,却泛扁舟吴楚。漫悲歌、伤怀吊古。烟波无际,望秦关何处?叹流年又成虚度!

《卜算子·咏梅》

驿外断桥边,寂寞开无主。已是黄昏独自愁,更著风和雨。
无意苦争春,一任群芳妒。零落成泥碾作尘,只有香如故。

《鹧鸪天》

家住苍烟落照间,丝毫尘事不相关。斟残玉瀣行穿竹,卷罢黄庭卧看山。
贪啸傲,任衰残,不妨随处一开颜。元知造物心肠别,老却英雄似等闲。

【注】 瀣(xiè),夜间的水气。

《钗头凤》

红酥手,黄藤酒,满城春色宫墙柳。东风恶,欢情薄,一怀愁绪,几年离索。错!错!错!
春如旧,人空瘦,泪痕红浥鲛绡透。桃花落,闲池阁,山盟虽在,锦书难托。莫!莫!莫!

【注】 浥(yì),湿润。鲛(jiāo),传说中人身鱼尾的鲛人。鲛绡,传说鲛人善纺织,所织成的布料入水不湿。

❖ **唐婉**(1128—1160),字蕙仙,越州山阴(今浙江绍兴)人。原陆游妻,离异后嫁宋宗室赵士程为妻。

《钗头凤》

世情薄,人情恶,雨送黄昏花易落。晓风干,泪痕残,欲笺心事,独语斜

阑。难！难！难！

人成各，今非昨，病魂常似秋千索。角声寒，夜阑珊，怕人寻问，咽泪妆欢。瞒！瞒！瞒！

❖ **张孝祥**（1132—1170），字安国，别号于湖居士，历阳乌江（今安徽和县）人。著名词人、书法家。绍兴年间状元，迁湖北路安抚使。南宋"豪放派"代表作家之一。有《于湖词》。

《六州歌头》

长淮望断，关塞莽然平。征尘暗，霜风劲，悄边声，黯销凝。追想当年事，殆天数，非人力。洙泗上，弦歌地，亦膻腥。隔水毡乡，落日牛羊下，区脱纵横。看名王宵猎，骑火一川明。笳鼓悲鸣，遣人惊。

念腰间箭，匣中剑，空埃蠹，竟何成！时易失，心徒壮，岁将零，渺神京。干羽方怀远，静烽燧，且休兵。冠盖使，纷驰骛，若为情。闻道中原遗老，常南望、翠葆霓旌。使行人到此，忠愤气填膺，有泪如倾。

《念奴娇·过洞庭》

洞庭青草，近中秋、更无一点风色。玉鉴琼田三万顷，著我扁舟一叶。素月分辉，明河共影，表里俱澄澈。悠然心会，妙处难与君说。

应念岭表经年，孤光自照，肝胆皆冰雪。短发萧骚襟袖冷，稳泛沧浪空阔。尽挹西江，细斟北斗，万象为宾客。扣舷独笑，不知今夕何夕？

【注】 挹(yì)，舀。

《浣溪沙》

霜日明霄水蘸空，鸣鞘声里绣旗红。淡烟衰草有无中。
万里中原烽火北，一樽浊酒戍楼东。酒阑挥泪向悲风。

❖ **范成大**

《南柯子》

怅望梅花驿，凝情杜若洲。香云低处有高楼，可惜高楼不近木兰舟。

缄素双鱼远,题红片叶秋。欲凭江水寄离愁,江已东流那肯更西流。

◇ 辛弃疾

《摸鱼儿》

(淳熙己亥,自湖北漕移湖南,同官王正之置酒小山亭,为赋。)

更能消几番风雨,匆匆春又归去。惜春长怕花开早,何况落红无数。春且住!见说道、天涯芳草迷归路。怨春不语。算只有殷勤,画檐蛛网,尽日惹飞絮。

长门事,准拟佳期又误。蛾眉曾有人妒。千金纵买相如赋,脉脉此情谁诉?君莫舞,君不见、玉环飞燕皆尘土。闲愁最苦。休去倚危栏,斜阳正在,烟柳断肠处。

《水龙吟·甲辰岁寿韩南涧尚书》

渡江天马南来,几人真是经纶手?长安父老,新亭风景,可怜依旧!夷甫诸人,神州沉陆,几曾回首?算平戎万里,功名本是真儒事,君知否?

况有文章山斗,对桐阴满庭清昼。当年堕地,而今试看,风云奔走。绿野风烟,平泉草木,东山歌酒。待他年,整顿乾坤事了,为先生寿。

《水龙吟·登建康赏心亭》

楚天千里清秋,水随天去秋无际。遥岑远目,献愁供恨,玉簪螺髻。落日楼头,断鸿声里,江南游子。把吴钩看了,栏杆拍遍。无人会,登临意。

休说鲈鱼堪脍,尽西风、季鹰归未?求田问舍,怕应羞见,刘郎才气。可惜流年,忧愁风雨,树犹如此!倩何人唤取,红巾翠袖,揾英雄泪?

《贺新郎·别茂嘉十二弟》

绿树听鹈鴂。更那堪、鹧鸪声住,杜鹃声切。啼到春归无寻处,苦恨芳菲都歇。算未抵人间离别。马上琵琶关塞黑,更长门翠辇辞金阙。看燕燕,送归妾。

将军百战身名裂。向河梁、回头万里,故人长绝。易水萧萧西风冷,满

座衣冠似雪。正壮士悲歌未彻。啼鸟还知如许恨,料不啼清泪长啼血。谁共我,醉明月?

《贺新郎》

(邑中园亭,仆皆为赋此词。一日,独坐停云,水声山色,竞来相娱。意溪山欲援例者,遂作数语,庶几仿佛渊明思亲友之意云。)

甚矣吾衰矣!怅平生、交游零落,只今余几?白发空垂三千丈,一笑人间万事。问何物能令公喜?我见青山多妩媚,料青山见我应如是。情与貌,略相似。

一尊搔首东窗里。想渊明、停云诗就,此时风味。江左沉酣求名者,岂识浊醪妙理?回首叫云飞风起。不恨古人吾不见,恨古人不见吾狂耳!知我者,二三子。

【注】 醪(láo),醇酒。

《破阵子·为陈同父赋壮语以寄》

醉里挑灯看剑,梦回吹角连营。八百里分麾下炙,五十弦翻塞外声,沙场秋点兵。

马作的卢飞快,弓如霹雳弦惊。了却君王天下事,赢得生前身后名,可怜白发生!

《永遇乐·京口北固亭怀古》

千古江山,英雄无觅,孙仲谋处。舞榭歌台,风流总被,雨打风吹去。斜阳草树,寻常巷陌,人道寄奴曾住。想当年金戈铁马,气吞万里如虎。

元嘉草草,封狼居胥,赢得仓皇北顾。四十三年,望中犹记,烽火扬州路。可堪回首,佛狸祠下,一片神鸦社鼓。凭谁问,廉颇老矣,尚能饭否?

《太常引·建康中秋夜为吕叔潜赋》

一轮秋影转金波,飞镜又重磨。把酒问姮娥:被白发、欺人奈何?

乘风好去,长空万里,直下看山河。斫去桂婆娑,人道是、清光更多。

诗 选 篇

《鹧鸪天·有客慨然谈功名因追念少年时事戏作》

壮岁旌旗拥万夫,锦襜突骑渡江初。燕兵夜娖银胡䩮,汉箭朝飞金仆姑。

追往事,叹今吾,春风不染白髭须。却将万字平戎策,换得东家种树书。

【注】 襜(chān),短外衣。娖(chuò),整理。䩮(jué),箭袋。

《丑奴儿·书博山道中壁》

少年不识愁滋味,爱上层楼,爱上层楼。为赋新词强说愁。

而今识尽愁滋味,欲说还休,欲说还休。却道天凉好个秋。

《鹧鸪天·送人》

唱彻《阳关》泪未干,功名余事且加餐。浮天水送无穷树,带雨云埋一半山。

今古恨,几千般,只应离合是悲欢。江头未是风波恶,别有人间行路难!

《南乡子·登京口北固亭有怀》

何处望神州?满眼风光北固楼。千古兴亡多少事?悠悠,不尽长江滚滚流!

年少万兜鍪,坐断东南战未休。天下英雄谁敌手?曹刘,生子当如孙仲谋。

【注】 鍪(móu),头盔。

《菩萨蛮·书江西造口壁》

郁孤台下清江水,中间多少行人泪?西北望长安,可怜无数山。

青山遮不住,毕竟东流去。江晚正愁余,山深闻鹧鸪。

《青玉案·元夕》

东风夜放花千树,更吹落,星如雨。宝马雕车香满路。凤箫声动,玉壶光转,一夜鱼龙舞。

蛾儿雪柳黄金缕,笑语盈盈暗香去。众里寻他千百度。蓦然回首,那人却在,灯火阑珊处。

《西江月·夜行黄沙道中》

明月别枝惊鹊,清风半夜鸣蝉。稻花香里说丰年,听取蛙声一片。
七八个星天外,两三点雨山前。旧时茅店社林边,路转溪桥忽见。

《西江月·遣兴》

醉里且贪欢笑,要愁那得工夫?近来始觉古人书,信著全无是处。
昨夜松边醉倒,问松我醉何如?只疑松动要来扶,以手推松曰去!

❖ **程垓**,生卒年及生平不详。字正伯,号书舟。眉山(今属四川)人。

《水龙吟》

夜来风雨匆匆,故园定是花无几。愁多怨极,等闲孤负,一年芳意。柳困花慵,杏青梅小,对人容易。算好春长在,好花长见,元只是、人憔悴。

回首池南旧事,恨星星、不堪重记。如今但有,看花老眼,伤时清泪。不怕逢花瘦,只愁怕、老来风味。待繁红乱处,留云借月,也须拚醉。

❖ **陈亮**(1143—1194),原名汝能,字同甫,号龙川,人称龙川先生,婺州永康(今属浙江)人,南宋思想家、文学家。力主抗金,反对和议,三次下狱。倡导经世济民的"事功之学",创立永康学派。有《龙川文集》《龙川词》。

《水调歌头·送章德茂大卿使虏》

不见南师久,谩说北群空。当场只手,毕竟还我万夫雄。自笑堂堂汉使,得似洋洋河水,依旧只流东。且复穹庐拜,会向藁街逢。

尧之都,舜之壤,禹之封。于中应有,一个半个耻臣戎。万里腥膻如许,千古英灵安在?磅礴几时通?胡运何须问,赫日自当中。

【注】 藁(gǎo),藁城,在今河北。穹庐拜、藁街逢,都是指在北方相见。

诗 选 篇

❖ **刘过**（1154—1206），字改之，号龙洲道人。吉州太和（今江西泰和）人，南宋文学家，布衣终身。词风与辛弃疾相近，与刘克庄、刘辰翁并称为"辛派三刘"。有《龙洲集》等。

《唐多令》

芦叶满汀洲，寒沙带浅流，二十年重过南楼。柳下系船犹未稳，能几日，又中秋。

黄鹤断矶头，故人今在不？旧江山浑是新愁。欲买桂花同载酒，终不似，少年游。

❖ **姜夔**

《扬州慢》

（淳熙丙申至日，予过维扬。夜雪初霁，荠麦弥望。入其城则四顾萧条，寒水自碧，暮色渐起，戍角悲吟。予怀怆然，感慨今昔，因自度此曲。千岩老人以为有《黍离》之悲也。）

淮左名都，竹西佳处，解鞍少驻初程。过春风十里，尽荠麦青青。自胡马窥江去后，废池乔木，犹厌言兵。渐黄昏，清角吹寒，都在空城。

杜郎俊赏，算而今重到须惊。纵豆蔻词工，青楼梦好，难赋深情。二十四桥仍在，波心荡，冷月无声。念桥边红药，年年知为谁生？

❖ **朱淑真**

《菩萨蛮》

山亭水榭秋方半，凤帏寂寞无人伴。愁闷一番新，双蛾只暗颦。

起来临绣户，时有疏萤度。多谢月相怜，今宵不忍圆。

《蝶恋花》

楼外垂杨千万缕，欲系青春，少住春还去。犹自风前飘柳絮，随春且看归何处？

绿满山川闻杜宇,便做无情,莫也愁人意。把酒送春春不语,黄昏却下潇潇雨。

❖ **文及翁**,生卒年不详,字时学,号本心,绵州(今四川绵阳)人。宝祐元年进士,官至资政殿学士。入元后累征不仕。

《贺新郎·西湖》

一勺西湖水。渡江来、百年歌舞,百年酣醉。回首洛阳花世界,烟渺黍离之地。更不复、新亭堕泪。簇乐红妆摇画艇,问中流击楫谁人是。千古恨,几时洗。

余生自负澄清志。更有谁、磻溪未遇,傅岩未起。国事如今谁倚仗,衣带一江而已。便都道、江神堪恃。借问孤山林处士,但掉头笑指梅花蕊。天下事,可知矣。

【注】 磻(pán)溪,今陕西宝鸡东南的一条河流,传说是姜子牙钓鱼处。傅岩,古代地名,在山西平陆县东,相传商代贤士傅说在此当奴隶,被商王武丁起用。

❖ 刘克庄

《沁园春·梦孚若》

何处相逢?登宝钗楼,访铜雀台。唤厨人斫就,东溟鲸脍;圉人呈罢,西极龙媒。天下英雄,使君与操,余子谁堪共酒杯?车千两,载燕南赵北,剑客奇才。

饮酣画鼓如雷,谁信被晨鸡轻唤回?叹年光过尽,功名未立;书生老去,机会方来。使李将军,遇高皇帝,万户侯何足道哉?披衣起,但凄凉感旧,慷慨生哀。

《贺新郎四首》

(其一)《送陈真州子华》

北望神州路。试平章、这场公事,怎生分付?记得太行山百万,曾入宗

爷驾驭。今把作握蛇骑虎。君去京东豪杰喜,想投戈下拜真吾父。谈笑里,定齐鲁。

　　两河萧瑟惟狐兔。问当年、祖生去后,有人来否?多少新亭挥泪客,谁梦中原块土?算事业须由人做。应笑书生心胆怯,向车中闭置如新妇。空目送,塞鸿去。

　　【注】 祖生,指祖逖,东晋名将,曾率军收复黄河以南大片领土。

(其二)《端午》

　　深夜榴花吐。画帘开、练衣纨扇,午风清暑。儿女纷纷夸结束,新样钗符艾虎。早已有游人观渡。老大逢场慵作戏,任陌头年少争旗鼓。溪雨急,浪花舞。

　　灵均标致高如许!忆生平、既纫兰佩,更怀椒糈。谁信骚魂千载后,波底垂涎角黍?又说是蛟馋龙怒。把似而今醒到了,料当年醉死差无苦。聊一笑,吊千古。

(其三)《九日》

　　湛湛长空黑。更那堪、斜风细雨,乱愁如织。老眼平生空四海,赖有高楼百尺。看浩荡千崖秋色。白发书生神州泪,尽凄凉不向牛山滴。追往事,去无迹。

　　少年自负凌云笔。到而今、春华落尽,满怀萧瑟。常恨世人新意少,爱说南朝狂客。把破帽年年拈出。若对黄花孤负酒,怕黄花也笑人岑寂。鸿北去,日西匿。

(其四)

　　(实之三和,有忧边之语,走笔答之。)

　　国脉微如缕。问长缨、何时入手,缚将戎主?未必人间无好汉,谁与宽些尺度?试看取当年韩五。岂有谷城公付授,也不干曾遇骊山母。谈笑起,两河路。

　　少时棋柝曾联句。叹而今、登楼揽镜,事机频误。闻说北风吹面急,边上冲梯屡舞。君莫道投鞭虚语。自古一贤能制难,有金汤便可无张许?快

投笔,莫题柱。

《玉楼春·戏林推》

年年跃马长安市,客舍似家家似寄。青钱换酒日无何,红烛呼卢宵不寐。

易挑锦妇机中字,难得玉人心下事。男儿西北有神州,莫滴水西桥畔泪。

❖ **吴文英**(约1212—约1272),字君特,号梦窗,晚年又号觉翁,四明(今浙江宁波)人。一生未第,南宋词坛大家。有"词中李商隐"之称,对后世词坛影响较大。《梦窗词集》存词340余首。

《风入松》

听风听雨过清明,愁草瘗花铭。楼前绿暗分携路,一丝柳一寸柔情。料峭春寒中酒,交加晓梦啼莺。

西园日日扫林亭,依旧赏新晴。黄蜂频扑秋千索,有当时纤手香凝。惆怅双鸳不到,幽阶一夜苔生。

【注】 瘗(yì),埋葬。

《唐多令》

何处合成愁?离人心上秋。纵芭蕉不雨也飕飕。都道晚凉天气好,有明月、怕登楼。

年事梦中休,花空烟水流。燕辞归、客尚淹留。垂柳不萦裙带住,漫长是,系行舟。

《八声甘州·灵岩陪庾幕诸公游》

渺空烟四远,是何年青天坠长星?幻苍崖云树,名娃金屋,残霸宫城。箭径酸风射眼,腻水染花腥。时靸双鸳响,廊叶秋声。

宫里吴王沉醉,倩五湖倦客,独钓醒醒。问苍天无语,华发奈山青。水涵空、阑干高处,送乱鸦斜日落渔汀。连呼酒,上琴台去,秋与云平。

诗 选 篇

【注】 靸（sǎ），拖着鞋。

《浣溪沙》

门隔花深梦旧游，夕阳无语燕归愁。玉纤香动小帘钩。

落絮无声春堕泪，行云有影月含羞。东风临夜冷于秋。

❖ **王沂孙**（约1230—约1290），字圣与，号碧山，又号玉笥山人，南宋会稽（今浙江绍兴）人。宋末格律派词人，与周密、张炎、蒋捷并称"宋末词坛四大家"。有词集《碧山乐府》。

《无闷·雪意》

阴积龙荒，寒度雁门，西北高楼独倚。怅短景无多，乱山如此。欲唤飞琼起舞，怕搅碎、纷纷银河水。冻云一片，藏花护玉，未教轻坠。

清致，悄无似。有照水一枝，已揽春意。误几度凭栏，莫愁凝睇。应是梨花梦好，未肯放、东风来人世。待翠管、吹破苍茫，看取玉壶天地。

❖ **周密**（1232—约1298），字公谨，号草窗。祖籍济南，吴兴（今浙江湖州）人。宋末元初词人、文学家。宋末任义乌令，南宋覆灭后专心著述。有《草窗韵语》。

《高阳台·寄越中诸友》

小雨分江，残寒迷浦，春容浅入蒹葭。雪霁空城，燕归何处人家？梦魂欲渡苍茫去，怕梦轻、翻被愁遮。感流年，夜汐东还，冷照西斜。

萋萋望极王孙草，认云中烟树，鸥外春沙。白发青山，可怜相对苍华。归鸿自趁潮回去，笑倦游、犹是天涯。问东风，先到垂杨，后到梅花？

❖ **刘辰翁**（1232—1297），字会孟，号须溪。庐陵（今江西吉安）人。景定年进士，曾在中书省架阁库任事。宋亡后矢志不仕。有《须溪集》。

《柳梢青·春感》

铁马蒙毡，银花洒泪，春入愁城。笛里番腔，街头戏鼓，不是歌声。

那堪独坐青灯,想故国高台月明!辇下风光,山中岁月,海上心情。

《沁园春·送春》

春汝归欤?风雨蔽江,烟尘暗天。况雁门阨塞,龙沙渺莽;东连吴会,西至秦川。芳草迷津,飞花拥道,小为蓬壶借百年。江南好,问夫君何事,不少留连?

江南正是堪怜!但满眼杨花化白毡。看兔葵燕麦,华清宫里;蜂黄蝶粉,凝碧池边。我已无家,君归何里?中路徘徊七宝鞭。风回处,寄一声珍重,两地潸然!

❖ **蒋捷**(约1245—1305后),字胜欲,号竹山,阳羡(今江苏宜兴)人。咸淳年进士。宋亡后隐居不仕,气节为时人所重。有《竹山词》。

《声声慢·秋声》

黄花深巷,红叶低窗,凄凉一片秋声。豆雨声来,中间夹带风声。疏疏二十五点,丽谯门不锁更声。故人远,问谁摇玉佩?檐底铃声。

彩角声吹月堕,渐连营马动,四起笳声。闪烁邻灯,灯前尚有砧声。知他诉愁到晓,碎哝哝多少蛩声!诉未了,把一半分与雁声。

《虞美人·听雨》

少年听雨歌楼上,红烛昏罗帐。壮年听雨客舟中,江阔云低断雁叫西风。

而今听雨僧庐下,鬓已星星也!悲欢离合总无情,一任阶前点滴到天明。

《一剪梅·舟过吴江》

一片春愁待酒浇,江上舟摇,楼上帘招。秋娘渡与泰娘桥,风又飘飘,雨又萧萧。

何日归家洗客袍?银字笙调,心字香烧。流光容易把人抛,红了樱桃,绿了芭蕉。

诗 选 篇

❖ 文天祥

《酹江月·驿中言别友人》

水天空阔,恨东风、不借世间英物。蜀鸟吴花残照里,忍见荒城颓壁。铜雀春情,金人秋泪,此恨凭谁雪?堂堂剑气,斗牛空认奇杰。

那信江海余生,南行万里,属扁舟齐发。正为鸥盟留醉眼,细看涛生云灭。睨柱吞嬴,回旗走懿,千古冲冠发。伴人无寐,秦淮应是孤月。

《满江红》

(和王夫人《满江红》韵,以庶几后山《妾薄命》之意。)

燕子楼中,又捱过、几番秋色?相思处、青年如梦,乘鸾仙阙。肌玉暗消衣带缓,泪珠斜透花钿侧。最无端蕉影上窗纱,青灯歇。

曲池合,高台灭。人间事,何堪说!向南阳阡上,满襟清血。世态便如翻覆雨,妾身元是分明月。笑乐昌、一段好风流,菱花缺。

❖ 张炎(1248—1314 后),字叔夏,号玉田,又号乐笑翁。临安(今浙江杭州)人,南宋末格律派词人。有论词专著《词源》和词集《山中白云》。

《清平乐二首》

(其一)

采芳人杳,顿觉游情少。客里看春多草草,总被诗愁分了。
去年燕子天涯,今年燕子谁家?三月休听夜雨,如今不是催花。

(其二)

候蛩凄断,人语西风岸。月落沙平江似练,望尽芦花无雁。
暗教愁损兰成,可怜夜夜关情。只有一枝梧叶,不知多少秋声。

《解连环·孤雁》

楚江空晚,怅离群万里,恍然惊散。自顾影欲下寒塘,正沙净草枯,水平

天远。写不成书，只寄得相思一点。料因循误了，残毡拥雪，故人心眼。

谁怜旅愁荏苒？谩长门夜悄，锦筝弹怨。想伴侣犹宿芦花，也曾念春前，去程应转。暮雨相呼，怕蓦地玉关重见。未羞他双燕归来，画帘半卷。

《高阳台·西湖春感》

接叶巢莺，平波卷絮，断桥斜日归船。能几番游，看花又是明年。东风且伴蔷薇住，到蔷薇、春已堪怜。更凄然，万绿西泠，一抹荒烟。

当年燕子知何处，但苔深韦曲，草暗斜川。见说新愁，如今也到鸥边。无心再续笙歌梦，掩重门、浅醉闲眠。莫开帘，怕见飞花，怕听啼鹃。

【注】 樾（yuè），树荫。

元、明、清词

❖ **丘处机**(1148—1227),字通密,道号长春子,登州栖霞(今属山东)人,道教全真道北七真之一,思想家、文学家。以74岁高龄远赴西域劝说成吉思汗止杀爱民而闻名。

《无俗念·灵虚宫梨花词》

春游浩荡,是年年、寒食梨花时节。白锦无纹香烂漫,玉树琼葩堆雪。静夜沉沉,浮光霭霭,冷浸溶溶月。人间天上,烂银霞照通彻。

浑似姑射真人,天姿灵秀,意气舒高洁。万化参差谁信道,不与群芳同列。浩气清英,仙材卓荦,下土难分别。瑶台归去,洞天方看清绝。

【注】 荦(luò),明显、突出。

❖ 元好问

《摸鱼儿·雁丘词》

(乙丑岁赴试并州,道逢捕雁者云:"今旦获一雁,杀之矣。其脱网者悲鸣不能去,竟自投于地而死。"予因买得之,葬之汾水之上,垒石为识,号曰"雁丘"。同行者多为赋诗,予亦有《雁丘词》。旧所作无宫商,今改定之。)

问世间,情为何物,直教生死相许?天南地北双飞客,老翅几回寒暑。欢乐趣,离别苦,就中更有痴儿女。君应有语。渺万里层云,千山暮雪,只影向谁去?

横汾路,寂寞当年箫鼓,荒烟依旧平楚。招魂楚些何嗟及,山鬼暗啼风雨。天也妒,未信与,莺儿燕子俱黄土。千秋万古。为留待骚人,狂歌痛饮,来访雁丘处。

❖ **萨都刺**(约1307—1359后),字天锡,号直斋,元代著名诗人、画家。出

元、明、清词

生于雁门(今山西代县)。泰定年进士,官至南台侍御史。善绘画,精书法。词风清丽俊逸、文辞雄健,间有豪迈奔放之作。后人誉为"有元一代词人之冠"。

《念奴娇·登石头城次东坡韵》

石头城上,望天低吴楚,眼空无物。指点六朝形胜地,唯有青山如壁。蔽日旌旗,连云樯橹,白骨纷如雪。一江南北,消磨多少豪杰。

寂寞避暑离宫,东风辇路,芳草年年发。落日无人松径里,鬼火高低明灭。歌舞樽前,繁华镜里,暗换青青发。伤心千古,秦淮一片明月。

《满江红·金陵怀古》

六代豪华,春去也、更无消息。空怅望,山川形胜,已非畴昔。王谢堂前双燕子,乌衣巷口曾相识。听夜深、寂寞打孤城,春潮急。

思往事,愁如织;怀故国,空陈迹。但荒烟衰草,乱鸦斜日。玉树歌残秋露冷,胭脂井坏寒螀泣。到如今、只有蒋山青,秦淮碧!

❖ 高启

《念奴娇·自述》

策勋万里,笑书生骨相,有谁曾许?壮志平生还自负,羞比纷纷儿女。酒发雄谈,剑增奇气,诗吐惊人语。风云无便,未容黄鹄轻举。

何事匹马尘埃,东西南北,十载犹羁旅。只恐陈登容易笑,负却故园鸡黍。笛里关山,樽前日月,回首空凝伫。吾今未老,不须清泪如雨。

❖ **陈霆**(约1477—1550),字声伯,号水南,浙江德清人。明朝学者。弘治年进士,官至山西提学佥事。为人耿直,不久辞官回乡,隐居著述。有《水南稿》等。

《踏莎行》

流水孤村,荒城古道,槎牙老木乌鸢噪。夕阳倒影射疏林,江边一带芙

蓉老。

　　风瞑寒烟,天低衰草,登楼望极群峰小。欲将归信问行人,青山尽处行人少。

❖ 唐寅

《一剪梅》

　　雨打梨花深闭门,孤负青春,虚负青春。赏心乐事共谁论?花下销魂,月下销魂。

　　愁聚眉峰尽日颦,千点啼痕,万点啼痕。晓看天色暮看云,行也思君,坐也思君。

❖ **杨慎**(1488－1559),字用修,号月溪等。四川新都人,文学家、学者,明代三才子之首。正德年状元,授翰林修撰,贬谪云南30年。能文、诗、词及散曲。有《升庵全集》。

《临江仙》

　　滚滚长江东逝水,浪花淘尽英雄。是非成败转头空。青山依旧在,几度夕阳红。

　　白发渔樵江渚上,惯看秋月春风。一壶浊酒喜相逢。古今多少事,都付笑谈中。

❖ **顾贞观**(1637－1714),原名华文,字远平、华峰,号梁汾,江苏无锡人,明末东林党人顾宪成四世孙。康熙年举人,擢秘书院典籍。有《弹指词》等。

《金缕曲二首》

(其一)

　　(寄吴汉槎宁古塔,以词代书,丙辰冬,寓京师千佛寺,冰雪中作。)
　　季子平安否?便归来、平生万事,那堪回首!行路悠悠谁慰藉,母老家

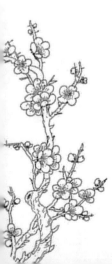

贫子幼。记不起、从前杯酒。魑魅搏人应见惯,总输他覆雨翻云手。冰与雪,周旋久。

泪痕莫滴牛衣透。数天涯、依然骨肉,几家能够？比似红颜多命薄,更不如今还有。只绝塞、苦寒难受。廿载包胥承一诺,盼乌头马角终相救。置此札,君怀袖。

(其二)

我亦飘零久！十年来、深恩负尽,死生师友。宿昔齐名非忝窃,试看杜陵消瘦。曾不减、夜郎僝僽。薄命长辞知己别,问人生到此凄凉否？千万恨,为君剖。

兄生辛未吾丁丑。共此时、冰霜摧折,早衰蒲柳。诗赋从今须少作,留取心魂相守。但愿得、河清人寿！归日急翻行戍稿,把空名料理传身后。言不尽,观顿首。

【注】 僝僽(chánzhòu),受折磨而产生的烦恼、愁苦。

❖ 纳兰性德

《金缕曲·赠梁汾》

德也狂生耳。偶然间、淄尘京国,乌衣门第。有酒惟浇赵州土,谁会成生此意。不信道、遂成知己。青眼高歌俱未老,向尊前、拭尽英雄泪。君不见,月如水。

共君此夜须沉醉。且由他、蛾眉谣诼,古今同忌。身世悠悠何足问,冷笑置之而已。寻思起、从头翻悔。一日心期千劫在,后身缘、恐结他生里。然诺重,君须记！

《蝶恋花·萧瑟兰成看老去》

萧瑟兰成看老去,为怕多情,不作怜花句。阁泪倚花愁不语,暗香飘尽知何处。

重到旧时明月路,袖口香寒,心比秋莲苦。休说生生花里住,惜花人去花无主。

诗 选 篇

《蝶恋花·出塞》

今古河山无定据,画角声中,牧马频来去。满目荒凉谁可语?西风吹老丹枫树。

从前幽怨应无数,铁马金戈,青冢黄昏路。一往情深深几许?深山夕照深秋雨。

《蝶恋花·辛苦最怜天上月》

辛苦最怜天上月,一昔如环,昔昔都成玦。若似月轮终皎洁,不辞冰雪为卿热。

无那尘缘容易绝,燕子依然,软踏帘钩说。唱罢秋坟愁未歇,春丛认取双栖蝶。

《清平乐》

风鬟雨鬓,偏是来无准。倦倚玉阑看月晕,容易语低香近。

软风吹过窗纱,心期便隔天涯。从此伤春伤别,黄昏只对梨花。

《南乡子·为亡妇题照》

泪咽却无声,只向从前悔薄情。凭仗丹青重省识,盈盈,一片伤心画不成。

别语忒分明,午夜鹣鹣梦早醒。卿自早醒侬自梦,更更,泣尽风檐夜雨铃。

《临江仙·寒柳》

飞絮飞花何处是?层冰积雪摧残。疏疏一树五更寒。爱他明月好,憔悴也相关。

最是繁丝摇落后,转教人、忆春山。湔裙梦断续应难。西风多少恨,吹不散眉弯。

【注】 湔(jiān),用水洗。

《相见欢》

落花如梦凄迷,麝烟微。又是夕阳潜下小楼西。
愁无限,消瘦尽,有谁知?闲教玉笼鹦鹉念郎诗。

《采桑子》

谁翻乐府凄凉曲,风也萧萧,雨也萧萧。瘦尽灯花又一宵。
不知何事萦怀抱,醒也无聊,醉也无聊。梦也何曾到谢桥。

《木兰花·拟古决绝词柬友》

人生若只如初见,何事秋风悲画扇?等闲变却故人心,却道故人心易变。
骊山语罢清宵半,泪雨霖铃终不怨。何如薄幸锦衣郎,比翼连枝当日愿。

《如梦令》

万帐穹庐人醉,星影摇摇欲坠。归梦隔狼河,又被河声搅碎。还睡,还睡,解道醒来无味。

《画堂春》

一生一代一双人,争教两处销魂。相思相望不相亲,天为谁春?
浆向蓝桥易乞,药成碧海难奔。若容相访饮牛津,相对忘贫。

《长相思》

山一程,水一程,身向榆关那畔行。夜深千帐灯。
风一更,雪一更,聒碎乡心梦不成。故园无此声。

《浣溪沙·谁念西风独自凉》

谁念西风独自凉?萧萧黄叶闭疏窗。沉思往事立残阳。
被酒莫惊春睡重,赌书消得泼茶香。当时只道是寻常。

诗 选 篇

《浣溪沙·残雪凝辉冷画屏》

残雪凝辉冷画屏,落梅横笛已三更。更无人处月胧明。
我是人间惆怅客,知君何事泪纵横。断肠声里忆平生。

❖ 李渔(1611—1680),字笠鸿,号笠翁,金华兰溪(今属浙江)人,著名文学家、戏剧家、戏剧理论家、美学家。从事著述和指导戏剧演出;开设书铺,编刻图籍。创立了较为完善的戏剧理论体系,有论著《闲情偶寄》。

《鹧鸪天》

吹破残烟入夜风,一轩明月上帘栊。因惊路远人还远,纵得心同寝未同。
情脉脉,意忡忡,碧云归去认无踪。只应曾向前生里,爱把鸳鸯两处笼。

❖ 黄景仁

《贺新郎·太白墓和稚存韵》

何事催人老?是几处、残山剩水,闲凭闲吊。此是青莲埋骨地,宅近谢家之朓。总一样、文人宿草。只为先生名在上,问青天,有句何能好?打一幅,思君稿。
梦中昨来逢君笑。把千年、蓬莱清浅,旧游相告。更问后来谁似我,我道:才如君少。有亦是、寒郊瘦岛。语罢看君长揖去,顿身轻、一叶如飞鸟。残梦醒,鸡鸣了。

❖ 项鸿祚(1798—1835),字莲生,钱塘(今浙江杭州)人,道光年举人。与纳兰性德、蒋春霖有清代三大词人之称,有《忆云词甲乙丙丁稿》。

《浣溪沙十八首》(其十三)

新月娟娟孕绮霞,征鸿贴贴下平沙。已凉天气好思家。
怅望银河空渡鹊,厌听金井乱啼鸦。梦魂寻不到天涯。

《阮郎归·吴门寄家书》

阊阖城下漏声残,别愁千万端。蜀笺书字报平安,烛花和泪弹。

无一语,只加餐,病时须自宽。早梅庭院夜深寒,月中休倚阑。

❖ **蒋春霖**(1818—1868),字鹿潭,江苏江阴人,晚清词人,曾任两淮盐署官吏。有《水云楼词》,以身遭咸丰年间兵事,多感伤之音,有"词史"之称。

《虞美人》

水晶帘卷澄浓雾,夜静凉生树。病来身似瘦梧桐,觉到一枝一叶怕秋风。

银潢何日销兵气?剑指寒星碎。遥凭南斗望京华,忘却满身清露在天涯。

《扬州慢》

野幕巢乌,旗门噪鹊,谯楼吹断笳声。过沧桑一霎,又旧日芜城。怕双燕归来恨晚,斜阳颓阁,不忍重登。但红桥风雨,梅花开落空营。

劫灰到处,便司空见惯都惊。问障扇遮尘,围棋赌墅,可奈苍生。月黑流萤何处?西风黯、鬼火星星。更伤心南望,隔江无数峰青。

《台城路》

惊飞燕子魂无定,荒洲坠如残叶。树影疑人,鸮声幻鬼,欹侧春冰途滑。颓云万叠,又雨击寒沙,乱鸣金铁。似引宵程,隔溪磷火乍明灭。

江间奔浪怒涌,断笳时隐隐,相和呜咽。野渡舟危,空村草湿,一饭芦中凄绝。孤城雾结,剩羂网离鸿,怨啼昏月。阴梦愁题,杜鹃枝上血。

【注】 鸮(xiāo),猫头鹰。羂(juàn),张网捕捉野兽。

《木兰花慢·江行晚过北固山》

泊秦淮雨霁,又灯火、送归船。正树拥云昏,星垂野阔,暝色浮天。芦边。夜潮骤起,晕波心、月影荡江圆。梦醒谁歌楚些,泠泠霜激哀弦。

诗 选 篇

婵娟。不语对愁眠,往事恨难捐。看莽莽南徐,苍苍北固,如此山川。钩连。更无铁锁,任排空、樯橹自回旋。寂寞鱼龙睡稳,伤心付与秋烟。

❖ **吴趼人**(1866—1910),原名宝震,字小允,后改趼人,号沃尧,广东南海佛山(今佛山市)人,谴责小说家,有《二十年目睹之怪现状》《痛史》《九命奇冤》等。

《多丽·题金陵图三首》

(其一)

水盈盈,吴头楚尾波平。指参差帆樯隐处,三山天外摇青。丹脂销墙根蛩泣,金粉灭江上烟腥。北固云颓,中泠泉咽,潮声怒吼石头城。只千古《后庭》一曲,回首不堪听!休遗恨霸图销歇,王、谢飘零!

但南朝繁华已烬,梦蕉何事重醒?舞台倾夕烽惊雀,歌馆寂燐火为萤。荒径香埋,空庭鬼啸,春风秋雨总愁凝。更谁家秦淮夜月,笛韵写凄清?伤心处画图难足,词客牵情。

(其二)

古金陵,秦淮烟水冥冥。写苍茫势吞南北,斜阳返射孤城。泣胭脂泪干陈井,横铁锁缆系吴舲。《玉树》歌残,铜琶咽断,怒潮终古不平声。算只有蒋山如壁,依旧六朝青。空余恨凤台寂寞,鸦点零星。

叹豪华灰飞王谢,那堪鼙鼓重惊!指灯船光销火蜃,凭水榭影乱秋萤。坏堞荒烟,寒筇夜雨,鬼磷鹃血暗愁生。画图中长桥片月,如对碧波明。乌衣巷年年燕至,故国多情。

(其三)

大江横,古今烟锁金陵。忆六朝几番兴废,恍如一局棋枰。见风飘去来眼底,望楼樯颓败心惊。几代笙歌,十年鼙鼓,不堪回首叹凋零。想昔日秦淮觞咏,似幻梦初醒。空留得一轮明月,渔火零星。

最销魂红羊劫尽,但余一座空城。剩铜驼无言衰草,闻铁马凄断邮亭。

举目沧桑,感怀陵谷,落花流水总关情。偶披图旧时景象,历历可追凭。描摹出江山如故,输与丹青。

【注】 飐(fān),同"帆"。红羊劫,指洪秀全、杨秀清领导的太平天国运动给人民带来的灾难。

❖ **王国维**(1877—1927),初名国桢,字静安,晚号观堂,又号永观。浙江省海宁人。王国维把西方哲学、美学思想与中国古典哲学、美学相融合,形成了独特的美学思想体系。在教育、哲学、文学、戏曲、美学、史学、古文字学等方面均有深诣创新。有《静安文集》等,其《人间词话》在诗词界影响巨大。

《蝶恋花二首》

(其一)

窗外绿阴添几许,剩有朱樱,尚系残红住。老尽莺雏无一语,飞来衔得樱桃去。

坐看画梁双燕乳,燕语呢喃,似惜人迟暮。自是思量渠不与,人间总被思量误。

(其二)

百尺朱楼临大道,楼外轻雷,不问昏和晓。独倚阑干人窈窕,闲中数尽行人小。

一霎车尘生树杪,陌上楼头,都向尘中老。薄晚西风吹雨到,明朝又是伤流潦。

《点绛唇》

屏却相思,近来知道都无益。不成抛掷,梦里终相觅。

醒后楼台,与梦俱明灭。西窗白,纷纷凉月,一院丁香雪。

《虞美人》

杜鹃千里啼春晚,故国春心断。海门空阔月皑皑,依旧素车白马夜潮来。

诗 选 篇

山川城郭都非故,恩怨须臾误。人间孤愤最难平,消得几回潮落又潮生?

❖ 秋瑾

《满江红》

小住京华,早又是,中秋佳节。为篱下,黄花开遍,秋容如拭。四面歌残终破楚,八年风味徒思浙。苦将侬、强派作蛾眉,殊未屑!

身不得,男儿列;心却比,男儿烈!算平生肝胆,因人常热。俗子胸襟谁识我?英雄末路当磨折。莽红尘、何处觅知音,青衫湿!

元　　曲

❖ 杜仁杰(1201—1282)，又名征，字仲梁，号善夫，又号止轩。济南长清（今山东济南市）人。元代散曲家。

【般涉调·耍孩儿】《庄家不识勾栏》

风调雨顺民安乐，都不似俺庄家快活。桑蚕五谷十分收，官司无甚差科。当村许下还心愿，来到城中买些纸火。正打街头过，见吊个花碌碌纸榜，不似那答儿闹穰穰人多。

【六煞】见一个人手撑着椽做的门，高声的叫"请请"，道"迟来的满了无处停坐"。说道"前截儿院本《调风月》，背后幺末敷演《刘耍和》"。高声叫："赶散易得，难得的妆哈"。

【五煞】要了二百钱放过咱，入得门上个木坡，见层层叠叠团栾坐。抬头觑是个钟楼模样，往下觑却是人旋窝。见几个妇女向台儿上坐，又不是迎神赛社，不住的擂鼓筛锣。

【四煞】一个女孩儿转了几遭，不多时引出一伙。中间里一个殊人货，裹着枚皂头巾，顶门上插一管笔，满脸石灰，更着些黑道儿抹。知他待是如何过？浑身上下，则穿领花布直裰。

【三煞】念了会诗共词，说了会赋与歌，无差错。唇天口地无高下，巧语花言记许多。临绝末，道了低头撮脚，爨罢将幺拨。

【二煞】一个妆做张太公，他改做小二哥，行行行说向城中过。见个年少的妇女向帘儿下立，那老子用意铺谋待要做老婆。教小二哥相说合，但要的豆谷米麦，问甚么布绢纱罗。

【一煞】教太公往前那不敢往后挪，抬左脚不敢抬右脚，翻来覆去由他一个。太公心下实焦躁，把一个皮棒槌则一下打做两半个。我则道脑袋天灵破，则道兴词告状，划地大笑呵呵。

【尾】则被一胞尿，爆的我没奈何。刚捱刚忍更待看些儿个，枉被这驴颓

诗 选 篇

笑杀我。

【注】 勾栏,古代娱乐演出场所,也专指戏院。穰穰(ráng ráng),丰盛繁多。觑(qù),窥探。直裰(duō),古代的一种长衫。爨(cuàn),烧火做饭。划(chǎn),同铲。

❖ **刘秉忠**(1216—1274),字仲晦,号藏春散人。邢州(今河北省邢台市)人。领中书省政事。诗文词曲有《藏春集》等。

【南吕·干荷叶】《有感》

干荷叶,色苍苍,老柄风摇荡。减了清香,越添黄。都因昨夜一场霜,寂寞在,秋江上。

❖ **白朴**(1226—1306以后),字太素,号兰谷先生,隩州(今山西河曲)人,晚岁寓居金陵,终身未仕。与关汉卿、马致远和郑光祖并称为"元曲四大家"。代表作有《梧桐雨》《墙头马上》《东墙记》等。

【越调·天净沙二首】

《春》

春山暖日和风,阑干楼阁帘栊,杨柳秋千院中。啼莺舞燕,小桥流水飞红。

《秋》

孤村落日残霞,轻烟老树寒鸦,一点飞鸿影下。青山绿水,白草红叶黄花。

【中吕·阳春曲】《知己》

知荣知辱牢缄口,谁是谁非暗点头,诗书丛里且淹留。闲袖手,贫煞也风流。

【双调·沉醉东风】《渔父》

黄芦岸白蘋渡口,绿杨堤红蓼滩头。虽无刎颈交,却有忘机友,点秋江白鹭沙鸥。傲杀人间万户侯,不识字烟波钓叟。

❖ **王恽**(1227—1304),字仲谋,号秋涧,卫州路汲(今河南卫辉市)人。著名学者、诗人。曾任监察御史,有《秋涧先生全集》。

【越调·平湖乐二首】

(其一)

秋风湖上水增波,水底云阴过。憔悴湘累莫轻和,且高歌。凌波幽梦谁惊破。佳人望断,碧云暮合,道别后,意如何?

(其二)

采莲人语隔秋烟,波静如横练。入手风光莫流转,共留连。画船一笑春风面。江山信美,终非吾土,问何日,是归年?

❖ **关汉卿**(1234—1300),名不详,字汉卿,号已斋叟,解州(治今山西省运城)人。元杂剧奠基人,"元曲四大家"之首。一生戏剧创作十分丰富,剧目有60多种,深刻揭露元代腐朽黑暗的社会现实。代表作有《窦娥冤》《救风尘》《望江亭》《鲁斋郎》《单刀会》等。

【南吕·四块玉二首】

《别情》

自送别,心难舍,一点相思几时绝。凭阑袖拂杨花雪。溪又斜,山又遮,人去也。

《闲适》

南亩耕,东山卧,世态人情经历多。闲将往事思量过。贤的是他,愚的

诗 选 篇

是我,争甚么!

《西厢记》选段《长亭送别》

【正宫·端正好】碧云天,黄花地,西风紧,北雁南飞。晓来谁染霜林醉?总是离人泪。

【滚绣球】恨相见得迟,怨归去得疾。柳丝长玉骢难系,恨不倩疏林挂住斜晖。马儿迍迍的行,车儿快快的随,却告了相思回避,破题儿又早别离。听得一声去也,松了金钏;遥望见十里长亭,减了玉肌:此恨谁知?

【叨叨令】见安排着车儿、马儿,不由人熬熬煎煎的气;有甚么心情花儿、靥儿,打扮得娇娇滴滴的媚;准备着被儿、枕儿,只索昏昏沉沉的睡;从今后衫儿、袖儿,都揾做重重叠叠的泪。兀的不闷杀人也么哥?兀的不闷杀人也么哥?久已后书儿、信儿,索与我凄凄惶惶的寄。

【耍孩儿】淋漓襟袖啼红泪,比司马青衫更湿。伯劳东去燕西飞,未登程先问归期。虽然眼底人千里,且尽生前酒一杯,未饮心先醉。眼中流血,心内成灰。

【五煞】到京师服水土,趁征途节饮食,顺时自保揣身体。荒村雨露宜眠早,野店风霜要起迟!鞍马秋风里,最难调护,最要扶持。

【四煞】这忧愁诉与谁?相思只自知,老天不管人憔悴。泪添九曲黄河溢,恨压三峰华岳低。到晚来闷把西楼倚,见了些夕阳古道,衰柳长堤。

【三煞】笑吟吟一处来,哭啼啼独自归。归家若到罗帏里,昨宵个绣衾香暖留春住,今夜个翠被生寒有梦知。留恋你别无意,见据鞍上马,阁不住泪眼愁眉。

【二煞】你休忧"文齐福不齐",我只怕你"停妻再娶妻"。休要"一春鱼雁无消息"!我这里青鸾有信频须寄,你却休"金榜无名誓不归"。此一节君须记,若见了那异乡花草,再休似此处栖迟。

【一煞】青山隔送行,疏林不做美。淡烟暮霭相遮蔽。夕阳古道无人语,禾黍秋风听马嘶。我为甚么懒上车儿内,来时甚急,去后何迟?

【收尾】四围山色中,一鞭残照里。遍人间烦恼添胸臆,量这些大小车儿如何载得起?

【注】 骢(cōng),毛色清白相间的马。迍迍(zhūnzhūn),行动迟缓。靥

(yè)，脸上的酒窝。搵(wèn)，用手按压。

【南吕·一枝花】《不伏老》

攀出墙朵朵花，折临路枝枝柳。花攀红蕊嫩，柳折翠条柔。浪子风流，凭着我折柳攀花手，直煞得花残柳败休。半生来折柳攀花，一世里眠花卧柳。

【梁州】我是个普天下郎君领袖，盖世界浪子班头。愿朱颜不改常依旧，花中消遣，酒内忘忧。分茶、攧竹、打马、藏阄；通五音六律滑熟，甚闲愁到我心头！伴的是银筝女、银台前、理银筝、笑倚银屏；伴的是玉天仙、携玉手、并玉肩、同登玉楼；伴的是金钗客、歌《金缕》、捧金樽、满泛金瓯。你道我老也，暂休。占排场风月功名首，更玲珑又别透。我是个锦阵花营都帅头，曾玩府游州。

【隔尾】子弟每是个茅草冈、沙土窝初生的兔羔儿向围场上走。我是个经笼罩、受索网，苍翎毛老野鸡蹅踏的阵马儿熟。经了些窝弓冷箭镴枪头，不曾落人后。恰不道人到中年万事休，我怎肯虚度了春秋。

【尾】我是个蒸不烂、煮不熟、捶不扁、炒不爆、响当当一粒铜豌豆。恁子弟每谁教你钻入他锄不断、斫不下、解不开、顿不脱、慢腾腾千层锦套头。我玩的是梁园月，饮的是东京酒，赏的是洛阳花，攀的是章台柳。我也会围棋、会蹴踘、会打围、会插科、会歌舞、会吹弹、会咽作、会吟诗、会双陆。你便是落了我牙、歪了我嘴、瘸了我腿、折了我手，天赐与我这几般儿歹症候，尚兀自不肯休。则除是阎王亲自唤，神鬼自来勾，三魂归地府、七魄丧冥幽。天哪，那其间才不向烟花路儿上走！

【注】 攧(diān)，摔。蹴踘(cùjū)，古代一种踢球游戏，用的是实心软面的球。

【南吕·一枝花】《杭州景》

普天下锦绣乡，寰海内风流地。大元朝新附国，亡宋家旧华夷。水秀山奇，一到处堪游戏，这答儿忒富贵。满城中绣幕风帘，一哄地人烟凑集。

【梁州第七】百十里街衢整齐，万余家楼阁参差，并无半答儿闲田地。松轩竹径，药圃花蹊，茶园稻陌，竹坞梅溪。一陀儿一句诗题，行一步一扇屏

帏。西盐场便似一带琼瑶,吴山色千叠翡翠,兀良望钱塘江万顷玻璃。更有清溪、绿水,画船儿来往闲游戏。浙江亭紧相对,相对着险岭高峰长怪石,堪羡堪题。

【尾】家家掩映渠流水,楼阁峥嵘出翠微,遥望西湖暮山势。看了这壁,觑了那壁,纵有丹青下不得笔。

❖**姚燧**(1238—1313),字端甫,号牧庵,河南洛阳人,元朝文学家。官至翰林学士承旨、集贤大学士。清人辑有《牧庵集》。

【中吕·阳春曲】《笔头风月时时过》

笔头风月时时过,眼底儿曹渐渐多。有人问我事如何?人海阔,无日不风波。

【越调·凭阑人】《寄征衣》

欲寄君衣君不还,不寄君衣君又寒。寄与不寄间,妾身千万难。

【中吕·醉高歌】《感怀》

十年燕月歌声,几点吴霜鬓影。西风吹起鲈鱼兴,已在桑榆暮景。

❖**卢挚**(约1242—约1315),字处道,号疏斋,涿郡(今河北涿州)人。官至翰林学士承旨。传世散曲120首,有《卢疏斋集存》,《全元散曲》录存其小令。

【双调·蟾宫曲】《醉赠朱帘秀》

系行舟谁遣卿卿?爱林下风姿,云外歌声。宝髻堆云,冰弦散雨,总是才情。恰绿树南薰晚晴,险些儿羞杀啼莺。客散邮亭,楚调将成,醉梦初醒。

【双调·沉醉东风】《秋景》

挂绝壁松枯倒倚,落残霞孤鹜齐飞。四围不尽山,一望无穷水。散西风满天秋意,夜静云帆月影低,载我在潇湘画里。

❖ 刘因

【黄钟·人月圆】《茫茫大块洪炉里》

茫茫大块洪炉里,何物不寒灰。古今多少,荒烟废垒,老树遗台。太行如砺,黄河如带,等是尘埃。不须更叹,花开花落,春去春来。

❖ **陈草庵**(1245—约1330),名英,字彦卿,号草庵,大都(今北京市)人,曾任监察御史。

【中吕·山坡羊】《叹世》

晨鸡初叫,昏鸦争噪,那个不去红尘闹?路遥遥,水迢迢,功名尽在长安道,今日少年明日老。山,依旧好;人,憔悴了。

❖ **马致远**(约1251—1321后),号东篱,大都(今北京)人,元代重要戏曲作家、散曲家。与关汉卿、郑光祖、白朴并称为"元曲四大家"。曾任江浙行省官员,晚年隐居杭州。著有杂剧16种,今存《汉宫秋》《荐福碑》《青衫泪》等。

【越调·天净沙】《秋思》

枯藤老树昏鸦,小桥流水人家,古道西风瘦马。夕阳西下,断肠人在天涯。

【双调·拨不断】《叹世》

叹寒儒,谩读书。读书须索题桥柱。题柱虽乘驷马车,乘车谁买《长门赋》?且看了长安归去。

【双调·寿阳曲】

《潇湘八景·山市晴岚》

花村外,草店西,晚霞明,雨收天霁。四围山,一竿残照里。锦屏风,又

诗选篇

添铺翠。

《潇湘八景·潇湘夜雨》

渔登岸,客梦回,一声声滴人心碎。孤舟五更家万里,是离人几行清泪。

《潇湘八景·烟寺晚钟》

寒烟细,古寺清,近黄昏,礼佛人静。顺西风,晚钟三四声,怎生教,老僧禅定。

【南吕·阅金经】(失题)

担挑山头月,斧磨石上苔,且做樵夫隐去来。柴,买臣安在哉?空岩外,老了栋梁材。

【双调·夜行船】《秋思》

百岁光阴如梦蝶,重回首往事堪嗟。昨日春来,今朝花谢,急罚盏夜筵灯灭。

【乔木查】秦宫汉阙,做衰草牛羊野,不恁渔樵无话说。纵荒坟,横断碑,不辨龙蛇。

【庆宣和】投至狐踪与鼠穴,多少豪杰!鼎足三分半腰折,魏耶?晋耶?

【落梅风】天教富,不待奢,无多时好天良夜。看钱奴硬将心似铁,空辜负锦堂风月。

【风入松】眼前红日又西斜,疾似下坡车。晓来清镜添白雪,上床和鞋履相别。莫笑鸠巢计拙,葫芦提一就装呆。

【拨不断】利名竭,是非绝,红尘不向门前惹。绿树偏宜屋角遮,青山正补墙头缺,竹篱茅舍。

【离亭宴煞】蛩吟一觉才宁贴,鸡鸣万事无休歇。争名利何年是彻!密匝匝蚁排兵,乱纷纷蜂酿蜜,闹穰穰蝇争血。裴公绿野堂,陶令白莲社。爱秋来那些:和露摘黄花,带霜烹紫蟹,煮酒烧红叶。人生有限杯,几个登高节?嘱咐俺顽童记着:便北海探吾来,道东篱醉了也!

【双调·折桂令】《叹世》

咸阳百二山河,两字功名,几阵干戈。项废东吴,刘兴西蜀,梦说南柯。韩信功兀的般证果,蒯通言那里是风魔?成也萧何,败也萧何,醉了由他。

❖ 王实甫(1260－1336),名德信,大都(今北京)人。元代著名杂剧作家,有《西厢记》《丽春堂》《破窑记》等。

【中吕·十二月带过尧民歌】《别情》

【十二月】自别后遥山隐隐,更那堪远水粼粼。见杨柳、飞绵滚滚,对桃花、醉脸醺醺。透内阁、香风阵阵,掩重门、暮雨纷纷。

【尧民歌】怕黄昏、忽地又黄昏;不销魂、怎地不销魂。新啼痕压旧啼痕,断肠人忆断肠人。今春,香肌瘦几分,搂带宽三寸。

❖ 郑光祖(？－1324之前),字德辉,平阳襄陵(今山西襄汾西北)人,元代著名杂剧家、散曲家。所作杂剧可考者18种,以《倩女离魂》最为著名。

【双调·蟾宫月】《梦中作》

半窗幽梦微茫,歌罢钱塘,赋罢高唐。风入罗帏,爽入疏棂,月照纱窗。飘渺见梨花淡妆,依稀闻兰麝余香。唤起思量,待不思量,怎不思量!

❖ 睢景臣(约1264－1330),字景贤,江苏扬州人。元代著名散曲家、杂剧家。著有散曲集《睢景臣词》,以及杂剧《牡丹记》《千里投人》《屈原投江》等。

【般涉调·哨遍】《高祖还乡》

【哨遍】社长排门告示,但有的差使无推故,这差使不寻俗。一壁厢纳草也根,一边又要差夫,索应付。又言是车驾,都说是銮舆,今日还乡故。王乡老执定瓦台盘,赵忙郎抱着酒葫芦。新刷来的头巾,恰糨来的绸衫,畅好是妆么大户。

诗 选 篇

【耍孩儿】瞎王留引定伙乔男女,胡踢蹬吹笛擂鼓。见一彪人马到庄门,匹头里几面旗舒:一面旗,白胡阑套住个迎霜兔;一面旗,红曲连打着个毕月乌;一面旗,鸡学舞;一面旗,狗生双翅;一面旗,蛇缠葫芦。

【五煞】红漆了叉,银铮了斧,甜瓜苦瓜黄金镀;明晃晃马镫枪尖上挑,白雪雪鹅毛扇上铺。这几个乔人物,拿着些不曾见的器仗,穿着些大作怪衣服。

【四煞】辕条上都是马,套顶上不见驴,黄罗伞柄天生曲。车前八个天曹判,车后若干递送夫。更几个多娇女,一般穿着,一样妆梳。

【三煞】那大汉下的车,众人施礼数,那大汉觑得人如无物。众乡老展脚舒腰拜,那大汉挪身着手扶。猛可里抬头觑,觑多时认得,险气破我胸脯!

【二煞】你身须姓刘,你妻须姓吕,把你两家儿根脚从头数。你本身做亭长耽几盏酒,你丈人教村学读几卷书。曾在俺庄东住,也曾与我喂牛切草,拽耙扶锄。

【一煞】春采了俺桑,冬借了俺粟,零支了米麦无重数。换田契,强秤了麻三秤;还酒债,偷量了豆几斛。有甚胡突处?明标着册历,见放着文书。

【尾声】少我的钱,差发内旋拨还。欠我的粟,税粮中私准除。只道刘三,谁肯你揪摔住?白甚么改了姓、更了名、唤做汉高祖!

❖ **王和卿**,生卒年、字号不详,散曲家。大名(今属河北省)人。现存散曲小令21首,套曲1首,见于《太平乐府》《阳春白雪》《词林摘艳》中。

【仙吕·醉中天】《咏大蝴蝶》

弹破庄周梦,两翅驾东风。三百座名园,一采一个空。谁道风流种,吓杀寻芳的蜜蜂。轻轻的飞动,把卖花人扇过桥东。

【仙侣·一半儿】《题情》

别来宽褪缕金衣,粉悴烟憔减玉肌,泪点儿只除衫袖知。盼佳期,一半儿才干一半儿湿。

【双调·拨不断】《大鱼》

胜神鳌,夯风涛,脊梁上负着蓬莱岛。万里夕阳锦背高,翻身犹恨东洋

小。太公怎钓?

❖**曹德**,生卒年不详,字明善,衢州(今浙江衢江区)人。曾任衢州路吏,山东宪吏。

【双调·庆东原】《江头即事》

低茅舍,卖酒家,客来旋把朱帘挂。长天落霞,方池睡鸭,老树昏鸦。几句杜陵诗,一幅王维画。猿休怪,鹤莫猜,探春偶到南城外。池鱼就买,园蔬旋摘,村务新开。省下买花钱,拚却还诗债。闲乘兴,过小亭,没三杯著甚资谈柄。诗题小景,香销古鼎,曲换新声。标致似刘伶,受用如陶令。

❖**阿鲁威**,生卒年不详,字叔重,号东泉,蒙古族人。曾任南剑太守、参知政事等。散曲见于《阳春白雪》《乐府群珠》等书。

【双调·湘妃怨】《楚天空阔》

楚天空阔楚天长,一度怀人一断肠。此心只在肩舆上,倩东风过武昌,助离愁烟水茫茫。竹上雨,湘妃泪;树中禽,蜀帝王,无限思量。夜来雨横与风狂,断送西园满地香。晓来蜂蝶空游荡,苦难寻红锦妆。问东君归计何忙。尽叫得,鹃声碎;却教人,空断肠,漫劳动送客垂杨。

❖**薛昂夫**(1267—1359),回鹘(今维吾尔族)人,元代散曲家。历任江西省令史、衢州路总管等。

【正宫·塞鸿秋】《凌歊台怀古》

凌歊台畔黄山铺,是三千歌舞亡家处。望夫山下乌江渡,是八千子弟思乡去。江东日暮云,渭北春天树,青山太白坟如故。

【注】 歊(xiāo),气盛状。

诗 选 篇

【双调·楚天遥带过清江引】《感春三首》

（其一）

花开人正欢，花落春如醉。春醉有时醒，人老欢难会。一江春水流，万点杨花坠。谁道是杨花，点点离人泪。回首有情风万里，渺渺天无际。愁共海潮来，潮去愁难退。更那堪晚来风又急。

（其二）

屈指数春来，弹指惊春去。蛛丝网落花，也要留春住。几日喜春晴，几夜愁春雨。六曲小山屏，题满伤春句。春若有情应解语，问着无凭据。江东日暮云，渭北春天树。不知那答儿是春住处。

（其三）

有意送春归，无计留春住。明年又着来，何似休归去。桃花也解愁，点点飘红玉。目断楚天遥，不见春归路。春若有情春更苦，暗里韶光度。夕阳山外山，春水渡旁渡。不知那答儿是春住处。

【正宫·塞鸿秋】《功名万里忙如燕》

功名万里忙如燕，斯文一脉微如线。光阴寸隙流如电，风霜两鬓白如练。尽道便休官，林下何曾见？至今寂寞彭泽县。

【中吕·山坡羊】《述怀》

大江东去，长安西去，为功名走遍天涯路。厌舟车，喜琴书，早星星鬓影瓜田暮，心待足时名便足。高，高处苦；低，低处苦。

❖**张养浩**(1270—1329)，字希孟，号云庄，又称齐东野人，济南（今属山东）人，元代著名政治家、文学家。历仕监察御史、礼部尚书等。后辞官归隐，朝廷七聘不出。天历二年关中大旱，出任陕西行台中丞，积劳成疾，逝于任上。其个人品行、政事文章皆为当代及后世称颂。作品有《三事忠告》等。

【中吕·山坡羊】《潼关怀古》

峰峦如聚,波涛如怒,山河表里潼关路。望西都,意踟蹰,伤心秦汉经行处,宫阙万间都做了土。兴,百姓苦;亡,百姓苦。

【双调·水仙子】《咏江南》

一江烟水照晴岚,两岸人家接画檐,芰荷丛一段秋光淡。看沙鸥舞再三,卷香风十里珠帘。画船儿天边至,酒旗儿风外飐。爱杀江南!

【双调·折桂令】《中秋》

一轮飞镜谁磨?照彻乾坤,印透山河。玉露泠泠,洗秋空银汉无波。比常夜清光更多,尽无碍桂影婆娑。老子高歌,为问嫦娥,良夜恹恹,不醉如何?

【注】 恹恹(yānyān),形容患病而精神疲乏状。

❖ 张可久(1280—约1352),字仲遥,号小山,庆元(治今浙江宁波)人,著名散曲家、剧作家,现存小令800余首,为元散曲作品最多者。

【中吕·卖花声】《怀古》

美人自刎乌江岸,战火曾烧赤壁山,将军空老玉门关。伤心秦汉,生民涂炭,读书人一声长叹。

【中吕·满庭芳】《金华道中》

营营苟苟,纷纷扰扰,莫莫休休。厌红尘拂断归山袖,明月扁舟。留几册梅诗占手,盖三间茅屋遮头。还能够,牧羊儿肯留,相伴赤松游。

【黄钟·人月圆】《会稽怀古》

林深藏却云门寺,回首若耶溪。苎萝人去,蓬莱山在,老树荒碑。神仙何处,烧丹傍井,试墨临池。荷花十里,清风鉴水,明月天衣。

诗 选 篇

【越调·天净沙】《江上》

嗈嗈落雁平沙,依依孤鹜残霞,隔水疏林几家。小舟如画,渔歌唱入芦花。

【注】 嗈嗈(yōngyōng),形容鸟叫声。

【越调·天净沙】《湖上送别》

红蕉隐隐窗纱,朱帘小小人家,绿柳匆匆去马。断桥西下,满湖烟雨愁花。

【正宫·醉太平】《叹世》

人皆嫌命窘,谁不见钱亲?水晶环入面糊盆,才沾粘便滚。文章糊了盛钱囤,门庭改作迷魂阵。清廉贬入睡馄饨,葫芦提到稳。

【黄钟·人月圆】《春晚次韵》

萋萋芳草春云乱,愁在夕阳中。短亭别酒,平湖画舫,垂柳骄骢。一声啼鸟,一番夜雨,一阵东风。桃花吹尽,佳人何在,门掩残红。

【双调·庆东原】《次马致远先辈韵》

诗情放,剑气豪,英雄不把穷通较。江中斩蛟,云间射雕,席上挥毫。他得志笑闲人,他失脚闲人笑。

【南吕·四块玉】《客中九月》

落帽风,登高酒,人远天涯碧云秋,雨荒篱下黄花瘦。愁又愁,楼上楼,九月九。

【双调·殿前欢】《客中》

望长安,前程渺渺鬓斑斑。南来北往随征雁,行路艰难。青泥小剑关,红叶湓江岸,白草连云栈。功名半纸,风雪千山。

【注】 湓(pén),水往上涌。

【中吕·普天乐】《暮春即事》

老梅边,孤山下。晴桥蟥蝀,小舫琵琶。春残杜宇声,香冷荼蘼架。淡抹浓妆山如画,酒旗儿三两人家。斜阳落霞,娇水嫩云,剩柳残花。

注:蟥蝀(dìdōng),彩虹。

【越调·凭阑人】《江夜》

江水澄澄江月明,江上何人搊玉筝?隔江和泪听,满江长叹声。

【注】 搊(chōu),弹拨。

【黄钟·人月圆】《山中书事》

兴亡千古繁华梦,诗眼倦天涯。孔林乔木,吴宫蔓草,楚庙寒鸦。数间茅舍,藏书万卷,投老村家。山中何事?松花酿酒,春水煎茶。

❖ **马谦斋**,1317 年前后在世,其余不详。曾在大都(今北京)作过官,辞官后归隐杭州,现存小令 17 首。

【越调·水仙子】《咏竹》

贞姿不受雪霜侵,直节亭亭易见心,渭川风雨清吟枕。花开时有凤寻,文湖州是个知音。春日临风醉,秋宵对月吟,舞闲阶碎影筛金。

【越调·柳营曲】《叹世》

手自搓,剑频磨,古来丈夫天下多。青镜摩挲,白首蹉跎,失志困衡窝。有声名谁识廉颇?广才学不用萧何。忙忙的逃海滨,急急的隐山阿,今日个,平地起风波。

【双调·沉醉东风】《自悟》

取富贵青蝇竞血,进功名白蚁争穴。虎狼丛甚日休?是非海何时彻?人我场慢争优劣。免使旁人做话说,咫尺韶华去也!

诗 选 篇

❖ 周德清(1277—1365),字白湛,号挺斋。高安暇堂(今江西高安县)人,宋代周邦彦之后。工乐府,善音律,有小令 31 首,套数 3 首。著有《中原音韵》。

【正宫·塞鸿秋】《浔阳即景》

长江万里白如练,淮山数点青如靛。江帆几片疾如箭,山泉千尺飞如电。晚云都变露,新月初学扇,塞鸿一字来如线。

【中吕·满庭芳】《误国贼秦桧》

官居极品,欺天误主,贱土轻民,把一场和议为公论。妒害功臣,通贼虏怀奸诳君,那些儿立朝堂仗义依仁。英雄恨,使飞云幸存,那里有南北二朝分。

❖ 钟嗣成(约 1275—1345 以后),字继先,号丑斋,大梁(今河南开封)人,元代文学家、戏曲家。编著《录鬼簿》二卷,所作杂剧《章台柳》《钱神论》《蟠桃会》等七种失传。

【正宫·醉太平】《落魄》

风流贫最好,村沙富难交,拾灰泥补砌了旧砖窑,开一个教乞儿市学。裹一顶半新不旧乌纱帽,穿一领半长不短黄麻罩,系一条半联不断皂环绦。做一个穷风月训导。

【双调·水仙子】《吊宫大用》

豁然胸次扫尘埃,久矣声名播省台,先生志在乾坤外。敢嫌他天地窄,辞章压倒元白。凭心地,据手策,是无比英才。

❖ 乔吉(?—1345),字梦符,号笙鹤翁,又号惺惺道人,山西太原人,元代杂剧家、散曲家。杂剧作品见于《元曲选》《古名家杂剧》《柳枝集》等。

【双调·殿前欢】《登江山第一楼》

拍阑杆,雾花吹鬓海风寒。浩歌惊得浮云散,细数青山。指蓬莱一望

间,纱巾岸,鹤背骑来惯。举头长啸,直上天坛。

【中吕·山坡羊】《冬日写怀》

朝三暮四,昨非今是,痴儿不解荣枯事。攒家私,宠花枝,黄金壮起荒淫志,千百锭买张招状纸。身,已至此;心,犹未死。

【双调·满庭芳】《渔父祠》

翡翠山屏,几年罢却青云兴,直泛沧溟。卧御榻弯的腿疼,坐羊皮惯得身轻。风初定,丝纶慢整,牵动一潭星。

【双调·凭阑人】《金陵道中》

瘦马驮诗天一涯,倦鸟呼愁村数家。扑头飞柳花,与人添鬓华。

【中吕·山坡羊】《寓兴》

鹏抟九万,腰缠十万,扬州鹤背骑来惯。事间关,景阑珊,黄金不富英雄汉,一片世情天地间。白,也是眼;青,也是眼。

【越调·天净沙四首】

(其三)

隔窗谁爱听琴?倚帘人是知音,一句话当时至今。今番推甚,酬劳凤枕鸳衾。

(其四)

莺莺燕燕春春,花花柳柳真真,事事风风韵韵。娇娇嫩嫩,停停当当人人。

【双调·水仙子】《重观瀑布》

天机织罢月梭闲,石壁高垂雪练寒。冰丝带雨悬罗汉。几千年晒未干,露华凉人怯衣单。似白虹饮涧,玉龙下山,晴雪飞滩。

诗 选 篇

【正宫·绿幺遍】《自述》

不占龙头选,不入明贤传。时时酒圣,处处诗禅。烟霞状元,江湖醉仙,笑谈便是编修院。留连,披风抹月四十年。

【南吕·玉交枝】《闲适二曲》

(其一)

山间林下,有草舍蓬窗幽雅。苍松翠竹堪图画,近烟村三四家。飘飘好梦随落花,纷纷世味如嚼蜡。一任他苍头皓发,莫徒劳心猿意马。自种瓜,自采茶,炉内炼丹砂。看一卷《道德经》,讲一会渔樵话。闭上槿树篱,醉卧在葫芦架,尽清闲自在煞。

(其二)

无灾无难,受用会桑榆日晚。英雄事业何时办,空熬煎两鬓斑。陈抟睡足西华山,文王不到磻溪岸。不是我心灰意懒,怎陪伴愚眉肉眼?雪满山,水绕滩,静爱野鸥闲。使见识偃月堂,受惊怕连云栈。想起来满面看,通身汗,惨煞人也蜀道难!

❖**钱霖**,生卒年不详,约元仁宗延佑年间在世,字子云,松江(今属上海)人,后出家为道士,更名抱素,号素庵,又号泰窝道人。

【般涉调·哨遍】《钱奴》

试把贤愚穷究,看钱奴自古呼铜臭。徇己苦贪求,待不教泉货周流。忍包羞,油铛插手,血海舒拳,肯落他人后?晓夜寻思机彀。缘情钩距,巧取旁搜。蝇头场上苦驱驰,马足尘中厮追逐,积攒下无厌就。舍死忘生,出乖弄丑。

【耍孩儿】安贫知足神明佑,好聚敛多招悔尤。王戎遗下旧牙筹,夜连明计算无休。不思日月搬乌兔,只与儿孙作马牛。添消瘦,不调鼎鼐,恣逞戈矛。

【十煞】渐消磨双脸春,已凋飕两鬓秋,终朝不乐眉长皱。恨不得柜头钱五分息招人借,架上衵一周年不放赎。狠毒性如狼狗,把平人骨肉,做自己膏油。

【九煞】有心待拜五侯,教人唤甚半州,忍饥寒攒得家私厚。待垒做钱山儿倩军士喝号提铃守,怕化做钱龙儿请法官行罡布气留。半炊儿八遍把牙关叩,只愿得无支有管,少出多收。

【八煞】亏心事尽意为,不义财尽力掊,那里问亲弟兄姊妹亲姑舅。只待要春风金谷骄王恺,一任教夜雨新丰困马周。无亲旧,只知敬明眸皓齿,不想共肥马轻裘。

【七煞】资生利转多,贪婪意不休,为锱铢舍命寻争斗。田连阡陌心犹窄,架插诗书眼不瞅。也学采东篱菊,子是个装呵元亮,豹子浮丘。

【六煞】恨不得扬子江变做酒,枣穰金积到斗,为几文賺背钱受了些旁人咒。一斗粟与亲眷分了颜面,二斤麻把相知结下寇仇。真纰缪,一味的骄而且吝,甚的是乐以忘忧。

【五煞】这财曾燃了董卓脐,曾枭了元载头,聚而不散遭殃咎。怕不是堆金积玉连城富,眨眼早野草闲花满地愁。干生受,生财有道,受用无由。

【四煞】有一日大小运并在命宫,死囚限缠在卯酉,甚的散得疾子为你聚来得骤。恰待调和新曲歌金帐,逼临得佳人坠玉楼。难收救,一壁厢投河奔井,一壁厢烂额焦头。

【三煞】窗隔每都飐飐的飞,椅桌每都出出的走,金银钱米都消为尘垢。山魈木客相呼唤,寡宿孤辰厮趁逐。喧白昼,花月妖将家人狐媚,虚耗鬼把仓库潜偷。

【二煞】恼天公降下灾,犯官刑系在囚,他用钱时难参透。待买他上木驴钉子轻轻钉,吊脊筋钩儿浅浅钩。便用杀难宽宥,魂飞荡荡,魄散悠悠。

【尾】出落他平生聚敛的情,都写做临刑犯罪由。将他死骨头告示向通衢里甃,任他日炙风吹慢慢朽。

【注】 掊(pōu),搜刮,聚敛。賺(dàn),预付钱。飐飐(zhǎnzhǎn),风吹摇曳状。山魈(xiāo),传说中山里的独脚鬼怪。甃(zhòu),砖砌的井壁。

❖ **唐毅夫**,生卒年及生平不详,约元仁宗延祐年间在世。

诗 选 篇

【双调·殿前欢】《大都西山》

冷云间,夕阳楼外数峰闲。等闲不许俗人看,雨髻烟鬟。倚西十二阑,休长叹,不多时暮霭风吹散。西山看我,我看西山。

❖**杨朝英**,生卒年不详,字英甫,号澹斋,青城(今山东高青)人。曾任郡守、郎中,后归隐。

【双调·水仙子】《自足》

杏花村里旧生涯,瘦竹疏梅处士家,深耕浅种收成罢。酒新篘,鱼旋打,有鸡豚竹笋藤花。客到家常饭,僧来谷雨茶,闲时节自炼丹砂。

❖**贯云石**(1286—1324),元代散曲作家,字浮岑,号成斋、疏仙、酸斋、芦花道人。出身于高昌回鹘贵族,仁宗时拜翰林侍读学士、知制诰同修国史,不久称疾辞官归隐。

【正宫·塞鸿秋】《代人作》

战西风几点宾鸿至,感起我南朝千古伤心事。展花笺欲写几句知心事,空叫我停霜毫半晌无才思。往常得兴时,一扫无瑕疵,今日个病厌厌刚写下两个相思字。

【双调·蟾宫曲】《无题》

凌波晚步晴烟,太华云高,天外无天。翠羽摇风,寒珠泣露,总解留连。明月冷、亭亭玉莲,荡轻香、散满湖船。人已如仙,花正堪怜,酒满金樽,诗满鸾笺。

❖**徐再思**(约1280—1330),字德可,号甜斋,浙江嘉兴人,元代散曲作家,曾任嘉兴路吏。今存散曲小令103首。

【双调·水仙子】《夜雨》

一声梧叶一声秋,一点芭蕉一点愁,三更归梦三更后。落灯花棋未收,

叹新丰孤馆人留。枕上十年事,江南二老忧,都到心头。

【双调·蟾宫曲】《春情》

平生不会相思,才会相思,便害相思。身似浮云,心如飞絮,气若游丝。空一缕余香在此,盼千金游子何之。证候来时,正是何时?灯半昏时,月半明时。

❖ **卫立中**(约1290—1350),名德辰,字立中,华亭(今上海松江)人,一生隐居未仕。

【双调·殿前欢】《碧云深》

碧云深,碧云深处路难寻。数椽茅屋和云赁,云在松阴。挂云和八尺琴,卧苔石将云根枕,折梅蕊把云梢沁。云心无我,云我无心。

❖ **鲜于必仁**,生卒年不详,字去矜,号苦斋,渔阳(天津蓟县)人。

【中吕·普天乐】《平沙落雁》

稻粱收,菰蒲秀,山光凝暮,江影涵秋。潮平远水宽,天阔孤帆瘦。雁阵惊寒埋云岫,下长空飞满沧州。西风渡头,斜阳岸口,不尽诗愁。

❖ **孙周卿**(约1320年前后在世),汴州(今河南开封)人。

【双调·蟾宫曲】《自乐》

草团标正对山凹,山竹炊粳,山水煎茶。山芋山薯,山葱山韭,山果山花。山溜响冰敲月牙,扫山云惊散林鸦。山色元佳,山景堪夸,山外晴霞,山下人家。

❖ **查德卿**,生卒年不详,生平不详。现存小令23首。

【双调·折桂令】《怀古》

问从来谁是英雄?一个农夫,一个渔翁。晦迹南阳,栖身东海,一举成

诗 选 篇

功。八阵图名成卧龙,《六韬》书功在非熊。霸业成空,遗恨无穷。蜀道寒云,渭水秋风。

【仙吕·寄生草】《感叹》

姜太公贱卖了磻溪岸,韩元帅命博得拜将坛。羡傅说守定岩前版,叹灵辄吃了桑间饭,劝豫让吐出喉中炭。如今凌烟阁一层一个鬼门关,长安道一步一个连云栈。

❖ **曾瑞**,生卒年不详,元代散曲作家。字瑞卿,自号褐夫,大兴(今属北京市)人。有散曲集《诗酒馀音》,已佚。

【中吕·山坡羊】《自叹》

南山空灿,白石空烂,星移物换愁无限。隔重关,困尘寰,几番眉锁空长叹,百事不成羞又赧。闲,一梦残;干,两鬓斑。

❖ **宋方壶**,生卒年不详,名子正,华亭(今上海松江)人。

【中吕·山坡羊】《道情》

青山相待,白云相爱,梦不到紫罗袍共黄金带。一茅斋,野花开,管甚谁家兴废谁成败,陋巷箪瓢亦乐哉。贫,气不改;达,志不改。

❖ **兰楚芳**,生卒年不详,元末明初年间在世,西域人。曾任江西元帅,入明后皈依佛门。

【南吕·四块玉】《风情》

我事事村,他般般丑,丑则丑村则村意相投,则为他丑心儿真,博得我村情儿厚。似这般丑眷属,村配偶,只除天上有。

❖ **王举之**(约1290—1350),杭州人,元曲作家。

【双调·折桂令】《读史有感》

北邙山多少英雄？青史南柯，白骨西风。八阵图成，《六韬》书在，百战尘空。辅汉室功成卧龙，钓磻溪兆入飞熊。世事秋蓬，惟有渔樵，跳出樊笼。

❖ **汤式**，生卒年不详，字舜民，号菊庄，浙江鄞县（今宁波）人。元末明初散曲作家，有散曲《笔花集》。

【双调·天香引】《西湖感旧》

问西湖昔日如何？朝也笙歌，暮也笙歌。问西湖今日如何？朝也干戈，暮也干戈。昔日也，二十里沽酒楼，春风绮罗；今日个，两三个打鱼船，落日沧波。光景蹉跎，人物消磨。昔日西湖，今日南柯。

【双调·庆东原】《京口夜泊》

故园一千里，孤帆数日程，倚篷窗自叹飘泊命。城头鼓声，江心浪声，山顶钟声。一夜梦难成，三处愁相并。

【越调·天净沙】《闲居杂兴》

近山近水人家，带烟带雨桑麻，当役当差县衙。一犁两耙，自耕自种生涯。

【越调·寨儿令】《听筝》

酒乍醒，月初明，谁家小楼调玉筝？指拨轻清，音律和平，一字字诉衷情。恰流莺花底叮咛，又孤鸿云外悲鸣。滴碎金砌雨，敲碎玉壶冰。听，尽是断肠声！

诗 选 篇

❖ 佚名

【正宫·醉太平】《堂堂大元》

堂堂大元,奸佞专权,开河变钞祸根源,惹红巾万千。官法滥,刑法重,黎民怨。人吃人,钞买钞,何曾见。贼做官,官做贼,混愚贤,哀哉可怜。

【正宫·叨叨令】《黄尘万古长安路》

黄尘万古长安路,折碑三尺邙山墓。西风一叶乌江渡,夕阳十里邯郸树。老了人也么哥,老了人也么哥,英雄尽是伤心处。

【中吕·朝天子】《志感》

不读书有权,不识字有钱,不晓事倒有人夸荐。老天只恁忒心偏,贤和愚无分辨!折挫英雄,消磨良善,越聪明越运蹇。志高如鲁连,德过如闵骞,依本分只落得人轻贱。

明、清曲

❖**李开先**(1502－1568)，山东济南人。明代文学家、戏曲作家。字伯华，号中麓、中麓山人。嘉靖八年进士，官至太常寺少卿。

【九宫·醉太平】《一笑散》

夺泥燕口，削铁针头，刮金佛面细搜求，无中觅有。鹌鹑嗉里寻豌豆，鹭鸶腿下劈精肉，蚊子腹内刳脂油。亏老先生下手！

❖**薛论道**(约1531－约1600)，明散曲家，字谈德，号莲溪，定兴(今属河北)人。

【双调·水仙子】《愤世》

翻云覆雨太炎凉，博利逐名恶战场，是非海边波千丈。笑藏着剑与枪，假慈悲论短说长。一个个蛇吞象，一个个兔赶獐，一个个卖狗悬羊。趋朝履市乱慌慌，不见人闲只见忙，沽名钓誉多谦让。貌宣尼，行虎狼，在人前恭俭温良，转回头共馋谤，翻了脸起祸殃，尽都是腹剑舌枪。

❖**李渔**

【黄钟羽·倾杯】《水乡天气》

水乡天气，洒蒹葭，露结寒生早，客馆更堪秋杪。空阶下、木叶飘零，飒飒声干，狂风乱扫。当无绪、人静酒初醒，天外征鸿。知送谁家归信，穿云悲叫。蛩响幽窗，鼠窥寒砚，一点银釭闲照。梦枕频惊，愁衾半拥，万里归心悄悄。往事追思多少，赢得空使方寸挠。断不成眠，此夜厌厌，就中难晓。

诗 选 篇

❖ **汤显祖**(1550—1616),江西临川人,字义仍,号海若、若士、清远道人,中国明代戏曲作家、文学家。曾任礼部主事、徐闻典史、遂昌知县等。戏剧作品有《还魂记》《紫钗记》《南柯记》和《邯郸记》,合称"临川四梦"。

《牡丹亭》选段《游园惊梦》

【绕地游】梦回莺啭,乱煞年光遍,人立小庭深院。炷尽沉烟,抛残绣线,恁今春关情似去年。

【步步娇】袅晴丝吹来闲庭院,摇漾春如线。停半晌,整花钿,没揣菱花,偷人半面。迤逗的彩云偏,步香闺怎便把全身现?

【醉扶归】你道翠生生出落的裙衫儿茜,艳晶晶花簪八宝填。可知我常一生爱好是天然?恰三春好处无人见。不提防沉鱼落雁鸟惊喧,则怕的羞花闭月花愁颤。

【皂罗袍】原来姹紫嫣红开遍,似这般都付与断井颓垣。良辰美景奈何天,赏心乐事谁家院!朝飞暮卷,云霞翠轩;雨丝风片,烟波画船。——锦屏人忒看的这韶光贱。

【好姐姐】遍春山啼红了杜鹃,荼蘼外烟丝醉软。牡丹虽好,他春归怎占的先?闲凝眄,生生燕语明如翦,呖呖莺歌溜的圆。

【隔尾】观之不足由他缱,便赏遍了十二亭台是枉然,到不如兴尽回家闲过遣。

❖ **洪昇**(1645—1704),字昉思,号稗畦,又号稗村、南屏樵者,钱塘(今浙江杭州)人。中国清代戏曲作家、诗人,著有戏曲《长生殿》和《四婵娟》。

【南商调·集贤宾】《题其翁先生填词图》

【集贤宾】谁将翠管亲画描,这一片生绡。活现陈郎风度好,拈吟髭展霜毫。评花课鸟,待写就新词绝妙。君未老,傍坐着那人儿年少。

【琥珀猫儿坠】湘帘低覆,一叶翠芭蕉。素指纤纤弄玉箫,朱唇浅浅破樱桃。多娇!暗转横波,待吹还笑。

【啄木鹂】他声将启,你魂便消。半幅花笺题未了,细烹来阳羡茶清,再添些迷迭香烧。数年坐对如花貌,丽词谱出三千调。鬓萧萧,须髯似戟,输

你太风骚。

【玉交枝】词场名噪,赴征车竞留圣朝。柳七郎已受填词诏,暂分携绣阁鸾交。梦魂里怎将神女邀,画图中翻把真真叫。想杀他花边翠翘,盼杀他风前细腰。

【忆多娇】夜正遥,月渐高,谁唱新声隔柳桥?纸帐梅花人寂寞,休得心焦,休得心焦,明夜飞来画桡。

【月上海棠】真凑巧,画图人面能相照。觑香温玉秀,一样丰标。按红牙月底欢娱,斟绿醑花前倾倒。把双蛾扫,向镜台灯下,不待来朝。

【尾声】乌丝总是秦楼调,宝轴奚囊索护牢。怕只怕,并跨青鸾飞去了。

【北中吕·粉蝶儿】《枫江渔父图题词》

【粉蝶儿】江接平湖,渺茫茫水云烟树,战西风一派菰蒲。白苹洲,黄芦岸,厮间着丹枫远浦。秋景萧疏,映长天落霞孤鹜。

【醉春风】俺只见小艇乍迎潮,孤蓬斜带雨。柳边渔网晒残阳,有多少楚楚。停下了短桨轻帆,趁着这晚烟秋水,泊在那野桥官渡。

【普天乐】见一个钓鱼人江边住,笋皮笠子,荷叶衣服。足不到名利场,心没有风波惧。稳坐矶头无人处,碧粼粼细数游鱼。受用足一竿短竹,半壶绿醑,数卷残书。

【红绣鞋】那渔父何方居住?指枫江即是吾庐,何须隔水问樵夫。云藏林屋小,天逼洞庭孤。刚离着三高祠不数武。

【满庭芳】傍柴门停舟暂宿,江村犬吠,霜树啼乌。纵然一夜风吹去,也只在浅水寒庐。破蓑衣残针自补,枯荷叶冷饭平铺。秋如素,渔歌一曲,千顷月明孤。

【上小楼】正安稳羊裘避俗,不提防鹤书征取。逼扎您罢钓收纶,弃饵投竿,揽辔登车。离隐居,到帝都,龙门直度,拜殊恩古今奇遇。

【十二月】但莫忘旧盟鸥鹭,且休提新脍鲈鱼。空想象志和泛舟,慢寻思范蠡归湖。凝望处云山杳霭,梦魂中烟水模糊。

【尧民歌】描不出满怀乡思忆东吴,因写就小江秋色钓鱼图。翠森森包山一带有还无?片时间晚云收尽碧天孤。传书,平沙落雁呼,直飞过斜阳渡。

诗 选 篇

【耍孩儿】俺不能含香簪笔金门步,只落得穷途恸哭。山中尚少三间屋,待归休转又踌躇。不能做白鸥江上新渔父,只混得丹凤城中旧酒徒。几回把新图觑,生疏了半篙野水,冷落了十里寒芜。

【尾声】江波寒潦收,枫林夕照疏。此磻溪也没甚争差处,只您这垂钓的先生不姓吕。

【注】 醑(xǔ),美酒。

❖ 孔尚任(1648—1718),字聘之,又字季重,号东塘,别号岸堂,自称云亭山人。山东曲阜人,孔子六十四代孙,清初诗人、戏曲作家。作有传奇剧《桃花扇》和《小忽雷传奇》(与顾彩合作)、杂剧《大忽雷》等。

【商调·集贤宾】《博古闲情》

【集贤宾】脱下那破烟蓑搭在渔矶,好趁着一片片岫云飞。路迢迢千株驿柳,花暗暗十度晨鸡。才望见翠芙蓉,龙塞峰高;早拜了金华表,凤阕天齐。猛回头旧山秋万里,红尘中渐老须眉。常则是鹓班及早坐,画省最迟归。

【逍遥乐】侨寓在海波巷里,扫净了小小茅堂,藤床木椅。窗外儿竹影萝荫,浓翠如滴,偏映着潇洒葛裙白纻衣。雨歇后,湘帘卷起,受用些清风到枕,凉月当阶,花气喷鼻。

【金菊香】偏那文章湖海旧相知,剥啄敲门来问你;带几篇新诗出袖底,硬教评比;君莫逼,这千秋让人矣!

【梧叶儿】喜的是残书卷,爱的是古鼎彝,月俸钱支来不勾一朝挥。大海潮,南宋器;甘黄玉,汉羌笛;唐羯鼓,断漆奇;又收得小忽雷,焦桐旧尾。

【挂金索】他本是蜀产文檀,精美同和璧。撞着个节度韩公,马上亲雕制。一尺宝,万手流传,光彩璃璃腻,你看这蛇蝮龙头,含着春雷势。

【上马娇】人道是《郁轮袍》,知音者稀。哪个妙手赛王维?樊花坡竟把双弦理,奇!这法曲传自旧宫妃。

【胜葫芦】每日价梧桐夜雨响空墀,砧杵晚风催,却是那怀里胡琴声声脆。似这般凄情惨意,灯窗雨砌,不湿透了舞裙衣?

【柳叶儿】问起他宫中来历,倒惹出万恨千悲!中丞原是女倾国,为甚的

《乌夜啼》《雉朝飞》,直待那凤去台空也,才得于归。

【醋葫芦】想当初秋宫弦索鸣,到如今故府笙歌废。这九百年幽怨少人知,偏则写闲情,唐人留小记。点缀了残山剩水,借重的旧文人,都立著雁塔碑。

【二】合该那伤心遗事传,偏买着劫火唐朝器;又搭上多才一个虎头痴,做出本《小忽雷》,风雅戏。好新词芙蓉难比,他笔尖儿,学会晓莺啼。

【三】倩一班佳子弟,选一座好台池,新乐府穿着旧宫衣。把那薄命人儿,扮的美。沦落客重来作对,还借你香唇齿,吟出他苦心机。

【浪里来煞】试看这酒易浓,还带些英雄泪;赏新声,且和你珍重饮三杯。说什么胸头有块垒,那古人都受风流罪。亏他耐性儿,熬得甜味苦中回。

【双调清江引】看忽雷无端悲又喜,游戏浮生世。都愁白发生,谁把乌纱弃?听那景阳钟儿,还要早些起!

《桃花扇》选段

【离亭燕带歇拍煞】俺曾见金陵玉殿莺啼晓,秦淮水榭花开早,谁知道容易冰消。眼看他起朱楼,眼看他宴宾客,眼看他楼塌了。这青苔碧瓦堆,俺曾睡风流觉,将五十年兴亡看饱。那乌衣巷不姓王,莫愁湖鬼夜哭,凤凰台栖枭鸟。残山梦最真,旧境丢难掉,不信这舆图换稿。诌一套《哀江南》,放悲声唱到老。

【小忽雷·开场】

【鹧鸪天】乐府凋零九百春,曲江遗事问何人?亭边拾得江郎笔,闺里生成碧玉身。延胜友,结佳姻,檀檀拨动市朝尘。朱门翠馆繁花处,日落咸阳是草新。

【前腔】大抵人生聚散中,灞桥宫道柳濛濛。香消红袖登楼妓,泪湿青衫对酒翁。秋帐月,晓程风,纷纷淮蔡事兵戎。一番霸业归流水,雪压南山无数峰。

【前调】红豆教成白纻辞,琵琶又是古哀丝!宜春院里寻桃扇,苏小湖边唱竹枝。伤老大,怨分离,深宫含泪女官知。不堪蕊榜仍沦落,长庆文人说旧诗。

诗 选 篇

【前调】人阻珠帘万里深,无穷幽恨碎胡琴。纷纭甘露关何事,宛转香魂乱我心。红叶水,翠鸳衾,梧桐终是凤凰林。唐家多少风流案,天宝开元接到今。

❖ 曹雪芹

《枉凝眉》

一个是阆苑仙葩,一个是美玉无瑕。若说没奇缘,今生偏又遇着他;若说有奇缘,如何心事终虚话?一个枉自嗟呀,一个空劳牵挂。一个是水中月,一个是镜中花。想眼中能有多少泪珠儿,怎禁得秋流到冬,春流到夏!

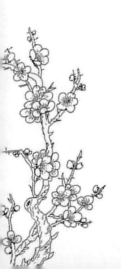

附录　唐司空图《二十四诗品》详注

雄浑第一。大用外腓,真体内充。反虚入浑,积健为雄。具备万物,横绝太空。荒荒油云,寥寥长风。超以象外,得其寰中。持之匪强,来之无穷。

此非有大才力、大学问不能。文中惟庄、马,诗中惟李杜足以当之。腓者,病也,言致饰于外则病。即柳州所云:炳炳烺烺,务采色夸声音,金玉耀闻韦菶之人也。惟积中发外,刚健笃实光辉,方能造此境也。

冲淡第二。素处以默,妙机其微。饮之太和,独鹤与飞。犹之惠风,荏苒在衣。阅音修篁,美曰载归。遇之匪深,即之愈稀。脱有形似,握手已违。

此格陶元亮居其最,在唐人中,王维、储光羲、韦应物、柳宗元亦近之。即东坡云:质而实,文癯而实腴,发纤微于简古,寄至味于淡泊。要非情思高远,形神消散者,不知其美也。

沉着第三。绿杉野屋,日落气清。脱巾独步,时闻鸟声。鸿雁不来,之子远行。所思不远,若为平生。海风碧云,夜渚月明。如有佳语,大河前横。

此言直挚之中,仍自超脱,不是一味沾滞,故佳。盖必色相俱空,乃是真实不虚。若落于迹象,涉于言诠,则缠声缚律,不见玲珑透彻之妙,非所以为沉着也。

高古第四。畸人乘真,手把芙蓉。泛彼浩劫,窅然空踪。月出东斗,好风相从。太华夜碧,人闻清钟。虚伫神素,脱然畦封。黄唐在独,落落元宗。

此言神仙富贵非有两途。故得乾坤浩气,追溯轩黄唐尧景物,乃是真高古。若草衣木食,形容枯槁,仅山泽之癯,非神仙也。即相如大人赋意。

纤秾第五。采采流水,蓬蓬远春。窈窕深谷,时见美人。碧桃满树,风日水滨。柳阴路曲,流莺比邻。乘之愈往,识之愈真。如将不尽,与古为新。

此言纤秀秾华,仍具真骨,乃非俗艳。末句结出新字,即陆平原、谢朝华而启秀之意。尤为吃紧处,由今观之,玉台、西昆非不秾丽,而风骨自秀,故景物常新,斯言犹信。

典雅第六。玉壶买春,赏雨茅屋。座中佳士,左右修竹。白云初晴,幽

附录 唐司空图《二十四诗品》详注

鸟相逐。眠琴绿阴,上有飞瀑。落花无言,人淡如菊。书之岁华,其曰可读。

此言典雅非仅征才广博之谓,盖有高雅古致,如兰金石玉、洛社香山、名士风流。

洗练第七。如矿出金,如铅出银。超心炼冶,绝爱缁磷。空潭泻春,古镜照神。体素储洁,乘月返真。载瞻星辰,载歌幽人。流水今日,明月前身。

此言诗乐同源,所以荡涤邪秽,消融渣滓,后人出言腐杂,皆由少此段工夫,苟非洒濯心源,独立物表。储精太素,游刃于虚,孰能及此?

劲健第八。行神如空,行气如虹。巫峡千寻,走云连风。饮真茹强,蓄素守中。喻彼行健,是谓存雄。天地与立,神化攸同。期之以实,御之以终。

此言气体卑靡,节力不足,由不善养之故。惟蓄积于中者,既实而强。即贾其余力,犹不衰竭。如李杜韩三家,为得其全,其余诸家各有差等也。

绮丽第九。神存富贵,始轻黄金。浓尽必枯,淡者屡深。雾余水畔,红杏在林。月明华屋,画桥碧阴。金樽酒满,伴客弹琴。取之自足,良殚美襟。

此言富贵华美出于天然,不以堆金积玉为工。如春园百卉,自有生意。即老杜所云:前辈翻腾,余波绮丽。既不可寒潭潦尽,亦岂止雕绘盈眸。

自然第十。俯拾即是,不取诸邻。俱道适往,着手成春。如逢花开,如瞻岁新。真予不夺,强得易贫。幽人空山,过雨采苹。薄言情悟,悠悠天钧。

此言诗文不论平奇浓淡,总以自然为贵。如太白逸才旷世,不假思议,固已。少陵虽经营惨淡,亦如无缝天衣。又如元白之平易固已,即东野、长河之苦思刻骨,玉川、长吉之凿险缒幽,义山、飞卿之纂组列绣。究亦出自机杼。若纯于矫强,毫无天趣,岂足名世?于此可以悟矣。

含蓄十一。不着一字,尽得风流。语不涉己,若不堪忧。是有真宰,与之沉浮。如渌满酒,花时返秋。悠悠空尘,忽忽海沤。浅深聚散,万取一收。

此言造物之功,发泄不尽,正以有含蓄也。若浮躁浅露,竭尽无余,岂复至穷深境界。故写难状之景,仍含不尽之情,宛转悠扬,方得温柔敦厚之旨耳。

豪放十二。观花匪禁,吞吐大荒。由道返气,处得以狂。天风浪浪,海山苍苍。真力弥满,万象在旁。前招三辰,后引凤凰。晓策六鳌,濯足扶桑。

此章正得青莲公妙处。盖青莲诗源出南华,故能驭日乘风,指挥万象,咳吐丹砂,然不是放浪无纯检之谓。故指出由道返气一语,直透宗根,其所

408

谓得之狂者,盖必曾点胸襟,乃能发抒自得。若文中乡愿,拘方守隅,不能此也。

精神十三。 欲返不尽,相期与来。明漪绝底,奇花初胎。青春鹦鹉,杨柳楼台。碧山人来,清酒满怀。生气远出,不著死灰。妙造自然,伊谁与裁。

此二字生物妙用。文章乃造化枢机,无之即槁矣。形容得活泼之地,取造化之文为我文,是谓真谛。俗人不解,另有诗法,岂不陋哉?

缜密十四。 是有真迹,如不可知。意象欲生,造化已奇。水流花开,清露未晞。要路愈远,幽行为迟。语不欲犯,思不欲痴。犹春于绿,明月雪时。

此见诗人动以词语淡泊为缜密粟,大非。皆由消息密微,是以理致密粟。故窈窕而不犯,妥帖而不痴,若续缀虋绩,则犯矣、痴矣。

疏野十五。 惟性所宅,真取弗羁。控物自富,与率为期。筑室松下,脱帽看诗。但知旦暮,不辨何时。倘然适意,岂必有为。若其天放,如是得之。

此乃真率一种,任性适然,绝去雕饰,与台阁妆査不同。然涤除肥腻,独露天机,此种亦不可少。

清奇十六。 娟娟群松,下有漪流。晴雪满竹,隔溪渔舟。可人如玉,步屧寻幽。载行载止,空碧悠悠。神出古异,淡不可收。如月之曙,如气之秋。

此对雄浑而言。盖雄浑则未有不奇者。清则易流于弱,不必皆奇。今如剡溪返棹,独钓寒江。幽绝、胜绝、高绝、异绝,乃清奇之至矣。

委曲十七。 登彼太行,翠绕羊肠。杳霭流玉,悠悠花香。力之于时,声之于羌。似往已迴,如幽匪藏。水理漩洑,鹏风翱翔。道不自器,与之圆方。

文如山水,未有直遂而能佳者,人见其磅礴流行,而不知其缠绵郁畅之致百折千迴,其纤徐往复窈深缭绕。曲随赋行,熟读之方探其奥妙耳。

实境十八。 取语甚直,计思匪深。忽逢幽人,如见道心。清涧之曲,碧松之阴。一客荷樵,一客听琴。情性所至,妙不自寻。遇之自天,泠然希音。

文如为人,虽典雅风华而肝胆必须刻露。若但事浮伪,谁其亲之?故此中真际有不须远求,不烦致歉,而灿然在前,盖实理实心显为实境也。

悲慨十九。 大风卷水,林木为摧。适苦欲死,招憩不来。百岁如流,富贵冷灰。大道日丧,若为雄才。壮士拂剑,浩然弥哀。萧萧落叶,漏雨苍苔。

欢愉难工,穷苦易好。诗之百篇,变风变雅。居生至屈原,而极在唐李杜,虽不得志,然眼界犹宽,胸襟犹大,至孟郊而极,此章境地在三间东野

附录　唐司空图《二十四诗品》详注

之间。

形容二十。绝伫灵素，少回清真。如觅水影，如写阳春。风云变态，花草精神。海之波澜，山之嶙峋。俱似大道，妙契同尘。离形得似，庶几斯人。

诗中有画，画中有诗。摩诘兼善，故而著名。若李杜之诗，不但画家圣手，而且神于画工之肖物矣。后来香山亦得写生之意。要之，岂独诗为然？千古妙文未有不入画者，左史二公其尤也。

超诣二十一。匪神之灵，匪几之微。如将白云，清风与归。远引若至，临之已非。少有道契，终与俗违。乱山乔木，碧苔芳晖。诵之思之，其声愈希。

诗之为妙，通神入微，若牵于物役，累于俗情，乌能入道？彭泽独高千古，正如太美元酒，不可以声色香味求之也。然则三百篇如何曰夫子言之矣，思无邪。

飘逸二十二。落落欲往，矫矫不群。缑山之鹤，华顶之云。高人画中，令色絪缊。御风蓬叶，泛彼无垠。如不可执，如将有闻。识者已领，期之愈分。

超诣言独往之神，飘逸言不群之致。如姑射仙人，凌风驭气，可望而不可即。至于雪和殿柳，此张绪当年，亦其次也。非雅韵高情，巧思妙笔，安能有此态度，霭花春云也乎？

旷达二十三。生者百岁，相去几何。欢乐苦短，忧愁实多。何如樽酒，日往烟萝。花覆茅檐，疏雨相过。倒酒既尽，杖藜行歌。孰不有古，南山峨峨。

迂腐之儒，胸多执滞。故去诗道甚远。惟旷则能容，若天地之宽；达则能悟，识古今之变。所以通人情，达物理，验政治，观风俗，览山川，吊兴亡、其视得失荣枯，毫无系累。悲忧愉乐，慨寓于诗，而诗之用不可穷矣。故此二字，是以扫俗尘，去魔障，乃作诗基地，不可忽也。

流动二十四。若纳水輨，如转丸珠。夫岂可道，假体如愚。荒荒坤轴，悠悠天枢。载要其端，载同其符。超超神明，返返冥无。来往千载，是之谓乎。

上天下地，往古来今，知者乐水，游者如斯。鱼跃鸢飞，可以见道，皆动机也。文而不动，何以为文？故风气推迁，生新不已。然流而不息，又恐生弊。是以照神明之观,返虚无之宅。一动一静,互为其根,与天地并寿,日月齐光,斯为神也。

【注】 此《二十四诗品》中,每一段前面的四言句为司空图所作,其后的详注系后人编著时所加,可以帮助读者理解司空图所言诗品之意。

参考文献

[1] 上海古籍出版社.古典文学三百题[M].上海:上海古籍出版社,1986.
[2] 萧涤非,程千帆,等.唐诗鉴赏辞典[M].上海:上海辞书出版社,1983.
[3] 龙榆生.唐宋名家词选[M].上海:上海古籍出版社,1978.
[4] 况周颐,王国维.蕙风词话 人间词话[M].北京:人民文学出版社,1960.